KB162265

한일사역구문의 기능적 유형론 연구

—동사 기반의 문법에서 명사 기반의 문법으로—

한일사역구문의 기능적 유형론 연구

동사 기반의 문법에서 명사 기반의 문법으로

정성여 鄭聖汝 지음
박종후 옮김

역락

저자의 말

연구자라면 누구나 자기 연구의 원점이 되는 근본적인 의문을 몇 개쯤 가지고 있을 것이다. 필자에게 그것은, 다른 언어와 달리 한국어에서는 왜 동일한 형식으로 사역구문과 피동구문을 나타낼 수 있는가, 또 한국어는 왜 일본어나 영어보다 훨씬 어휘적 사역의 생산성이 높은가, 혹은 이러한 상황은 도대체 무엇을 의미하는 것일까 하는 것이었다. 그러한 의문에 과감하게 도전했던 것이 1999년 고베대학(神戸大学)에 제출한 박사논문이었다. 그렇지만 거기서 충분히 만족할 만한 답을 찾았던 것은 아니었는데, 그것이 바로 이번에 사역구문에 초점을 맞춘 형태로 본서를 집필하는데까지 연결된 것이다. 본서는 필자가 박사 학위를 받은 후 일본학술진흥회(日本学術振興会) 외국인 특별 연구원으로서 2년 동안 오사카대학(大阪大学)에서 연구한 내용을 토대로 한다.

본서는 3부 7장으로 구성되어 있다. 서장은 총론으로서 지금까지 이루어져 온 '동사 기반의 문법'에 대하여 필자가 제안하는 '명사 기반의 문법'의 청사진과 전체 내용을 개관한다. 제1부에서는 유형론과 이론언어학 사이에서 흔들리는 능격성이 각각에서 어떻게 파악되고 있는지, 그리고 그 둘은 어떻게 차이가 나는지를 살펴본다. 제2부에서는 비규범적 사역구문의 분석을 통하여 언어 이론의 정식화(定式化)가 얼마나 불규칙성을 배제한 형태로 이루어졌는지를 밝히도록 한다. 제3부에서는 언어 사실에 기반한 새로운 패러다임을 추구하며 동사 기반의 문법을 넘어 선 명사 기반의 문법을 제안한다.

제1장과 제3장에서는 능격성과 사역의 해설에 중점을 두었는데, 본서

의 중요한 제안 역시 그 안에 포함되어 있다. 내용상으로는 이 두 장이 서론에 해당한다. 그리고 제2장과 제4장, 제5장은 내용상 본론에 해당하며, 제6장이 결론에 해당한다. 각 장은 각각 내용적으로 완결성을 갖추도록 서술했기 때문에 반드시 처음부터 순서대로 읽지 않아도 충분히 이해할 수 있을 것이다. 또 그러한 독해를 염두에 두었기 때문에 각 장에 중복되는 내용이 있더라도 따로 솎아 내지는 않았다.

제2장과 제4장은 鄭(2004a, 2005a)를 토대로 하고 있고, 鄭(2005b, c)는 제2장과 제4장에 일부 포함되었다. 전체의 일관성을 유지하기 위하여 용어를 포함한 내용 일부를 약간 수정하기도 했으나 본래 주장하는 내용이 바뀐 것은 아니다.

본서를 쓰는 데 많은 분들에게 큰 도움을 받았다. 이 자리를 빌려 감사의 뜻을 표하고 싶다. 먼저 라이스대학(Rice University)의 시바타니 마사요시(柴谷方良) 선생님과 고베대학(神戸大学)의 니시미쓰 요시히로(西光義弘) 선생님께 언어학의 지식뿐만 아니라 학문에 대한 진지한 태도와 정신, 그리고 언어에 대하여 폭넓고 다양하게 생각하는 방법을 배웠다. 이것은 필자가 대학원생이었던 시절부터 현재에 이르기까지 변함없이 지속되고 있는 점이다. 특히 시바타니 선생님께서는 본서의 서론과 몇몇 장들을 읽어봐 주시고 세세한 것부터 이론적 문제에 이르기까지 꼼꼼하게 지도해 주셨다.

본서의 집필을 장려해 주신 고베시외국어대학(神戸市外国語大学)의 마스오카 다카시(益岡隆志) 선생님께서는 모든 장을 읽어 주시고 내용 및 구성에 관한 유익한 조언을 해 주셨다. 오사카대학(大阪大学)의 긴스이 사토시(金水敏) 선생님께서는 필자가 대학원생 시절 부지도교수이셨는데, 그 후 일본학술진흥회(日本学術振興会) 외국인 특별 연구원으로 흔쾌히 받아 주셔 본서를 쓰기 위한 발판을 마련해 주셨다. 또 '토요 고토바노카이(土曜こと

ばの会)', 합숙 세미나 등에서 발표할 수 있는 자리를 마련해 주시기도 하여 그때마다 본서의 발전에 이어지는 귀중한 코멘트를 해 주셨다. 고베여자대학(神戸女子大学)의 가와카미 세이사쿠(河上誓作) 선생님께서는 서장과 제5장, 제6장을 읽어 주시고 인지언어학의 관점에서 유익하고 시사점이 풍부한 지적과 코멘트를 해 주셨다. 또 다양한 논의에 여러 번 참가해 주시기도 했다. 고베대학(神戸大学)의 마쓰모토 요(松本曜) 선생님께서는 전체적으로 초고를 훑어봐 주시고 참고가 될 만한 지적을 해 주셨다. 가나자와대학(金沢大学)의 나카무라 요시히사(中村芳久) 선생님께서는 제2장과 제5장을 읽어 주시고 귀중한 조언을 해 주셨다.

본서의 내용 중 일부는 아래의 자리에서 발표할 기회를 얻어 이루어진 것인데, 그때 참가하신 대학원생과 연구원, 선생님들께 유익한 의견과 질문을 받았다. 교토대학(京都大学)의 다쿠보 유키노리(田窪行則) 선생님께서는 '한국어 회화 클럽(韓国語会話クラブ)'에서, 쓰쿠바대학(筑波大学)의 와시오 류이치(鷲尾竜一) 선생님께서는 '쓰쿠바대학 언어학 배틀워크숍(筑波大学言語学バトルワークショップ)'에서, 서울대학교의 이연희 선생님께서는 서울대학교 언어교육원에서 각각 이야기를 할 기회를 제공해 주셨다.

또 필자가 대학원생일 때는 간사이가쿠엔대학(関西学院大学)의 가게야마 타로(影山太郎) 선생님께서 주최하시는 KLP(Kansai Lexicon Project)에 신세를 졌다. 본서가 거기서 영향을 받은 것은 의심할 여지가 없다. 남일리로이대학의 Kim, Alan Hyun Oak 선생님, 미마사쿠대학(美作大学)의 기류 카즈유키(桐生和幸) 씨, 고베대학의 대학원생인 도노 다카유키(当野能之) 씨, 쥰신카이의료대학(順心会医療大学)의 마노 미호(真野美穂) 씨, 삿포로의과대학(札幌医科大学)의 야마구치 카즈히코(山口和彦) 씨, 고베대학의 프라샨트 파르데쉬(Prashant PARDESHI) 씨들도 논의 중 필자가 알아차리지 못했던 불비한 점이나 모순을 지적해 주고 따뜻한 격려를 해 주었다.

가와카미 세이사쿠 선생님이 주최하시는 '호타루이케(蛍池) 인지언어학 연구회'의 멤버들에게도 유익한 조언을 받았다.

오사카대학 유학생센터 도요나카(豊中) 분실의 도미노(富野香宝里) 씨, 문학연구과 연구추진실의 니시다 유리코(西田有利子) 씨는 일본어 인포먼트로서 협력해 주셨다. 이학 연구과의 기쿠치 카즈노리(菊池和徳) 선생님께는 인포먼트로서, 또 언어학에서 벗어난 논의를 통해 본서의 내용을 더 풍부하게 만들어 주셨다. 대학원생인 구로카와 나오히코(黒川尚彦) 씨는 본서의 일본어 감수를 흔쾌히 승낙해 주었고, 여러 가지 의견을 주기도 했다. 마지막으로 오사카대학 문학연구과에는 연구의 장을 제공해 준 점에 대하여 이 자리를 빌려 심심한 감사의 인사를 드리고 싶다.

이와 같은 분들의 후의에도 불구하고 본서에 불비한 점이나 모순이 남아 있다고 한다면 그것은 두말할 나위도 없이 모두 필자의 책임이다. 불완전하고 불충분한 부분에 관해서는 기탄없는 비판과 지적을 해 주시기를 바란다. 만일 본서가 모두에 서술한 근본적인 의문의 해결에 조금이라도 다가가는 내용이 되었다면 필자로서 그 이상 기쁜 일은 없을 것이다.

본서의 간행에 있어서 구로시오출판(くろしお出版) 편집부의 이치카와 마리코(市川麻里子) 씨에게 신세를 졌다. 편집 및 교정에 전력을 다해 주신 점에 대하여 이 자리를 빌려 감사의 인사를 드리고 싶다.

1994년 9월 28일, 본국에서 오랜 시간 근무했던 교직을 내던지고 고베대학을 방문한 뒤로 12년의 세월이 흘렀다. 그동안 경제적으로 지원해 주고 정신적으로 지지해 준 가족들에게는 감사하다는 말 외에 더 이상의 말을 찾지 못하겠다. 작은 성과에 불과하지만 이 책을 감사의 표시로서 가족들에게 바치고 싶다.

2006년 9월

롯코(六甲)에서 정성여

차례

제3부 동사 기반의 문법에서 명사 기반의 문법으로
—새로운 패러다임을 찾아서—

일러두기

1 이 책은 『韓日使役構文の機能的類型論研究 ―動詞基盤の文法から名詞基盤の文法へ―』(東京 : くろしお出版社, 2006)을 첨삭하지 않고 한국어로 옮긴 것이다.

2 원문에 로마자로 표기되어 있는 한국어 예문은 한글로 고쳐 적고, 한자와 가나로 표기되어 있는 일본어 예문은 로마자로 고쳐 적은 후에 그 밑에 간단한 형태 주석과 한국어역을 달았다. 기타 다양한 언어들의 문장에 대한 일본어역은 번역상의 큰 문제가 없는 한 지면 관계상 일본어를 제시하지 않은 채 바로 한국어로 번역하거나 영문 번역을 그대로 실었다.

3 일본어를 한국어로 옮겨 적을 때는 가급적 현행 한글맞춤법 표준어 규정 부록의 「외래어 표기법」을 따랐다.

4 역주는 [옮긴이]라고 표시하여 원주와의 혼란을 피했으며, 이를 작성하는 데는 위키피디아 영어판·한국어판·일본어판, 네이버에서 제공하는 두산백과사전, 일본의 산세이도(三省堂)에서 발행한 『言語学大事典』 등을 참고하였다. 단, 역주에 있는 잘못은 전적으로 옮긴이의 책임임을 밝혀 둔다.

서장

1. 동사 기반의 문법 VS 명사 기반의 문법

본서의 목적은 한일 사역구문의 기능적 유형론 연구를 통하여 동사(술어) 중심의 현대 통사이론의 한계를 지적하고, 그 대안으로서 '동사 기반의 문법'(동사가 명사구를 지배하는 문법)에서 '명사 기반 문법'(명사구와 동사의 조합에서 명사구가 동사보다 우위에 서는 문법)으로 패러다임의 전환을 제안하는 것이다.

본서에서 이야기하는 '명사 기반의 문법'은 위에서 이야기한 '동사 기반의 문법'에서 배제해 온 화용론(의 일부)을 문법론 안에 도입하기 위한 실험적인 연구이다. 따라서 동사가 문장을 만든다는 것 자체를 부정하는 것이 아니라 명사구의 측면에서 볼 때 동사 중심의 문법적 존재 방식이 과연 어떻게 달리 보이게 될까 하는 것을 실험적으로 구현해 내고자 하는 것이다.

전통문법, 그리고 적어도 생성문법의 표준이론까지는 문장 구조를 S→NP+VP와 같이 파악하여 문장은 주부와 술부의 (동등한) 조합으로 이루어진다고 봤다(제6장 주1 참조). 이와 같이 덧셈으로 이루어진 평등주의에서 동사 우위로 흐름이 바뀐 것은 아마도 Fillmore(1968)의 격문법의 영향이 클 것이다. 즉, Fillmore(1968)를 기점으로 명사구를 동사의 지배하에 놓이는 논항으로서 파악하게 되면서 명사구의 문법적 지위가 격하되었다. 따라서 문장의 구조를 파악하는 방식 역시 S→V NPn(S는 n개의 논항을 취하는 동사로 구성된다. McCawley 1973b : 138)과 같이 달라진 것이다. 이러한 입장은 현대 통사론 연구에서는 이론적 차이를 불문하고 하나의 대전제가 되어 있는 것처럼 보인다.

한편, 이론언어학뿐만 아니라 인지언어학의 접근 방식에서도 '동사 기반의 문법'을 토대로 하는 통사 이론을 구축하고자 하는 자세가 보인다. 특히 Langacker(1991), Croft(1991), Talmy(1985) 등이 제안한 사역연쇄의 당구공 모델, Fillmore(1982)의 틀의미론(Frame Semantics, Fillmore 1968의 격틀을 인지의미론의 관점에서 발전시킨 것이라고 할 수 있다), Goldberg(1995)의 구문문법 등도 기본적으로는 동사 기반의 이론에 편승한 것이다. 거기에는 애당초 명사구의 의미기능에 의해 사역연쇄가 바뀐다거나 사태의 틀이 바뀐다, 또 문장의 구조가 바뀐다고 하는 발상은 찾아볼 수 없다(명사구의 의미기능에 의해 사역연쇄, 틀, 문장 구조가 바뀌는 것에 대하여 제6장 참조). 인지언어학의 접근방법 중에서 유일하게 명사의 의미모델을 제안한 것은 Lakoff(1987)인데, 이상인지모델(Idealized Cognitive Model), 원형이론, 기본 층위 범주 등이 그것이다. 그러나 Lakoff는 그 후 은유에 대한 연구 쪽으로 나아가 유감스럽게도 이 모델을 구문론 연구로까지 발전시키지는 않았다.1)

1) 거의 대부분이라고 할 수 있을 정도로 인지언어학의 해설서에서는 이상인지모델, 틀, 스키마, 스크립트 등을 유사한 개념으로 소개하고 있다(辻 2002 : 221도 참조). 그러나 이상인지모델은 '백과사전적 지식이 새겨져 있는 명사'의 의미모델이라는 점에서 다른 개념과 결정적으로 차이가 난다. 전자가 주로 시간적인 발전을 인과적으로 기술하는 선적(線的)인 인지 구조라고 한다면 후자는 시공간에서 벗어난 점적(点的)인 인지 구조라는 차이가 있다(6.2.1절-6.2.2절 참조).

한편 일찍이 동사(의 의미 분류)만으로는 통사구조의 형성을 충분히 기술할 수 없음을 알아차린 것은 인지언어학자들이 아니라 오히려 생성문법 안의 어휘의미론자들이었다. 그 계기가 된 것은 Pustejovsky(1995)의 『생성어휘론』일 것이다. 특히 그의 특질구조(qualia structure)라는 사고방식은 본서의 입장에서 볼 때 훌륭한 명사 기반 문법이라고 할 수 있다(제6장의 필자주 8을 참조). 이것은 이론철학 등에서는 그 이상 분석할 수 없기 때문에 이론적으로 더 이상 연구할 수 없다고 하는 특질(qualia)[2]을 보기 좋게 규칙의 세계로 끄집어 내 드러나게 한 것으로서 높이 평가할 수 있다. 즉, 위에서 서술한 특질구조의 사고방식이 가지는 의의는 '백과사전적 지식이 새겨져 있는 명사구'를 개재해야만 특질에 발을 들여놓을 수 있다는 통찰과, 통사구조가 일정한 형태로 그와 같은 명사구에 영향을 받고 있다는 전망을 잘 드러낸 것일 테다. 더욱이 이러한 사고방식은 무엇보다도 단어의 창조적 사용을 해명하기 위하여 '백과사전적 지식이 새겨져 있는 명사구'에 빛을 비춰 통사구조(구문)와 명사구의 의미기능 간의 관계를 파악할 수 있는 규칙의 발견이 중요함을 실천적으로 시사하는 것처럼 생각된다. Jackendoff(1997, 2002)나 影山(1999, 2002), 小野(2005) 등에서 특질구조라는 사고방식을 적극적으로 도입한 것도 바로 그러한 증거일 것이다(米山 2005 : 143-148의 해설도 참조).

본서에서 제안하는 '명사 기반의 문법'은 제6장에서 좀 더 구체적으로 살펴보겠지만, 기능주의 인지언어학의 통사이론으로서 '명사 기반의 문법'을 제안하는 것이다. 여기서 사용하는 도구 중 하나는 말할 필요도 없이 백과사전적 인식이 새겨져 있는 명사의 의미 모델이라고 하는 이상인지모

2) '감각질(感覚質)'이라고 번역하기도 한다. 〔옮긴이〕 원서에서는 qualia라는 원어를 가타가나로 표기한 クオリア라는 용어를 사용하고 있으나 본 역서에서는 남승호(2007)에 따라 '특질'이라는 용어로 번역하여 사용한다.

델(의 집합체 모델 혹은 명제모델)이다. 이는 '동사 기반의 문법'의 하청업체 정도로밖에 그 이용 가치를 인정받지 못하는 특질구조의 사고방식과는 성질이 크게 다르다.

다른 하나는 제5장에서 구체적인 분석을 살펴보겠지만, 언어 형식에 관한 연구를 (언어적 내지 문법적) 범주화의 연구로 다시 파악하기 위한 범주화 이론과 원형적 사고방식이다. 이에 대한 본서의 기본적인 입장을 Taylor(1989[1995] : 제1장)의 한 구절을 빌려 표현하면 다음과 같다. "언어학은 방법론적으로는 물론 연구 내용을 가지고 이야기하더라도 범주화와 깊은 관련이 있다. 이 점에 대하여 Labov는 다음과 같이 언급했다. '만일 언어학에 대하여 무언가를 서술할 수 있다고 한다면 그것은 바로 범주의 연구일 것이다. 즉, 언어는 현실을 불연속적인 단위와 그 단위의 집합으로 범주화함으로써 소리를 가지고 의미를 어떻게 번역해 내는지에 관한 연구이다.'"(Labov 1973 : 342(辻 1996 : 1-2의 번역).

이렇게 생각해 보면 본서 『한일 사역구문의 기능적 유형론 연구』는 의미를 어떤 방식으로 언어 형식에 대응시키고 있는지에 관한 연구가 될 것이다. 방법론적으로는 두 언어 사이의 공통된 의미 기반에 원형적 사고방식을 도입하면 범주가 확장할 때 보이는 언어 간의 차이가 유형론 연구로 이어지게 된다. 즉, 형식과 대응하는 의미 사이에 어느 정도의 차이가 보이는지(언어 형식이 담당하는 사이즈의 문제), 어떤 의미에 어떤 형식을 부여하는지(동기 부여에 관한 문제), 그리고 거기에 인지적 기반으로 언급할 수 있는 유의미한 차이가 보이는지(개념화의 문제) 등을 추구하는 것이 본 연구의 주요 관심사이다.

여기서 '명사 기반의 문법'의 필요성을 주장하기 위하여 먼저 생성문법에서 문장 구조를 S→V NPn과 같이 파악하는 방식으로 되돌아가 그것의 공과를 분명히 해야 할 필요가 있다. 생성문법에서 문장구조를 파악하는 방식을 알기 쉽게 나타내는 것은 어휘개념구조(LCS)나 어휘기능문법(LFG)의 (거칠게 말하자면) '어휘=동사→통사구조'와 같은 방식일 것이다. 여기에는 통사구조를 형성하는 데에 동사(술어)만이 관여하고, 기본적으로 명사구의 의미기능은 관여하지 않는다는 전제가 있다. 이와 같이 표준이론 이후 생성문법은 '동사 기반의 문법'을 손에 넣음으로써 이론으로서는 비약적인 발전을 달성할 수 있었다. 일단 의미에는 깊숙이 들어가지 않은 채 통사구조를 간명하게 기술할 수 있고(그런 꿈을 이루고), 명사구로 환기되는 상황의존적-백과사전적 의미는 화용론 쪽으로 추방하는 데 성공하여 무엇보다 자율적 통사론을 표방하는 이론에 어울리는 기계적 계산주의를 극대화하는 방향으로 진화해 올 수 있었던 것이다.

여기서 '동사 기반의 문법'에서 명사구가 놓여 있는 상황을 비유적으로 이야기하자면, 명사구가 자신을 낳아 준 동사(이것은 상하의 위치관계를 나타낸다. Kuroda 1988 등의 'VP내 주어 가설' 참조)로부터 그 DNA(의미자질이나 의미역 등)를 이어받았을 것이라는 발상이 생겨난다. 이러한 비유적 발상은 결국 Chomsky(1986)의 선택제약(selectional restriction), 의미선택(semantic selection), 범주선택(categorial selection), 엄밀하위범주화(strict subcategorization) 등에 반영된다. 예를 들어 **The window slept.*이 부적격인 것은 동사 *sleep*이 그 주어로서 유정물(animate) 명사구를 요구하기 때문에 제약을 받는다는 것이다(原口・中村 1992). 즉, 논항구조는 물론 의미역(혹은 의미자질)도, 그리고 통사적 위치 관계도 모두 동사(구)가 명사구를 지배한다는 일종의 부모자식 관계로 비유되는 이론적 장치가 이루어져 있다. 따라서 명사구가 동사의 우위에 선다는 역발상은 (이론적으로 가능함에도 불구하고) 애당초 상상조차 할 수 없었던 것이다(부모자식 관계의 비유는 유전적 기반에 근거를 두고 있기 때문에 그림을 거꾸로 돌려보는 일, 즉 명사구가 동사의 우위에 선다는 반전은 절대로 일어날 수 없다고 굳게 믿게 하는 힘이 있다. 꽤나 강력한 주술이다).

즉, '동사가 명사구의 의미역, 의미자질, 논항구조, 통사적 위치를 결정한다'고 하는 이러한 긴밀한 관계는 부모자식 관계를 연상시킴으로써 자연스럽게 도출되게끔 조직되어 있는 것이다. 또 이것은 동사가 취하는 명사구(이하 '동사와 공기하는 명사구'라고 한다)의 의미역 계층도 동작주(agent)나 피동자(patient)와 같이 이분법적인 것으로 파악하도록 하는 상황을 만들어 버리는 폐해도 야기했다(예를 들면 동사 sleep과 공기하는 유일한 명사구는 동작주항을 취하고 피동자항은 취하지 않는다는 양자택일을 하게 된다). 이는 곧 Perlmutter(1978)의 비대격가설을 언어보편성의 가설로서 수용하기 위한 준비가 이미 이론 내부에서 차근차근 진행되고 있었음을 의미한다. 관계문법의 틀에서 제시된 Perlmutter & Postal(1984 : 97)의 보편정렬가설(universal alignment hypothesis)[3]이나 생성문법의 틀에서 제시된 Baker(1998 : 46)의 의미역 할당의 일률성 가설(uniformity of theta assignment hypothesis)[4]이 바로 그렇다. 즉, 관계문법이나 생성문법의 틀에서 비대격가설에 대한 신봉은 '동사 기반의 문법'의 사고방식에 의해 정치하게 조립된 이론적 장치에서 자연스럽게 도출되는 것이다. 이에 대해서는 제2장에서 상세하게 검토하겠지만, 충분한 관찰에 근거한 경험적 결과는 아니다.

실제로 우리가 일상적으로 만나는 언어 데이터는 결코 이분법적인 양자택일의 '닫힌 체계'가 아니다. 오히려 '열린 체계'이다. 즉, 동사가 일방적으로 명사구의 의미역을 결정하는 것과 같은 상황, 그리고 명사구의 의미역 계층이 동사에 의해 양분되는 것과 같은 상황, 혹은 명사구가 동사의 의미자질(DNA)을 이어받아 구현된 것이라고 생각하게 만드는 상황은 거

---

3) 임의의 절에 관하여 그 절의 의미로부터 각각의 명사구가 담당하는 최소문법관계(initial relation)를 예측하는 보편문법의 원칙이 존재한다는 가설.
4) 동일한 의미역을 담당하는 논항은 기저구조에서 동일한 통사구조를 가진다는 가설.

의 찾아볼 수 없다.

다음의 예를 살펴보자. 한국어의 '자다'와 일본어의 'tobu(飛ぶ, 날다)'는 유정물인지 무정물인지 혹은 동작주인지 피동자인지와 같은 이분법적 범주를 보이는 것이 아니라 오히려 연속적이다.

(1) 아기/바람/*치마가 잔-다.

(2) 鳥/飛行機/埃/スカート/*卓袱台が飛ぶ

tori/hikoki/hokori/*tyabudai-ga tob-u.

새/비행기/먼지/치마/밥상-주격 날다-현재.단정

'새/비행기/먼지/치마/*밥상이 날다'

즉, 이와 같은 연속성을 '동사'의 관점에서 보면 이들 동사는 유정물을 전형적인 주어명사구로 선택하고, 거기서부터 무정물도 주어명사구 안에 받아들이는 방향으로 확장하고 있다. 하지만 (여기서 그림을 거꾸로 돌려) '명사'의 관점을 취한다면, 사람은 '자는 존재', 새는 '나는 존재'라고 하는 속성 범주의 구성원으로서 명사구를 간주할 수도 있을 것이다. 다시 말해, 동사와 공기할 수 있는 명사구의 적격성 판단은 명사구가 본래적으로 갖추고 있는 속성의 목록(집합체 모델 혹은 명제 모델 : 사람은 걷는(다는 속성을 가진) 존재이다, 바람은 부는 존재이다, 먼지는 나는 존재이다 등) 안에서 동사와 일치하는 속성이 있는지를 확인함으로써 이루어지는데, 그 내용이 합치할 때 그 문장은 적격문이 되는 것이다. 바꿔 말하자면, 명사구는 세계에 대하여 우리가 공유하는 지식의 목록을 제공하고 동사는 세계를 한정하는 역할을 담당하여 실제로 그 동작이 이루어짐을 나타내는 것이다. 이때 속성 범주의 구성원 중에는 전형적인 예와 그렇지 않은 것이 있다는 것을 인정한다면(Lakoff 1987), 비전형적인 경우에는 언어마다 거기에 참여하는 구성원이 달라질 가능성도 충분히 예상할 수 있다. 위의 예를 보면, 한국어는 그 구성원으로서 '자는 존재'라는 속성 범주의 목록에 '바람'을 포함하지만, 일본어는 포함하지 않는 것을 알 수 있다.

그렇다고 하면 전형적인 예와 비전형적인 예의 (연구 방법상의) 취급 방식에 대하여 다음과 같은 제안이 가능할 것이다. 즉, 전형적인 예는 언어의 샘플을 늘려감으로써 언어 공통의 의미 기반임을 인정할 수 있다면 그것은 보편성의 탐구로 이어질 것이다. 한편, 비전형적인 예는 언어마다 수용할 수 있는 범위가 다를 가능성이 높기 때문에 그것은 기능적 유형론 연구로 이어질 것이다. 다시 말해, 언어에 따라 담당하는 사이즈의 크기는 물론 그 생산성 역시 다를 수 있고, 또 그것이 확장되어 나갈 때 언어에 따라 다른 이론 또는 견해(해석(construal))의 차이도 생길 수 있음을 인정할 수도 있는 것이다(제2장의 '해석의 매개변인' 참조). 이와 같이 '명사 기반의 문법'이라는 사고방식을 가지면, 보편성 연구와 유형론 연구를 동시에 달성할 수 있게 된다(이에 기반한 분석은 제2장을 참조).

또한 '명사 기반의 문법'이라는 사고방식을 취하면 해당 동사와 공기할 수 있는 명사구의 범주 확장이 어떻게 이루어질지 예측하는 것도 가능하다. 이에 대해서는 제5장에서 더 철저하게 분석하겠으나, 일단 다음의 예를 살펴보자. 물은 본래 '흐르는 존재'라는 속성의 전형적인 구성원이라고 할 수 있는데, 공(ball)은 그렇지 않다. 그렇지만 공도 어느 일정한 맥락(여기서는 '川(강)'. 즉, 공이 강물 위에 떠 있는 상황)에 놓인다면 (3b)와 같이 '流れるもの(흐르는 존재)'의 범주 안에 들어갈 수 있어 확장이 일어난다. 이 경우, (3b)의 성립에는 '강물 위에 뜨는 존재는 흐른다'고 하는 이상인지모델(의 명제모델)이 속성의 부여에 관여하고 있는 것이다.

(3) a. 水/*ボールが流れる。
mizu/*boru-ga nagare-ru.
물/*공-주격 흐르다-현재.단정

'물/*공이 흐르다.'

b. ボールが川を流れている。

boru-ga kawa-o nagare-te-i-ru.

공-주격 강-대격 흐르다-고-있다-현재.단정

'공이 강 위를 떠내려가고 있다.'

문맥을 보충하여 더 확장해 보면 우리의 주관적인 파악 방식이 도드라지게 되리라는 것도 예상할 수 있다. 다음의 (4a)의 차이를 보기 바란다.

(4) a. 鳥/飛行機/埃/スカート/*卓袱台が飛ぶ。

tori/hikoki/hokori/*tyabudai-ga tob-u.

새/비행기/먼지/치마/밥상-주격 날다-현재.단정

'새/비행기/먼지/치마/*밥상이 난다'(=2)

b. 鳥/飛行機/??埃/スカート/卓袱台が飛んできた。

tori/hikoki/hokori/*tyabudai-ga ton-de-ki-ta.

새/비행기/먼지/치마/??밥상-주격 날다-아-오다-과거.단정

'새/비행기/먼지/치마/밥상이 날아왔다.'

(4a)와 같이 '나는 존재'라는 속성 범주의 구성원에는 자력으로 나는 것부터 먼지와 같이 자력인지 아닌지 잘 알 수 없는 모호한 것까지 포함되어 있고, 더욱이 치마와 같이 분명히 자력으로는 날 수 없는 것까지도 포함되어 있다. 즉, 명사에 의해 동사의 의미가 미묘하게 변화해 가는 것을 주목하기 바란다. 또 이 경우, 후자의 비전형적인 구성원은 '바람이 부는' 문맥(상황)이 주어졌을 경우에만 성립하는 것임을 알 수 있다. 반면, 우리들은 아무리 바람이 불더라도 (일반적 상황에서는) 밥상이 그리 간단히 날아다닐 수 없다고 하는 지식을 경험적으로 가지고 있다. 그러나 (4b)를 보면 '날아오고 가는 존재'라는 속성 범주의 구성원에는 밥상도 들어갈 수

있다. '밥상이 온다'는 불가능하기 때문에 '오다'가 밥상을 허용하고 있는 것도 아니다.

즉, '날아오고 가는 존재'의 속성 범주의 구성원에는 스스로의 힘으로 날아가는 것부터 바람이 불어 날아가는 것, 더 나아가 누군가가 물건을 던져 그것이 날아오는 것(이것은 상당히 문화의존적인 맥락일 것이다)과 같이 문맥 조건도 다양하다. 이 경우, 바람이 불면 (그것 때문에) 날아가는 것이 피동적인 상황인지 아닌지 모호해지지만(鄭 2004b 및 본서의 2.7절 참조), 밥상은 분명히 행위를 입는 피동자가 되어 상황적으로는 완전히 피동의 상황을 나타내게 된다. 그럼에도 불구하고 동사와 공기하는 명사구의 범주화라는 관점에서 보면 새와 동일한 범주의 구성원이 되는 셈이다.

'走る(hasiru, 달리다)'와 같은 동사조차 의미적으로 하나의 범주 구성원만으로 되어 있는 것은 아니다. '人が走る(hito-ga hasir-u, 사람이 달리다)' '車が走る(kuruma-ga hasir-u, 차가 달리다)' 'この電線を通って電気が走る(kono densen-o tot-te denki-ga hasir-u, 이 전선을 통하여 전기가 달린다)' 'この道は東京から神戸まで走っている(kono miti-wa Tokyo-kara Kobe-made hasit-te iru, 이 길은 도쿄에서 고베까지 달리고 있다)'와 같이 '走る(hasiru, 달리다)'와 공기할 수 있는 명사구의 범주는 점점 확장해 간다. 마지막 예는 주체적 이동(subjective motion)이라고 하는 것인데(Langacker 1987, Mausumoto 1996), 이것도 사실은 '길은 (누군가가 그 위를 교통수단을 이용하여) 달리는 것이다'는 속성 부여에 의하여, 그리고 그러한 속성 부여가 해당 언어에 습관화되어 있다면(즉, 명제모델에 기반한 인식 구조를 해당 언어 화자가 가지고 있으면) 적격하다고 받아들여질 것이다. 이 경우 길은 누군가가 거기를 달림으로써 그 영향을 받는 피동자라고 할 수도 있을 텐데, 그러한 점에서 위의 밥상과 동일하게 주관적인 파악 방식이 도드라지는 것이다. 즉, 이러한 문장들은 실제로 존재할 수 있는 동작주가 탈초점화(agent defocusing)되어 있는 것이다(Shibatani 1985). 그러나 언어 표현에서 피동이 아닌 능동구문이 나타나고, 더욱이 자동사를 이용하고 있다는 점은 주목할 만한 특징일 것이다.

또 다음의 枯葉(kareha, 마른 잎)은 그것이 비에 젖은 것인지 아닌지에 따라 속성 부여 방식이 달라진다.

(5) a. *枯葉を燃やしたけど、燃えなかった。

*kareha-o moyasi-ta-kedo moe-na-katta.
마른 잎-대격 태우다-과거-역접 타다-부정-과거.단정
'마른 잎을 태웠지만 타지 않았다.'

b. 雨に濡れた枯葉を燃やしたけど、燃えなかった。

ame-ni nure-ta kareha-o moyasi-ta-kedo moe-na-katta.
비-처격 젖다-과거.관형 마른 잎-대격 태우다-과거-역접 타다-부정-과거.단정
'비에 젖은 나뭇잎을 태웠지만 타지 않았다.'

마른 잎은 '잘 타는 존재'인 반면에 비에 젖은 잎은 보통 '잘 타지 않는 존재'라는 인식이 있을 것이다. 이와 같은 일상적인 경험 지식에 지지를 받아야만 정확한 문장을 말할 수 있는 것이다. 즉, 문장의 적격성에 대한 판단은 동사의 의미나 통사구조에서 오는 것이 아니라 명사구의 의미 속성에 의해 결정되는 것이 분명하다(제3장의 필자주 2 및 Lakoff 1971도 참조). 이 경우 명사구의 의미 속성은 객관적인 것이 아니라 우리의 경험적 지식을 통하여 구축되는 일반적 상황을 기반으로 부여되는 것이다.

마지막으로 '명사 기반의 문법'이 아니면 설명할 수 없는 통사 현상과 의미 현상이 있다는 것을 뒷받침하는 결정적인 증거가 있다(상세한 내용은 제6장에서).

(6) a. 花子が車を止めた。〔개체모델 : 직접 조작〕

Hanako-ga kuruma-o tome-ta.

하나코-주격 차-대격 세우다-과거.단정

'하나코가 차를 세웠다'

b. 花子がタクシーを止めた。〔사회모델 : 사회적 지시〕

Hanako-ga takusi-o tome-ta.

하나코-주격 택시-대격 세우다-과거.단정

'하나코가 택시를 세웠다'

(7) a. ある男が子供を殺した。〔개체모델 : 직접 조작〕

aru otoko-ga kodomo-o korosi-ta.

어떤 남자-주격 아이-대격 죽이다-과거.단정

'어떤 남자가 아이를 죽였다'

b. ヒトラーが何百万人ものユダヤ人を殺した。〔사회모델 : 사회적 지시〕

Hitora-ga nanbyakumanin-mo-no yudayazin-o korosi-ta.

히틀러-주격 수백만명-이나-속격 유대인-대격 죽이다-과거.단정

'히틀러가 수백만 명이나 되는 유대인을 죽였다'

(8) a. 警察がその女を自分の家に監禁した。〔개체모델 : 직접 조작〕

keisatu-ga sono onna-o zibun-no ie-ni kankin-si-ta.

경찰-주격 그 여자-대격 자신-속격 집-에 감금-하다-과거.단정

'경찰이 그 여자를 자신의 집에 감금했다'

b. 警察がその女を自分の家に監禁させた。〔사회모델 : 사회적 지시〕

keisatu-ga sono onna-o zibun-no ie-ni kankin-sase-ta.

경찰-주격 그 여자-대격 자신-속격 집-에 감금-시키다-과거.단정

'경찰이 그 여자를 자신의 집에 감금시켰다.'

(6)과 (7)의 b에서는 a와는 달리 현실 세계에서 운전수나 병사와 같은 피사역자가 개재한다. 그러나 언어 표현으로는 (6)과 (7)의 a와 동일한 동사(어휘적 사역)를 이용한다. 즉, 통사 표시에서 사역 연쇄의 중간 단계

에 해당하는 피사역자의 행위를 모두 단축하여 탈초점화함으로써 (6)과 (7)의 a와 동일한 형식을 이용하는 것이 가능해진다. (8b)도 (8a)와 달리 경찰 당국의 지시대로 행동하는 탈초점화된 피사역자가 존재한다(상세한 내용은 4.2.2와 6.4.2절 참조). 그러나 (8b)는 (6)(7)의 b와 결정적인 차이가 있다. 그것은 언어 표현(여기서는 동사의 형태)이라는 관점에서 볼 때 (8b)의 경우에는 피사역자를 통사구조에 표시해야만 하는 것이다. 그러나 여기서는 피사역자를 전혀 표시하지 않아도 정보의 결여감이 없다. 즉, 결합가의 증가를 동반하지 않는 비규범적 사역구문이 성립하는 것이다.

이와 같이 의미(현실의 상황)와 통사구조(언어표현) 사이의 괴리에 관하여 '동사 기반의 문법'을 토대로 하는 이론은 (아마 그것이 어떤 것이든) 완벽하게 설명해 주지는 못한다. 그러나 '명사 기반의 문법'에서는 이와 같은 현상까지도 자연스럽게 설명할 수 있다. 예를 들어 개인으로서 하나코(花子)는 일반적으로 스스로 직접 차를 세웠다고 이해할 수 있다. 그렇지만 승객으로서 하나코가 택시를 세우는 행동 패턴에 관해서는 우리의 일반적 지식 구조에 기반하여 예측된다. 즉, 승객이 운전수에게 지시하여 (그것에 의해 운전수가) 차를 세웠다고 이해되는 것이다. 경찰 당국의 행동 패턴에 관해서도 우리는 일반적인 지식 경험을 기반으로 이해해야 한다.

즉, 위의 구문에 관하여 '명사 기반의 문법'에서는 다음과 같이 설명할 수 있다. (ⅰ) 사역연쇄의 중간 단계를 모두 단축하여 현실의 피사역자를 탈초점화할 수 있는 것은 '사회모델'에서만 일어나는 현상이다. (ⅱ) 단축된 의미 정보는 명사구 안에 새겨져 간직되어 있다(이를 '네스팅이론(Nesting theory)'이라고 부른다. 6.3.5절). (ⅲ) 의미정보의 호출은 명사구의 기능(예를 들면 (6b)에서는 택시와 택시에 의해 환기되는 두 개의 참여자인 운전수와 승객). 6.3.4절)을 통하여 적절한 이상인지모델(집합체모델, 명제모델)을 환기함으로써 이루어진다. (ⅳ) 개념화는 일원화된 동일 공간에서만 이루어지는 것이 아니라 물리적 공간(개체모델이 대응)과 사회적 공간(사회모델이 대응)이라는 두 가지 개념공간에서 이루어진다.

이는 〔그림 1〕과 같이 나타낼 수 있다. 예를 들면 (7b)와 같이 현실 세계의 사태 참가자가 셋 있을 경우 개체모델에서 이를 개념화하면 '히틀러가 병사에게 수백만 명이나 되는 유대인을 죽이게 했다'와 같은 구문이 도출된다. 한편, 사회모델에서 개념화를 행하면 (7b)의 '히틀러가 수백만 명이나 되는 유대인을 죽였다'와 같은 구문이 도출된다. 따라서 구문A는 사태 참가자와 논항의 수가 대응하여 문자 그대로의 의미를 나타내지만, 구문B는 문자 그대로의 의미를 나타내지 않는다. 또한 이 두 가지 전형적인 구문 패턴 사이에는 객관적으로는 동일 사태를 나타낼 수 있는 다양한 표현이 (피사역자의 문법적 코드화를 교환하면서) 연속적으로 분포하고 있다. 또 각 구문의 형식은 명사구가 환기하는 해석모델의 차이에 의해 결정된다(상세한 내용은 제6장). 〔그림 1〕의 최상위에 있는 두 방향의 화살표는 객관적 상황에 대한 해석(construal)의 차이를 나타낸다.

[그림 1] '명사 기반의 문법'에서 문장의 산출 모델

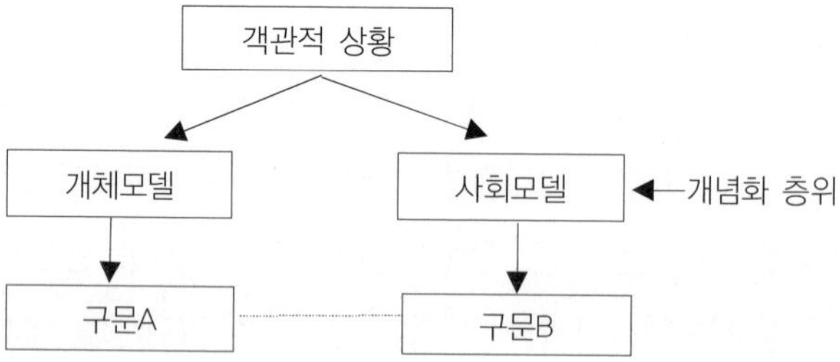

본서의 '사회모델'이라는 사고방식에 따르면 Talmy(2000 : 263)에서 관찰한 '저지된 논항'(blocked complement)의 존재도 동일한 원리로 설명할

수 있다(제6장의 필자주 9 참조).

더욱이 (ⅰ) 어휘적 사역이 '사회모델'을 전면적으로 담당하는 언어유형(한국어), 어휘적 사역과 생산적 사역의 양쪽에서 그것을 담당하는 혼합형 언어(일본어), 그리고 생산적 사역이 그것을 전면적으로 담당하는 제3의 언어유형(현실 속에서 그것이 실제로 존재하는지는 별개로 치고 일단 논리적 가능성으로는 존재할 수 있다)과 같이 기능적 유형론의 관점에 선 연구가 가능하다. 그러면 (ⅱ) 어휘적 사역의 생산성은 '사회모델'에 의해 동기 부여된다는 견해를 얻을 수 있어 언어형식의 생산성 혹은 확장의 동기 부여를 추구할 수 있는 길이 열리게 된다.

이와 같이 '명사 기반의 문법'이 가지는 진정한 의의는 사회문화 모델과 통사구조의 관계를 분명히 밝히는 데에 있다.[5] 그리고 통사구조(구문)의 생산 방식이 언어에 따라 다를 수 있다는 것도 수용할 수 있으며, 그것을 토대로 새로운 기능적 유형론의 연구 역시 가능해진다.

2. 전체의 개관

본 연구를 시작한 경위를 소개하며 전체 내용을 개관하는 것이 좋을 것 같다. 본서의 출발점이 된 현상은 어휘적 사역이 가지는 생산성의 정도에 관한 문제이다. 일본어의 어휘적 사역의 상황에서 볼 때 한국어의 사역접사 '-이, -히, -리, -기(-우, -구, -추)'(어휘적 사역형)은 이상해 보일 정도로 생산성이 높기 때문에 어떤 형태로서든 이것을 설명해 내야겠다고 생각했

5) Silverstein(1976)은 '명사구 계층'이 어떻게 격 표지의 코드화와 관련되어 있는지를 능격언어의 명사구 분열(NP-Split, 제1장 참조) 현상을 통하여 분명히 제시하고 있다. 그러나 이러한 계층은 일원적이며 연속적인 것으로서, 본서의 '개체모델'과 '사회모델'의 구별과 같이 입체적인 관계로 파악하고 있는 것은 아니다.

다. 즉, 이 접사들은 예를 들어 일본어의 '上げる(age-ru, 높이다)' '乾かす(kawakas-u, 말리다)' '沸かす(wakas-u, 끓이다)'와 같은 타동사(어휘적 사역)뿐만 아니라 '歩かせる(ruk-ase-ru, 걷다-사역)' '笑わせる(waraw-ase-ru, 웃다-사역)' '遊ばせる(asob-ase-ru, 놀다-사역)'와 같은 사역(생산적 사역)에 이르기까지 실로 폭넓게 대응한다(노파심에 언급해 두지만, '-게 하다'라는 생산적 사역형은 따로 있다. 제3장 참조). 그렇다면 일본어는 동사의 의미를 통해서도(비교적 간단히) 타동사와 사역의 경계를 예측할 수 있는 시스템으로 되어 있는 데 반해(사실 일본어에도 확장이 있기는 하다), 한국어는 왜 위의 동사들을 하나의 범주로 묶어 놓았을까. 이 문제는 바로 현대 이론언어학에서 가장 널리 신봉되고 있는 가설 중의 하나인 '비대격가설'과 정면으로 충돌하기도 한다. 일본어는 비교적 이 가설에 협력적인 언어인 반면, 한국어는 그렇지 않은 것이다. 이와 같은 두 언어의 대조적인 모습을 보면 이 가설이 진정으로 언어 보편적인 것인지 의심스럽다. 따라서 이 가설의 용어가 근거로 하는 능격언어의 상황을 조사하게 된 것이다. 즉, '능격성'이란 무엇인가? 이 용어법에 대한 본래의 정의를 추구하지 않을 수 없었던 것이다.

제1부는 대격언어에서 능격성을 파악하는 여러 방식들을 파헤치기 위하여 설정하였다. 제1장에서는 능격언어의 격 표지 시스템을 기반으로 하는 '능격성'이라는 용어가 어떻게 대격언어에 적용되어, 또 어떻게 변용되어 왔는지를 살펴본다. 그 과정 속에서 유형론자들과 이론언어학자들 사이에 능격성을 파악하는 방식이 미묘하게 엇갈리고 있음을 살피겠다. 이러한 차이는 능격성을 연속적인 것으로 보는지, 아니면 이분법적인 것으로 보는지에 따라 생긴다. 그러므로 본장에서는 능격성의 본래적인 용어법에 따라 능격성을 연속적인 것으로 정의한다(상세한 내용은 1.3.4절 참조). 또 이분법적 발상은 오히려 동격언어(또는 활격언어)가 보이는 동격성(또는

활격성)에 의거한 개념임도 분명히 밝힌다.

그 다음 제2장에서는 분열자동사성의 본질을 탐구한다. 비대격가설의 주장과 같이 '능격성'이 정말 이분법적인 것인지를 검토하는 것이 목적이다. 이를 위하여 Perlmutter(1978)의 비대격가설에 경험적 기반이 된 비인칭피동 및 분열자동사성의 가장 강력한 근거인 동격언어의 격 표지 행태를 검토한다. 그 밖에 Lyons(1968)이나 Levin & Rappaport Hovav (1995) 등에서 통사적 관계로서 '능격성' 또는 비대격성이 인정된다고 한 사역교체에 대해서도 고찰한다. 그 결과 비인칭피동에서는 물론(Shibatani 1998) 사역교체에서도 동일한 의미적 기반을 토대로 자동사가 양분되는 상황은 보이지 않고 오히려 연속적이라는 결론을 얻을 수 있었다. 즉, 연속성에 기반한 능격성은 보이지만, 이분법에 기반한 '능격성'은 보이지 않는다는 것이다. 주목해야 할 것은 이와 같은 연속성이 자의적이지 않다는 점이다. 예를 들어 사역교체(자타교체)에서 많은 언어가 상태변화동사를 공통의 의미 기반으로 하는데, 일본어는 주로 이동방향동사에까지(예를 들어 赤星は一塁に、金本は二塁にそれぞれ回した(Akahosi-wa itirui-ni, Kanemoto-wa nirui-ni sorezore mawasi-ta, 아카호시는 1루에, 가네모토는 2루로 각각 돌렸다)), 영어는 *walk, run, jump*와 같이 주로 이동양태동사에까지, 그리고 한국어는 그것을 넘어 '걷다, 웃다, 놀다'와 같은 동작동사에까지 확장해 가는 단계성을 보인다. 즉, 여기에 이르러 겨우 어휘적 사역의 행태에 보이는 언어들 간의 차이를 받아들일 수 있어(Shibatani & Pardeshi 2002도 참조), 그것을 생산성의 정도 차로 파악하는 것이 가능해진다.

더욱이 동격언어의 격 표지 행태를 살펴보면 비대격가설의 의미 기준과는 완전히 반대인 상황도 관찰된다(Rosen 1984도 참조). Mithun(1991)이 제공한 데이터에 따르면 라코타어(Lakota)[6]의 상황은 대체로 비대격가설

---

6) [옮긴이] 수족(Sioux people)이라고 불리는 북아메리카 선주민인 라코다인들의 언어. 그

의 의미 기준과 합치한다. 그러나 중앙포모어(Central Pomo)[7]에서는 생리 현상이 피동자격을 취하는 한편, 상태술어는 오히려 동작주격을 취한다. 이러한 상황을 설명하기 위하여 본서에서는 언어에서 서로 다른 논리와 서로 다른 관점이 있을 수 있음을 인정하고 '사태 발생의 유래에 관한 화자의 해석 매개변인'을 제안한다. 또 한국어 자동사의 행태를 (한자어 동사도 포함하여) 살펴보면, 중앙포모어와 동일한 의미 기준이 작동하고 있음을 알 수 있다. 한편, 일본어의 자동사(주로 한자어 동사)의 행태는 한국어와 다르다. 일본어는 비대격가설의 의미 기준과 대체로 합치하는 라코타어와 동일한 매개변인을 가지는 것 같다. 즉, 자동사의 행태에서 한국어와 일본어는 서로 다른 유형에 속하는 언어임이 판명되는 것이다. 이상으로 비대격가설은 객관적으로는 동일한 사태라고 하더라도 서로 다른 논리와 관점을 가질 수 있고, 또 그러한 언어가 있다는 사실은 비대격가설로는 수용할 수 있는 것이 아니기 때문에 비대격가설이 언어보편적 가설로는 부적격하다는 결론에 도달하게 된다.

제1부에서 한국어와 일본어에서 어휘적 사역의 생산성의 차이를 파악하는 것을 목적으로 했다면, 제2부에서는 두 언어의 문장 구조를 만드는 방식에 보이는 공통점을 파악하는 것을 목적으로 한다. 즉, 두 언어는 공통적으로 결합가를 늘리지 않는 비규범적 사역구문을 가지고 있어 피사역자의 문법적 코드화에서도 상당한 유사성을 보인다. 단, 결합가에 변화가 없는 구문의 존재가 세상에 알려지게 된 것은 극히 최근의 일이기 때문에 (일본어에 대해서는 定延 1991, 1998, 2000, 한국어에 대해서는 鄭 1997, 1999, 2000a, 2004a, 2005b 등), 한일 두 언어 이외의 상황에 대해서는 별로 보고

중에서도 테론-수족이 사용하는 서부 방언을 일컫는다.

7) [옮긴이] 미국의 캘리포니아 지역에서 사용하였던 아메리카 선주민 언어인 포모제어 (Pomoan languages) 중 하나.

된 바 없다(Kiryu(2002)에서 네와르어(Newar)[8]에 대한 보고가 있다).

먼저 제3장에서는 기존의 연구에 따라 사역구문의 정의, 사역형식의 분류, 통사구조의 형성 방식에 관하여 전체적으로 살펴본다. 그중에서 Comrie(1985, 1981〔1989〕)에서 언어의 보편적 경향으로서 제안했던 결합가의 증가, 그에 수반하는 사역구문의 형성 방식에 관한 몇몇 제안, 특히 피사역자의 문법적 코드화의 계층에 대하여 철저하게 검증한다. 그리고 한일 두 언어의 자료에서 피사역자의 문법적 코드화의 계층에 대한 결정적인 반례를 제시하고, 사역화에 따라 변화할 확률이 높은 것은 결합가(논항의 수)가 아니라 참가자의 수임을 밝힌다.

이를 이어 받아 제4장에서는 비규범적 사역구문에 관한 상세한 의미 기술을 한 후, 두 언어의 비규범적 사역구문의 형성 방식이 동일한 의미적 기반 위에 서 있음을 분명히 한다. 또 통사구조로는 표시할 수 없는 탈초점화된 피사역자가 의미 해석에서는 존재함을 밝히며 통사 표시와 의미 표시가 어긋나게 되는 메커니즘을 파악하는 '종이접기모델(折り紙モデル)'을 제안한다. 단, 이것은 단순한 기술(記述) 모델일 뿐 설명 모델은 아니라는 점에 주의하기 바란다. 따라서 이 현상을 일으키는 메커니즘을 설명해 낼 이론적 배경이 요청되는데, 이는 제6장에서 제안하는 '네스팅이론(Nesting Theory)'에 맡기도록 하겠다.

제3장의 또 다른 중요한 역할은 사역형식과 사역의미 사이의 상관관계에 관한 연구를 개관하는 것이다. 여기서는 주로 Shibatani의 사역 연구를 개관하고, 남은 문제를 드러내는 데 주된 목적을 둔다. 70년대의 생성문법의 틀에서 직접사역과 간접사역(Shibatani 1973a, b, 1976a, b), 그로부

8) [옮긴이] 네팔에서 사용하는 언어 중 하나. 네팔 바사어라고도 하지만 네팔어와는 다른 언어이다. 본래 시노티베트어족에 속하지만 오랫동안 인도유럽어족의 영향을 받아 어휘는 물론 문법적인 특징까지도 인도유럽어적인 모습을 보인다.

터 약 30년 후 사역의 연속성에 토대를 둔 '수반사역(随伴使役, Sociative causation)'이라고 불리는 중간 영역의 발견(Shibatani & Pardeshi 2002, Shibatani & Chung 2002), 그 후 더 나아가 Zipf(1935[1965])나 Haiman (1983, 1985)에 이은 기능주의 사고방식에 기반하는 사역 연구들을 검토한다(Shibatani 2004). 거기서 네 가지 문제점을 지적하고 그 해결책 역시 제6장의 '명사 기반의 문법'에서 찾도록 한다.

제3부에서는 동사 기반의 문법에서 명사 기반의 문법으로 새로운 패러다임을 제안하는 것을 목적으로 한다. 적어도 다음과 같은 문제를 해결할 수 있는 이론적 틀이 필요하다. (i) 어휘적 사역의 높은 생산성에 동기를 부여하는 요인은 무엇인가? (ii) 비규범적 사역구문은 어떻게 만들어지는가? (iii) 통사구조(언어 표현)에 표시되지 않는 탈초점화된 피사역자는 그 의미정보가 어디에 새겨져 있어 우리가 그렇게 간단히 그 정보들을 끄집어 낼 수 있는 것인가?

제5장의 목적은 먼저 문법적 범주화는 어떻게 이루어지는지에 대하여 일본어의 자타교체와 sase(サセ, 시키다/-게 하다)의 두 가지 문법 영역을 소재로 범주화의 본래 모습을 드러내게 한다. 거기서 기존의 연구와 같이 동사의 의미 클래스에 따른 분류로 과연 범주의 확장을 정확하게 설명할 수 있는 것인지 검토하고, 그 한계를 분명히 제시하겠다. 그것은, 여기서 문제로 삼고 있는 문법적 범주화가 명사구의 범주화이지 동사의 범주화는 아니기 때문이다(제1장 격 표지의 행태도 [표 2]와 같이 자동사문의 주어가 얼마나 불균질적인 요소를 포함시킬 수 있는지 하는 명사구의 문법적 범주화임을 알 수 있다). 그리고 범주의 확장도 명사구의 의미 성질을 기반으로 일어난다. 더욱이 문맥(context)을 보충하여 의미 조건만 충족시킨다면 sase(サセ, 시키다/-게 하다)의 경우에는 동사의 의미와 거의 상관없이 성립하는 것도 확인할 수 있다(定延 1991, Kuroda 1993). 즉, 동사가 문장의 적격성을 좌우

하는 것이 아니라 명사구(의 의미 성질)가 문장의 적격성을 좌우하는 것이다. 여기서 '동사 기반의 문법'이 가지는 설명력의 빈곤함을 지적할 수 있는데, 아울러 문장의 적격성을 좌우하는 명사구의 문법적 중요성이 드러나게 되는 것이다.

제6장에서는 '개체와 관계역할어로서의 명사구'를 제안하여 그에 따라 사회·문화모델과 통사구조(구문)의 관계를 밝힌다. 개체와 관계역할어는 하나의 명사구가 두 개의 기능(외부 세계의 지시물을 '개체'로서 가리키는 경우와, 사회적 역할을 담당하는 사회적 존재의 '관계역할어'로서 가리키는 경우)을 담당하는데, 그것이 개체모델인지 사회모델인지 하는 개념공간과 대응하게 된다. 그리고 후자의 '관계역할어'는 사회·문화적인 지식 구조가 새겨진 단위, 즉 이상인지모델을 환기시키는 단위로서 명사구를 도입하는 것이다. 그와 같은 이론적 장치 위에서 이 둘을 변항으로 하는 'F-모델'(개체모델과 사회모델)을 도입하여 사역구문의 다양한 의미현상이나 통사현상을 설명하겠다. 즉, 개체로 간주할지 사회적 역할을 담당하는 사회적 존재로 간주할지 하는 명사구(가 사리키는 지시물)의 해석(construal)의 차이가 언어화에서 통사구조(구문)의 형성 방식에 직접적으로 관여한다는 결론이다.

이상, 본서에 따르면 한일 두 언어의 차이는 다음과 같이 설명할 수 있다. 즉, 자동사의 행태에서 보이는 두 언어의 차이는 해당 사태의 발생에 관하여 동작주의 견해를 취할지 피동자의 견해를 취할지 하는 개념화에서 화자의 해석 차이에 그 요인이 있는 것이다. 한편, 어휘적 사역의 생산성에서 보이는 두 언어의 차이는 사회모델의 영역을 어떤 형식을 가지고 표현하는가 하는 동일 사태에 대한 두 언어의 서로 다른 선택 때문인데, 그 선택에는 표현의 의미를 중시하는지(어휘적 사역의 선택), 사역 상황을 중시하는지(생산적 사역의 선택) 하는 요소가 관련되어 있는 것이다.

• 제1부 •

대격언어와 능격성

— 언어유형론과 이론언어학의 사이에서 —

제1장 능격성이란 무엇인가

1.1 들어가며

주지하다시피 능격성(ergativity)이란 원래 능격언어에서 형태적 격 표지의 행태를 기반으로 하여 설정한 용어이다. 그것이 근년에 들어와 Lyons (1968)가 *break*, *open*과 같이 동사의 사역교체(자타교체)의 행태를 설명하는 데에도 '능격' 또는 '능격성'이라는 용어를 사용하면서 능격언어에만 국한하지 않은 채 대격언어에도 이 용어를 적용시켜 사용하기 시작하였다 (Dixon 1994, Crystal 1980도 참조).[1] 후자의 용어법은 현재는 특히 보편문법의 해명을 목표로 하는 이론언어학자들이 애용하고 있는데(Burzio 1986, Baker 1988, Miyagawa 1989 등), 그 이론적 배경으로는 Perlamutter(1978)의 '비대격가설'이 있다. 비대격가설에 대해서는 제2장에서 비판적인 검토를 하겠다.

본장에서는 원래 능격언어의 격 표지 시스템을 기술하기 위하여 쓰였던 능격성이라는 용어가 능격언어를 넘어 대격언어에까지 적용되어 가는 과정에 초점을 맞춰 고찰하도록 하겠다. 본장에서는 크게 다음의 두 가지

1) Dixon(1994 : 19)에 따르면 사역의 상황에 능격이라는 용어를 가지고 와 기술한 것은 Haliday(1967)가 처음이라고 한다. 상세한 것은 66쪽의 주19를 참조.

점을 살펴본다. (i) 능격성이란 무엇인가. 그에 대한 본래의 용어법을 개관하고, 그 정의를 확인한다. (ii) 능격성을 대격언어에 적용할 때 그 개념을 어떻게 파악하고 적용해 왔는가. 이 점에 대하여 기존 연구의 세 가지 방식을 소개하고 유형론자와 이론언어학자 사이에 보이는 용어법 적용의 차이를 확인한다.

이와 같은 고찰을 통하여 궁극적으로는 능격언어와 동일하게 적용할 수 있는 능격성의 정의를 제안하는 것을 목표로 한다.

1.2 능격언어와 능격성의 구현

본절은 능격성의 정의에 대한 정확한 이해를 추구하는 것을 목적으로 한다. 따라서 능격언어에 대한 총괄적인 파악이 그 목적은 아니다. 아래서는 유형론의 관점에서 대격언어와 능격언어를 개관한 후 능격언어에서 능격성의 실현을 비교적 간단히 소개하겠다.

1.2.1 격 표지 시스템에 기반한 언어 유형

어느 한 언어가 대격언어 또는 능격언어라고 할 때 그것은 다음과 같은 격 표지 패턴을 나타내는 언어임을 말한다. NOM : 주격, ACC : 대격, ERG : 능격, ABS : 절대격, ∅ : 무표격.

[표 1] 격 표시 패턴과 언어 유형

Ⅰ. 대격언어의 격 표지 시스템 : S = A (=NOM, ∅)			
자동사구문 :	S		V*int*
타동사구문 :	A	P-ACC	V*tr*
Ⅱ. 능격언어의 격 표지 시스템 : S = P (=ABS, ∅)			
자동사구문 :		S	V*int*
타동사구문 :	A-ERG	P	V*tr*

〔표 1〕의 Ⅰ에서와 같이 자동사문의 주어 S와 타동사문의 동작주 A가 동일한 주격(대부분의 경우에는 무표인 ∅)을 받고, 타동사문의 피동자 P가 유표의 형태로 대격을 취하는 격 표지 패턴을 가지는 언어를 대격언어라고 한다. 바꿔 말하자면, 대격언어는 격 표지의 코드화에서 S와 A를 동일하게 취급하고 P를 거기서 배제하여 특별 취급을 한다. 즉, 대격형의 격 표지를 취하는 언어이다. 이와는 달리 〔표 1〕의 Ⅱ에서와 같이 자동사문의 주어 S와 타동사문의 피동자 P가 유표의 형태로 능격을 받는 격 표지 패턴을 가지는 언어는 능격언어라고 한다. 바꿔 말하자면, A가 배제되어 특별 취급을 받는다는 것이다. 즉, 능격형의 격 표지를 취하는 언어이다(Comrie 1978, Dixon 1979, 1994, 柴谷 1986, 1989, Shibatani 1988, 宮岡 1986, 松本 1986, 角田 1991 등 참조).

각각에 해당하는 구체적인 예들을 살펴보자. 다음은 Comrie(1978 : 331-333)에서 인용한 예이다.

(1) 대격형 격 표지(라틴어)

a. Puer vēnit.
boy-NOM. Came
'The boy came.'

b. Puer puellam amat.
boy-NOM. girl-ACC. Loves
'The boy loves the girl.'

(2) 능격형 격 표지(바스크어)
a. Martin ethorri da
Martin-ABS came AUX.-3Sg.S
'Martin came.'
b. Martin-ek haurra igorri du.
Martin-ERG. child-ABS. sent AUX.-3Sg.A-3Sg.P
'Martin sent the child.'

(1)은 대격형의 격 표지를 취하는 라틴어의 예이고, (2)는 능격형의 격 표지를 취하는 바스크어의 예이다. 즉, 라틴어에서는 S와 A를 하나의 그룹으로 묶고 무표인 주격의 형태로 나타낸다. 한편, 바스크어에서는 S와 P를 하나의 그룹으로 묶고 무표인 절대격의 형태로 나타낸다. 반면에 대격언어인 라틴어에서는 P를 특별 취급해 유표의 형태인 대격으로 나타내고, 능격언어인 바스크어에서는 A를 특별 취급해 유표의 형태인 능격으로 나타낸다.

일본어나 한국어는 라틴어와 동일하게 대격언어로 분류할 수 있다. 다음의 (3)과 (4)를 보면 알 수 있듯이 두 언어는 모두 유표 형태의 격 표지를 취하는데, 자동사문의 주어와 타동사문의 주어는 일본어에서는 '-ga(が)', 그리고 한국어에서는 '가'(또는 이형태의 '이')와 같이 동일하게 주격으로 표시한다. 한편, 타동사문의 목적어는 일본어에서는 '-o(を)', 그리고 한국어에서는 '을'(또는 이형태의 '를')과 같이 대격으로 표시하며 특별 취급을 한다.

(3) 일본어

a. 太郎が走った。

Taro-ga hasit-ta.
타로-주격 달리다-과거.단정
'타로가 달렸다'

b. 太郎が花子を殴った。

Taro-ga Hanako-o nagut-ta
타로-주격 하나코-대격 때리다-과거.단정
'타로가 하나코를 때렸다'

(4) 한국어

a. 철이가 달렸다.

b. 철이가 영희를 때렸다.

능격형의 격 표지를 취하는 언어에 대하여 특히 주의해야 하는 점은 능격언어의 격 표지 시스템 전체가 일관되게 능격형임을 의미하지는 않는다는 점이다. 격 표지에 일관되게 능격형을 보이는 것은 바스크어나 에스키모어 등 극소수에 지나지 않고, 대부분의 능격언어는 능격형과 대격형이 공존하는 형태, 즉 분열능격형을 보이는 것이 일반적이다(Dixon 1979, 1994, 柴谷 1986. 예는 아래의 (9)와 (10)을 참조).

능격언어의 대격형에는 정도의 차가 있고, 대격언어와 능격언어에는 비대칭성이 존재하는 것이다.

1.2.2 형태적 능격성과 통사적 능격성

능격언어에서 능격성이 나타나는 층위로는 일반적으로 형태적 능격성과 통사적 능격성을 들 수 있다. 본절에서는 이 두 가지 층위의 능격성이 일어나는 방식에 대하여 고찰한다.

앞 절의 논의에 따르면 능격성이란, 타동사문의 A에 주어지는 능격(ergative case)이라는 격 표지의 명칭에서 알 수 있듯이 원래 A가 특별 취급을 받는다는 것을 포착하기 위한 용어이다. 그렇지만 전통적인 의미에서 깔끔하게 정의되었던 이 용어를 단순히 격 표지만을 나타내는 데에 그치지 않고 격 표지에서 동떨어진 영역인 일치 현상이나 그 밖의 다른 다양한 통사 현상에도 적용하게 된다. 예를 들어 등위구문에서 조정자(controller)와 공백(gap)의 생성, 관계절화, 재귀대명사의 지배, 분열문의 초점 등에서 S와 P를 동일하게 취급하면서 A를 배제하는 현상을 설명하는 경우에도 이용하게 된 것이다. 즉, 능격성은 단순한 격 표지를 넘어서는 층위의 추상적 개념으로서 성립하게 된 것이다(柴谷 1986, 1989 참조).

이와 같이 서로 다른 영역의 다양한 층위에 나타나는 능격성 중 격 표지와의 일치(agreement)에 나타나는 능격성의 실현은 형태적 능격성(morphological ergativity)이라고 하고, 통사법에 보이는 능격성의 실현은 통사적 능격성(syntactic ergativity)이라고 분류한다(Comrie 1978, Dixon 1994, 松本 1986).[2]

그러면 먼저 격 표지와는 다른 영역이기는 하지만, 형태적 능격성으로 취급되는 일치현상에 대하여 살펴보자.[3] (5)와 (6)은 Comrie(1978) 및 柴谷(1986, 1989 : 50, 64)에서 인용 또는 재인용한 것이다(약간 수정하였다).

---

2) 마쓰모토(松本 1986)는 여기에 담화구조를 추가하여 형태론, 통사론, 담화구조의 세 가지 층위에 능격성을 설정하고 있다. 담화 층위의 능격성이란 담화구조를 지배하는 주제(topic)의 선택과 관련하여 P가 우선시되어 S와 P가 주제가 되는 형태를 말한다.

3) 일치와 격 표지가 서로 괴리를 보여 둘이 서로 다른 층위임을 나타내는 예는 Comrie(1978 : 340-341)를 보기 바란다. 거기서는 격 표지에 관해서는 능격형이지만 일치는 대격형인 예를 들고 있다.

(5) 대격형 일치(영어)

a. He comes.

b. He hits them.

c. They hit him.

(6) 능격형 일치(아바르어)

a. vas v-eker-ula
boy-ABS Masc-rus-PRES
'The boy runs.'

b. jas j-eker-ula
girl-ABS Fem-run-PRES
'The girl runs.'

c. ins : u-c : a jas j-ec : ula
father-ERG girl Fem-praise-PRES
'The father praise the girl.' (Anderson, 1976)

일치현상에서 대격형을 보이는 영어는 (5)의 a와 b와 같이 자동사문의 S와 타동사문의 A가 일치를 일으키고 있고, (5c)의 타동사문의 P(him)는 일치를 일으키지 않는다. 한편, 캅카스제어 중 하나인 아바르어(Avar)[4]에서는 (6)에서 관찰할 수 있는 바와 같이 타동사문의 A가 능격표시를 받고

4) [옮긴이] 북동캅카스어족에 속하는 언어이다. 러시아의 다게스탄(Dagestan) 공화국의 6개 공용어 중의 하나로 주로 남부 지방에서 사용하고 있다.

S와 P는 모두 절대격으로 나타나는 등 성의 일치가 A를 배제한 S와 P에 의해 일어나고 있다.

다음으로 통사법에서 능격성을 나타내는 현상으로 등위구문에서 공백(gap)의 발생 방식을 살펴보자. 다음은 등위구문에서 공백의 생성에 대하여 대격형 통사법을 보이는 영어와 능격형 통사법을 보이는 디르발어(Dyirbal)의 예이다. (7)과 (8)은 각각 시바타니(柴谷 1989 : 56)와 Comrie (1978 : 348)에서 제시한 예를 약간 수정하여 인용한 것이다(주석은 Dixon 1979 : 61-64를 참고하여 필자가 작성한 것이다).

(7) 대격형 통사법(영어)

a. He$_i$ came and Ø$_i$ went away. (S=S)

b. He$_i$ came and Ø$_i$ hit Bill. (S=A)

c. *He$_i$ came and Bill hit Ø$_i$. (S=P)

(8) 능격형 통사법(디르발어)

a. Bayi yaṛa bani-nʸu, baŋgun dʸugumbi-ṛu balga-n.
Masc-ABS man-ABS come-Tense, Fem-ERG woman-ERG hit-Tense
'The man$_i$ came here and the woman hit Ø$_i$.' (S=P)

b. *Bayi yaṛa bani-nʸu, balan dʸugumbi balga-n.
Masc-ABS man-ABS come-Tense, Fem-ABS woman-ABS hit-Tense
'The man$_i$ came here and Ø$_i$ hit the woman.' (S=A)

위의 예에서 보는 바와 같이, 등위구문에서 공백의 생성에 관하여 영어는 자동사문의 S와 타동사의 A를 그 대상으로 삼고 타동사문의 P는 (7c)와 같이 배제되는 대격형의 통사법을 보인다. 반면, 디르발어는 자동사문의 S와 타동사문의 P가 대상이 되고, (8b)와 같이 타동사문의 A가 배제되는 능격형의 통사법을 보인다. 그렇지만 이와 같은 통사현상을 보이는 능격언어는 그 수가 상당히 적다.

1.2.3 분열능격성

위에서 논의한 상황을 감안할 때 능격언어는 일치나 통사법에 관하여 모두 능격형인 것처럼 여겨질지도 모르겠다. 그러나 사실은 앞 절에서 서술한 격 표지와 동일하게, 일치를 가진 능격언어라고 해서 모두 일치현상에 관하여 일관되게 능격형을 취한다거나 또 통사현상에 관해서도 일관되게 능격형을 보이는 것은 아니다.

Dixon(1979)에 따르면 디르발어는 통사법에 관하여 일관되게 능격형을 보이지만, 격 표지에 관해서는 인칭대명사에서 능격형으로 바뀌는 분열능격성을 보인다고 한다. 그러나 디르발어와 같이 통사법에서 일관되게 능격형을 보이는 언어는 매우 적고, 바스크어나 에스키모어와 같이 형태적인 측면에서는 능격형을 보이지만 통사법에 관해서는 오히려 대격형을 보이는 경우가 더 일반적이다(Comrie 1978 : 346, 柴谷 1986, 宮岡 1986, 角田 1991). 바꿔 말하자면, 통사적 능격성을 가진 언어는 모두 어느 정도 형태적 능격성을 동시에 갖추고 있지만, 역으로 형태적 능격성을 가진 언어의 대다수는 통사적 층위에서는 오로지 대격형을 보이는 경우가 많다. 이를 Dixon(1979)의 일반화를 빌려 이야기하자면, 형태적 능격성과 통사적 능격성 양쪽에 관하여 완전한 능격형 언어는 없다는 것이다.

구체적인 상황을 살펴보기 위하여 시바타니(柴谷 1989 : 58-60)의 예를 재인용해 본다. 먼저 (9)와 (10)은 형태적 측면에서 능격형과 대격형이 공존하는 호주의 와르가마이어(warrgamay)의 상황이다. 여기서는 명사구의 분열(NP-split)이 보인다. 즉, (9)와 같이 보통명사의 경우에는 능격형

의 격 표지를 받지만, 1인칭과 2인칭의 대명사는 (10)과 같이 대격형의 격 표지를 받는다.5)

(9) 능격형 격 표지(와르가마이어)

a. ŋulmburu gaga-ma.
woman.ABS go-FUT
'The woman will go.'

b. maal-du ŋulmburu ŋunda-lma.
man-ERG woman.ABS see-FUT
'The man will see the woman.'

(10) 대격형 격 표지(와르가마이어)

a. ŋana gaga-ma.
we.NOM go-FUT

b. yurra ŋana-nya ŋunda-lma.
You-NOM we-ACC see-FUT
'You will see us.' (Dixon, 1980)

다음으로 뉴기니아의 가테어(Kâte)에서는 (11b)에서와 같이 격 표지는 능격형을 취하면서도 통사법에서는 S와 P를 대상으로 하는 능격형이 아니라 (11a)에서와 같이 S와 A를 대상으로 하는 대격형을 취한다. (8)의 디르발어의 상황과는 정반대인 것이다.

(11) 대격형 통사법(카테어)

a. 〔$\emptyset_i$ vale-la〕〔$\emptyset_i$ nana ra-la〕〔be?$_i$ guy fo-ve?〕

5) 분열능격성에는 NP-split 이외에 힌디어와 같이 시제(tense)와 상(aspect)에 관하여 분열을 보이는 언어도 있다. 상세한 내용은 DeLancey(1981), Comrie(1978 : 350-355), Dixon(1994) 등을 참고하기 바란다.

come-PAST taro eat-PAST pig sleep lie-3SG.PAST
'The pig came, ate taro, and lay down to sleep.' (S=A)
b. *[go-ki (be?) hone-la] [(be?) gesa?ke-ve]
you-ERG pig see-PAST pig run-3SG.PAST
'You saw the pig, and it ran.' (S=P) (Anderson, 1976)

1.2.4 주어의 동정(同定)에 관한 문제

이와 같이 형태적인 측면과 통사적인 측면에서 실현 방식이 일관되지 않은 능격언어에 대한 중요한 과제 중 하나로 부상한 것이 바로 주어의 동정(同定, identification)에 관한 문제다.[6] 능격언어에서는 주어와 동정할 수 있는 특성이 대격언어와 같이 하나의 유형의 명사구에 집중되어 있지 않고 형태적인 측면과 통사적인 측면으로 분산되어 있기 때문이다.[7] 즉, (통사법에 관하여 완전한 능격성을 보이는 디르발어 등 소수의 언어를 제외하고) 통사적인 관점에서 보면 많은 능격언어들이 대격언어와 동일하게 S와 A를 주어로 인정하는(Anderson 1976) 반면, 형태적인 관점에서는 S와 P를 주어로 인정한다(柴谷 1989 : 49-70).

이와 같은 곤란한 상황에 대한 해결책으로서 능격언어(의 타동사 구문)에는 주어와 목적어의 관계가 존재하지 않고 능격(ergative)과 절대격(absolutive)의 관계만이 있다는 입장을 내세우기도 한다. 이에 대하여 시바타니(柴谷 1989 : 77-87)는 원형적 주어관의 입장에서 능격언어에는 원형적인 주어가 없고 두 개의 비원형적인 주어가 있다고 주장한 바 있다(柴谷 1985, 1986도 참조).

6) 상세한 논의는 시바타니(柴谷 1989 : 49-128), Dixon(1994 : 111-142) 등을 참조. 大堀(2002 : 150-160)의 해설도 참고하기 바란다.
7) 주어 특성에 관해서는 Keenan(1976)을 보기 바란다. 코드화상의 특성, 실현 행태와 제어력 특성, 의미적 특성이라는 세 가지 범주로 구별되는 30개의 주어 특성을 추출하고 있다.

어찌 됐든 능격언어는 주어라는 문법범주가 확립되어 있지 않은 언어라고 결론 내릴 수 있겠다(柴谷 1997 : 8).

1.2.5 분열주어 시스템과 능격성

의미적인 관점에서 주어의 동정 문제를 다시 한번 생각해 보자. 대격언어와 능격언어 모두 자동사문의 유일한 명사구인 S를 주어로 인정하는 데에는 무리가 없는 듯 보인다. 의미적으로 S가 동작주(agent)인 경우와 피동자(patient)인 경우가 있는데, 주어의 위치에서는 그와 같은 의미의 대립이 중화되기 때문에 통사적으로 동일한 취급을 받을 수 있다(柴谷 1989 : 52). 따라서 의미를 초월한 주어라는 문법 범주가 성립할 수 있는 것이다. 이와 같은 관점에서 타동사문을 살펴보면, S가 갖추고 있는 의미 특성이 두 개의 명사구, 즉 A와 P로 분산되어 있어 어느 쪽을 주어로 인정해야 할지가 문제가 된다. 능동문의 일반적인 상황에서 동작주가 주어면 S와 A가 하나의 그룹으로 묶이지만, 피동문과 같이 피동자가 (파생) 주어가 되는 경우에는 S와 P를 주어로 하는 묶음도 불가능하지 않기 때문에 이러한 문제가 생기는 것이다.

그런데 타동사문과는 다르게 주어의 동정이 자명한 것처럼 보였던 자동사문의 S 역시 사실은 격 표지 시스템에 따라서는 하나의 큰 암반과 같은 것이 아니라 두 개로 나뉘는 경우가 있다. 이는 아메리카 선주민 언어들이나 캅카스제어, 그리고 그 밖의 여러 언어에서 찾아볼 수 있다(Merlan 1985, Mithun 1991, Dixon 1994 등 참조). 아래에 바츠비어(Batsbi)와 동포모어(Eastern Pomo)의 예를 들어보자. (12)는 Dešeriev(1953)의 예를 Comrie(1978 : 366)와 DeLancey(1981 : 629)에서 인용한 것이다. (13)은 McLendon(1978)의 예를 Shibatani(2002b, 2006 : 228)에서 인용한 것이다. 특히 (13)에서는 능격언어의 격 표지 시스템을 기술하는 용어인

ERG/ABS가 아니라 A(Agentive)/P(Patientive)라는 용어를 사용하고 있다는 점을 주목하기 바란다.

(12) 바츠비어

a. Tχo naizdraχ qitra.
We-ABS to-the-ground fell
'We fell to the ground (unintentionally, not our fault).'

b. A-tχo naizdraχ qitra.
ERG-we to-the-ground fell
'We fell to the ground (intentionally, through our own carelessness).'

(13) 동포모어

a. xa:a-u:la: wí ko:khoya
rattle snake 1SG.P bit
'The rattle snake bit me.'

b. ha: mi:pal sa:k'a
1SG.A him killed
'I killed him.'

c. ha: c'e:xelka (volitional)
1SG.A slip.
'I am sliding.'

d. wí c'e: xelka (spontaneous)
1SG.P slip
'I am slipping.'

(12)의 a, b는 자동사문이다. 여기에는 (12a)와 같이 S가 타동사문의 P와 동일한 절대격을 취하는 경우와 (12b)와 같이 타동사문의 A와 동일한 능격을 취하는 경우가 있다. 이 경우 후자의 S를 S_a라고 하고 전자를

S_p라고 표시하면[8], S_a에는 의도적인 행위와 자신의 부주의로 인한 행위, 즉 일어난 행위가 자신에게 책임이 있는 경우의 사건이 대응한다. 반면, S_p에는 자신의 부주의로 인해 일어난 것이 아닌 비의도적인 사건이 대응한다(상세한 내용은 2.5절을 참조).

이와 같은 상황은 (13)을 보면 좀 더 명확하게 알 수 있다. (13a, b)와 (13c, d)는 각각 타동사문과 자동사문이다. (13d)의 자동사문의 Sp는 (13a)의 타동사문의 P와 동일한 표지인 '*wi*'를 받고 있고, (13c)의 자동사문의 S_a는 (13b)의 타동사문의 A와 동일한 표지 '*ha;*'를 받고 있다. 이 경우 두 개의 자동사문은 의도적인 행위(13c)와 비의도적인 행위(13d)(이것은 Shibatani 2006에서는 자발성으로 분류한다)와 같이 의미적으로 구분된다. 즉, 격 표지의 실현과 동사의 의미 사이에 일정한 상관관계가 보인다는 것이다.[9]

분열주어 시스템이 보이는 이러한 언어 사실은 말할 필요도 없이 비대격성가설을 지지하는 강력한 근거로 채용되었다. 그러나 여기에는 또 다른 문제점이 있는데, 이에 대한 구체적인 논의는 제2장에서 한다.

여기서 주의해야 할 점은, 이와 같이 자동사문의 S가 A 혹은 P와 의미적인 대응 관계를 가지면서 격 표지에서도 S_a와 S_p의 두 가지로 분류될 경우에는 보통 동격언어(또는 활격언어)라고 하여 Sapir(1917) 이래 일반적으로 능격언어와는 엄밀히 구별해 왔다(高見・久野 2002 : 8, 32도 참조)[10]

---

8) Dixon(1994)에서는 P 대신에 O를 사용하여 S_a/S_o라고 구분하고, 이것을 split-S시스템이라고 부르고 있다.

9) Klimov(1999)에 따르면 동격언어의 S_a에는 동작동사와의 관련성이 강하고, S_p에는 상태동사와의 관련성이 강하다(Merlan(1985), Mithun(1991)도 참조). 2.5절에서 상세하게 다루겠다.

10) 이 유형의 언어는 active-stative, active-inactive active-neuter 등의 명칭으로 불리고 있다(Merlan 1985, Harris 1982, Comrie 1978 참조). DeLancey(1981 : 627-629)에 따르면 격 표지의 분열에는 세 가지 패턴이 있는데, 두 가지는 능격언어에 보이

는 것이다. 즉, 능격언어의 격 표지 시스템에서 태어난 능격성이라는 용어의 정의는 타동사문의 P가 자동사문의 S 전체와 하나로 묶이는 것을 말하지, S_a 또는 S_p와 같이 그 일부분만 하나로 묶이는 것을 의미하지는 않는다. 만일 S를 취급하는 데 어떤 현상이 S_a와 S_p를 구별하고 S_a=A와 S_p=P와 같이 서로 다른 그룹으로 묶인다고 한다면 그것은 능격성이 아니라 동격성(또는 활격성 activity, agentivity)이라고 해야 할 것이다.

이와 같은 동격언어의 상황을 보면, 능격언어 및 대격언어의 상황에 대해서도 시사하는 점이 있다. 즉, S_a=A를 출발점으로 삼아 거기에 그 밖의 요소인 S_p를 포함시켜 하나로 묶은 것이 대격형 언어라면 S_p=P를 출발점으로 거기에 그 밖의 요소인 S_a를 포함시켜 하나로 묶은 것이 능격형 언어라는 것이다.[11)12)] 결과적으로, 단순한 의미적 격 표지 시스템인 S_a=A / S_p=P라는 분류 형식에서 의미적으로 균질하지 않은 것까지 동일하게 취급할 수 있도록 일반화하여 확장해 나간 것이 대격형 시스템 및 능격형 시스템이라는 사고방식이다.

이 상황은 다음의 〔표 2〕와 같이 나타낼 수 있다.

는 분열능격성이고(주3 참조), 다른 하나는 동격언어에 보이는 분열주어 시스템(분열자동사성이라고도 부른다)이다. 즉, 분열의 행태에서 볼 때도 능격성과 분열주어 시스템은 구별되는 것이다.

11) 시바타니(柴谷方良) 교수의 가르침에 따름.

12) Comrie(1976b)에 따르면, Klimov(1973)는 통시적으로 볼 때 형태적 능격성은 거의 예외 없이 동격성(agentivity)에서 발생한다고 한다. 이에 대한 비판적인 논의는 Comrie (1976b)를 참조.

[표 2] 자동사문의 주어명사구(S)와 언어유형

Ⅰ. 대격형	$S(S_a/S_p)=A$	/ P
Ⅱ. 능격형	$S(S_p/S_a)=P$	/ A
Ⅲ. 동격형	$S_a=A$	/ $S_p=P$

이와 같은 생각을 지지하는 것으로서 대격언어의 피동과 능격언어의 역피동(antipassive) 현상이 있다. 피동은 타동사문의 P가 자동사문의 S와 동일한 주격으로 변환하여, 제2격(대격)에서 제1격(주격)으로 승격되어 결합가를 감소시키는 조작이다. 이와 달리 역피동은 타동사문의 A가 자동사문의 S와 동일한 절대격으로 변환하여, 제2격(능격)에서 제1격(절대격)으로 승격되어 결합가를 감소시키는 조작이다(Shibatani 1988 참조). 그리고 동격언어는 이러한 두 가지 태(voice) 현상 모두에 그다지 민감하지 않다는 점도 지적해 두겠다.

다음의 두 가지 예를 비교해 보자. (15)는 호주의 와룬구어(Warrungu)의 예이다(Tsunoda 1988 : 598에서 인용.)

(14) 영어

a. John loves her. (능동문)

b. She is loved by John. (피동문)

(15) 와룬구어

a. pama+ngku kamu+Ø yangka+n (능동문)
man+ERG water_ABS drink+P/P
'A man looked/looks for water.' (물을 찾은 상황)

b. pama+Ø kamu+wu yangka+*kali*+n (역피동문)

man+ABS water+DAT drink+ANTI+P/P
'A man looked/looks for water.' (물을 찾고 헤매는 상황)

(14)는 영어의 예인데, (14b)와 같이 피동문이 되면 타동사문의 P가 S의 위치로 바뀌어 대격에서 주격으로 승격된다. 한편, 타동사문의 A는 부가어가 되어 사격(斜格)을 받는다. 이와 달리 와룬구어의 역피동문 (15b)에서는 타동사문의 A(man)가 S의 위치로 바뀌어 능격에서 절대격으로 교체된다. 한편 타동사문의 P(water)는 부가어가 되는데, 이 경우에는 여격이 부여된다. Tsunoda(1988 : 629)에 따르면, 역피동문의 경우 동작주(능동문의 A)는 필수논항이기 때문에 반드시 표현해야 하지만 피동자(능동문의 P)는 표현하지 않아도 된다. 즉, 역피동문에서는 P가, 피동문에서는 A가 각각 부가어가 되는 것이다.

이 상황은 다음과 같이 형식화할 수 있다(Shibatani 1988 : 6, Tsunoda 1988 참조). OBL : 사격, pass : 피동, anti : 역피동.

[표 3] 피동과 역피동의 파생 시스템

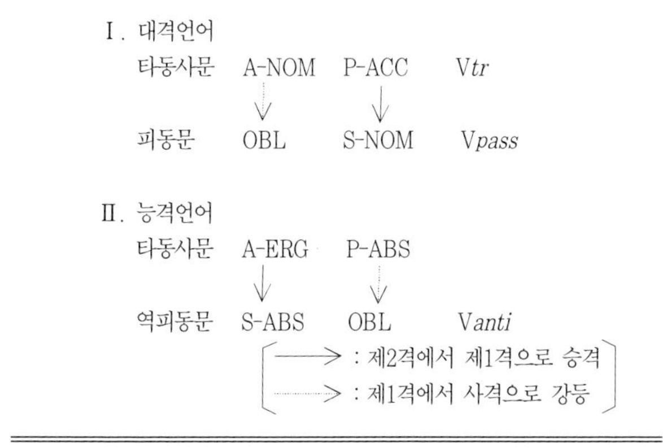

여기서 피동문의 S와 역피동문의 S 모두를 파생주어라는 의미에서 *d*-S라고 표시하자. 그렇게 하면 대격언어와 능격언어는 피동이냐 역피동이냐 하는 통사적 전략은 서로 다르지만 S 안에 (2차적으로) 파생주어 *d*-S를 참가시키는 전략을 가진다는 점에서는 동일하다는 점을 알 수 있다. 즉, 통사적인 측면에서 둘은 동일한 것이다.[13] 그렇지만 2차적으로 S의 범주에 추가된 *d*-S의 의미 특성이 무엇인가 하는 내용적인 측면을 볼 때 이 둘은 전혀 다르다. 대격언어는 타동사문의 목적어 P(나중에 Sp가 된다)가 S 안에 새롭게 수용되는 시스템인 반면에, 능격언어는 타동사문의 동작주 A(나중에 Sa가 된다)가 S 안에 새롭게 수용되는 시스템이다. 이와 같은 상황에서 볼 때 〔표 2〕와 같은 사고방식은 설득력이 있다.

결론부터 이야기하자면, 능격성은 분열주어 시스템과 달리 자동사문의 주어 명사구가 의미적으로 균질한 요소에 의하여 두 개로 분열되는 것을 의미하지는 않는다는 것이다.

1.3 대격언어에서의 능격성에 대한 파악 방식

능격언어뿐만 아니라 대격언어에서도 능격성이 나타날 수 있다는 관점은 능격성을 좀 더 보편적인 개념으로 간주함으로써 가능하다. 이와 같은 입장에서 대격언어에 능격성을 적용해 온 것은 다음과 같은 세 가지 영역이다. (i) 격 표지의 코드화에 나타나는 능격성 (ii) 단어 형성과 명사구 편입 등에 나타나는 능격성 (iii) 사역교체에 나타나는 능격성. 여기서 주

13) 많은 능격언어에서 한 언어 안에 능격형과 대격형이 공존하고 있다는 사실이나 페르시아어와 같이 하나의 언어가 대격형〉능격형〉대격형으로 변화해 온 상황을 보면 사실 능격언어와 대격언어의 차이는 표면적인 것에 지나지 않을 뿐 깊은 층위의 것은 아니라는 견해도 있다(Comrie 1978, 柴谷 1986, Dixon 1994).

목을 끄는 것은 유형론자와 이론언어학자 사이에 보이는 능격성에 대한 파악 방식의 차이다.

아래서는 위의 순서에 따라 앞 절에서 검토한 능격성의 정의에 기반한 비판적인 검토를 실시한다. 최종적으로는 대격언어에도 능격언어와 동일하게 적용할 수 있는 능격성의 정의를 제안하겠다.

1.3.1 격 표지에 기반한 능격성의 파악 방식

1.2절에서 언급한 바와 같이, 능격언어의 대부분은 대격언어의 형태적·통사적 특징을 동시에 가지고 있다. 이와 같은 상황을 염두에 두면 그 반대의 상황, 즉 대격언어에도 능격언어의 형태적·통사적 특징을 보이는 경우가 있지 않을까 하는 생각이 자연스럽게 생길 것이다. 시바타니(柴谷 1979)는 이와 같은 발상을 통하여 격의 분포 상황을 근거로 대격언어에도 능격성을 보이는 경우가 있다고 주장하며, 다음과 같은 여격주어 구문을 그 예로 제시했다.

(16) 일본어

a. 僕に(は) お金が 必要だ。

boku-ni(wa) okane-ga hituyo-da

나-여격(은/는) 돈-주격 필요하다-단정-현재

'I need money.'

b. 僕に(は) 英語が 分かる。

boku-ni(wa) eigo-ga wakar-u

나-여격(은/는) 영어-주격 알다-단정-현재

'I understand English.'

(17) 한국어

a. 김 씨에게 돈이 있다.

b. 김 씨에게 돈이 필요하다.

즉, 시바타니(柴谷 1979)는 (16)과 (17)과 같이 여격주어구문을 능격구문(능격언어의 타동사구문)과 동일하다고 간주했던 것인데, 여기에는 다음과 같은 세 가지 전제가 있다. 첫째, (영어 대역어를 통하여 알 수 있듯이) 여격주어구문은 타동사구문이다. 둘째, 문두에 오는 여격명사구는 재귀대명사화 규칙, 존경어화 등 통사현상에서 주어적 특성을 보이기 때문에 명실공히 주어라고 할 수 있다. 이는 능격구문에서도 통사적 행태의 관점에서 능격명사구가 주어라고 하는 것과 동일하다. 세 번째, 여격명사구의 다음에 오는 주격명사구는 주어가 아니다. 이것은 능격구문의 절대격명사구와 동일하게 목적어로 볼 수 있다.

이를 요약해 보면 〔표 4〕와 같이 나타낼 수 있다.

[표 4]

Ⅰ. 대격언어		
자동사구문 :	S-주격(주어)	술어
여격주어구 : A-여격(주어)	P-주격(목적어)	술어
Ⅱ. 능격언어		
자동사구문 :	S-절대격(주어)	술어
능격구문 : A-능격(주어)	P-절대격(목적어)	술어

그러나 격 표지를 기반으로 하는 이와 같은 능격성에 대한 파악 방식은 그 후 시바타니(柴谷)의 연구를 살펴보면 다음과 같이 수정된다.

먼저 이러한 파악 방식에는 능격언어의 주어 동정에 관한 문제가 관여한다. 이에 대하여 시바타니(柴谷 1989)는 시바타니(柴谷 1979)에서 지지했던 Anderson(1976)의 통사론 우선(또는 형태론 경시)의 주어 동정 방식을 비판한다. 그리고 형태・통사・의미를 동일하게 중시하는 방법론으로서 원형주어론을 전개한다(柴谷 1985, Shibatani 1988도 참조).

이 원형주어론에 따르면, 우선 〔표 4〕의 II는 다음과 같이 분석할 수 있다. 능격구문은 〔표 4〕의 II에 보이는 바와 같이 통사상의 분류와 형태상의 분류 사이에 괴리가 있다(1.2.4절 참조). 구체적으로는 능격언어의 대부분이 통사적인 행태에서는 대격형을 보이는 것에서 알 수 있듯이, 통사적인 측면을 중시하면 S=A가 주어가 된다. 한편, 형태적인 측면을 중시하면 주어는 오히려 절대격을 받는 S=P가 된다. 즉, 능격구문에서는 주어의 특성이 분산되어 있기 때문에 A와 P 어느 쪽이 주어인지 결정할 수 없다. 그러므로 능격언어는 비원형적 주어가 두 개 있는 언어라고 특징지을 수 있는 것이다(柴谷 1989 : 77-87).

더욱이 〔표 4〕의 I과 같은 견해도 원형주어관에 따르면 수용할 수 없게 된다. 즉, 80년대에 이루어진 시바타니(柴谷)의 원형주어관에 따른 연구 성과는 그 후 Shibatani(1999)와 Shibatani(2001)의 여격주어구문의 분석으로 이어져 70년대의 통사론 우선의 분석, 즉 타동사문으로서의 여격주어구문 분석을 철폐하게 된다.[14] 구체적으로는 여격주어구문을 자동사문으로 분석하여 이른바 대주어・소주어로 구분한다.

여기까지를 요약해 보면, 여격주어구문을 격 표지 시스템에 기반한 능격성의 실현이라고 보는 견해[15], 즉 여격주어구문은 타동사구문이며 대

---

14) 여격주어구문을 타동사문으로 보는 분석으로는 대표적으로 구노(久野 1973), 시바타니(柴谷 1978)가 있고, 최근에는 Kishimoto(2004)와 기시모토(岸本 2005 : 제5장)가 있다. 이 구문이 자동사문인지 타동사문인지, 아니면 자발구문인지에 관해서는 지금까지도 활발한 논의가 이루어지고 있다. 상세한 내용은 기시모토(岸本 2005), Shibatani(1999, 2001, 2006), Pardeshi(2004)를 보기 바란다.

15) 이러한 파악 방식에는 다음과 같은 문제점도 있다. 즉, 형태론상 다소라도 능격형을 보이면 그 언어를 능격언어라고 인정한다는 분류 기준에서 볼 때 대격언어라고 불리는 많은 언어들에 여격주어구문이 있고, 그것을 형태론상 능격구문이라고 한다면 세계 언어의 대다수는 능격언어라는 결론이 도출되고 마는 것이다.

격언어의 능격구문이라고 본 위의 〔표 4〕를 토대로 하는 주장은 완전히 철폐된 것이라고 봐도 될 것이다.

한편, 의미적인 관점에서 두 가지 구문을 비교해 보면, 능격구문과 여격주어구문에는 분명한 차이가 있다. 능격구문에는 전형적인 타동사, 예를 들어 '때리다, 죽이다' 등이 관여하는 데 반해 여격주어구문에는 심리술어를 비롯하여 능력, 가능 등의 상태성을 가지는 동사, 즉 타동성이 낮은 동사가 관여한다(久野 1973, 柴谷 1978, 真野 2004 등 참조).16)

이상을 시바타니(柴谷)의 연구에 따라 정리해 보면 다음과 같다(이 두 가지 구문의 관계에 대해서는 Yeon 1999 : 167, 169도 참조하기 바란다).

[표 5]

	능격구문	여격주어구문
격 표시	ERG-ABS	DAT-NOM
주어 인정	주어 범주가 정해지지 않는다. 두 개의 비원형적 주어가 있다	대주어와 소주어가 있다 두 개의 비원형적 주어가 있다
타동성	높다	낮다
구문의 종류	타동사구문	자동사구문

〔표 5〕에 따르면 능격구문과 여격주어구문은 전자는 타동사문, 후자는 자동사문이 되어 서로 다른 종류가 된다. 그렇지만 두 구문 모두 논항이 두 개 있다는 점, 그리고 두 개의 비원형적인 주어가 있다는 점에서는 유사성을 인정할 수 있다.

한편, 생성문법의 틀 안에서는 (이중주격구문을 포함하여) 여격주어구

16) Klimov(1999 : 26)에 따르면 동격언어(활격구조언어)인 수어(Xiou)나 틀링깃어(Tlingit)에서는 '달리다' '뛰다' 등의 운동을 나타내는 동사는 모두 타동사와 동일하게 활용을 하고, '필요하다' '피곤하다' '생각하다' 등의 상태동사는 모두 자동사형의 활용을 한다. 2.5절도 참조.

문을 비대격가설에 기반한 '능격성'과 관련지어 '능격구문'이라고 부르는 경우가 있다. 예를 들어 Miyagawa(1989 : CH.3)에서는 비대격가설에 기반하여 여격구문을 '능격구문'이라고 부르며 자동사문이라고 인정한 바 있다(Kim 1990도 참조). 물론 이 역시 다 일률적인 것은 아니다. 이에 대하여 Kishimoto(2004 : 58)와 기시모토(岸本 2005 : 270, 291)에서는 시바타니(柴谷 1979)와 동일한 의미에서 상태술어가 통사적으로 타동사문을 만들고 형태적 격 표지에서는 능격형(ergative-type)의 격 패턴을 취한다고 봤다(그렇다면 59쪽의 주15에서 지적한 문제점이 남는다).

1.3.2 단어형성과 명사구 편입에 기반한 능격성의 파악 방식

이미 앞서 서술한 바와 같이, 능격언어의 형태론적 특징을 출발점으로 하여 부여된 능격성이라는 용어는 거기에만 그치는 것이 아니라 격 표지의 층위를 벗어난 일치현상 등 다양한 통사현상에도 적용되었다(1.2.2절 참조). 이 절에서는 대격언어를 포함하여 더 일반화할 수 있는 영역으로서 단어형성이나 명사구 편입 등에 보이는 능격성에 대하여 다루고자 한다.

단어형성이나 명사구 편입에 보이는 능격성의 실현에 대하여 서술한 연구에는 두 가지 서로 다른 입장이 있는데, 이 둘은 흥미로운 대비를 보인다. 앞 절의 〔표 2〕를 이용하여 간략하게 살펴보면, 한쪽은 단어형성에서도 A가 배제되어 S(Sp/Sa)=P와 같이 S 전체와 P가 대상이 되는 경우(〔표 2〕의 능격형)를 능격성이라고 인정하는 입장이다. 다른 한쪽은 S_p=P / S_a=A와 같이 자동사가 두 가지로 분할되는 경우(〔표 2〕의 동격형)를 능격성 또는 비대격성이라고 보는 입장이다. 전자는 능격언어의 연구를 그 배경으로 가진 유형론적 입장의 견해이고(Comrie 1978, 柴谷 1986, Dixon 1994 등), 후자는 비대격가설을 배경으로 가진 이론적 입장의 견해이다(Miyagawa 1989, 影山 1993, 그 외).

그러면 먼저 Comrie(1978 : 336-337, 388 : 392)는 능격성을 어떻게 파악하고, 또 그것을 어떻게 대격언어에 적용하고 있는지 다음의 예를 통하여 살펴보자.

(18) a. The birds chirp.
b. The wolf hunts the fox.
c. I want the birds to chirp.
d. I want the wolf to hunt the fox.
e. *I want the fox the wolf to hunt.

위의 X want Y to Z구문은 Z의 부분이 (18d)와 같이 타동사든 (18c)와 같이 자동사든 상관없이 Y는 항상 Z의 주어(S와 A)라고 해석될 뿐 목적어(P)로 해석되지는 않는다. 즉, (18c)의 Y는 자동사문(18a)의 주어이고, (18d)의 Y는 타동사문 (18b)의 주어이다. 그리고 (18e)가 의도하는 것처럼 (18b)의 목적어 the fox가 Y의 위치에 오면 부적절한 문장이 되어 버린다.

이와 같이 영어는 통사현상에서 P를 배제하고 S와 A를 대상으로 하는 대격형을 보인다((7)도 참조). 그런데 Comrie에 따르면 영어조차 **주변적인** 부분에서는 **약간** 능격형을 보이는 경우가 있다고 한다. 바로 다음과 같은 N-V-ing형 복합어의 경우다(Comrie 1978 : 337. 굵은 글씨는 필자).

(19) a. bird-chirping("The birds chirp."의 의미)
b. fox-hunting("Someone hunts the fox."의 의미)

(19a)의 N(bird)은 자동사문의 주어에 해당하고, (19b)의 N(fox)는 타동사문의 목적어에 해당한다. 결코 *The fox hunts something*를 의미하

는 문장의 주어는 아니다. Comrie는 이와 같이 명사구가 동사에 편입되는 N-V-ing형 복합어의 형성에서 타동사문의 주어(A)가 배제되고 자동사문의 주어(S)와 타동사문의 목적어(P)가 하나로 묶일 가능성이 있는 경우를 단어형성에서 능격성의 실현으로서 인정하고 있는 것이다.

여기서 주목해야 할 점은 S를 다루는 방식이다. Comrie는 P와 S의 분류가 실현하는 프로세스를 다음과 같이 설명한다. 이에 따르면 N-V-ing형 복합어의 명사구 편입에서 가장 수용되기 쉬운 것은 P이고, 그 다음은 S이며, 가장 힘든 것은 A가 된다. 주의해야 할 점은 이 경우의 S는 S전체로 결코 S_p만을 가리키는 것은 아니라는 점이다. 이것은 위의 *bird-chirping*과 같이 S_a가 관여하는 들고 있는 것에서도 알 수 있는데, 다음의 예도 동일하다. 예는 Comrie(1978 : 390) 및 시바타니(柴谷 1986)에서 인용한다(Sa와 Sp의 분류는 필자에 따른다. 시바타니(柴谷 1986)에서는 S, P라고 표시되어 있다).

(20) a. perishable(S_p)
b. commendable(P), readable(P), wahsable(P)

(21) a. Escapee(S_a), standee(S_a)
b. employee(P), addressee(P)

(22) a. 雨降り(S_a-v)[17]

17) '雨降り(비가 내림, 비오는 날)'와 같이 날씨를 나타내는 동사는 동적(active)인지 상태(stative, inactive)인지를 기준으로 하면 S_a에 속한다. 그런데 의지적(volitional)인 존재인지 그렇지 아닌지를 기준으로 하면 S_p에 속한다고도 할 수 있다(高見・久野 2002). 그렇지만 '비야 내려라 내려!'와 같이 명령형(의미적으로는 희구)가 가능하다는 점, 더욱이 일본어에서는 피동이 가능하다는 점, 전통적으로도 능동사로서 분류되었던 점을 감안하면, 일단 S_a에 속한다고 생각하는 것이 타당할 것이다(三上 1953〔1972〕, 影山 1993, 1996 참조).

비-내리다-명사형어미
'비 내림'

b. 魚釣り(P-v)
물고기-낚다-명사형어미
'물고기 낚시'

c. *子供釣り(A-v)
아이-낚다-명사형어미
'*아이 낚기'

즉, 여기서도 알 수 있듯이 S_p만이 대상이 되는 것은 아니다. S_a를 포함한 S 전체가 P와 함께 단어형성의 대상이 되고 있고, 더욱이 (22c)와 같이 타동사의 주어만이 배제되는 경우를 단어형성에서 능격성의 실현으로 다루고 있다.

이에 대하여 Miyagawa(1989 : 96)이나 가게야마(影山 1993) 등에서는 앞서 서술한 바와 같이 단어형성에서 오히려 자동사가 두 가지 깔끔하게 분류되는(Sa와 Sp로 분열하는) 경우를 능격성 또는 비대격성이라고 부른다.

가게야마(影山 1993)에 따르면 일본어의 N-V복합어의 형성은 (23)에 보이는 바와 같이 S_p=P만이 하나로 묶이고 S_a=A는 거기서 배제된다. 한편, V-V형 복합동사의 형성에서는 (24a)와 같이 A와 S_a의 조합은 가능하지만 (24b)나 (24c)와 같이 A와 S_p, S_a와 S_p의 조합은 허용되지 않은 채 S_p(또는 P도)가 이 단어형성에서 배제된다.[18] (23)과 (24)의 예 및 분류는 가게야마(影山 1993)에 따른다.

18) 가게야마(影山 1993:117)는 V-V형 복합동사에 보이는 이러한 상황을 타동성 조화의 원칙이라고 부르고 있다. 그런데 실제로는 '噴き出す(내뿜다)', '抜け出す(빠져나오다)'와 같이 S_p=A와 같은 조합도 있다. 影山의 타동성 조화의 가설에 대한 반론으로서 松本(1998)의 주어일치의 가설이 있다.

(23) N-V복합어

a. 비대격자동사의 주어(Sp)

雨漏り(비샘), 息切れ(숨참), 地鳴り(땅울림), 肩こり(어깨결림), 気落ち(맥풀림), 胸騒ぎ(가슴두근거림), 波立つ(파도일다), 色あせる(빛바래다), 息詰まる(숨차다), 値上がり(값오름), 草枯れ(풀시듦), 化粧崩れ(화장지워짐)……

b. 타동사의 직접목적어(P)

人殺し(사람죽임, 살인자), 人探し(사람찾기), 子育て(애키우기), 凧あげ(연날리기), 店じまい(가게문닫음, 폐업), 水まき(물뿌리기), 餅つき(떡치기), 草刈り(풀베기), 靴磨き(구두닦이), 格上げ(급올리기, 승격), 色直し(예복 갈아입기, 재염색), 水やり(물주기)……

(24) V-V형복합동사

a. 타동사+비능격/비능격+타동사(A=Sa)

探し回る(찾아 돌아다니다), 買い回る(사러 돌아다니다), 荒らし回る(휩쓸고 다니다), 持ち回る(여기저기 가지고 돌아다니다), しゃべり回る(여기저기 수다를 떨며 돌아다니다), 嘆き暮らす(한탄하며 지내다), 待ち暮らす(기다리며 지내다), 眺め暮らす(바라보며 지내다), 敵を待ち構える／泣き落とす(적을 준비하고 기다리다/읍소하여 승낙을 받아내다), 競り落とす(경매에서 낙찰받다), 目を泣きはらす(많이 울어 자신의 눈을 붓게 하다), 微笑み返す(미소로 보답하다), 伏し拝む(엎드려 절하다), 笑い飛ばす(웃어 넘기다), 乗り換える(갈아타다), 住み替える(옮겨 살다)……

b. 타동사+비대격/비대격+타동사(A=Sp)

*洗い落ちる(씻다+떨어지다), *ぬぐい落ちる(닦다+떨어지다), *切り落ちる(자르다+떨어지다), *売れ飛ばす(팔리다+날리다)(cf. 売り飛ばす(팔다+날리다 → 팔아 치우다)), *揺れ起こす(흔들리다+일으키다)(cf. 揺り起こす(흔들다+일으키다 → 흔들어 깨우다)), *あきれ返す(어이없다+되갚다)(cf. あきれ返る(어이없다+되돌아가다 → 아주 질리다))……

c. 비능격+비대격/비대격+비능격(Sa=Sp)
*(スキーで)滑り落ちる(스키로 미끌어지다+떨어지다), *走り落ちる(달리다+떨어지다), *飛び落ちる(날다+떨어지다), *目が泣きはれる(눈이 울다+붓다), *走りころぶ ／*明け暮らす(달리다+넘어지다/날이 밝다+지내다), *倒れ暮らす(넘어지다+지내다), *痛み暮らす(아프다+지내다), *ころび降りる(구르다+내리다), *崩れ降りる(무너지다+내리다), *あふれ降りる(넘치다+내리다)……

즉, 유형론자들은 단어형성에 관해서도 A가 배제되어 S(Sp/Sa) 전체가 P와 동일시되는 경우를 능격성이라고 부르는 데 반해(Dixon 1994 : 22), 이론언어학 측에서는 S가 의미적으로 균일한 요소에 의하여 분열되는 현상, 즉 S_a=A/S_p=P와 같이 분류될 경우를 '능격성' 또는 비대격성이라고 부르는 것이다.

능격성을 파악하는 방식에서 보이는 이러한 차이는 아마 그 배후에 있는(서장에서 서술한 바와 같이 동사 중심의 문법에 의한) 이론적 요청에서 오는 것일 텐데, 만약 후자의 주장대로 자동사가 의미적으로 균일한 요소에 의해 두 개로 분열된다고 한다면 단어형성에 관하여 일본어는 오히려 동격형 시스템, 즉 동격성을 보이는 언어라고 해야 할 것이다.

1.3.3 사역교체에 기반한 능격성의 파악 방식

능격이라는 용어가 사역교체를 허용하는 동사의 통사적 관계를 나타내는 데에 이용된 것은 Lyons의 *An Introduction to Theoretical Linguistics*이다(Dixon 1994).[19] 그 부분을 인용해 보자(Lyons 1968 :

---

19) Dixon(1994 : 19)에 따르면 Halliday(1967 : 46)에도 능격이라는 용어를 Lyons와 유사한 방식으로 사용한 부분이 있다고 한다(39쪽의 주1). 필자의 조사에 따르면 Halliday는 기능적 관점에서 ergative, nominative, accusative의 세 가지 주어 유형을 설정하고 있다. 그중에서 ergative subject는 Lyons가 말하는 사역의 주어에 해당

352).

(25) The term[20] that is generally employed by linguistics for the syntactic relationship that holds between (1) *The stone moved* and (3) *John moved the stone* is 'ergative' : the subject of an intransitive verb 'becomes' the object of a corresponding transitive verb, and a new *ergative* subject is introduced as 'agent'(or 'cause') of the action referred to. This suggests that a transitive sentence, like (3), may be derived syntactically from an intransitive sentence, like (1), by means of an egative, or *causative*, transformation.

즉, Lyons는 영어의 *move, open, break*와 같이 자동사문의 주어(S)가 타동사문의 목적어(P)와 대응할 때 보이는 통사적 관계를 가리키기 위하여 능격이라는 용어를 사용했던 것이다.[21] 이와 같은 용어법은 그 후

한다. 그렇지만 Halliday는 이 용어들을 단순한 기술상의 표지(label)로 채택하여 사용한다고 서술하고 있다. Crystal(1980)의 사전에도 Lyons의 용어법을 채용하여 능격과 능격성 항목에 *John broke the window.*와 *The window broke.*의 예를 들고 있다.

20) Dixon(1994)는 Lyons가 '당시의 언어학자가 (1)과 (3)과 같은 의미적 관계를 나타내기 위하여 일반적으로 이용하는 용어가 능격'이라고 언급한 것은 사실이 아니라고 지적하였다.

21) 특히 한국어학에서 능격성이라는 용어의 수용은 Lyons의 *An Introduction to Theoretical Linguistics*와 생성문법의 영향이 가장 큰 것으로 보인다. 그러나 그것을 적용하는 데는 혼란이 있는 것도 사실이다(고영근 1986, 2001, 최동주 1989 등). 즉, 사역의 주어를 도입하여 사역구문을 만드는 경우의 통사적인 측면을 가리켜 능격성이라고 부르는 경우가 있는 한편(김석득 1980), 동사의 형태적인 측면을 더 중시하여 영어의 *move, break*와 같이 자타양용동사를 능격동사라고 하는 경우도 있다(이상억 1972, 고영근 1986). 다른 한편으로는 자타양용동사를 중간동사 혹은 중립동사(neutral verbs) 등으로 부르는 경우도 있어(우형식 1996, Yeon 1991) 용어 사용에 혼란이 발생하고 있다. 참고로 중간동사 내지 중립동사(middle, neuter verbs)는 미국의 기술언어학 분야에서 활동동사(active verbs)와 대립하는 'ひもじい(배고프다), 年を老いている(노쇠하다)'와 같은 상태동사(stative verbs)에 해당하는 용어이다

Burzio(1986), Baker(1988), Miyagawa(1989) 등의 생성문법학자들에 의하여 다시 채용되어 더 세련되게 다듬어진다. 여기에는 비대격성가설도 얽히게 되는데, 이에 대해서는 제2장에서 재차 다루기로 하겠다.

능격이라는 용어를 Lyons와 같이 사용하는 것에 대하여 유형론자들은 지극히 부정적인 반응을 보였다. Dixon(1994 : 18-22)은 그러한 사용이 불법적인 것이자 참을 수 없을 정도의 혼동(unbearably confusing)이라며 비난했고, Comrie(1978 : 391) 역시 영어와 바스크어의 형태론적 차이((5)와 (2)를 참조) 및 영어와 디르발어의 통사론적 차이((7)과 (8)를 참조)를 어지럽히는 용어법이라며 비난했다.[22]

그렇지만 Comrie는 만일 다음과 같은 의미에서 능격성이라는 용어를 사용한다면 다소는 의의가 있으리라 서술하기도 했다. 즉, Lyons가 말하는 통사적 관계가 아니라 의미역의 관점에서 자동사의 S와 타동사의 P를 동일한 것으로 간주한다면, 이는 '어휘적 능격성(lexical ergativity)'이라는 이름으로 부를 수 있으리라는 제안이다. 한편 John ate a pie.와 John ate.와 같은 대응 짝은 의미역할의 관점에서 볼 때 자동사문의 S와 타동사문의 A가 동일시되기 때문에 '어휘적 대격형 시스템(lexical nominative-accusative system)'이라는 이름으로 부를 수 있으리라고 제안하기도 했다. 그렇지만 세계 언어의 대부분은 거대한 '어휘적 능격성'을 제공할 것이기 때문에(아마 자타교체를 보이지 않는 언어는 없을 테니까) 유형론적으로 별로 가치 있는 것은 아니라는 것이다(1978 : 391-392).

(Klimov 1999 : 69 참조).

22) 일치현상의 측면에서 보면 영어는 자동사의 주어와 타동사의 목적어가 통사적으로 동일한 행태를 보인다고는 할 수 없다. 예를 들어 *Mary loves them.*과 *They love Mary.*에 보이는 것처럼 주어의 *Mary*만 삼인칭 단수라는 일치를 지배할 수 있고, 목적어의 *Mary*는 지배할 수 없다((5)도 참조).

1.3.4 제안

위에서 언급한 Comrie의 제안은 의미를 기반으로 하면 어휘의 영역에도 능격성이라는 용어를 확장하여 사용할 수 있다는 가능성을 시사했다는 점에서 의의가 있다. 그것은 지금까지 살펴본 바와 같이 능격성은 능격언어의 형태론과 통사론 두 가지 영역, 즉 형태적 능격성과 통사적 능격성을 기반으로 하여 (명사구의 문법적 범주화로서) 인정된 용어법이었다. 그렇다면 유형론적으로 서로 다른 언어에 적용할 때에는 당연히 능격언어와 같이 형식적 측면을 기준으로 하는 것은 불가능할 것이다. 따라서 이를 대격언어에도 적용하기 위해서는 형식적 측면에서 벗어나 좀 더 추상적 층위의 의미(기능)에 요구할 수밖에 없다. 즉, 형식적 측면을 근거로 정의된 능격성의 개념을 그것이 담당하는 기능으로 환원해야 유형적으로 서로 다른 언어에도 적용할 수 있는 길이 열릴 것이다. 또한 그렇게 함으로써 어휘의 영역, 특히 사역교체와 같은 현상도 의미를 기반으로 한 능격성의 개념을 가지고 다룰 수 있게 될 것이다.

단, Comrie의 '어휘적 능격성'이라는 용어법에 관해서는 재고의 여지가 있다. 이 용어법은 머릿속에 S=P와 같은 묶음이 아니라 (영어의 동사 목록에서) S_p=P의 관계만이 떠오르기 쉽고, 또 어휘적 대격형 시스템이라는 용어에도 S=A와 같은 묶음이 아니라 S_a=A만을 그 안에 포함하는 듯한 인상을 주기 때문이다. 다시 말해, 〔표 2〕에서 제시한 바와 같이 대격형-능격형은 어떤 현상에 관하여 주어명사구 S가 S_a와 S_p로 분열함을 가리키는 것이 아니기 때문에 이를 능격성 또는 대격형 시스템이라는 명칭으로 부르는 데는 문제가 있다.

여기서는 이러한 문제를 제거하고, 특히 사역교체(자타교체)에 보이는 자동사의 행태를 능격성 혹은 대격형 시스템이라는 용어를 가지고 파악하기 위해서는 의미적으로 정의된 용어법이 더 바람직하다고 판단한다. 그러므로 특정 언어의 어휘 범주를 직접 가리키는 듯한 인상을 주는 Comrie의 '어휘적 능격성'이나 '어휘적 대격형 시스템' 대신에 '의미적 능격성'과 '의미적 대격형 시스템'을 제안하는 것이 의의가 있을 것이다. 전자는 다음과 같이 정의한다.

(26) 의미적 능격형 시스템(또는 의미적 능격성)
어떤 현상에서 자동사의 행태가 S_p=P를 공통의 의미 기반으로 하고 S_a도 그 안에 포함시킬 수 있을 경우 이를 의미적 능격형 시스템이라고 한다.

즉, 의미적인 관점에서 자동사의 행태에 S_a가 S_p와 함께 P와 대응하는 상황이 보이는 경우를 '의미적 능격형 시스템(semantic ergative-absolutive system)' 또는 '의미적 능격성(semantic ergativity)'이라고 하자는 제안이다. 그리고 '의미적 대격형 시스템(semantic nominative-accusative system)' 또는 '의미적 대격성(semantic accusativity)'는 다음과 같이 정의할 수 있다.

(27) 의미적 대격형 시스템(또는 의미적 대격성)
어떤 현상에서 자동사의 행태가 S_a=A를 공통의 의미 기반으로 하고 S_p도 그 안에 포함시킬 수 있을 경우 이를 의미적 대격형 시스템이라고 한다.

따라서 위의 정의는 둘 다 S(자동사의 주어명사구)가 의미적으로 불균질한(heterogeneous) 요소를 포함하고 있어야 한다는 주장이다(만약 그렇지 않으면 능격성 또는 대격성이 아니게 되고, 동격성이 돼 버린다!). 그러나 어느 정도 불균질한 요소를 포함하고 있는지에 관해서는 언어에 따라 정도의 차이가 있을 것이다. 이에 대해서는 제2장을 보기 바란다.

1.4 맺음말

본장에서는 능격성이란 무엇인가 하는 개념 정의의 문제에서 출발하여 대격언어에 그것을 어떻게 적용할 수 있는지에 초점을 맞추어 논의를 진행했다. 최종적으로는 다음과 같은 제안을 할 수 있다. 이 제안에 따르면 다음의 세 가지 서로 다른 영역을 통일적으로 파악할 수 있다.

(28) Ⅰ 격 표지 시스템에서
형태적 능격성 : $S(S_p/S_a)=P/A$
형태적 대격성 : $S(S_a/S_p)=A/P$
Ⅱ 통사론에서
통사적 능격성 : $S(S_p/S_a)=P/A$
통사적 대격성 : $S(S_a/S_p)=A/P$
Ⅲ 자동사 시스템에서
의미적 능격성 : $S(S_p/S_a)=P/A$
의미적 대격성 : $S(S_a/S_p)=A/P$

마지막으로 (28)의 Ⅲ을 토대로 한국어의 사역접사 '-이, -히, -리, -기(-우, -구, -추-)' 및 일본어의 어휘적 사역형은 능격형 시스템의 접사인 반면, 일본어의 *-sase*(-게 하다/시키다)나 *-rare*(-게 되다/-어지다)는 대격형 시스템의 접사임을 제안한다. 또 사역형식의 생산성도 능격성 혹은 대격성의 사이즈가 어느 정도인지에 따라 달라지는 문제임을 밝혀 이를 기준으로 언어 간의 차이를 측정할 수 있음을 보이겠다. 즉, (26)과 (27)을 수용하면 언어의 보편성은 공통의 의미 기반을 토대로 나타낼 수 있고, 언어의 유형이나 개별성은 확장과 확장에 의한 사이즈의 크기에 기반하여 나타낼 수 있다.

이와 같은 관점에서 한국어의 사역접사 '-이, -히, -리, -기(-우, -구, -추-)'와 일본어의 *-rare*에 대해서는 제2장에서 비대격가설의 논의와 함께 엮어 검토한다. 일본어의 어휘적 사역과 *-sase*에 관해서는 제5장에서 다루기로 한다. 그 전에 분열자동사성과 관련하여 본서와 다른 입장을 취하는 비대격가설에 대하여 먼저 검토한다.

제2장 분열자동사성의 본질에 대하여

– 언어유형론의 관점에서 본 비대격가설과 그 문제점

2.1 머리말

2.1.1 문제제기

제1장에서 서술한 바와 같이, 격 표지 시스템에 기반하는 언어 유형에는 크게 대격언어와 능격언어의 두 가지 유형이 있다(Comrie 1978, Dixon 1979, 1994, 柴谷 1989, 角田 1991). 거기에 Sapir(1917) 이후의 동격언어를 추가하면 세 가지 유형이 있다는 것은 이미 널리 알려져 있다(DeLancey 1981, 1985, Harris 1982, Merlan 1985, Mithun 1991, Klimov 1999 등. 高見・久野 2002도 참조). 즉, 격 표지의 실현 방식을 널리 살펴보면 언어의 행태는 일률적이지 않아 적어도 세 가지 패턴이 있을 수 있다.

한편 Perlmutter(1978)의 비대격가설에 따르면 자동사의 행태는 세계 모든 언어에서 일률적이어서 이 가설과 다른 유형은 존재하지 않는다고 한다. 즉, 모든 언어에서 자동사는 비능격과 비대격의 두 종류가 있는데, 그것은 언어 전반에 통용되는 동일한 의미 기준으로 구분되기 때문에 의미적으로 균질하다고(homogeneous) 하는 보편정렬가설(universal alignment hypothesis)이 주장되는 것이다(서장의 주3 참조). 비능격과 비대격을 구별하는 것은 모든 언어의 자동사 시스템이 사실은 동격언어의 격 표지 시스템과 동일한 활성-비활성(active-inactive)으로 구분된다고 주장하는 것과 거의 동일하다.

이러한 두 가지 상황, 즉 격 표지의 실현 방식에 기반한 언어의 유형과 자동사의 행태에 기반한 언어의 보편성을 함께 비춰 보면 다음과 같은 의문점이 생긴다.

(i) 자동사의 행태에서 왜 동격형 시스템과 같이 균질적으로 분열하는 것만이 언어 유일의 보편성이라고 주장할 수 있는가?
(ii) 자동사의 행태에서 왜 불균질성을 포함하는 일은 일어날 수 없다고 주장할 수 있는가?

즉, (i)을 주장하기 위해서는 (ii)의 불균질성의 상황이 없다는 것을 입증해야 할 필요가 있을 텐데, 비대격가설이 이러한 사항을 충분히 검토한 결과로 얻어진 결론인가 하는 점에서 문제가 있는 것으로 보인다.[1] 다시 말해, 자동사의 행태에 동격형 이외의 다른 가능성은 없을까 하는 문제가 정말 증명된 것인지 의문이 든다. 따라서 그것이 충분한 경험적 사실에 기반한 가설인지 아닌지는 여전히 검토해 봐야 할 여지가 있을 것이다.

이렇게 말하는 것은 비대격가설을 주장하는 데에 경험적 기반으로서 강력한 증거가 되었던 동격언어의 격 표지 시스템조차도, 비대격가설에 협력적인 언어도 있는가 하면(예를 들면 Harris 1982), 사실은 언어에 따라서

1) 보편정렬가설의 문제점에 대해서는 이미 Rosen(1984) 등에서도 논의하고 있다. Rosen은 보편적 배열이 없기 때문에 비대격성은 통사적인 것이라고 결론을 내리고 있는데, 이 입장에도 문제가 없는 것은 아니다. 본장에서는 통사적 문제보다 의미적인 문제에 좀 더 깊이 들어가 논의하도록 한다.

는 다양한 의미 기반이 있어 결코 일률적이지 않다는 보고도 있다는 것이다(예를 들면 Mithun 1991, Merlan 1985 Klimov 1999 : 71도 참조). 또 이와 동일하게 비대격가설의 경험적 기반으로서 Perlmutter(1978)에서 직접 거론되었던 자동사 기반의 비인칭피동 현상 역시 결코 규칙성이 없는 자의적인 것이 아니라 언어에 따라 서로 다른 의미 기반이 있다는 점도 지적된 바 있다(Shibatani 1998). 또 최근에는 사역에 관해서도 언어에 따라 사이즈가 서로 다르다거나 연속성이 있다는 점 등이 지적되어 왔다(Shibatani & Pardeshi 2002).

본장의 목적은 이와 같이 언어에 따라 일률적이지 않은 상황이 도대체 무엇을 의미하는 것인지를 밝히는 것이다. 달리 말하자면, 비대격가설이 충분한 경험적 사실에 기반하여 구축된 가설인지 아닌지를 근본적으로 캐물어 분열자동사성의 본래 모습을 되찾고자 하는 것이다. 그러기 위해서는 Perlmutter(1978)가 비대격가설을 주장할 때 경험적 기반으로 제시했던 언어 현상인 자동사 기반의 피동이나 분열주어 시스템, 그리고 여기에 사역교체도 추가로 고찰하여 비대격가설이 과연 타당한 주장이었는지를 검토할 필요가 있을 것이다.

결론부터 말하자면, 분열자동사성은 동격형 시스템이 나타내는 활성-비활성과 같이 의미적으로 균질한 요소에 의해서만 구성되는 보편적 배열이 아니라 불균질성도 수용하고 있으며, 언어에 따라서는 경계가 달라 그 사이즈도 서로 다른 것이 언어의 자연스러운 모습임을 제시하겠다. 더욱이 동격언어의 격 표지 시스템으로부터는 적어도 두 가지 유의미한 의미 기준이 있음을 제안한다. 또 그 의미 기준의 하나가 한국어의 자동사 시스템에도 보인다는 점을 보고하고, 한편 일본어와 한국어는 서로 다른 매개변인(parameter)을 가진다는 것을 주장한다. 그럼으로써 비대격가설의 보편정렬가설이 보편적이지 않음을 검증하겠다.

2.1.2 용어상의 문제 및 정의

문제의 초점을 명확히 하기 위하여 제1장에서 다룬 능격성의 정의 및 용어상의 문제점을 본장의 관점에서 다시 한번 정리해 둘 필요가 있을 것 같다. 편의상 앞장의 〔표 1〕~〔표 3〕도 다시 제시하기로 한다.

앞장에서도 서술한 바와 같이, 대격언어의 격 표지 시스템이란 〔표 1〕과 같이 격 표지의 코드화에 있어서 자동사문의 주어 S와 타동사문의 동작주 A를 동일하게 취급하고 P만 특별 취급하는 것을 말한다. 이 경우 P는 유표의 대격을 취한다. 한편, 능격언어의 격 표지 시스템이란 자동사문의 주어 S와 타동사문의 피동자 P를 동일하게 취급하고 A만 특별 취급하는 것을 말한다. 이 경우에는 A가 유표의 능격을 취한다(상세한 설명은 1.2.1절을 참조). 요컨대, 능격과 대격은 두 가지 언어 유형의 타동사 구문을 특징짓는 것이다.

[표 1] 격 표시 패턴과 언어 유형

Ⅰ. 대격언어의 격 표지 시스템 : S=A (=NOM, ∅)			
자동사구문 :	S		V*int*
타동사구문 :	A	P-ACC	V*tr*
Ⅱ. 능격언어의 격 표지 시스템 : S=P (=ABS, ∅)			
자동사구문 :		S	V*int*
타동사구문 :	A-ERG	P	V*tr*

그런데 자동사 시스템을 기술할 때에도 위와 같은 격 표지 시스템의 기술적 용어를 (그대로는 아니지만) 도입하여, 주지하다시피 비대격가설에서는 비능격동사와 비대격동사라는 용어가 탄생한 것이다.2) 더욱이 생성

2) Pullum(1988 : 582)에 따르면 비대격과 비능격이라는 용어는 Pullum 자신이 제안한 것으로, 해당 자동사의 (표층상의) 주어가 타동사의 목적어가 아니라는 의미에서 비대격

문법의 틀에서는 비대격성과 동등한 의미로 '능격성'이라는 용어를 사용했다(Burzio 1986, Baker 1988, Miyagawa 1989 등).[3] 이것들이 언어유형론의 기술적 용어인 능격과 대격에 의거하여 만든 용어법이라는 점은 의심할 여지가 없다. 그렇지만 실질적인 내용을 보면 미묘한 차이가 있어 이 둘을 결코 동등한 개념이라고 할 수는 없다. 구체적으로 이야기하자면, 비대격과 비능격이라는 구별은 언뜻 유형론에서 말하는 능격형과 대격형의 시스템을 기반으로 하는 것처럼 보이지만, 실은 동격형 시스템의 내용인 활성과 비활성의 개념이다. 그럼에도 불구하고 용어상으로는 활성과 비활성이 아니라 비능격과 비대격이라는 이름을 붙인 것이다. 게다가 특히 생성문법의 틀에서 이용되는 '능격성'은 능격언어의 격 표지 시스템을 기반으로 엄밀하게 정의된 능격성과 상당한 혼란을 일으킨다. 그렇기 때문에 용어 간의 관계를 정확하게 이해하는 데 상당한 곤란함이 생기는 것도 사실이다(1.3.3절 및 Dixon 1994, 高見・久野 2002를 참조).

이와 같은 상황을 이해하기 위하여 1.2.5절의 〔표 2〕에서 제시한 격 표지 시스템에 기반한 언어유형의 세 가지 패턴을 다시 제시한다. S_a : 자동사문의 동작주 주어(agentive subject), S_p : 자동사문의 피동자 주어

(unaccusative), 타동사의 주어가 아니라는 의미에서 비능격(unergative)이라는 용어를 사용했다고 한다. 즉, 각각 타동사문을 기준으로 하여 주어진 용어법임을 알 수 있다.

3) *open*, *break*와 같은 동사에 '능격'이라는 용어를 붙인 것은 Lyons(1968)이 처음이다(1.3.3절 및 Crystal 1980 참조). 이 경우 타동사의 목적어와 자동사의 주어의 통사적인 대응, 즉 사역교체의 관계를 파악하기 위한 것으로 채용되었다(한편, 심층격이라고 불리는 의미역의 관점에서 이들 동사의 목적어와 자동사의 주어가 동정임을 가리킨 것은 Fillmore 1968이다). 그러나 1.3.3절에서도 서술한 바와 같이 Comrie(1978), Dixon(1979, 1994)에서는 Lyons의 이와 같은 용어법에 대하여 신랄한 비판을 하였다. 단, 생성문법학자 중에는 break와 같이 자타양용동사(의미적으로는 상태변화를 나타낸다)만을 능격동사라고 하고, 그것을 제외한 의미적으로 출현, 발생, 존재를 나타내는 자동사는 비대격이라고 부르는 경우도 있다(影山 1994, 1996 : 140). 어찌 됐든 '능격'이라는 용어가 먼저 영어에 적용되어, 그로부터 보편문법의 해명이라는 대전제 아래서 대격언어 전체, 즉 언어 일반에 적용되었던 것이다.

(patientive subject).

[표 2] 자동사문의 주어명사구(S)와 언어유형

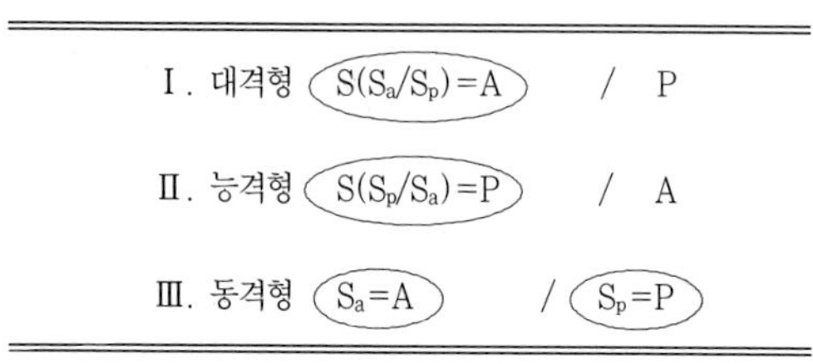

Ⅰ. 대격형	$S(S_a/S_p)=A$	/ P
Ⅱ. 능격형	$S(S_p/S_a)=P$	/ A
Ⅲ. 동격형	$S_a=A$	/ $S_p=P$

이 표를 보면 비대격가설에서 비능격과 비대격의 구별은 Ⅲ과 같이 오로지 의미적으로 균질한 요소에 의해서만 분열되는 (것이라고 가정되는) 동격형 시스템을 가리키는 것이지, 결코 Ⅰ이나 Ⅱ와 같은 대격형이나 능격형의 시스템을 가리키는 것이 아님이 분명하다. 한편, 능격성이란 본래 Ⅱ와 같이 오히려 의미적으로 불균질한 요소에 의해 구성된 S를 P와 동일하게 취급하고 A만 특별 취급하는 것을 말한다. 즉, 능격성의 본래 정의는 관계문법에서 말하는 비대격성이나 생성문법의 틀에서 말하는 '능격성'과는 다른 것이다.

본장에서 사용하는 방법론은 격 표지 시스템과 평행한 관계가 자동사의 행태에서도 보이는지 조사하는 것이다. 구체적으로는 능격형과 대격형과 같이 자동사 시스템에서 의미적으로 불균질한 S 전체가 P와 동일한 취급을 받는 상황이 존재하지 않는지, 그것을 적극적으로 조사하는 데 초점을 둔다. 그리고 만약 그러한 상황이 존재하지 않는다면(즉 부정적 증거가 발견되지 않는다면), 그때는 비대격가설을 바르게 받아들일 수 있을지도 모른다.

이상의 입장에서 자동사의 행태에 격 표지 시스템과 평행한 관계가 나타나는 경우 각각을 '의미적 대격형 시스템'과 '의미적 능격형 시스템'(이것은 1.3.4절에서 도입했다), 그리고 '의미적 동격형 시스템'(semantic active-inactive system)이라고 설정하기로 한다. 이 용어들은 능격언어에서 능격성이 나타나는 두 가지 층위, 즉 형태적 능격성과 통사적 능격성도 고려한 것이다.4)

각각의 정의는 다음과 같다((1)(2)는 1.3.4절과 중복된다).

(1) 의미적 대격형 시스템(또는 의미적 대격성)
어떤 현상에서 자동사의 행태가 S_a=A를 공통의 의미 기반으로 하고 S_p도 그 안에 포함시킬 수 있는 경우 이를 의미적 대격형 시스템이라고 부른다.

(2) 의미적 능격형 시스템(또는 의미적 능격성)
어떤 현상에서 자동사의 행태가 S_p=P를 공통의 의미 기반으로 하고 S_a도 그 안에 포함시킬 수 있는 경우 이를 의미적 능격형 시스템이라고 부른다.

(3) 의미적 동격형 시스템(또는 '의미적 동격성')
어떤 현상에서 자동사의 행태가 S_a=A와 S_p=P으로 묶이고, 균질한 의미 요소에 의해서만 분열하는 경우 이를 의미적 동격 시스템이라고 부른다.

(1)과 (2)의 정의에 따르면 S(자동사의 주어명사구)는 의미적으로 불균질한(heterogeneous) 요소를 포함하고 있어야 한다. 만약 그렇지 않으면 대격형이나 능격형이 아니게 되고, 동격형이 되고 만다. 그리고 대격형은 S_a=A를 기반으로 S_p를 수용하는 방향으로 일반화한 것이고 능격형은

4) 능격성이 나타나는 층위에 대해서는 이 두 가지 층위 외에도, 예를 들면 松本(1986)에서는 형태론, 통사론, 담화구조의 세 가지 층위로 구별할 수 있다고 한다(제1장의 각주2를 참조). 여기에 본장의 제안을 수용하면 형태, 통사, 의미, 담화의 네 가지 층위에서의 능격성이라는 것도 가능하다.

S_p=P를 기반으로 S_a를 수용하는 방향으로 일반화한 것임을 가정하고 있는데, 어느 쪽이든 모두 동격형을 전제로 한 사고방식이다.

실제로 이와 같은 사고방식은 대격언어의 피동과 능격언어의 역피동(antipassive) 현상에 의하여 지지를 받는다(상세한 내용은 1.2.5절 참조). 간단히 정리해 보면, 〔표 3〕과 같다(Shibatani 1988 : 6, Tsunoda 1988 참조). OBL : 사격, pass : 피동, anti : 역피동.

[표 3] 피동과 역피동의 파생 시스템

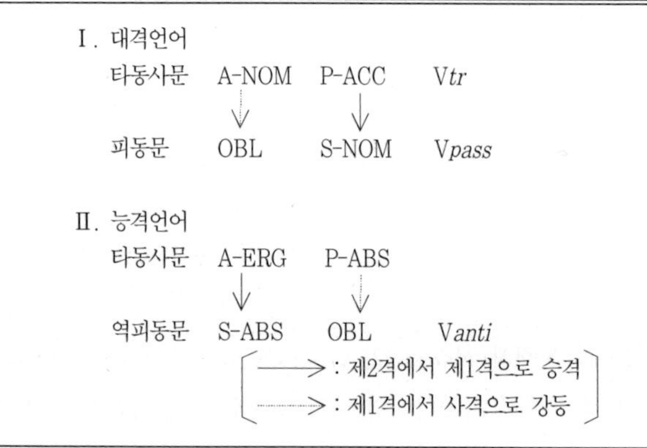

피동문의 S와 역피동의 S를 둘 다 파생주어라는 의미에서 *d*-S라고 표시하자. 그렇게 하면 대격언어와 능격언어는 둘 다 S 안에 (2차적으로) 파생주어 *d*-S를 참가시키는 전략을 취한다는 것을 알 수 있다(동격언어는 이 두 가지 태(voice) 현상에 관하여 민감하지 않다는 점도 지적해 둔다). 그런데 S의 범주에 2차적으로 추가되는 *d*-S의 의미 특성이 무엇인가 하는 내용적 측면에 관하여 이 둘은 전혀 다른 모습을 보인다. 능격언어는 타동사의 동작주(나중에 Sa가 된다)를 S 안에 새롭게 수용하는 시스템이지만, 대격언어는 타동사의 목적어(나중에 Sp가 된다)를 S 안에 새롭게 수용하는 시스템

이다. 이와 같은 상황에서 볼 때 위와 같은 사고방식은 설득력을 가진다.

2.2 비대격가설의 형식화와 경험적 기반

2.1.1절에서는 Perlmutter의 비대격가설이 가지는 문제점에 대하여 대략적으로 살펴봤다. 여기서는 그것이 어떤 경험적 기반을 바탕으로 하여 어떻게 형식화되어 왔는지를 살펴보기로 한다. 2.1.1절에서도 언급한 바와 같이 Perlmutter(1978)는 관계문법의 이론적 틀 안에서 분열자동사성에 관한 비대격가설을 제안했는데, 그것은 다음의 두 가지를 주된 골자로 한다. 첫째, 세계 모든 언어의 자동사는 일률적이지 않고, 그 안에는 비능격동사(unergative verbs)와 비대격동사(unaccuasative verbs)의 두 종류가 있다. 둘째, 이러한 두 종류의 자동사는 단순히 동사의 의미적 차원에서만 구분되는 것이 아니라 통사구조에 기반을 둔 동기부여가 있다. 비대격동사의 주어는 기저구조에서 타동사의 직접목적어와 동일한 위치에 있지만 비능격동사의 주어는 그렇지 않다(Levin & Rappaport Hovav 1995, 影山 1993도 참조).

여기서 가정하는 기저구조를 편의상 생성문법의 이론적 틀을 이용하여 형식화하면 다음과 같다(Burzio 1986).

(4) a. 비능격동사 : 〔s NP 〔vp 〕〕
b. 비대격동사 : 〔s 〔vp NP〕〕

비능격동사의 유일한 NP는 기저구조에서도 주어(생성문법의 틀에서는 외항)이기 때문에 비능격은 목적어(생성문법의 틀에서는 내항)를 가지지 않는다. 이와 달리 비대격동사의 유일한 NP는 기저구조에서 목적어(내항)로 존재하기 때문에 비대격은 주어(외항)를 가지지 않는다.

여기서 기저구조와 표층구조(관계문법의 틀에서는 최초문법관계와 최종문법관계) 사이를 연결시킬 필요성이 생겨나기 때문에 파생의 개념이 도입된다. 따라서 비대격의 주어는 기저구조의 목적어에서 승격한 파생주어로 자리매김되는 것이다(Perlmutter & Postal 1984).

이러한 전제(비대격의 주어가 파생주어라는 것)를 수용하면 비능격동사와 비대격동사의 주어는 표면상은 동일한 것처럼 보이지만, 실제(기저구조)로는 이질적인 것이기 때문에 의미적인 측면에서뿐만 아니라 통사적으로도 질이 다른 두 종류의 자동사가 존재한다는 주장이 가능해지는 것이다.

여기서 주목해야 할 것은 이 가설의 배경이 되는 경험적 기반이다. 실제로 Perlmutter(1978)에서 경험적 증거로 제시하고 있는 것은 네덜란드어(Dutch)와 터키어(Turkish)에 보이는 비인칭피동의 상황과 Boas & Deloria(1939)가 active-neutral이라고 설명한 다코타어(Dakota)의 분열주어 시스템의 상황이었다.[5] 분열주어 시스템에 대한 상세한 상황은 2.5절에서 다루기로 하고, 여기서는 Perlmutter(1978)이 제시한 네덜란드어의 비인칭피동의 예만을 소개한다.

(5) 네덜란드어

a. Ze werken hier veel. (자동사문)
'They work a lot here.'

b. Hier wordt (er) veel gewerkt. (비인칭피동문)
'It is worked here a lot.'

---

5) Active-neutral의 구별은 Sapir(1917)의 active-inactive, Klimov(1999)의 active-stative, Dixon(1979)의 분열주어 시스템(split-S system)과 대체로 일치하는 것이다(Merlan 1985 : 326, Mithun 1991 : 511).

(6) a. In dit weeshuis groein de kinderen erg snel. (자동사문)
'In this orphanage the children grow very fast.'
b. *In dit weeshuis wordt er door de kinderen erg snel gegroeid.
'In this orphanage, it is grown fast by the children.' (비인칭피동문)

Perlmutter(1978)에 따르면 네덜란드어의 자동사 비인칭피동은 (5)의 *werken 'work'*와 같은 동사에서는 성립하지만 (6)의 *weeshuis 'grow'*와 같은 동사에서는 성립하지 않는다. 그 밖에도 영어의 *dance, cry, swim*과 같은 자동사는 비인칭피동을 허용하지만 *rot, burn, drown*과 같은 자동사는 허용하지 않는다. 또 터키어의 자동사 비인칭피동도 네덜란드어와 대체로 동일한 결과를 얻을 수 있다는 점에서 다음과 같은 강력한 주장을 하게 된다.6)

(7) 어떤 언어에서도 비대격동사를 기반으로 하는 피동문(비인칭피동)은 만들 수 없다.
(Perlmutter & Postal 1984 : 107)

그리고 (7)은 우연한 것이 아니라 동사의 의미와 통사현상이 일정한 관계를 가지기 때문에 나타나는 것이라고 생각한다면 통사구조에서 동기부여를 받은 (4)의 형식화는 타당하다는 주장이 성립하는 것이다.

바꿔 말하자면, (4)의 형식화에는 이론적 전제가 있다. 그것은 비대격동사만이 비인칭피동을 성립시키지 않는 이유를 설명하기 위하여 비대격의 주어를 피동문의 주어와 동일한 기저구조의 목적어라고 가정하는 것이

6) 影山(1993, 1996)도 일본어에 관하여 동일한 주장을 하고 있다. 즉, 影山에 따르면 피동을 성립시키는 것은 비대격이 아니라 비능격뿐이다.

다. 즉, 이러한 전제에서 출발하면 표층구조에서는 피동문과 동일한 파생 주어가 되는 것이다.[7] 그렇다면 비대격은 (이미 파생구조이기 때문에) 다시 한번 파생을 되풀이하는 것(목적어에서 한번 승격한 것이 다시 승격하는 것)이 불가능하게(만약 그렇게 되면 비문법적인 문장을 만들어 버리게) 되어 피동문을 파생할 수 없다는 결론을 (순환론적으로) 도출할 수 있다. 즉, 비대격이 비인칭피동을 만들 수 없다는 언어 사실을 근거로 (다음 절에서 그 진위를 검토하겠지만) 이 두 구조가 동일하다고 가정하고, 이 가정에 의해 비대격은 비능격과 구조적으로 다르다고 주장하는 것이다.

위의 내용을 이번에는 생성문법의 틀에서 극히 대략적으로 설명해 보자. 비능격의 주어와 타동사의 주어는 의미역상 동작주(agent)라고 할 수 있다. 또 비대격의 (표층의) 주어와 타동사의 목적어도 의미역상으로는 피동자(patient)라고 할 수 있다. 이를 통하여 비대격의 주어를 기저구조의 목적어라고 가정한다면(즉, 의미역을 통사상의 위치관계로 대치하여 해석하면) 의미역과 문법관계가 일정하게 보편적인 대응을 보인다고 할 수 있다(더욱이 동격언어를 보면 이 관계가 격 표지 시스템에 의해 명시적으로 표시되기 때문에 더욱 분명한 증거가 될 수도 있다). 따라서 (4)의 형식화는 타당하다.

실제로 GB이론의 틀에서 제안된 Baker(1988)의 의미역 할당의 일률성 가설(uniformity of theta assignment hyperthesis)은 동일한 의미역을 담당하는 명사구는 기저구조에서 동일한 위치에 표출된다는 것을 보장하는 가설이다(서장의 주4). 이에 따라 비대격자동사의 유일한 명사구는 타동사의

---

7) 이 관계를 影山(1996 : 29)는 다음과 같이 제시하고 있다.

(i) 피동문의 파생 : ___ was broken the glass to pieces.

비대격동사의 파생 : ___broken the glass to pieces.

목적어와 동일하게 기저구조에서는 목적어(내항)의 위치에 오게 된다. 그리고 Burzio(1986)의 일반화와 Chomsky(1981)의 격 필터에 의해 (4)의 형식화는 이론적으로 정치하게 가다듬어진다. 비대격동사에는 내항밖에 없기 때문에 기저구조에서는 목적어의 위치에 생기지만 그대로는 격을 가질 수 없다. 왜냐하면 외항을 취하는 동사만이 대격을 부여할 수 있기 때문이다(Burzio의 일반화). 이때 격을 가지지 않는 NP는 부적격문이 되기 때문에(Chomsky의 격 필터), 격을 받아 적격한 문장이 되기 위해서는 목적어의 위치에서 주어(외항)의 위치로 이동하지 않으면 안 된다는 것이 GB 이론의 틀에서 보는 (4)의 형식화에 대한 이론상의 논리(theoretical logic)다(Baker 1988, 影山 1993 : 43-48 참조).

이상으로 네덜란드어와 터키어의 비인칭피동의 행태로부터 (7)과 같은 강력한 주장이 제기돼 그것이 (4)의 형식화의 기반이 되었다는 점을 서술하였다. 이 주장은 그로부터 더 이론적으로 정치하게 가다듬어지면서 (4)는 언어보편성의 가설로서 그 나름의 타당성을 부여 받게 된다.

그러나 비대격이 피동처럼 타동사 구조를 기반으로 하여 도출된다는 이 가설(Levin & Rappaport Hovav 1995, 影山 1996 등)에 대해서는 다음과 같은 지극히 소박한 의문이 든다. 많은 언어에서 비대격은 피동(유표)과 달리 형태적으로는 단순한 형식(무표)을 취하는 경우가 많다. 즉, 영어 이외의 많은 언어에서 보이는 형태 파생의 방향성을 생각해 볼 때 타동사의 구조를 기반으로 비대격이 파생된다는 가정은 어딘가 부자연스럽다. 예를 들어 일본어의 '開く(ak-u, 열리다)'와 '開ける(ak-e-ru, 열다)', '乾く(kawak-u, 마르다)'와 '乾かす(kawakas-u, 말리다)'는 형태 파생의 방향성에서 보면 자동사에서 타동사로의 파생이다.[8] 그러나 (4)에 기반하는 구조 파생의 관점

8) 기류 카즈유키(桐生和幸) 씨와의 개인 담화에 따르면, 네와르어의 자타교체는 자동사에서 타동사로의 파생이 주류로, 그 반대 방향은 별로 보이지 않는다고 한다.

에서는 그 반대로 타동사 구조에서 자동사 구조의 파생이 가정된다. 그렇다면 왜 형태적으로 파생형인 타동사가 구조적으로는 더 기본이 되고, 형태적으로는 기본형인 비대격동사가 구조적으로는 파생이 되는 것인지 쉽게 납득이 가지 않는다.9) 그렇지만 이와 같은 소박한 의문조차 검증할 방법이 없다. 왜냐하면 비대격성의 가설은 상기의 (4)를 이론적 전제로 하고 있기 때문에 그 이상 추구할 수 없다는 딜레마가 있기 때문이다.

그렇다면 (4)의 형식화의 타당성을 검증하기 위해서는 그것이 충분한 사실에 근거한 가설인지 아닌지를 조사할 수밖에 없으리라 생각된다. 즉, (7)의 일반화를 도출한 경험적 기반 그 자체를 점검하는 것이다. 그것은 다음과 같은 세 가지 점을 조사하면 충분할 것이다.

(i) 어떤 언어에서나 비인칭피동에 참여하는 자동사의 범위는 의미적으로 균질한 구성원으로만 이루어져 있고, 더욱이 비대격동사는 여기에 참여할 수 없는 것일까?
(ii) 어떤 언어에서나 사역교체에 참여하는 자동사의 범위는 의미적으로 균질한 구성원으로만 이루어져 있고, 더욱이 비대격동사는 참여할 수 없는 것일까?
(iii) 동격언어의 분열주어 시스템의 상황은 어떤 언어에서나 의미적으로 동일한 기준에 의해서만 자동사의 분열이 일어나며, 게다가 S_p=P와 S_a=A와 같은 기준만 허용하는 것일까?

위의 세 가지 점을 조사해 보면 자동사의 의미와 문법관계 사이의 자연스러운 대응이 그 모습을 드러낼 것이다.10)

9) 개인 담화에서 이루어진 도노 타카유키(当野能之) 씨의 지적에 의함.
10) 영어의 There구문, Way구문, 결과구문, 동족목적어구문, 의사피동문 등 비대격성의 통사적인 증거로서 다뤄진 구문을 거의 모두 검토하여, 비대격과 비능격과 같은 이항대립으로는 설명할 수 없음을 주장한 것으로서 다카미・구노(高見・久野 2002)가

그에 앞서 위와 같은 통사 기반의 이론적 배경 아래 Perlmutter(1978 : 162-163)가 의미적 기준으로 제시한 자동사의 두 가지 분류, 즉, 비능격동사와 비대격동사의 목록을 살펴보자. Perlmutter가 제시한 예는 영어의 예이지만 다른 언어에서도 동일하게 통용될 수 있다(이하 앞 절에서 사용한 용어법을 도입하여 비능격은 Sa와 공기하는 동사, 비대격은 Sp와 공기하는 동사로 표기하고, 병용한다).

(8) 비대격자동사(S_a와 공기하는 동사)
  a. 의도적 내지 의지적인 행위
    work, play, speak, talk, smile, grin, frown, think, skate, swim, dance, hunt, jog, walk, laugh, cry, dance, daydream, etc. 발화양태동사 : whisper, shout, mumble, grumble, growl, etc. 동물의 울음소리 : bark, neigh, meow, roar, quack, chirp, whinny, oink, etc.
  b. 무의식의 생리적 현상
    cough, sneeze, hiccough, sleep, cry, weep, belch, burp, vomit, defecate, urinate, etc.

(9) 비대격동사(S_p와 공기하는 동사)
  a. 형용사 내지 그에 상당하는 상태동사 : 사이즈, 모습, 색, 무게, 냄새, 심리적 상태 등을 표현하는 술어
  b. 대상물을 주어로 취하는 동사
    burn, fall, drop, sink, float, slide, slip, glide, soar, flow, roll, hang, dry, boil, freeze, melt, die, open, close, break, split, fill, grow, increase, decrease, tremble, sit(involuntary), etc.
  c. 존재 내지 출현을 나타내는 동사
    exist, happen, occur, appear, disappear, arise, ensure,

있다.

result, show up, end up, turn up

d. 오감에 작용하는 비의도적인 현상

shine, sparkle, glitter, smell, stink jingle, etc.

e. 상(aspect)동사

begin, start, stop, cease, continue, end, etc.

f. 계속

last, remain, stay, survive, etc.

2.3 자동사 기반의 피동

일본어의 간접피동을 제외하면, 세계 많은 언어에 보이는 자동사 기반의 피동은 거의 비인칭피동이다. Perlmutter(1978)와 Perlmutter & Postal(1984)에서는 특히 네덜란드어와 터키어에 보이는 비인칭피동의 상황에 대하여 (7)과 같이 비인칭피동에 관여하는 자동사는 비능격뿐이고 다른 어떤 언어에서도 비대격을 기반으로 하는 피동문(비인칭피동)은 만들 수 없다는 강력한 주장을 했다. 즉, 비인칭피동이 비대격가설의 타당성을 지지하는 경험적 증거로서 제시되었던 것이다.

그렇지만 이와 같은 주장에 대하여 Shibatani(1998)는 자동사 기반 피동의 매개변인을 제시하며 그것이 충분한 언어적 사실에 근거하는 것이 아님을 밝힌 바 있다.

(10) Parameters for intransitive-based passive

1st Person 〉 Volitional Human 〉 {**Volit. Animate** / Dutch/Flemish / **Human** / Turkish/Lithuanian} 〉

Animate & Potent 〉 **Inanimate** 〉 **No Protagonist**

Japanese	Irish	Lithuanian evidential passive

Shibatani(1998)에 따르면 독일어나 네덜란드어의 비인칭피동은 의지성의 개념이 중요하다고 한다. 따라서 *skate*와 같은 의지 동사는 허용하지만, *grow, drown*과 같은 무의지 동사는 허용하지 않는다. 한편, 터키어나 리투아니아어에서는 의지성보다 사람인지가 더 중요한 개념으로 작동한다. 그러므로 독일어나 네덜란드어에서는 '아이가 자란다'와 같은 문장을 허용하지 않지만, 터키어나 리투아니아어에서는 피동문이 가능하다. 그러나 '토끼가 빨리 자란다'나 '풀이 빨리 자란다'와 같이 동물이나 무정물이 주어인 경우에는 터키어나 리투아니아어에서도 피동을 허용하지 않는다. 이와 달리 아일랜드어는 '풀이 빨리 자란다'와 같이 무정물까지도 피동문을 만들 수 있다. 터키어나 리투아니아어에서 특히 주목해야 하는 점은 의지 동사라고 해도 동물이 주어인 경우에는 피동이 성립하지 않는다는 점이다. 따라서 '토끼가 도망친다'나 '늑대가 짖는다'와 같은 문장은 터키어나 리투아니아어에서는 피동문을 만들 수 없다(상세한 내용은 Shibatani 1998 : 96-101을 참조).

한편 일본어의 간접피동[11]은 유정물과 잠재력(animate & potent)의 개념이 중요하다. (11)에서 보는 바와 같이, 먼저 의지성 개념을 바탕으로

11) [옮긴이] 한국어로 번역할 수 없기 때문에 상대방의 행위로 인해 주체가 폐를 입었다는 의미가 되도록 의역한다.

하여 인간과 동물을 수용하고, 그 다음으로 잠재력이라는 개념에 의하여 의지성이 없는 인간이나 자연현상까지도 그 안에 포함하며, 더욱이 무정물이라고 하더라도 잠재력을 가진 것으로 간주할 수 있다면 간접피동이 가능해진다[12](예는 Shiabatani 1998 : 100)에서 인용).

(11) a. 太郎は、急に花子に走られた。(花子が走る)

Taro-wa kyuuni Hanako-ni hasi-rare-ta
타로는 갑자기 하나코-여격 달리다-피동-과거.단정
'타로는, 갑자기 하나코가 달려서 (정신적으로) 피해를 입었다' (하나코가 달리다)

b. 太郎は、犬に一晩中吠えられた。(犬が吠える)

Taro-wa inu-ni hitobantyuu hoe-rare-ta
타로는 개-여격 한밤중에 짖다-피동-과거.단정
'타로는, 개가 한밤중에 짖어서 (정신적으로) 피해를 입었다' (개가 짖다)

c. 太郎は、花子に死なれた。(花子が死ぬ)

Taro-wa Hanako-ni sin-are-ta
타로는 하나코-여격 죽다-피동-과거.단정
'타로는, 하나코가 죽어서 (정신적으로) 피해를 입었다' (하나코가 죽다)

d. 太郎は、雨に降られた。(雨が降る)

Taro-wa ame-ni hur-are-ta
타로는 비-여격 내리다-피동-과거.단정
'타로는, 비를 맞았다' (비가 내리다)

---

12) 가게야마(影山 1993 : 59-60, 1996 : 31)의 분석에 따르면 비대격동사는 간접피동을 허용하지 않는다. 그러나 다카미・구노(高見・久野 2002 : 235-244)에서는 '夜中に子供に熱を出されて、救急車を呼びました。(한밤중에 아이에게 열을 냄을 당하여(아이가 열이 나) 구급차를 불렀다)'나 '卒論の仕上げの大事な時期に、パソコンに壊れて困ってしまった。(졸업논문을 마무리하는 중요한 시기에 컴퓨터에게 고장 남을 당해(컴퓨터가 고장 나) 곤란했다)'와 같이 影山에서는 비대격이라고 판단되는 동사가 간접피동문을 가능하게 하는 예를 제시하고 있다.

e. 太郎は、夏草に生い茂る。(夏草が生い茂る)
Taro-wa natugusa-ni oisiger-are-ta
타로는 여름풀-여격 무성하다-피동-과거.단정
'*타로는, 여름풀이 무성해져서 곤혹스러웠다' (여름풀이 무성하다)

f. *太郎は、急に戸に開かれた。(戸が開く)
Taro-wa kyuuni to-ni hirak-are-ta
타로는 갑자기 문-여격 열리다-피동-과거.단정
'타로는, 갑자기 문이 열려서 곤란했다' (문이 열리다)

이와 같이 보다 넓은 범위의 데이터를 고려하면 (7)의 주장은 그다지 많지 않은 사실을 가지고 내린 과잉일반화인 것이 분명하다.

여기서 (10)의 매개변인을 토대로 자동사 기반의 피동이 보이는 확장의 일반화 및 제약을 정리해 보자. 피동이란 전형적으로 타동사를 기반으로 일어나는 현상임을 고려할 때 (12a)는 타당할 것이다. 또 (7)의 주장도 (12b)와 같이 다시 파악해야 할 필요가 있을 것이다(柴谷 2000 : 154도 참조).

(12) 확장의 일반화와 제약(I) : 피동의 경우

a. 피동(비인칭피동과 간접피동도 포함하여)은 S_a=A와 공기하는 동사(비능격과 타동사)를 공통의 의미 기반으로 하고 거기에 S_p와 공기하는 동사(비대격)를 수용하는 방향으로 일반화하는 확장을 보인다.

b. 거의 대부분의 언어에서 S_a와 공기하는 동사(비능격)을 배제하고 S_p와 공기하는 동사(비대격)을 기반으로 하는 피동문을 만드는 것은 불가능하거나 매우 곤란하다.

일본어의 간접피동이 보이는 일반화 패턴은 (12a)를 상당히 잘 반영하고 있다((11)을 참조). 이를 2.1.2절의 (3)의 정의에 기반하여 '의미적 대격형 시스템'의 패러다임이라고 한다면, 피동접사 -rare는 ('의미적 동격형 시스템'이 아니라) '의미적 대격형 시스템'의 접사라고 할 수도 있을 것이다.

2.4 사역교체

Halspelmath(1993)은 세계의 21개 언어에서 31개의 동사를 뽑아 사역(-기동)교체(그의 용어로는 inchoative-causative alternation)의 상황을 조사한 후 다음과 같은 일반화를 도출하였다.

(13) a verb meaning that refers to a change of state or a going-on may appear in an inchoative/causative alternation unless the verb contains agent-oriented meaning components or other highly specific meaning componets that make the spontaneous occurrence of the event extremely unlikely. (p.94)

즉, *brake, open*과 같이 상태변화를 나타내는 동사나 *roll, spin*과 같이 지속운동을 나타내는 동사는 사역교체(자타교체)에 참여할 수 있지만 *run, play, hit, kick*과 같이 행위를 나타내는 동사는 사역교체를 나타내지 않는다. 이를 지지하는 예로 의미적 최소대립쌍(minimal pair)인 *wash, execute, tie*와 *clean, kill, unite*를 들고 있는데, 양자는 거의 동일한 의미를 나타내면서도 전자는 행위 기원의 동사이기 때문에 사역교체를 허용하지 않지만 후자는 허용한다고 설명했다.

本居春庭[13](1828)는 일본어만을 대상으로 관찰한 것이기는 하지만, 일

13) [옮긴이] 모토오리 하루니와(本居春庭, 1763-1828) : 에도시대 후기의 일본 국학자, 국어학자. 현대 일본의 동사 활용에 관한 연구의 원형을 만들었다.

찍부터 자동사에 의미적으로 서로 다른 두 개의 그룹, 즉 ミズカラシカスル(스스로 그렇게 하는 것, Sa와 공기하는 동사에 해당)'와 'オノズカラシカスル(저절로 그렇게 되는 것, Sp와 공기하는 동사에 해당)라고 이름 붙인 두 종류가 있음을 알고 있었다(島田 1979 참조).[14] Sapir(1917)보다 거의 한 세기 전에, Perlmutter(1978)보다 거의 한 세기 반이나 전에 그들이 이야기한 active-inactive, 그리고 비능격과 비대격의 구별에 해당하는 자동사의 분류를 시도했던 것이다(Shibatani 2000). 하루니와(春庭)의 뛰어난 점은 의미를 기준으로 한 분류임에도 불구하고 사역교체(자타교체)뿐만 아니라 sase사역 및 피동의 성립 여부도 동시에 예측했다는 점이다. 이와 같은 하루니와(春庭)의 생각은 Shibatani(2000)와 Shibatani & Pardeshi(2002)에서 다음의 〔표 4〕와 같이 정리하고 있다(일본어의 자타교체와 sase에 관해서는 제5장에서 상세하게 기술한다).

[표 4]

	타동사	사역	피동
스스로 그렇게 하는 동사 (S_a와 공기하는 동사)	○	×	×
저절로 그렇게 되는 동사 (S_p와 공기하는 동사)	×	○	○
타동사		○	○

Haspelmath와 하루니와(春庭)의 공통점은 사역교체와 동사의 의미 사이에 강한 연결고리가 있음을 발견한 것과, 상태변화동사는 사역교체(자타교체)를 허용하지만 동작동사는 허용하지 않는다는 일반화를 제시했다는

14) 하루니와(春庭)의 자동사 2분류는 이케가미(三上 1953〔1972〕)의 능동사-소동사의 구분과도 대체로 대응한다.

점이다.15)

그러나 이와 같은 일반화를 마치 엄격한 의미 기준인양 받아들여 그것을 기준으로 강한 주장을 펼친 것이 문제 발생의 소재(所在)였던 것으로 보인다.

이 점에 대하여 동작동사의 사역교체를 허용하는 영어의 예를 살펴보자. 다음의 예는 Levin & Rappaport Hovav(1995 : 80, 111)와 와시오(鷲尾 1997 : 67, 85)에서 인용한 것이다.

(14) a. The general *marched* the soldiers to the tents.
b. The rider *jumped* the horse over the fence.
c. We *ran* the mouse through the maze.
d. He *walked* the children across the road.
e. He *swam* his horse across the river.
f. The fireman *stood* us to one side to let the ambulance through.

(15) a. *The comedian *laughed* the crowd.
(cf. The comedian *made* the crowd laugh.)
b. *The teacher *played* the children.
(cf. The teacher *made* the children play.)

Levin & Rappaport Hovav(1995)에 따르면 영어는 (14)와 같이 동작동사도 사역교체를 허용한다. *march, jump, run, walk, swim*과 같이

15) 물론 하루니와(春庭)는 이것을 공식적으로 주장하지는 않았다. 그러나 하루니와(春庭)가 제시한 활용표를 읽어 보면 이 점을 알 수 있다. 이러한 관점에서 볼 때 하야쓰(早津 1989)의 '유대타동사'(有対他動詞, 대응하는 자동사가 있는 것)와 '무대타동사'(無対他動詞, 대응하는 자동사가 없는 것)의 구분 역시 사실은 하루니와(春庭)의 자타 구분으로 이미 밝혀진 것이다. 이에 대해서는 제5장을 참조.

이동양태를 나타내는 동사 및 *stand*와 같이 '특정한 위치로의 이동'(move to a position)을 나타내는 동사는[16] 타동사 용법이 가능하다. 그러나 동작동사 모두가 사역교체를 허용하는 것은 아닌데, (14)와 (15)의 차이를 통하여 알 수 있듯이 거기에는 분명한 경계선이 있다. 즉, 영어는 *laugh, play*와 같은 동작동사는 타동사 용법을 허용하지 않고 생산적 사역인 *make*를 이용하여 표현할 수밖에 없다.

여기서 문제가 되는 것은 이러한 분포를 어떻게 해석할까 하는 점이다. 여기에는 두 가지 견해가 있다. 하나는 비대격가설에 기반한(이른바 동격형의 active-inactive의) 견해이다. 다른 하나는 본서에서 제안하는 '의미적 능격성'의 정의에 기반한 견해다. 전자를 취하면 이동양태동사는 동작동사이기는 하지만 비대격이라고 간주하지 않으면 안 된다. 그렇지 않으면 이론상 부정합이 생긴다. 한편, 후자의 견해를 취하면 사역교체에서 영어의 자동사가 보이는 행태는 S_p=P를 공통의 기반으로 이동양태를 나타내는 동작동사(Sa동사)까지 그 안에 포함하는 방향으로 일반화의 확장이 일어나고 있다고 자연스럽게 설명할 수 있다.

아래서는 영어뿐만 아니라 한국어도 고려할 때 '의미적 능격성'의 정의에 기반하는 후자의 견해 쪽이 좀 더 설명력을 가진다는 것을 살펴보겠다.

Levin & Rappaport Hovav(1995 : 110-112, 187-188)는 영어의 이동양태동사에 관하여 비대격가설에 기반한 다음과 같은 분석을 제시하고 있다. (16a)와 같이 방향구를 동반하지 않는 이동양태동사는 비능격이다. 그러나 (16b)와 같이 이동방향을 나타내는 해석 아래서는 비대격이다. 따라서 (14)의 문장은 비대격인 (16b)와 같은 동사의 타동사 용법이라는 것이다.

---

16) stand의 분석은 와시오(鷲尾 1997 : 87)를 참조했다.

(16) a. The soldiers marched. (비능격)
b. The soldiers marched to the tents. (비대격)

또 이 주장의 근거로서, 다음의 (17)과 같이 방향구를 동반하지 않는 타동사문은 부적격하다는 점을 들고 있다. 즉, (14)는 (16a)와 같은 비능격 자동사문의 타동사적 용법인 것은 아니라고 분석하는 것이다.

(17) a. ??The general *marched* the soldiers.
b. ?The rider *jumped* the horse.
c. *We *ran* the mouse.

이 분석만을 따로 보면 일단 이치에 맞는 것처럼 보인다. 그러나 이것은 Goldberg(1995 : 16)와 다카미・구노(高見・久野 2002 : 76, 88)에서 적확하게 지적한 것과 같이, 그녀들 자신이 제시했던 Way구문의 분석과는 결과적으로 모순되고 만다(예는 高見・久野(2002 : 76, 88)에서 인용).

(18) a. Mary danced her way through the park. (비능격)
b. The kid jumped his way to the sandbox. (비능격)

즉, 그녀들이 제시한 *Way*구문의 분석에 따르면 *Way*구문은 의도적인 사태이고, 따라서 그 구문에 나타나는 동사는 비능격이다. 그렇다면 (18)은 비능격인 것으로 판단된다. 그런데 앞서 살펴본 이동양태동사의 사역교체에 관한 기준을 적용해 보면 이번에는 *Way*구문이 이동의 경로를 나타내는 방향구를 동반하고 있기 때문에 (18)의 *dance, jump*는 비대격이라는 판단을 내리게 된다.

즉, 의도성의 의미 기준으로 보면 이동양태동사는 비능격이다. 그러나 그렇게 되면 비능격도 사역교체가 가능하다고 해야 한다. 거기서 방향구가 의무적으로 부가된 것만 타동사 용법을 가진다고 하면, 유계성(telic)의 사태는 비대격이라고 설명할 수 있기 때문에(그리고 상태변화나 위치변화도 종착점을 가지는 유계성의 사태라는 점에서 양자가 동일한 범주라고 하는 것도 말할 수 있기 때문에) 설명의 타당성은 일단 유지할 수 있다. 다시 말해, 사건의 완료상(도착점 내지 경로를 명시적으로 나타냄으로써 행위의 완결성을 나타내는 것. 경로는 거기를 통과하면 행위는 일단 완결함)이 비대격성의 의미 기준으로 도입되는 것이다(影山 1996 : 177, 影山 2000 : 46-47 참조).[17] 하지만 그렇게 되면 이번에는 Way구문을 설명할 수 없게 되는 미로의 상태에 빠지고 만다(影山 2000, 丸田 2000에 의하면 사실 방향구가 없어도 타동사 용법을 허용하는 예도 있다(아래의 (33)을 참조). 따라서 완료상으로도 영어의 사역교체를 완전하게 설명할 수는 없다.

참고로 *Way*구문과 (14)의 문장은 일정한 이동의 거리나 경로가 해석된다는 점에서 공통점을 가진다는 것을 지적해 두고 싶다. 다카미・구노(高見・久野 2002)에 따르면 *Way*구문은 일정한 거리의 이동이나 경로를 해석해 낼 수 있는지가 중요하기 때문에 *The kid jumped his way into the sandbox.*는 방향구가 부가되어 있음에도 불구하고 부적격하게 된다. 그 이유는, 이 문장은 단 한 번의 점프로 모래사장에 도착했다고 이해되어 모래사장에 다다르기까지의 일정한 거리나 경로를 읽어낼 수 없기 때

17) 기시모토(岸本 2000)는 일본에 관하여 의지성 외에 완결성(유계성)을 비대격성의 의미 기준으로서 다루고 있다(cf. Van Valin 1990, Kishimoto 1996). 이것도 다카미・구노(高見・久野 2002)가 지적한 바와 같이 상태술어가 문제가 된다. 의도성의 측면에서 보면 상태술어는 비대격인데 유계성이 없다는 점에서 보면 비능격이 된다. 이것에 관하여 흥미로운 사실이 동격언어에 보인다. 상태술어가 비대격으로서 다루어지는 언어와 비능격으로서 다루어지는 언어가 있다(Mithun 1991). 상세한 것은 다음 절에서 살펴보기로 한다. 또 NP를 포함한 동사구의 상에 대한 논의는 Tenny(1994), 三原(2002)를 참조하기 바란다.

문이다. 더욱이 (14)의 문장은 사역자(타동사의 주어)와 피사역자(목적어)가 함께 어떤 목표점을 향하여 이동한다는 수반사역의 상황도 필요하다(鷲尾 1997, 影山 2000, 丸田 2009. 수반사역의 포괄적인 기술에 대해서는 Shibatani & Pardeshi 2002 참조). 예를 들어 (14b)는 기수가 말을 타고 함께 장벽을 뛰어넘는 상황을 가리킨다.

이러한 사실로 볼 때 일정한 이동의 거리나 경로가 해석되는지 어떤지에 관한 의미 요소는 동작동사가 타동사 용법을 가지기 위한 필요조건이라고(그러나 충분조건은 아니다) 생각할 수 있다. 이 점은 일본어에서도 '母親が子供たちを二階に上げた(hahaoya-ga kodomo-tati-o nikai-ni age-ta, 어머니가 아이들을 2층에 올렸다/올려 보냈다)'라는 예문이 적격하다는 점이나 '*子供を挨拶に回した(*kodaomo-o aisatu-ni mawasi-ta, 아이를 인사하러 돌렸다)'(青木 1977)는 부적격하지만 '赤星をファーストに、金本をセカンドに回した(Akahosi-o hwasuto-ni, Kanemoto-o sekando-ni mawasi-ta, 아카호시를 1루로, 가네모토를 2루로 돌렸다)'와 같은 로테이션의 해석이 가능한 문장은 적격인 점을 보면(이 경우 피사역자는 동작주로서 해석된다), 이동(방향)동사까지도 가능하기 때문에 동일하다고 생각할 수 있다(상세한 내용은 5.5.5절을 참조).

이상으로 영어의 동사 시스템은 다음과 같이 이해할 수 있다. 사역교체의 범위, 즉 자동사의 주어가 타동사의 목적어와 대응하는 동사의 범주는 상태변화동사에서 출발하여 동작동사로까지 확장된다. 그러나 동작동사의 전부를 허용하는 것은 아닌데, 그중 이동(양태)동사만 타동사문(어휘적 사역문)을 허용하고 *laugh, play, cry*와 같은 동작동사는 허용하지 않는다. 이와 같은 분포를 비대격이냐 비능격이냐 하는 이항대립적인 개념으로 파악하는 데에는 무리가 있다.

그러나 비대격성의 개념에서 한발 벗어나 연속성의 견해를 취하면 다음에 제시할 한국어의 시스템도 별 무리 없이 포착할 수 있다(Shibatani &

Pardeshi 2002). 한국어는 영어에서는 수용되지 않았던 *laugh, play, cry* 와 같은 동작동사까지도 자동사를 허용하기 때문이다. 즉, 영어의 연장선상에서 자리매김할 수 있다. 단, 한국어는 영어와 달리 어휘적(또는 형태적) 사역형식으로서 알려져 있는 접사 '-이, -히, -리, -기(및 -우, -구, -추)'를 부가해야 한다.

[표 5]

기본형	파생형(타동사·사역)
(19) 상태변화동사(S_p와 공기하는 동사)	
a. 녹다	녹이다
b. 마르다	말리다
c. 끓다	끓이다
d. 죽다	죽이다
e. 돌다	돌리다
(20) 동작동사(Sa와 공기하는 동사)	
a. 걷다	걸리다
b. 서다	세우다
c. 웃다	웃기다
d. 울다	울리다
e. 놀다	놀리다
(21) 타동사	
a. 열다	*열리다
b. 차다	*차이다
c. 밟다	*밟히다
d. 깨다	*깨이다
e. 치다	*치이다

위의 데이터를 보면 접사 '-이, -히, -리, -기'는 (19)의 상태변화동사에서 (20)의 동작동사까지를 동일하게 취급하고 있고 (21)과 같은 타동사에는 제약이 있다.18) 이 접사를 S_p/S_a 양용접사라고 부르자. 그러면 이 접사는 2.1.2절 (2)의 정의에 따라 '의미적 능격형 시스템'의 접사라고 생각할 수 있다. 즉, 이 접사는 상태변화동사를 기반으로 하여 거기에 동작동사를 부분적으로 수용하는 것이 가능한데, 반대로 동작동사 전체를 기반으로 하여 거기에 상태변화동사를 부분적으로 수용하는 '의미적 대격형 시스템'의 접사는 아닌 것이다.

그렇다면 영어와 한국어의 공통점 및 차이점은 〔표 6〕과 같이 제시할 수 있다.19)

---

18) '입다 : 입히다', '벗다 : 벗기다', '신다 : 신기다' 등 이른바 재귀동사를 중심으로 한 일부의 타동사에는 이 접사가 이용된다. 상세한 내용은 鄭(1999) 및 4.2.1절을 보기 바란다. Shibatani(2002a)에 따르면 형태적 사역(어휘적 사역)은 일반적으로 타동사에는 작용하기 어렵다는 지적이 있다.

19) 영어와 같이 한국어에도 자타양용동사(labile verbs)가 없는 것은 아니다. 단, 한국어의 경우에는 영어와 같이 상태변화동사가 그 중심에 있는 것이 아니다. 오히려 '귀가/를 먹다', '다리가/를 다치다', '배가/를 곯다' 등과 같이 신체상에 일어난 어떤 불의의 사태 또는 그 상태를 나타내는 경우나 '몸이/를 움직이다', '눈이/을 깜빡이다' 등과 같이 신체 부위(또는 신체상에 부착한 '치마'나 '스카프'와 같은 것)의 동적 양태를 나타내는 경우가 많다. 또 후자는 의성・의태어 동사가 많다. 따라서 형태적인 면을 중시하여 영어와 같이 자타양용동사만을 사역교체라고 인정하면 한국어의 자타양용동사는 영어와 의미적으로 달라지게 돼 버리는 부조리가 발생한다(제1장의 필자주20도 참조). 또 한국어와 같이 접사를 이용하는 파생동사만 자타교체라고 인정하면, 영어는 rise와 raise와 같이 극히 소수의 동사만 해당하게 된다. 즉, 형식의 선택은 언어에 따라 다를 수 있지만 의미는 공유될 수 있다. 따라서 대조연구에는 형식을 기준으로 하기보다 의미를 기준으로 하는 쪽이 더 유익하다. 그러므로 자타교체를 일으키는 동사의 (전형적인) 의미를 기준으로 하면, 영어는 자타양용동사가 그것을 담당하고 한국어는 접사를 이용한 파생동사가 그것을 담당하는 것이다.

[표 6]

	상태변화	이동양태	동작
사역교체	melt	walk	laugh, play
영어	자 타 양 용 동 사		
한국어	접사 -이, -히, -리, -기(S_p/S_a 양용접사)		

여기서 다음의 두 가지 점을 확인해 두고 싶다. 하나는 (20)의 파생형 동사는 (19)와 동일한 접사를 이용한다는 형태적인 공통점뿐만 아니라 문장구조를 만드는 방법도 동일한 타동사 구조라는 점이다.

(22)와 (23)을 보면, (23c)의 '아이들'이나 (22c)의 '쇠' 모두 목적어를 여격으로 치환할 수 없다. 적어도 (23c)는 (23b)와 비교해 보면 확실히 부자연스럽다(이 점은 일본어와 다르다는 점을 주의하기 바란다. 일본어는 재미있는 이야기를 하여 '아이들을 웃게 했다'도 가능하고, 명령하여 '아이들에게 웃도록 했다'도 OK). 즉, 만약 피사역자의 아이들이 문장구조에서도 동작주로서 인정받고 있다면 여격교체를 허용하지 않을 리가 없다. 그러나 (23c)에서는 여격교체가 불가능한데, (24)와 같이 생산적 사역형식 '-게 하다'로 바꾸면, 여격도 완벽하게 수용하게 된다. 따라서 (20)의 파생형 동사에서는 타동사 구조를 이용하기 때문에 피사역자를 여격으로 표시하는 데 제약이 있다고 볼 수 있다.

(22) a. 쇠가 녹았다.
b. 아이들이 쇠를 녹였다.
c. *아이들이 쇠에게 녹였다.

(23) a. 아이들이 웃었다.
b. 선생님이 아이들을 웃겼다. (재미있는 이야기를 해서)
c. ??선생님이 아이들에게 웃겼다. (명령해서)

(24) 선생님이 아이들에게 웃게 했다. (명령해서)

다른 하나는 (20)의 파생형 동사는 영어와 동일하게 수반사역의 상황을 나타낼 수 있다는 점이다.

(25) a. 선생님이 학생들을 역까지 걸리었다.
b. 서울로 말을 달렸다.
c. 경찰이 달려오는 학생들을 제자리에 세웠다.

위의 예를 영어의 (14)와 비교해 보자. (25)는 (14)와 동일하게 이동방향을 나타내는 구가 부가되어 있다. 더욱이 (25a)는 학생만이 역까지 걷고 있었던 것이 아니라 선생도 (실제로 걸었는지 어떤지는 별개로 치고) 학생들을 역까지 인솔하고 있는 상황이었음을 나타낸다. 만약 선생님이 교무실 등에 남아 있고 학생들끼리만 역까지 걸어가게 했던 상황이라면 이 문장은 생산적 사역이 '-게 하다'를 이용한 표현으로 고치지 않으면 안 된다. 다음으로, (25b)의 '달리다'는 자타양용동사다.[20] 이것도 (14b)의 상황과 동일하게 말을 타고(말과 일체가 되어) 서울을 향해 말을 달렸다는 것을 나타낸다(단 서울에 도착했는지 어떤지는 함의하지 않는다). (25c)도 영어의 (14f)와 동일한 상황이다.

그런데 한국어에서는 영어와 같이 반드시 이동 방향을 나타내는 구가 필요한 것은 아니다(위에서 살펴본 바와 같이 영어에서도 사실 방향구가 의무적이지 않은 예가 있다). 다음과 같이, 특히 (26a)를 아래의 (28)과 비교하면 방향구가 부가되지 않고, 또 완료상이 아닌 지속운동이어도 적격한 문장을

20) 이것도 역사적으로는 '닫다'에서 '달리다'로의 파생형일 것이다(이선영 1992, Park 1994 참조). '닫다'는 현대어에서는 단독으로는 쓰이지 않지만 '내닫다', '치닫다'와 같이 복합동사로서 남아 있다.

만들 수 있다. 그러나 여기서도 의미적으로는 수반사역의 (혹은 거기서 확장한) 상황을 읽어낼 수 있다. 즉, (26a)에서는 주어가 아이에게 (함께 걷는지 여부는 별개로 치고) 한 시간 동안 쭉 옆에 같이하는 상황임을 나타낸다. 또 (26b)는 학생들이 한 시간 동안 쭉 웃고 있고, 거기에 선생님의 재미있는 이야기도 한 시간 동안 쭉 계속되고 있는 상황을 나타낸다. (26c)는 선생님이 학생들을 하루 종일 방치하고 공부시키지 않았다는 것을(하루 종일 관여해야 함에도 그렇게 하지 않았다는 것), 그래서 학생들이 하루 종일 노는 결과가 되었음을 나타낸다. 즉, 한국어는 *walk*와 같이 이동양태동사와 *play, laugh*와 같은 동작동사가 동일한 형태 및 문장구조를 이용할 뿐만 아니라 사역의 의미에서도 연속성을 가지게 된다.[21]

(26) a. 공원에서 아이들을 한 시간 동안 걸리었다.
b. 선생님이 재미있는 이야기로 아이들을 한 시간 동안 웃기었다.
c. 선생님이 학생들을 하루 종일 놀리었다.

이상에서 살펴본 바를 정리하면, 사역교체에 참여할 수 있는 동사는 전형적으로는 상태변화동사다. Haspelmath의 일반화를 참고로 하면, 아마 거의 대부분의 언어에서 상태변화동사는 사역교체를 허용한다. 그러나 동작동사도 사역교체가 불가능한 것은 아니라는 점을 영어의 예를 통하여 알 수 있었다. 여기서 만약 동작동사가 사역교체를 허용하는 언어가 있다면, 우선은 이동방향동사(일본어), 이동양태동사(영어)를 그 안에 포함할 가능성이 높다는 예측을 할 수 있다. 더 나아가 상(aspect)의 제약을 없애고 지속운동도 수용하면 이번에는 그 밖의 동작동사까지를 포함하는 방향으로 일반화하는 확장을 보이는 것도 불가능한 것은 아닐 테다. 그와 같

---

21) 수반사역에 대해서는 3.4.2절, 4.4.2절, 6.3.3절을 참조하기 바란다.

은 언어로 한국어를 들 수 있다.22) 이 경우에는 사역 상황(주로 수반사역임)에 제약이 걸려 있는 것도 위의 관찰을 통해 알 수 있다. 이를 (27a)와 같이 정리하면 Haspelmath의 일반화는 (27b)와 같이 수정할 필요가 있다.

(27) 확장의 일반화와 제약(II) : 사역교체의 경우23)
  a. 사역교체는 S_p=P와 공기하는 동사를 공통의 의미 기반으로 하고 S_a와 공기하는 동사를 수용하는 방향으로 일반화하는 확장을 보인다.
  b. 거의 모든 언어에 있어서 S_p와 공기하는 동사를 배제한 채로 S_a와 공기하는 동사를 기반으로 하는 사역교체(자타교체)를 만드는 것은 불가능하거나 매우 곤란하다.

이로부터 사역교체에서 영어의 패러다임 및 한국어의 접사 '이, 히, 리, 기'의 패러다임은 자동사가 비능격인지 비대격인지 하는 이분법으로는 정리할 수 없음을 알 수 있다. 따라서 비대격성보다 본고에서 정의, 제안한 '의미적 능격성' 쪽이 더 설득력이 있다는 주장을 할 수 있다.

마지막으로 영어에서도 반드시 도착점 혹은 완료성을 가지지 않아도 되는 예를 들어보자. (28)은 가게야마(影山 1996 : 177, 2000 : 47)와 마루타(丸田 2000 : 224)에서 인용한 것이다. 가게야마(影山 2000 : 54)에서는 (28)이 비능격이냐 비대격이냐 하는 것은 특별히 다루지 않고 다음과 같은 설명을 하고 있다. 이들 예는 보행 보호자가 함께 걷는다는 의미가 되기 때문에 예를 들어 (28b)라면 환자가 걷는 행위만 달성되면 충분하고, 걸어서 어디까지 가느냐 하는 목표는 특별히 관여하지 않는다(이것도 한국어의 (26a)와 비교하기 바란다). 그 결과 도착점은 반드시 나타날 필요가 없기 때

22) 한국어와 거의 동일한 사이즈를 가지는 언어로서 마라티어어(Marathi language)의 사역접사 -*aw*가 있다. 자세한 내용은 Shibatani & Pardeshi(2002)를 참조.
23) 생산적 사역이 아닌 어휘적 또는 형태적 사역에 국한함

문에 완료상도 불필요하다. 어찌 됐든 왜 이들 동사가 타동사 용법을 가지느냐에 대해서는 위의 한국어 예를 비롯하여 통일된 설명이 요구될 것이다. 그 해결책으로서 여기서는 연속적인 파악 방식이 가능한 '의미적 능격성'을 제안한 것이다.

(28) a. John walked his dog for hours.
 b. He walked a sick man.
 c. I'll walk you a little ways, he said. we started walking.

2.5 분열주어 시스템

비대격가설을 지지하는 가장 강력한 근거를 제공한 것은 동격언어의 분열주어 시스템이다(1.2.5절 참조). 바츠비어의 예를 다시 살펴보며(Comrie 1978, DeLancey 1981), 그 상황을 확인해 보자.

(29) 바츠비어
 a. Txo naizdrax qitra.
  We-ABS to-the-ground fell
  'We fell to the ground (unintentionally, not our fault).'
 b. A-txo naizdrax qitra.
  ERG-we to-the-ground fell
  'We fell to the ground (intentionally, through our own carelessness).'

(29)는 둘 다 자동사문인데, 이 언어에는 자동사문의 주어 S를 나타내는 격 표지가 동일하지 않다. 즉, 자동사의 유일한 명사구(we)가 타동사의

P와 동일한 격(ABS로 표시되어 있다)을 취하는 경우(29a)와, 타동사의 A와 동일한 격(ERG로 표시되어 있다)을 취하는 경우(29b)의 두 종류로 분열되어 있다. (단, 위의 주석에서는 능격언어의 기술 용어인 능격(ERG)와 절대격(ABS)를 사용하고 있기 때문에 오해를 불러일으킬지도 모르겠다. 아래서는 동격언어의 격 표지 시스템을 기술하는 경우에는 동작주격(agentive case)와 피동자격(patientive case)이라는 용어를 사용하고자 한다). 의미적으로 보통 피동자격을 취하는 (29a)는 비의도적인 사태에 대응하는 반면, 동작주격을 취하는 (29b)는 의도적인 사태에 대응한다.24)

즉, 이들 언어에서는 자동사 주어의 격 표지를 바꾸는, 즉 분열주어 시스템이라는 전략에 따라 자동사가 두 그룹으로 나뉘는 것이다. 다시 말해, 분열자동사(Sa동사와 Sp동사)가 되는 것인데, 이러한 구별에는 그 의미 기준으로서 의도성이 관여한다. 이와 같은 상황을 볼 때 비대격가설이 동사의 의미와 문법관계 사이의 대응을 파악하고자 (4)와 같은 형식화를 제안한 것은 어느 정도 이해할 수 있다.

그러나 분열주어 시스템의 많은 경우가 바츠비어와 같이 의도성이 중요한 개념이 되어 비대격가설을 지지한다고 하더라도(Harris 1982), 모두 다 동일한 의미 기준에 의해 분열된다고는 볼 수 없는 상황들이 여러 연구를

---

24) 실은 (29b)의 영어 번역을 통하여 알 수 있듯이 동작주격에 대응하는 것은 의도적인 사태만은 아니다. 이와 같은 의미 분포에 대하여 Comrie(1978 : 356)은 주어명사구의 동작주성의 정도(the degree of agentivity), 또는 제어력의 정도(the degree of control)를 설정하여 설명하고 있다. 이에 따르면 바츠비어는 (i)과 (ii)가 동일하게 취급되어 동작주격을 취하고, 다른 한편 (iii)만이 특별한 취급을 받아 피동자격을 취하게 된다.

(i) 고의(의도적)로 쓰러졌는가 ; 주어가 절대적인 제어력을 가진다.

(ii) 자신이 부주의에 의해 쓰러졌는가(피할 수 있었지만 그렇게 하지 않았다) ; 중간적. 주어가 능력적으로는 제어력을 가진다.

(iii) 쓰러진 것은 자신의 제어력 밖에 있고, 전적으로 자신의 과실에 의한 것이 아니다 ; 제어력 전무함.

통해 보고되고 있다. 먼저 Merlan(1985)에 따르면 언어에 따라 S_a부류와 S_p부류(그녀의 용어로는 subjective class와 objective class)의 사이즈에는 차이가 난다고 한다. 예를 들어 다코타어(Dakota)나 조지아어(Georgian) 등은 S_p부류가 S_a부류보다 사이즈가 더 크다. 한편, 동포모어(Eastern Pomo)나 바츠비어(Batsbi) 등은 S_a부류가 S_p부류보다 사이즈가 더 크다. 또 Mithun(1991)에 따르면 언어에 따라 서로 다른, 그러나 결코 임의적이지 않은 다양한 의미 기반이 있고, 따라서 격 표지 선택에 관여하는 의미적 동기도 일률적이지 않다고 한다(그 밖에도 DeLancey 1981, Rosen 1984, Van Valin 1990, Zaenen 1993, 鷲尾 2002 등도 참조).[25)]

즉, 분열주어 시스템의 상황에서도 의미와 문법관계 사이의 연결이 비대격가설로 언급될 만한 보편적인 배열을 나타내는 것은 아니다(아래의 (30)~(32)를 참조). 특히 Mithun(1991 : 516, 520)에 따르면 중앙포모어(Central Pomo)는 Perlmutter가 제시한 비대격성의 의미 기준((8)(9)를 참조)과는 정반대의 상황을 보인다. 거기서는 *cough, sneeze, hiccough*와 같이 생리현상을 나타내는 동사가 피동자격을 취한다. 한편, *I am fat, I am old*와 같은 상태술어는 동작주격을 취한다. 이와 달리 라코타어(Perlmutter가 비대격가설을 제안할 때 예로 든 다코타어의 방언. Harris 1982 : 291)와 같이 비대격성의 의미 기준에 거의 일치하는 언어도 있다. 라코타어는 중앙포모어와는 반대로 *cough, sneeze, hiccough*의 생리현상이 walk, play의 의지동사와 함께 동작주격을 취하는 것이다.

---

25) Mithun(1991 : 512)도 언급하고 있는 것과 같이 DeLancey(1985)에 따르면 라싸 티베트어(Lhasa Tibetan)의 격 표지 선택은 제어성을 반영하는데, 조동사 선택은 의도성에 민감하다. Van Valin(1990)에 의하면 이탈리아어의 조동사 선택은 활동성(activity인지 nonactivity인지)이 중요하다. 또 Zaenen(1993)에 의하면 네덜란드어의 조동사 선택은 상에 기반하고 있다. 와시오(鷲尾 2002)에 의하면 고대일본어의 조동사 ツ・ヌ의 선택은 네덜란드어와 유사하다.

이와 같이 언어마다 서로 다른 상황을 Mithun(1991 : 524)을 토대로 다음과 같이 정리해 보자(사건(event)과 상태(state)의 분류는 Mithun에 따른다. 단, event 1, 2, 3과 state 1, 2, 3의 숫자는 필자에 의한다. P : performance, E : effect, I : instigation. 편의상 원어 표기는 생략).

(30) 과라니어(Guarani)

a. 동작주격을 취하는 동사

event 1 : 〔+event〕 〔+P/E/I〕 〔+control〕
jump, go, run, get up, walk, come, swim, arrive, pass, descend, get off, play, dance, smoke, work, fly, turn, etc. (p.512)

event 2 : 〔+event〕 〔+P/E/I〕 〔-control〕
hiccough, sneeze, vomit, etc.

event 3 : 〔+event〕 〔-P/E/I〕 〔-control〕
fail, die, slip, etc.

event(기타) : sink, sleep, stagger, get lost, get stuck, wake up, split(crack, burst), come loose(lose one's jop), go out(die away), etc. (p.513)

b. 피동자격을 취하는 동사

state 1 : 〔-event〕 〔-P/E/I〕 〔-control〕 〔+affect〕
be sick, be tired, be cold, etc.

state 2 : 〔-event〕 〔-P/E/I〕 〔-control〕 〔-affect〕
be tall, be strong, be righthanded, etc.

state 3 : 〔-event〕 〔-P/E/I〕 〔-control〕
reside, be prudent, be patient, etc.

state(기타) : be sleepy, be hungry, be stingy, be tender(unripe), be wet(soaked, moist), be weak, be hot(warm), be dead(deceased), be smooth, be fast(quick, lightfooted), be wise, be lazy, be gray-haired, be curled(waved hair), etc. (p.513)

(31) 라코타어(Lakota)

a. 동작주격을 취하는 동사

event 1 : [+event] [+P/E/I] [+control]

jump, come, walk, stand up, dance, play, arrive, crawl, sing, fight, dig, eat, swim, etc. (p.515)

event 2 : [+event] [+P/E/I] [-control]

hiccough, sneeze, vomit, yarn, cough, snore, cry (weep), grunt(sob), shiver, dream, smile, stutter (stammer), miss my aim(fail), misspeak, scab, etc. (p.516)

state 3 : [-event] [-P/E/I] [-control]

reside, be prudent, be patient, etc.

state(기타) : live(dwell), jealous, willing, hiding, lying, etc. (p.515)

b. 피동자격을 취하는 동사

state 1 : [-event] [-P/E/I] [-control] [+affect]

be sick, be tired, be cold, be sleepy, etc.

state 2 : [-event] [-P/E/I] [-control] [-affect]

be tall, be strong, be righthanded, etc.

event 3 : [+event] [-P/E/I] [-control]

fall, die, slip, etc.

event(기타) : grow up, stagger, get well, give out, blow up in anger, etc. (p.515)

state(기타) : be full, tired, mad, in pain, happy, good, bad, slow, (I'm) Sioux, etc. (p.515)

(32) 중앙포모어(Central Pomo)

a. 동작주격을 취하는 동사

state 1 : 〔-event〕〔-P/E/I〕〔-control〕〔+affect〕

event 1 : 〔+event〕〔+P/E/I〕〔+control〕

jump, go, run, stand up, fight, get up, turn, swim, paly, crawl, arrive, escape, talk, etc. (p.518)

state 3 : 〔-event〕〔-P/E/I〕〔-control〕

reside, be prudent, be patient, etc.

state 2 : 〔-event〕〔-P/E/I〕〔-control〕〔-affect〕

be tall, be strong, be righthanded, etc.

state(기타) : be good, ugly, (I'm) Indian, (I'm) mean, beautiful, alive, blind, deaf, be old, be fat, live(here), be home, be (still) standing, be hiding, be lying down, be careful, be lazy, be kindhearted, be conceited, etc. (p.519, 521)

b. 피동자격을 취하는 동사

state 1 : 〔-event〕〔-P/E/I〕〔-control〕〔+affect〕

be sick, be tired, be cold, etc.

event 3 : 〔+event〕〔-P/E/I〕〔-control〕

fall, die, slip, etc.

event 2 : 〔+event〕〔+P/E/I〕〔-control〕

hiccough, sneeze, vomit, yawn, choke, stagger, tremble, blush, burp, miss, sweat, etc. (p.520)

state(기타) : full(from overeating), feel sleepy, scare, in pain, sad(lonesome), weak, surprise, ticklish, have a blister(on my hand), etc. (p.518-519)

event(기타) : faint, trip, stumble, drown, get angry, get lost, get well, remember, forget, recover, etc. (p.519)

이상에서 알 수 있는 것은 언어에 따라 분열 양상에 차이가 나고, 따라서 의미와 문법관계에 대한 대응 역시 서로 다르다는 것이다. Mithun (1991)에 따르면 과라니어는 사건인지 아닌지, 즉 active-stative라는 어휘상을 기준으로 동작주격인지 피동자격인지가 정해진다(p.524). 그렇지만 라코타어와 중앙포모어의 상황은 그렇지 않다. 앞서도 살펴본 바와 같이 두 언어가 나타내고 있는 가장 대조적인 상황을 정리해 보면 다음과 같다.

(33) a. 항상적 상태·속성(inherent state)을 나타내는 술어
〔state 2〕: tall, strong, good, (I'm) Indian, blind, etc.
(i) 동작주격을 취한다 : 중앙포모어
(ii) 피동자격을 취한다 : 라코타어, (과라니어)
b. 생리현상
〔event 2〕 hiccough, sneeze, vomit, etc.
(i) 동작주격을 취한다 : 라코타어, (과라니어)
(ii) 피동자격을 취한다 : 중앙포모어

2.6 매개변인의 제안

(33)을 보면 언어에 따라 서로 다른 논리와 동기가 있음을 인정하지 않을 수 없다. 이 점에 관하여 Mithun은 언어에 따라 서로 다른 의미 기반의 다양성을 인정하면서, 라코타어는 동작주성(agency)을 토대로 하지만 중앙포모어는 제어성과 의미 있는 영향성(significant affectedness)의 상호작용을 토대로 한다고 설명하였다. 여기서는 Mithun의 해석을 일부 수정하고 발전시켜 (33)과 같이 모순된 상황을 통합적으로 설명할 수 있는 매개변인을 제안하고자 한다.

Mithun에 따르면 생리현상은 제어성 없이 수행할 수 있는 사건(performed by uncontrolled events : 〔+event〕, 〔+P/E/I〕 〔-control〕이다(제어성에 대하여 본서의 생각은 아래서 서술하는 것과 같이 Mithun과 다르다). 그렇다면 라코타어는 〔-control〕은 관여하지 않은 채 〔+P/E/I〕가 동작주성을 부여하기 때문에 동작주격이 대응하고, 한편 중앙포모어는 동작주성을 부여하는 〔+P/E/I〕가 아니라 〔-control〕이기 때문에 피동자격이 대응하게 된다. 게다가 중앙포모어는 영향성에도 민감하다. state 1과 state 2는 모두 상태술어인데, 이 언어에서 state 1은 〔+affect〕이기 때문에 피동자격이 대응하는 한편, state 2는 〔-affect〕이기 때문에 동작주격이 대응한다. 즉, state 1과 state 2는 양쪽 모두 〔-control〕이지만 여기서 제어성은 관계없고 영향성만이 관계한다는 설명이다.

그러나 이와 같은 설명이라면 격 표지 선택에는 다양한(그러나 자의적이지 않은 어느 정도 유의미한) 의미 기반과 동기가 있다고 하는 것을 주장한 것이 될 뿐, 왜 중앙포모어에는 제어성과 영향성이 중요한 개념이고 라코타어는 동작주성이 중요한지, 또 전체적인 메커니즘은 어떻게 되어 있는지를 알 수 없다. 게다가 왜 중앙포모어는 생리현상에는 제어성이 관여하면서도 state 1과 state 1의 구별에는 관여하지 않는지를 설명할 수 없다. 더욱이 state 2와 같이 속성술어에 대해서는 라코타어와 중앙포모어가 모두 〔-event〕 〔-P/E/I〕 〔-control〕 〔-affect〕인데, 왜 한쪽은 동작주격을 취하고 다른 한쪽은 피동자격을 취하는지도 설명할 수 없다.

본장에서는 중앙포모어에 관여하는 두 가지 의미 요소인 제어성과 영향성에 대하여 사실은 외적 요인(external cause)의 관여 유무를 기준으로 하면 이 둘을 하나로 정리할 수 있다고 생각한다. 즉, 해당 사태를 자기 자신이 제어하고 있는지(동작주성), 아니면 다른 요인에 의하여 제어되어 그 영향을 받는지(피동자성)가 기준이 된다는 것이다. 여기서는 일단 언어에 따라 세계에 대한 서로 다른 관점과 논리가 있다는 점을 인정하고, 다음의 (34)와 같은 '해석 매개변인(construal paramater)'를 제안한다. 아래서는 이 변인에 따라 (33)의 모순을 보기 좋게 해결하는 방법을 제안하겠다.

(33)과 같은 상황의 배후에는 화자가 사태 발생의 유래를 어디에서 찾는가 하는 점에서 (34)와 같이 서로 출발점을 달리 하는 두 가지 견해가 있다는 것을 가정한다. 이를 '사태 발생의 유래에 대한 화자의 해석 매개변인'(이하 해석 매개변인)이라고 부르자.

(34) 사태 발생의 유래에 대한 화자의 '해석 매개변인'
  a. 동작주성 견해 : 사태 발생의 유래를 동작주성(agency)의 관여 여부에서 찾는다. 즉, 동작주성 기준의 견해를 취한다(라코타어)
  b. 피동자성 견해 : 사태 발생의 유래를 외적 요인(external cause)의 관여 여부에서 찾는다. 즉, 피동자성 기준의 견해를 취한다(중앙포모어)

이 해석 매개변인이 어떻게 격 표지의 선택에 관여하는지 설명하기에 앞서, 먼저 다음의 사항을 확인해 두고 싶다. (30)~(32)의 데이터를 보면 알 수 있듯이, 언뜻 복잡해 보이는 위의 세 가지 언어에도 사실은 다음과 같은 점에서는 공통의 의미 기반이 있음을 지적할 수 있다.

(35) a. 의지적인 행위를 나타내는 동사는 반드시 동작주격을 취한다 : 〔event 1〕
  b. sick, tired, cold와 같이 외부로부터의 자극 〔+affect〕에 의한 일시적인 상태를 띠는 경우는 반드시 피동자격을 취한다 : 〔state 1〕

더욱이 (35b)와 관련하여 중앙포모어에는 다음과 같은 대립도 있다

(Mithun 1991 : 519, 521). 아래의 (36)의 항상적 상태 및 속성이 동작주격을 취하는 데 대하여 (37)과 같이 상태변화(inchoative)가 되면 피동자격을 취한다. 즉, 중앙포모어의 격 표지 선택에는 (ㄱ) 상태변화의 여부((36)과 (37)의 대립), (ㄴ) 항상적 상태인지 아니면 일시적 상태인지((36)과 (35b)의 대립)가 유의미한 개념으로서 관여하는 것이다.

(36) 동작주격을 취한다 : 중앙포모어
  a. I'm old.
  b. I'm fat.
  c. I'm Indian.
  d. I'm kindhearted.

(37) 피동자격을 취한다 : 중앙포모어
  a. I have gotten old.
  b. I have gotten tall.
  c. I'm getting well.
  d. I feel sleepy.

그러면 다음으로 위와 같은 해석의 매개변인이 두 언어에서 어떤 식으로 격 표지 선택에 관여하는지 설명해 보자. 라코타어와 같이 사태 발생의 유래를 동작주성의 관여 여부에서 찾는 언어는 동작주성에 민감하게 반응하기 때문에 (35a)의 전형적인 상황을 기반으로 동작주격이 우선적으로 대응한다. 이를 동작주성 기준의 견해에 의한 '동작주격 우선'이라고 하자. 이와 같은 언어에서는 동작주성이 보이지 않으면 초기값으로서 피동자격을 부여한다. 이 경우 동작주성을 인정하는 것은 의지성과 제어성의 상호작용이라고 판단되는데, 이 점은 Mithun과 다르기 때문에 조금 자세히 서술하겠다.

즉, 동작주성은 전형적으로는 인간이 그 중심에 있는 것처럼 의지성을 기반으로 부여된다. 그러나 의지성이 없더라도 제어성을 기반으로 동작주성을 인정할 수도 있다.

(38) a. うっかりコーヒーを溢してしまった。
ukkari kohi-o kobosi-te simat-ta
무심코 커피-대격 흘리다-연결어 말다-과거.단정
'*무심코 커피를 흘리고 말았다'

b. 冷蔵庫のドアを開けた瞬間、うっかり卵を割ってしまった。
reizoko-no doa-o ake-ta syunkan ukkari tamago-o wat-te simat-ta
냉장고-속격 문-대격 열다-완료.관형형 순간 무심코 달걀-대격 깨다-연결어 말다-과거.단정
'*냉장고 문을 연 순간, 무심코 달걀을 깨고 말았다'

예를 들면 위의 (38)과 같은 비의도적인 현상에는 의도성 또는 의지성이 관여하지 않을 것이다. 그러나 부주의로 인해 일어난 사태라는 해석에서 알 수 있듯이, 해당 사태에 대하여 제어성은 물을 수 있다(이는 종종 '책임'이라고도 불린다. Pardeshi 2002 참조). 의지성과 제어성을 이와 같이 분리하여 생각할 필요가 있다는 것은 긍정명령과 부정명령의 차이에서도 알 수 있다.

(39) a. *うっかりコーヒーを溢せ！
*ukkari kohi-o kobos-e
무심코 커피-대격 흘리다-명령
'무심코 커피를 흘려라!'

b. *冷蔵庫のドアを開ける時、うっかり卵を割れ！
*reizoko-no doa-o ake-ru toki ukkari tamago-o war-e
냉장고-속격 문-대격 열다-관형형 때 무심코 달걀-대격 깨다-명령
'냉장고 문을 열 때 무심코 달걀을 깨라!'

위의 예문 (39)는 부자연스러운 문장인데, 그 까닭은 긍정명령이 행위의 수행을 명령하기 때문에 'うっかり(ukkari, 무심코)'와는 의미적으로 모순되기 때문이다. 즉, 행위를 수행할 때 의지성이 관여하기 때문이다.[26]

(40) a. うっかりコーヒーを溢さないでください!
ukkari kohi-o kobosa-nai-de kudasa-i
무심코 커피-대격 흘리다-부정-연결어 주다.존경-명령
'무심코 커피를 흘리지 마십시오!'

b. うっかり卵を割らないでください!
ukkari tamago-o wara-nai-de kudasa-i
무심코 달걀-대격 깨다-부정-연결어 주다.존경-명령
'무심코 달걀을 깨지 마십시오!'

그러나 위의 (40)과 같은 부정명령은 자연스러운 문장이 된다. 이는 부정명령이 의지성과 관계하는 것이 아니라(행위수행을 명령하지 않기 때문) 제어성과 관계하기 때문에 'うっかり(ukkari, 무심코)'와는 의미적으로 모순되지 않는다고 하면 잘 설명된다. 즉, 의지성이 없는 경우더라도 제어성을 촉구하는(주의를 촉구하는) 것은 가능하다.[27] 그밖에도 잘못 말하거나 무언가를 잘못 재는 예도 있다. 무엇인가를 말하거나 계산/측정한다는 것은 의지성이 없으면 그 행위 자체를 수행할 수 없는 것이지만, 무언가를 잘못한다는 데에는 의지성이 아니라 제어성만 관여하는 것이다. 부주의란, 이와 같이 의지성이 관여하지 않은 채 제어성만 작용하는 경우에 생기는

26) '雨雨降れ降れ!(ame ame hur-e hur-e, 비야 비야 내려라 내려!)'처럼 의지성에 의지할 수 없어도 긍정명령이 성립하는 경우가 있다. 하지만 이것은 잘 알려진 바와 같이 명령문이 아니라 희망문이다.

27) 부정명령형이 '風邪をひくな(kaze-o hik-u-na, 감기에 걸리지 마)'와 같이 특히 의지성을 가지지 않는 경험자(experiencer)의 제어성을 테스트하기 위하여 자주 사용되는 것을 상기하기 바란다(影山 1993, 1996 : 88 등).

의미다. 따라서 이 경우의 제어성은 의지성과 일단 별개로 생각해야 할 개념으로서 파악할 수 있다.

그러면 둘의 상호작용은 다음과 같다. 의지성이 우위인 경우에는 제어성이 의지성의 배후에 감춰져 있어 보통 밖으로 나오지 않는다(확인되지 않는다). 그러나 의지성이 없어지면, 또 그럼에도 불구하고 해당 사태를 수행한다고 하면 비로소 제어성이 얼굴을 내밀고 나타나는 것이다(확인된다). 지금까지 종종 잠재능력(potent)이나 내재적 제어성(cf. 影山 1996, Levin & Rappaport Hovav 1995 : 90)이라고 불러 온 것들은 바로 이러한 제어성의 개념일 것이다(잠재능력에 대해서는 제5장도 참조). 제어성을 이와 같이 정리하면, 라코타어의 생리현상이 왜 동작주격을 취하는지에 대하여 다음과 같이 설명할 수 있다. 동작주성의 하위개념으로서 (의지성은 가지지 않지만) 제어성이 있기 때문이다(Mithun은 이것을 〔-control〕이라고 한 점에 주의!). 즉, 여기서는 Mithun의 동작주성 개념을 〔+volition〕〔+control〕과 〔-volition〕〔+control〕으로 하위분류한다. 그러면 생리현상이 동작주격을 선택하는 이유로 〔-volition〕〔+control〕을 부여할 수 있을 것이다.

이를 위의 해석 매개변인에 기반하여 설명해 보면 다음과 같다. 동작주성 기준의 견해를 취하는 언어는 의지적인 행위를 토대로 하여, 그 위에 생리현상의 출현도 자기 자신에게 귀속하는 행위로 간주한다. 이는 의지적인 행위에서처럼 (실제로 의지성은 없지만) 자기 자신이 그것을 야기했다고 간주하기 때문에(즉, 제어성이 있기 때문에) 동작주격을 취하는 것이다. 그렇다면 항상적인 상태나 속성은 왜 동작주격을 취하지 않는가 하면, 그것은 이들 사태가 동작주성과는 관계가 없기 때문이라고 설명하면 된다. 즉, 동작주성 기준의 견해에 서기 때문에 피동자격을 취하는 것이다.

이와 달리, 중앙포모어와 같이 사태 발생의 유래를 외적 요인의 관여 여부에서 찾는 언어는 외적 요인이 있는지 없는지에 민감하게 반응하기 때문에 (35b)의 전형적인 상황을 기반으로 피동자격이 우선적으로 대응한다. 이를 피동자성 기준의 견해에 의한 '피동자격 우선'이라고 하자. 이와 같은 언어에서는 외적 요인이 보이지 않으면 초기값으로서 동작주격을 부여한다. 그러면 이와 같은 언어에서는 왜 항상적인 상태나 속성이 동작주격을 취하는 것인가? 그것은 외적 요인에 의한 사태가 아니기 때문에 피동자격을 부여하지 않는다는 식의 소극적인 이유로 설명할 수 있다. 구체적으로는 해당 사태에 외적 요인의 관여가 보이지 않으면 그 출현(항상적 상태나 속성)은 자기 자신에게 귀속하는 것, 즉 내재적 속성 내지 내재적 요인(cf. Levin & Rapport Hovav 1995 : 91)에 의한 것이라고 간주하기 때문에, external cause가 아니라 internal cause로서 동작주격을 취하는 것이다. 그러면 왜 이 언어에서 생리현상은 피동자격을 취하는가? 이것도 동작주성 기준의 견해가 아니기 때문이라고 설명하면 된다. 즉, 피동자성 기준의 견해에 서면, 생리현상은 자기 자신의 제어력 바깥에 있는 요인에 의해 유발되어 일어나는 사태라고 간주할 수 있기 때문이다. 더욱이 (35b)의 일시적인 상태와 동일하다고 보는 견해도 가능할 것이다.

일반적으로 생리현상에는 경험자(experiencer)의 의미역을 부여하여 통사적으로 외항(주어)을 취한다는 입장이 있다(影山 1996 : 82, 88 참조). 이는 라코타어와 같이 동작주성을 기준으로 하는 언어, 즉 의지성을 출발점으로 하여 제어성 또는 내재적 제어성에까지 동작주격을 부여하는 언어에 대해서는 유효할지도 모르겠다. 그러나 중앙포모어와 같이 피동자성 기준의 견해를 취하여 외적 요인의 관여 여부에 민감한 언어는 외항(동작주격)이 아니라 오히려 내항(피동자격)에 연결되기 때문에 이와 같은 입장을 그대로 받아들일 수는 없다.

지금까지 서술한 내용을 정리해 보자. 본절에서 제안한 해석 매개변인을 수용하면 (33)과 같은 모순은 다음의 〔표 7〕과 같이 통합적으로 파악할 수 있다.

이상의 논의를 따르면, 동격언어의 격 표지 시스템도 일률적인 것이 아니라 두 가지 서로 다른 의미 기반을 가지고 결정되는 것을 확인할 수 있었다. 이와 같은 의미 기반의 차이를, 여기서는 사태 발생의 유래에 대한 화자의 해석 매개변인을 설정하여, 동작주성 견해의 매개변인과 피동자성 견해의 매개변인이 있다고 설명했다.

[표 7] 해석 매개변인과 격 표지 선택의 시스템

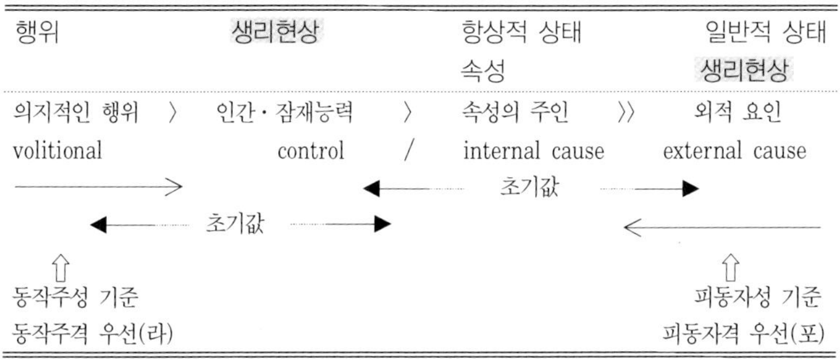

행위	생리현상	항상적 상태 속성	일반적 상태 생리현상
의지적인 행위 〉	인간・잠재능력 〉	속성의 주인 〉〉	외적 요인
volitional	control /	internal cause	external cause
——→	◀——	초기값	——▶
◀—— 초기값	——▶		←——
⇧ 동작주성 기준 동작주격 우선(라)			⇧ 피동자성 기준 피동자격 우선(포)

이러한 두 가지 해석 변인을 수용하면 지금까지 종종 지적되어 온 언어 간의 차이(이른바 불일치) 및 사이즈의 차이는 다음과 같이 설명할 수 있다. 먼저 라코타어와 중앙포모어처럼 근원적으로 차이를 보이는 것은 해석 변인의 설정이 다르기 때문이다. 다음으로, 해석 변인은 동일하더라도 언어에 따라 일반화되어 가는 확장 단계나 방향이 다를 가능성도 생각할 수 있다. 라코타어나 과라니어가 그와 같은 예이다. (33)과 (35)의 정리에서 알 수 있듯이, event 1과 event 2, state 1과 state 2의 상황까지는 두 언어가 모두 일치한다. 그러면 두 언어의 해석 변인은 동일하다고 가정할 수 있다. 그렇지만 세세한 부분에서는 차이가 나기 때문에 그 부분에서

서로 다른 것이다. (30)~(32)에서 제시한 event 3(fall, die, slip)과 state 3(reside, be prudent, be patient)은 정반대의 상황을 보인다. 과라니어에서는 event 3에 동작주격이 대응하고 state 3에는 피동자격이 대응하지만, 라코타어에서는 그 반대가 된다. Mithun에 따르면 과라니어는 사건성의 유무가 기준이고, 라코타어는 동작주성이 기준이다. 본고에서 파악하는 방식으로는 두 언어의 해석 변인은 모두 동일하게 동작주성을 기준으로 한다. 그러나 거기서 일반화되어 가는 확장 단계, 혹은 (동작주성을 구성하는 요소 중에서 좀 더 중요하다고 여겨지는 측면이 언어에 따라 다를 가능성이 있는데, 예를 들어 행위의 표면적인 움직임을 중시하거나 내재적인 힘을 중시하거나 하는, 아마 그러한 선택의 차이에서 오는) 방향성의 차이일 것이라고 설명할 수 있다. 따라서 해석 변인에 따르면 이와 같은 상황도 잘 설명할 수 있다.

또 이러한 변인을 수용하면 다음과 같은 것도 예측할 수 있다. 즉, 이론적으로는 (실제로는 언어마다 확장의 단계가 다를 가능성이 있기 때문에 일률적이지는 않을 테지만) 동작주성을 기준으로 하는 언어는 피동자격(초기값)의 사이즈가 클 가능성이 높고, 피동자성을 기준으로 하는 언어는 그 반대로 동작주격(초기값)의 사이즈가 클 가능성이 높다. 바꿔 말하면, 유표의 사이즈가 작다는 논리다. (Merlan(1985 : 325)에서 다코타어는 S_p 부류의 사이즈가 크고, 동포모어는 S_a부류의 사이즈가 크다고 설명한 것도 참조하기 바란다. 또 Shibatani(2006 : 229)도 참조). 이러한 예측 가능성의 관점에서 볼 때도 해석 변인의 제안은 유효하다.

마지막으로 〔표 7〕에서는 생리현상이 하나의 장소에 고정되지 않은 채 분산해 있다는 점에 주목하기 바란다. 이는 객관적으로는 동일한 사태라고 하더라도 언어에 따라서는 서로 다른 파악 방식이 있을 수 있음을 반영한 것이다. 이러한 상황은 Croft(2001)나 Haspelmath(2003)에서 제안한 의미 지도로는 표시할 수 없었던 것을 나타낸다(Croft(2001)의 의미지도의 타당성에 관한 지적은 坪井 2004을 참조).

다음 절에서는 사이즈는 중앙포모어보다 작지만 이와 유사한 상황이 한국어의 자동사 시스템에도 보인다는 점을 보고하겠다.

2.7 한국어의 자동사 시스템에 보이는 현상

한국어에는 피동형(사동형과 동일한 형식)이라고 불리는 접사 '-이(, -히, -리, -기)'가 부가되어 자동사에서 다시 자동사로 파생하는 것을 허용하는 동사 부류가 있다.28) 〔표 8〕을 보기 바란다.

[표 8]

자동사(기본형)	자동사(파생형)
졸다	졸-리-다
곪다	곰-기-다
(열매가) 열다	열-리-다
(날씨가) 개다	개-이-다
(기적이) 울다	울-리-다
(잠이) 깨다	깨-이-다
(치마가) 날다	날-리-다

28) 필자의 조사에 따르면 이러한 동사는 약 20개 정도 있는데, 그중에는 화자에 따라 동요를 보이는 것도 있다. 한국어학에서는 이 자동사(파생형)을 피동형 동사라고 부른다. 그러나 접사 '-이'는 자동사화-피동화뿐만 아니라 타동사화-사역화에도 이용되기 때문에 〔표 8〕의 동사 중에는 자동사(파생형)과 타동사(파생형)이 동형인 것도 있다. 예를 들어 '날다'의 타동사(파생형)는 '날리다'이고, 자동사(파생형)도 '날리다'이다. 한편, '졸다', '열다'와 같이 타동사(파생형) *'졸리다', *'열리다'를 성립시키지 않고 자동사(파생형)만 가능한 동사도 있다(鄭 2004b 참조).

아래에서는 이러한 동사 쌍들을 예로 들며 다음의 내용을 서술한다. (i) 〔표 8〕의 대립에는 동사냐 격 표지냐 하는 언어적 실현은 서로 다르지만 중앙포모어와 동일한 의미 기준이 작동하고 있다. (ii) 한자어 동사 '하다'와 '되다'의 대립에도 〔표 8〕과 동일한 의미 대립이 보인다. (iii) 한자어 동사에서 일본어와 한국어의 차이도 이 의미 기준을 설정하면 보기 좋게 설명할 수 있다. (iv) 한일 양 언어에 보이는 이러한 차이로부터 비대격가설의 보편정렬가설이 가지는 문제점을 재고한다.

〔표 8〕을 볼 때 이들 동사 쌍에 유의미한 차이가 있다고는 바로 판단내릴 수 없을지도 모르겠다. 그런데 (41)나 (42)와 같이 부정명령을 만들어 보면 이 둘 사이의 차이는 분명해진다. 파생형 동사와 달리 기본형 동사에는 제어성을 인정할 수 있다.

(41) a. 기적이여, 울지 마라! (기본형)
b. ?*기적이여, 울리지 마라! (파생형)

(42) a. 절대로 졸지 마라! (기본형)
b. ?*절대로 졸리지 마라! (파생형)

또 (43)과 같은 동사는 상적 의미가 다르다. 그것은 진행의 의미를 나타내는 상 형식인 '-고 있다'를 부여해 보면 분명히 알 수 있다. 기본형은 상태동사와 동일하게 부자연스럽지만, 파생형 동사는 적격하여 그 의미는 상태변화의 점진적 추이를 나타내게 된다. 그리고 (44)와 같이 유계성을 나타내는 부사구 '한 시간 만에'를 이용할 경우에도 파생형만 자연스럽다. 단, 이 대립은 (45)와 같이 과거형을 이용하면 나타나지 않는다. 이로부터 지금 나타나고 있는 일시적인 상태변화나 추이에는 기본형 동사가 아니라 파생형 동사가 대응한다고 판단할 수 있다.

(43) a. ?*하늘이 점점 개고 있다. (기본형)
b. 하늘이 점점 개이고 있다. (파생형)

(44) a. ??하늘이 한 시간 만에 개었다. (기본형)
b. 하늘이 한 시간 만에 개였다. (파생형)

(45) a. 하늘이 맑게 개었다. (기본형)
b. 하늘이 맑게 개였다. (파생형)

이와 같은 상황에서 볼 때 〔표 8〕의 대립에는 외적 요인의 관여 여부에 의한 의미적 대립이 관여한다고 생각할 수 있다. 즉, 해당 사태의 발생에 대하여 자신 자신이 주도권을 가지고 있다고 표현하는가(기본형), 외적 요인에 의해 야기되었다고 표현하는가(파생형)의 대립이 있다(좀 더 상세한 내용은 鄭 2001, 2004b 참조).

예를 들어 '치마가 바람에 난다'와 '치마가 바람에 날린다'는 언어적으로는 기본형과 파생형의 대립이지만, 객관적으로는 동일한 상황을 가리킬 수 있다. 그렇기 때문에 객관적인 상황에서는 이 둘을 구별하기가 쉽지 않다. 그러나 표현의 의미를 고려하면 분명히 차이가 있다. 전자는 치마가 바람을 이용하여 자신이 주도권을 가지고 날고 있는 것처럼 표현하는 것이지만, 후자는 치마가 바람의 영향을 받아 (바람에 제어 당해) 해당 사태가 일어나고 있음을 표현하는 것이다.

이 경우 외적 요인의 분포는 〔표 9〕와 같이 연속적이지만, 실제로 파생형이 대응할 수 있는 범위는 주로 왼쪽에서 자연력까지이고, 특정한 개인에 의한 전형적인 피동 표현에는 대응하지 않는다. 즉, 방의 따뜻함 때문에 자기도 모르게 잠들어 버리는 것이나 세균 등(보통은 특정하기 어려운 요인)에 의해 상처가 부어오르는 것, 그리고 바람에 치마가 날리는 것 등이 파생형으로 나타내는 사태에서 외적 요인으로 인식되는 요소이다. 그러므로 객관적으로는 동일한 상황이라고 해도 자동사(기본형)는 그것을 자신에게 귀속하는 것으로서 능동적으로 표현하는 반면, 자동사(파생형)은 외적 요인을 의미적으로 함의하는 형태로 표현하는 것이 〔표 8〕의 대립인 것이다(자세한 내용은 鄭 2001, 2004b, 이익섭-임홍빈 1983, 송복승 1995도 참조).29)

[표 9] 외적요인의 분포와 연속성

불명확한 요인 〉(개체성이 낮은) 명시적 요인 〉 자연력 〉 불특정인 〉 특정한 개인
자발 <————————————————————> 피동

이상의 분석에 따르면 〔표 8〕의 대립은 사실 중앙포모어의 상황과 매우 유사하다는 것을 알 수 있다. 즉, 아래의 〔표 10〕에 제시하는 바와 같이 두 언어에 관여하는 의미 범주나 변인은 동일하다. 유일하게 다른 것은 그러한 의미를 자동사문의 격 표지 시스템으로 나타내는가, 아니면 동사 시스템으로 나타내는가 하는 형태 범주의 선택 문제뿐이다.

[표 10]

	의미 범주	형태 범주	매개변인
포모어	항상적 상태・속성	동작주격	internal cause
	일시적 상태변화	피동자격	external cause
한국어	자신이 주도권을 가짐	기본형 동사	internal cause
	외적 요인에 의한 변화	파생형 동사	external cause

29) 이와 같은 대립을 태의 한 현상으로서 다룰 수 있는 태의 정의에 관해서는 柴谷(2000)와 Shibatani(2006)을 참조하기 바란다.

그렇다면 중앙포모어와 같이 한국어도 S_a부류가 S_p부류보다 더 사이즈가 크리라고 예상할 수 있을 텐데, 이 점은 과연 어떨까?

다음의 예를 살펴보자. (46)과 같이 주어의 허용 범위에서 기본형은 새와 같은 유정물 주어도 허용하는 반면, 파생형은 무정물 주어만 허용한다. 무정물이라도 비행기와 같이 자체 동력을 가지는 것은 파생형보다 기본형이 더 자연스럽다. 또 (47)(48)과 같이 기본형은 자동사문에서 타동사문까지 분포하는 데 비해, 파생형은 자동사형만 가능하다.[30] 즉, 주어의 허용 범위뿐만 아니라 통사적으로도 기본형 동사는 파생형 동사보다 넓은 분포를 보이는 것이다.

(46) a. {새/비행기/먼지/치마}가 난다. (기본형)
b. {*새/?비행기/먼지/치마}가 바람에 날린다. (파생형)

(47) a. 잠을 깨다. (기본형)
b. 잠이 깨다. (기본형)
c. 잠이 깨이다. (파생형)

(48) a. 손에 반지를 끼고 있다. (기본형)
b. 산기슭에 안개가 끼어 있다. (기본형)
c. 이에 고춧가루가 자주 끼인다. (파생형)

여기서 하나 주의해야 할 것은 이들 기본형 동사에도 의미 제약이 있어 타동사가 담당하는 의미 범주를 전부 커버할 수는 없다는 점이다. 즉, '영희를 깨우다'나 '영희의 손에 반지를 끼우다'와 같이 행위가 타자의 영역에 미치는 경우는 타동사 파생형 '깨우다'나 '끼우다'를 이용해야 한다. 이러한

30) (46)도 기본형 동사는 '새가 하늘을 날고 있다'와 같이 대격 명사구를 취할 수 있다. 그렇지만 파생형 동사는 '*먼지가 하늘을 날리고 있다'와 같이 대격 명사구를 취할 수 없다.

상황을 (48)의 '끼다' 동사를 가지고 일본어와 대비해 보면 다음과 같다(4.2.1절도 참조).

[표 11]

<table>
<tr><th></th><th>타자에 행위가 미침</th><th>자기 영역 안에 머무름(유정)</th><th>자기가 주도권을 가짐(무정)</th><th>외적 요인에 의함</th></tr>
<tr><td rowspan="2">한국어</td><td>(external)</td><td colspan="2">(internal cause)</td><td>(external)</td></tr>
<tr><td>끼우다</td><td colspan="2">끼다</td><td>끼이다</td></tr>
<tr><td rowspan="2">일본어</td><td colspan="2">ham-e-ru/hasam-u</td><td colspan="2">(kakaru?) hasam-ar-u</td></tr>
<tr><td colspan="2">〔타동사〕</td><td colspan="2">〔자동사〕</td></tr>
</table>

〔표 11〕을 보면 일본어는 통사 기준에 합치하는 데 비해 한국어는 통사 기준보다 의미 기준을 좀 더 강하게 반영하고 있음을 알 수 있다. 게다가 한국어는 행위(또는 변화)의 유래가 자기에게 귀속하는 것인지 아니면 타자에 의한 것인지와 같은 의미 대립이 중요하다(상세한 내용은 4.2.1절을 참조).

이로부터 한국어는 중앙포모어와 동일하게 사태발생의 유래를 외적요인의 유무에서 찾는 언어라는 것이 판명되었다고 할 수 있을 텐데, 이와 같은 의미 기반을 가진 언어에서는 당연히 비대격가설과 모순되는 현상이 일어나리라는 예측을 할 수 있을 것이다. 왜냐하면 비대격가설에 따르면 항상적 상태・속성과 상태변화는 모두 비대격동사로 분류되지만, 이들 언어에서는 〔표 10〕과 같이 이 두 가지는 대립하는 개념이기 때문이다. 따라서 중앙포모어와 동일하게 한국어도 피동자성 기준의 견해를 취하는 언어라면 한국어에는 비대격가설과 맞지 않는 상황이 보여도 전혀 이상할 것이 없다.

아래서는 이와 같은 상황이 한자어 동사의 '하다'와 '되다'의 대립에서도 관찰할 수 있음을 살펴보겠다.

그 전에 먼저 비대격가설의 관점에서 일본어와 한국어의 한자어 동사가 가지는 공통점과 차이점을 명확히 하자. (49)(50)에서와 같이, 동작동사의 경우에는 일본어와 한국어 모두 'する(suru)'와 '하다' 바로 앞의 한자어 동명사(漢語動名詞)를 분리해 내어 대격을 부여할 수 있다. 이것만 볼 때에는 두 언어의 행태는 동일하다.

(49) a. 勉強する/体操する
benkyo-suru/taiso-suru
'공부하다/체조하다'
b. 勉強をする/体操をする
benkyo-o suru/taiso-o suru
공부-대격 하다/체조-대격 하다
'공부를 하다/체조를 하다'

(50) a. 공부하다/운동하다
b. 공부를 하다/운동을 하다

그런데 (51)(52)와 같은 동사 그룹에서는 사정이 전혀 달라진다. 다음과 같이 일본어는 대격을 부가할 수 없다. 부가하면 부적격한 표현이 된다. 그러나 한국어는 모두 적격한 표현이다.

(51) a. *その人が死亡をした。cf. 死亡する
sono hito-ga sibo-o si-ta
그 사람-주격 사망-대격 하다-과거.단정
'*그 사람이 사망을 했다'
b. *船が沈没をした。cf. 沈没する
hune-ga sinbotu-o si-ta
배-주격 침몰-대격 하다-과거.단정
'*배가 침몰을 했다'

c. *国が滅亡をした。cf. 滅亡する
kuni-ga metubo-o si-ta
나라-주격 멸망-대격 하다-과거.단정
'*나라가 멸망을 했다'

d. *水分が蒸発をする。cf. 蒸発する
suibun-ga zyohatu-o sur-u
수분-주격 증발-대격 하다-현재.단정
'*수분이 증발을 한다'

(52) a. 그 사람이 갑자기 사망을 했다.
b. 배가 침몰을 했다.
c. 나라가 멸망을 했다.
d. 수분이 증발을 했다.

그러면 일본어에서는 왜 (49b)는 성립하는 반면, (51)은 성립하지 않는 것일까? 이에 대하여 생성문법학자들이 Burzio(1986)의 일반화를 가지고 다음과 같이 설명한 바 있다(Miyagawa 1989 : 106-107, Tsujimura 1990, 影山 1993 등). 즉, 외항을 가지지 않은 동사는 대격을 부여할 능력이 없다. 따라서 이들은 외항을 가지고 있지 않은 비대격동사인 것이다.

그런데 한국어는 어떻게 된 것일까? 일본어와 동일하게 Burzio의 일반화를 따라 한국어를 설명하면 한국어의 동사는 대격을 부여하는 능력이 있다. 따라서 이들은 외항을 가지는 비능격동사가 되는 것이다.31) 이 결과는 두말할 필요도 없이 비대격가설의 의미 기준과 통사 기준 사이에 괴리가 있음을 나타낸다. 그러나 언어에 따라 서로 다른 견해와 서로 다른 변인을 인정해야 한다는 본서의 입장에서는 오히려 이것이 당연한 귀결이라

31) 실제로 이와 같이 분석한 연구로서 尹(2005)가 있다. 그녀는 한국어의 '하다'는 일본어의 '하다'와 다르고, 이 경우도 외항을 부여하는 능력이 있다고 생각하고 있다.

고 할 수 있다.

즉, 위와 같은 일본어와 한국어의 차이는 앞 절의 중앙포모어와 라코타어의 차이와 같이 서로 다른 의미 기반을 가지기 때문이다. 즉, 해석 변인이 서로 다르다는 점에 따른 자연스러운 귀결인 것이다. 이러한 견해에 따르면, 일본어는 라코타어와 동일하게 동작주성의 입장을 취하기 때문에 비대격가설의 의미 기준에 대체로 합치하는 편인 언어이지만, 한국어는 중앙포모어와 동일하게 피동자성의 입장을 취하기 때문에 비대격가설의 의미 기준에 합치하지 않는 언어라는 것이다(〔표 7〕 참조).

그러면 한국어에서는 한자어 동사에 대해서도 다음과 같은 형식과 의미의 대응 관계가 있다고 가정할 수 있다. 즉, 〔표 12〕와 같이 '하다'와 '되다'의 대립도 〔표 10〕의 기본형 동사와 파생형 동사의 대립과 동일하게 외적 요인의 유무에 의한 의미 기반을 가진다는 것이다.[32]

[표 12]

	의미 범주	형태 범주	매개변인
침몰하다	자신이 주도권을 가짐	하다	internal cause
침몰되다	외적 요인에 의한 변화	되다	external cause

이처럼 생각하는 다른 근거로는, 먼저 (46)과 동일한 상황이 '하다'와 '되다'의 대립에도 보인다는 점을 들 수 있다. 즉 (46)에서는 '새가 날다'와 같이 유정물 주어에는 파생형 동사가 대응하지 않고 '먼지가 날다'와 같이 무정물 주어에 대응하는데, 이와 동일한 상황이 (53)(54)의 '하다'와 '되다'의 대립에도 보인다.[33] (53)과 같이 동작동사에는 '되다'가 대응하지

32) 生越(2001 : 19)도 이와 거의 동일한 결론에 도달해 있으므로 참고하기 바란다.

33) 이에 대하여 鄭(1999, 2001, 2004b)에서는 접사 '이'는 '무정물과 비의지적 인간'(Inanimate & non-volitional human)의 변인을 가진다고 주장한 적이 있다.

않고, (54)와 같이 무정물 주어를 취하는 경우는 '되다'가 대응한다.

(53) a. 공부하다/운동하다
b. *공부되다/운동되다34)

(54) a. 침몰하다/멸망하다/증발하다
b. 침몰되다/멸망되다/증발되다

이 경우의 '되다'에는 상황에 따라 피동표현도 대응할 수 있기 때문에 이 점 역시 한국어 접사 '이'와 기능적으로 병행한다. 즉, 접사 '이'도 피동 형식으로 이용되기도 한다. 또 피동표현은 〔표 9〕와 같이 외적 요인의 연속선 위에 위치하기 때문에, 그러한 관점에서도 〔표 12〕를 지지할 수 있다. 예를 들어 '풍랑에 배가 침몰{하/되}었다'에는 '하다'와 '되다'가 모두 대응한다. 이는 객관적으로는 동일한 상황을 가리키고 있다고 하더라도 외적 요인을 의미적으로 함의하는 '되다'만 피동의 의미로 해석할 수 있고, '하다'는 그렇게 해석되지 않는다.

또 (55)에서 볼 수 있듯이 일본어의 '汚染する(osen-suru, 오염되다)'나 '麻痺する(mahi-suru, 마비되다)'에 대응하는 동사로는 한국어에서 '되다'만이 가능하다.35) 이와 같은 동사에 '하다'를 허용하지 않는 것도 〔표 12〕가 제안하는 의미 기준과 모순되지 않는다.

(55) a. *오염하다/*마비하다/*실종하다/*변색하다
b. 오염되다/마비되다/실종되다/변색되다

34) '공부가 되다' '운동이 되다'면 OK.
35) '하다'와 '되다' 관한 다량의 데이터와 고찰은 오고시(生越 1982, 2001)과 와시오(鷲尾 2001b)를 보기 바란다. 일본어의 관점에서 흥미로운 관찰을 제공하고 있다.

尹(2005 : 17)에 따르면 (54)의 '하다'는 '활발하게'와 같은 동적인 의미를 가진 부사와 공기할 수 있다. 이는 '하다'가 '되다'보다 동작의 의미를 띠기 쉽다는 점에서 흥미롭다.

(56) a. 물이 활발하게 증발했다.
  b. ?물이 활발하게 증발되었다.

본절에서는 이러한 행태를 보이는 배경에 〔표 12〕와 같은 의미 대립이 있다고 본다. '유명하다'나 '위대하다'와 같이 한국어에서는 '하다'가 형용사에도 이용되는 등(일반동사도 형태적 범주에서는 형용사와 동일하다), 중앙포모어의 격 표지 범주화와 유사한 상황을 보인다.

마지막으로 한국어에서는 형용사가 (57b)과 같이 명령형을 취할 수 있음을 지적해 두고 싶다. 노파심에 언급해 두지만, 이것은 희망이 아니라 행위에 대한 명령이다. 그렇지만 (57a)가 형용사이지 동사가 아니라는 것은 (58)과 같이 현재 시제를 붙일 수 없다는 점, 그리고 행위의 진행을 나타낼 수 없다는 점에서 알 수 있다. 이 예들에 대해서는 Kim(1990 : 69)을 참조.

(57) a. {겸손/침착/솔직/당당}하다
  b. {겸손/침착/솔직/당당}해라.

(58) a. *{겸손/침착/솔직/당당}한다.
  b. *{겸손/침착/솔직/당당}하고 있다.

이상의 해석 변인에 따른 언어의 분포는 다음과 같다.

(59) 해석 변인과 언어의 분포

a. 동작주성 기준의 견해를 취하는 언어 : 라코타어, 일본어

b. 피동작주성 기준의 견해를 취하는 언어 : 중앙포모어, 한국어

2.8 마무리

본장의 목적은 분열자동사성의 본질을 추구하는 것이었다. 그것을 위하여 비대격가설의 경험적 기반을 검토하는 전략을 취했다. 그 결과는 아래와 같다.

(i) 비인칭피동이나 간접피동을 포함한 피동은 동작동사(S_a=A와 공기하는 동사)를 의미 기반으로 하여 상태변화동사(S_p와 공기하는 동사)도 수용하는 방향으로 일반화하는 경향을 보인다.

(ii) 사역교체는 상태변화동사(S_p=P와 공기하는 동사)를 의미 기반으로 하여 동작동사(S_a와 공기하는 동사)를 수용하는 방향으로 일반화하는 경향을 보인다.

(iii) 동격언어의 분열주어 시스템은 적어도 두 가지 서로 다른 의미 기준을 가지고 있다.

이러한 결과로부터 다음과 같은 제안 및 주장을 하였다.

(iv) 어떤 현상에 있어서 자동사의 행태는 비대격가설의 주장과 같이 이항 대립을 보이지 않는다. 불균질성도 수용하고, 연속적이며, 언어에 따라 사이즈의 크기에도 차이가 난다. 이와 같은 상황을 파악하기 위하여 제1장에서 제안한 '의미적 대격형 시스템'과 '의미적 능격형 시스템', 그리고 '의미적 동격형 시스템'이라는 용어를 도입했다. 이것은 언어유형론에서 격 표지 시스템과 평행한 관계로서 엄밀하게 정의하여 도입

한 것이다.

(v) 위의 (iii)에 대해서는 Mithun(1991)의 해석을 일부 수정하고 발전시켜 '사태 발생의 유래에 대한 화자의 해석 변인'(줄여 '해석 변인')을 제안하고 설명했다. 이에 따르면 동격언어에서도 실제로는 비대격가설이 상정하는 것과 같은 이상적인 동격 패턴(active-inactive pattern)은 찾기 힘들다. 더욱이 해석 변인이 서로 다른 언어도 존재하기 때문에 비대격가설의 보편정렬가설은 보편적이지 않다.

(vi) 한국어의 자동사 시스템에도 비대격가설의 의미 기준 및 통사 기준에 합치하지 않는 현상이 보인다. 여기서도 '해석 변인'에 의한 설명이 효과가 있음을 설명했다.

(vii) 해석 변인에 따르면 한국어와 일본어는 서로 다른 유형의 언어이다. 일본어는 라코타어와 동일하게 동작주성을 기준으로 하는 언어이지만, 한국어는 중앙포모어와 동일하게 피동자성을 기준으로 하는 언어이다.

마지막으로, 해석 변인에 기반한 한일 두 언어의 유형론적 차이는 다음의 내용도 함의한다. 즉, 피동자성 기준의 견해를 취하는 한국어는 S_a부류의 사이즈가 큰 언어이고, 한편 일본어는 S_a부류의 사이즈가 작은 언어이다. 이와 같은 결과는 사역교체에서 두 언어가 보이는 어휘적 사역의 생산성의 차이를 예측할 수 있게 한다([표 5]-[표 6] 참조, 일본어에 대해서는 제5장을 참조).

남은 문제는 두 언어의 가장 현저한 특징인 어휘적 사역이 가지는 생산성의 동기부여를 분명히 밝히는 것인데, 이에 대해서는 제6장에서 자세히 다루도록 한다.

• 제2부 •

사역구문의 기능론적 접근

— 규칙성과 불규칙성의 사이 —

제3장 사역 · 사역형식 · 사역구문 · 사역의미

3.1 머리말

본장에서는 사역구문에 대한 전체적인 개관을 한다. 그렇게 함으로써 현 단계에서 아직 해결하지 못한 문제가 무엇인지 분명히 하고자 한다. 본장의 구성은 다음과 같다. 3.2절에서는 사역이란 무엇인가 하는 문제에 대하여 기존의 연구를 토대로 대략적인 내용을 서술한다. 3.3절에서는 사역구문의 보편적인 경향으로서 알려진 결합가의 변화와 피사역자의 문법적 코드화의 계층에 대하여 Comrie(1981[1989])의 제안을 검토하고, 형식적 유형론의 문제점을 지적한다. 3.4절에서는 사역형식과 사역의미의 대응 관계에 관한 지금까지의 사고방식을, 주로 Shibatani가 탐구해 온 사역 연구의 흐름에 따라 생성문법에서 기능주의까지를 뒤쫓아 살펴보고, 남은 문제들을 서술하겠다. 3.5절에서는 전체를 정리한다.

3.2 사역이란 무엇인가

3.2.1 사역구문과 그 정의

일본의 국어학 전통에 따르면 사역은 일반적으로 sase(サセ, 시키다/-게 하다)를 가리키는 것으로, 예를 들어 '開ける(aker-u, 열다)'와 같은 타동사는 사역으로서 고려되지 않았다.1) 『日本国語大事典(일본국어대사전)』의 사역 항목을 보면, 다음과 같이 기술되어 있다.

(1) 文法で、他人にその動作を行わせることを示す語法。使役の助動詞：文語では「す」「さす」「しむ」で、口語では「せる」「させる」「しめる」をいう。(문법에서 다른 사람에게 그 동작을 행하게 하는 것을 가리키는 어법. 사역의 조동사 : 문어에서는 「す(su)」「さす(sasu)」「しむ(simu)」에 해당하며, 구어에서는 「せる(seru)」「させる(saseru)」「しめる(simeru)」를 말한다.)

아오키(青木 1977〔1995 : 114〕)에서도 그 형식에 대하여 직접 언급하고 있지는 않지만 기본적으로 위와 동일하게 sase(サセ, 시키다/-게 하다)가 담당하는 의미를 기반으로 사역을 정의하고 있다.

(2) 使役とは、ある者が他者に対して、他者みずからの意志において或いは主体性をもってその動作を行うようにしむけること(この場合他者とは有情物に限らない。非情物の持つ動作実現能力・本性は、有情物の意志・主体性と同様にみなし得る)。

---

1) '開ける(aker-u, 열다)'와 같은 어휘적 사역과 생산적 사역에 관한 좀 더 상세한 논의와 다음의 문헌이 있으므로 참고하기 바란다. Chung Sung-Yeo and Shibatani Masayoshi (2018) Causative Constructions in Japanese and Korean, Prashant Pardeshi and Taro Kageyama (eds.), Handbook of Japanese Contrastive Linguistics. De Gruyter Mouton. 137-172.

(사역이란 어느 사람이 타자에 대하여 타자 자신의 의지 혹은 주체성을 가지고 그 동작을 행하도록 만드는 것(이 경우 타자란 유정물에 국한하지 않는다. 무정물이 가진 동작 실현 능력·본성은 유정물의 의지·주체성과 동일하게 간주할 수 있다.)

그런데 60년대 후반 생성의미론의 틀 안에서 McCawely(1968〔1973a〕)에서 kill과 같은 타동사를 CAUSE TO BECOME NOT ALIVE와 같이 분석하면서부터 CAUSE의 의미를 포함하는 타동사(사역타동사라고 줄인다)도 사역으로서 인정하게 되었다(Shibatani 1976a : 273-293, 1976b : 5, 10, 井上 1976(下) : 63-66의 해설도 참조). 즉, 전통적으로 타동사라고 불러 온 것들 중에서 사역의 의미를 포함하는 (일부의) 타동사들 역시 sase(サセ, 시키다/-게 하다)와 동일하게 사역구문을 형성한다고 인정하게 된 것이다.

이와 같은 배경 아래서 Shibatani(1976a : 239, 1976b : 1)는 (특정한 언어 형식에 사로잡히지 않고 범언어적으로도 적용할 수 있는) 사역구문의 정의를 찾았던 것이다. 거기서 다음과 같은 사역 상황에 관여하는 두 가지 사태, 즉 사역사태와 피사역사태가 가지는 관계의 특징을 파악하며 사역의 정의를 내렸다(Comrie 1981〔1989〕 : 178-179도 참조).[2)]

(3) a. 두 사건 간의 관계에 대하여 화자는 피사역사태(caused event)가 일어난 시간 t_2는 사역사태(causing event)가 일어난 시간 t_1 다음이라고 믿는다.

b. 사역사태와 피사역사태의 관계에 대하여 화자는 피사역사태의 발생은 모두 사역사태의 발생에 의존하고 있다고 믿는다. 즉, 이 두 가지 사

2) (3)은 다음과 같이 형식화하여 나타낼 수도 있다. 즉, 사역사태를 E_1, 피사역사태를 E_2라고 하면 E_1 Lt E_2(E_1이 E_2를 이끌어낸다. Lt는 'lead to'를 나타낸다)라는 단언(assertion)은 그 전제(presupposition)로서 ~E_1 Lt ~E_2(만약 E_1이 없다고 한다면 E_2도 일어나지 않았다)를 만족시키지 않으면 안 된다. 상세한 내용은 Shibatani(1976a : 254-259), 岡本(1997)도 참조.

건의 의존관계에 대하여 화자는 다른 모든 상황이 동일할 경우 만약 사역사태가 일어나지 않으면 피사역사태도 일어나지 않는다고 하는 반사실적 추론에 기반하는 확신을 품고 있는 것이지 않으면 안 된다.

이 정의에 따르면, 다음의 (4a)와 (5a)는 뒤에 오는 피사역사태를 부정하더라도 모순되지 않기 때문에 사역이 아니다. 한편 (4b)와 (5b)는 피사역사태를 부정하면 모순이 되기 때문에 사역이 되는 것이다. 즉, *tell*과 *cause*의 차이를 구별하여 타동사도 사역의 의미를 포함하는 *melt*(사역타동사)와 그것을 포함하지 않는 *kick*(단순타동사)으로 구분하는 것이다.

(4) a. I told John to go but he actually didn't go.
b. *I caused John to go but he atually didn't go.

(5) a. John kicked the ice but nothing happened to it.
b. *John melted the ice but nothing happened to it.
(Shibatani 1976b : 2)

단, 사역타동사에도 피사역사태(결과상태)를 포함하지 않는 경우가 있다는 것이 종종 지적되어 왔기 때문에(池上 1981, 宮島 1985, 影山 1996, 佐藤 2005 등), 여기서 이에 대하여 잠시 살펴볼 필요가 있다. 즉, 영어와 달리 일본어에서는 '燃やしたけど、燃えなかった(moyashi-ta-kedo, moe-na-katta, 태웠지만, 타지 않았다)'와 같은 표현을 허용한다는 지적이다(池上 1981). 이에 대하여 본서에서는 일단 다음과 같이 가정한다. 피사역사태의 함의 여부에 대하여, 영어처럼 결과를 어휘의미로서 의미론적으로 함의하여 사용 상황에 좌우되지 않는 언어가 있는 반면, 일본어처럼 의미론적으로는 비교적 완만하게 함의하여 사용 상황의 구체적인 장면에 따라 결과상태를

확정해 나가는 언어도 있을 수 있다. 이와 같이 생각하면, 일본어형 언어에서 피사역사태의 함의 유무는 화용론적 상황에 좌우되기 쉽다는 말이 된다.3)

한편 한국어에서 생산적 사역 '-게 하다'(보문표시인 '-게'와 동사 '하다'의 구성)도 피사역사태를 부정해도 모순되지 않음이 지적된 바 있다(Song 1996, 김성주 2003). (6)은 일본어에서는 모순되지만 한국어에서는 자연스러운 표현이다.

(6) a. *先生が学生を部屋に入らせたが、学生は入らなかった。

sensei-ga	gakusei-o	heya-ni	hair-ase-ta-ga,
선생님-주격	학생-대격	방-처격	들어오다-사역-과거.단정-역접,
gakusei-wa	haira-nakat-ta		
학생-은	들어오다-부정-과거.단정		

b. 선생님이 학생을 방에 들어오게 했으나 학생은 들어오지 않았다. (지시적 상황)

---

3) 미야지마(宮島 1985 : 325)는 '木の根を掘ったけれど、掘れなかった(ki-no ne-o hot-ta-keredo, hor-e-nakat-ta, 나무의 뿌리를 팠지만 파이지 않았다)'와 '穴を掘ったけれど、掘れなかった(ana-o hot-ta-keredo hor-e-nakat-ta, 구멍을 팠지만 파이지 않았다)'를 비교하며 전자가 후자보다 허용도가 높다고 지적한 바 있다. 그 이유에 대해서는, 구멍을 파는 것보다 나무의 뿌리를 파는 쪽이 어렵게 생각되기 쉽기 때문일 것이라고 설명하였다. 즉, 미야지마(宮島)에 따르면 결과상태의 함의 여부는 상황상의 곤란함에 의해 좌우되는 것이다. 또 그 상황이라는 것은 명사구로부터 읽어낼 수 있는 의미정보이기도 하다. 이와 동일한 관찰은 사토(佐藤 2005 : 제5장)에서도 찾을 수 있는데, 더 많은 데이터와 함께 설문조사에 기초하여 제안하고 있다. 한편, 가게야마(影山 1996 : 8-13)에서는 언어 간에 보이는 차이는 동사의 개념화 차이, 즉 어휘개념구조에서 '결과 중시' vs '움직임 중시'라는 관점의 위치적 차이에서 유래한다고 보고 있다. 이에 따르면 영어는 결과 중시의 언어이고 일본어는 움직임 중시의 언어가 된다. 가령 이 주장이 맞다고 하고 위의 관찰도 타당하다고 한다면, 일본어에서는 명사구의 의미에 따라 관점의 위치가 이동하고, 결과 중시냐 움직임 중시냐가 결정된다고 해야 할 것이다. 그렇다면 왜 일본어(혹은 일본어형 언어)에는 명사구에 그러한 능력이 있고, 관점의 위치를 움직일 수 있는지에 대한 질문이 오히려 더 중요해질 것이다. 이에 관해서는 서장의 예 (5)를 참조하기 바란다.

그렇지만 '-게 하다'에는 (6)과 같이 지시적 상황뿐만 아니라 간접적 조작의 상황도 표현할 수 있음에 주목할 필요가 있다(6.3.2절 참조). 그리고 후자의 경우에는 피사역사태를 부정하면 모순된다. 즉, 다음과 같이 지시적 상황으로는 해석할 수 없는 상황을 만들어 보자. (7)은 말을 하지 못하는 갓난아기에게 지시를 한다고 하는 상황으로는 보통 해석되지 않는다. 따라서 이 문장이 성립하기 위해서는 아버지가 어떤 수단/방법을 사용했으며(예를 들면 이유식에 몰래 김치를 넣는다거나 하는 등의), 싫든 좋든 갓난아기가 김치를 먹고 마는 상황이 만들어졌다고 해석해야 한다. 이와 같은 상황을 원격조작(remote control)[4]이라고 하자. 이러한 해석 아래서는 피사역사태를 부정하면 모순된 문장이 된다.

(7) *아버지가 갓난아이한테 김치를 먹게 했다. 그러나 갓난아이는 김치를 먹지 않았다. (간접적 조작)

그렇다면 사역타동사에는 어떤 동사가 포함될까? 여기서는 가게야마(影山 2001 : 16, 18)를 참고하여 다음과 같은 영어・일본어의 동사 목록을 제시하기로 한다(본서의 1.3.3절 및 2.4절도 참조). 형태적으로 영어는 자타병용인데[5], 일본어에는 세 가지 방향성이 보인다. (i) '乾く(kawak-u, 마르다)/乾かす(kawakas-u, 말리다)'와 같은 자동사에서 타동사로의 사역화, (ii) '切る(kir-u, 자르다)/切れる(kirer-u, 잘리다)'와 같은 타동사에서 자동사로의 역사역화, (iii) '壊す(kowas-u, 부수다)/壊れる(koware-ru, 부숴지다)'와 같은 양극화가 있다(西尾 1947, 奥津 1967, 井上 1976, 寺村 1982, 影山

---

4) '-게 하다'는 '선생님이 (발로 차서) 의자를 넘어지게 했다'와 같이 원거리가 아닌 직접적인 물리적 조작에도 이용된다(상세한 내용은 6.3.2절을 참조).

5) 일부 lie와 lay, rise와 raise, fall과 fell, sit과 set과 같이 모음변화로 자타를 구별하는 방법도 있지만, 影山(2001 : 13)에 의하면 이것은 고영어의 흔적이라고 한다.

1996, 2001 등 참조).[6] 의미적으로는 두 언어 모두 상태변화와 위치변화를 나타내는 동사가 전형적이다.

(8) a. 사역교체에 관계하는 영어 동사
break, open, close, shut, shatter, split, chill, melt, explode, burn, increase, freeze, darken, drop, sink, slide, glide, roll, spill, spin
b. 사역교체에 관계하는 일본어 동사
乾かす/乾く(말리다/마르다), 傾ける/傾く(기울이다/기울다), 沸かす/沸く(끓이다/끓다), 切る/切れる(자르다/잘리다), 抜く/抜ける(뽑다/뽑히다), 砕く/砕ける(부수다/부서지다), 挟む/挟まる(좁히다/좁아지다), 上げる/上がる(올리다/오르다), 詰める/詰まる(채우다/차다), 暖める/暖まる(덥히다/따뜻해지다), 壊す/壊れる(깨다/깨지다), 倒す/倒れる(쓰러뜨리다/쓰러지다), 冷やす/冷える(식히다/식다), 転がす/転がる(굴리다/구르다), 回す/回る(돌리다/돌다)

이상 CAUSE라는 공통 의미에 의해 하나로 묶일 수 있는 동사에 대하여 살펴봤다. 전통적으로는 동작동사가 그 중심에 있었지만, 현대적인 의미에서는 결과상태를 가진 변화동사도 포함한다.

여기서 사역 상황을 특징짓는 두 가지 사태, 즉 사역사태와 피사역사태를 각각 X, Y로 표기하면, 위의 두 종류의 사역은 다음과 같이 나타낼 수 있다(더 자세한 내용은 4.2.2절 참조).

---

6) 「扉が開く(문이 열리다)/扉を開く(문을 열다)」와 같이 자타양용의 동사도 있지만, 그 수는 적다.

(9) a.

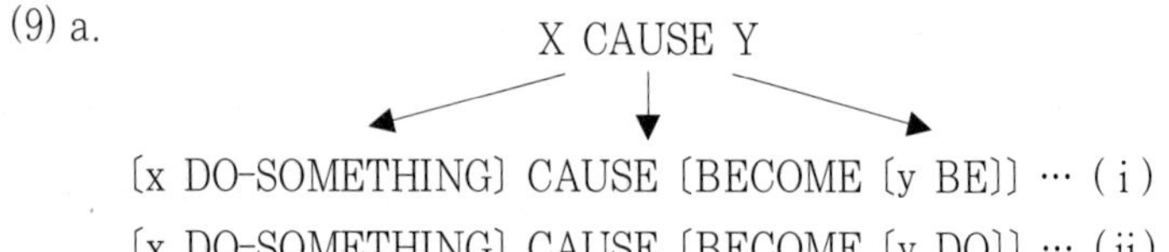

b. 〔x가 무언가를 한〕 것이 〔y가 어떤 상태에 있〕도록 야기하다(i). 또는 〔y가 어떤 행위를 하〕도록 만들다(ii).

3.2.2 사역형식·생산성·두 언어의 대응 관계

범언어적으로 볼 때 사역형은 피사역형보다 형태적으로 복잡하고(유표), 한 언어 안에서도 몇 가지 종류가 있는 것이 일반적이다(Comrie 1976a, 1985, Song 1996, Dixon 2000, Shibatani & Pardeshi 2002 등 참조). 이와 같은 형식적인 측면에 주목하여 Comrie(1976a, 1985, 1981〔1989〕)는 어휘적 사역, 형태적 사역, 분석적 사역의 세 가지 유형으로 분류했다. 분석적 사역에는 전형적으로 영어의 cause, make와 같은 조동사가 해당한다. 한편, Shibatani(1973a, 1976a, b)는 생산성이라는 기능적 측면에 주목하여 어휘적 사역과 생산적 사역의 두 가지로 분류한 바 있다.[7]

한국어와 일본어의 사역형식을 각 분류에 적용해 보면 다음의 〔표 1〕과 〔표 2〕가 된다.

[표 1] Comrie에 의한 분류

	어휘적 사역	형태적 사역	분석적 사역
한국어	가다/보내다	-이, -히, -리, -기, -우, -추	-게 하다
일본어	*sinu/korosu*	*-e, -as, -s, -se, -sase*	

7) 이에 대하여 Song(1996)는 408개의 언어를 분석하여 COMPACT TYPE, PURP (purpose) TYPE, AND TYPE의 세 가지 분류를 제시했다. 예를 들어 한국어의 접사 '이'사역은 COMPACT TYPE, '-게 하다'사역은 PURP TYPE, 중국어와 같이 연속동사에 의한 사역은 AND TYPE이 된다. 자세한 내용은 Song(1996)을 보기 바란다.

[표 2] Shibatani에 의한 분류

	어휘적 사역	생산적 사역
한국어	가다/보내다 -이, -히, -리, -기, -우, -추	-게 하다
일본어	*sinu/korosu -e, -as, -s, -se*	*-sase*

〔표 1〕에서 일본어의 -sase(サセ)는 한국어의 사역접사 '-이, -히, -리, -기, -우, -추'(이하 접사 '-이')와 동일하게 형태적 사역으로 분류된다. 그러나 〔표 2〕에서는 -sase는 '-게 하다'와 동일하게 생산적 사역에 속하게 된다. 한편, 접사 '이'는 〔표 2〕에서는 보충 형식인 '死ぬ(sin-u, 죽다)/殺す(koros-u, 죽이다)'와 동일하게 어휘적 사역으로 분류되는데, 그것은 접사 '이' 사역의 성립 여부가 어휘별로 정해져 있어 비생산적이기 때문이다(이하 참조).

여기서는 생산성을 기준으로 하는 분류법을 채용하여 두 언어 사이의 대응 관계를 나타내 본다.[8] 다음의 세 가지 패턴이 보인다. 〔표 3〕은 두 언어 모두 어휘적 사역과 생산적 사역이 대응하는 경우이다. 〔표 4〕는 한국어에는 대응하는 어휘적 사역이 있지만 일본어에는 없는 경우다. 〔표 5〕는 두 언어 모두 생산적 사역만이 대응하는 경우이다. 또 〔표 3〕에서 〔표 5〕까지의 동사는 한국어와 일본어가 모두 제각각 의미적으로 대응하는 것이다.

8) 한국어학에서는 어휘적 사역과 생산적 사역이라는 용어보다 Yang(1972, 1974), 손호문(1978) 이래 정착된 '짧은 사동'과 '긴 사동' 쪽이 더 일반적이다.

[표 3]

	비사역형	어휘적 사역	생산적 사역
한국어	죽다(자) 타다(자) 오르다(자) 입다(타)	죽이다 태우다 올리다 입히다	죽게 하다 타게 하다 오르게 하다 입게 하다
일본어	死ぬ(자) 乗る(자) 上がる(자) 着る(타)	殺す 乗せる 上げる 着せる	死なせる 乗らせる 上がらせる 着させる

[표 4]

	비사역형	어휘적 사역	생산적 사역
한국어	하다(자/타) 걷다(자) 먹다(타) 읽다(타)	시키다 걸리다 먹-이다 읽히다	하게 하다 걷게 하다 먹게 하다 읽게 하다
일본어	する(자/타) 歩く(자) 食べる(타) 読む(타)		させる(s+(s)ase)[9] 歩かせる 食べさせる 読ませる

[표 5]

	비사역형	어휘적 사역	생산적 사역
한국어	만지다(타) 싸우다(자) 차다(타) 열다(타)		만지게 하다 싸우게 하다 차게 하다 열게 하다
일본어	触る(자) 戦う(자) 蹴る(타) 開ける(타)		触らせる 戦わせる 蹴らせる 開けさせる

9) 이 경우 'saseru(させる)'에 대해서는 다른 견해도 있다. 사다노부(定延 1991)는 'suru(する)'의 생산적 사역이 아니라 'suru(する)'라는 동사에 어휘적으로 대응하는 어휘적 사역이라는 입장을 취한다.

이상을 볼 때 동일한 어휘적 사역이라고 하더라도 한국어의 어휘적 사역의 생산성은 일본어보다 훨씬 높고 사이즈도 크다(2.4절도 참조). 또 〔표 6〕의 자세변화동사는 언뜻 보기에 〔표 3〕과 동일한 패턴인 것처럼 보이지만, 내용적으로는 크게 다르다.

[표 6]

	비사역형	어휘적 사역	생산적 사역
한국어	앉다(자) 서다(자) 눕다(자)	앉히다 세우다 눕히다	앉게 하다 서게 하다 눕게 하다
일본어	座る(자) 立つ(자) 横たわる(자)	すえる 立てる 横たえる	座らせる 立たせる 横たわらせる

일본어에서는 어휘적 사역이 유정물의 피사역자를 취할 경우 일정한 의미제약이 관찰된다(5.5.5절 참조). 예를 들어 '学生たちをマットの上に横たえる(gakusei-tati-o matto-no-ue-ni yokotae-ru, 학생들을 매트 위에 눕히다)'는 허용되지만, '*学生たちを椅子にすえる(*gakusei-tati-o isu-ni sue-ru, 학생들을 의자에 앉히다)'나 '*学生たちを椅子から立てる(gakusei-tati-o isu-kara tate-ru, 학생들을 의자에서 세우다)'는 허용되지 않는다. 그런데 한국어의 어휘적 사역에서는 (10)과 같이 지시적 상황에서도 모두 적격하다.

(10) a. (선생님이) 학생들을 의자에 앉혔다. 〔지시〕
b. (선생님이) 학생들을 의자에서 세웠다(일으켰다). 〔지시〕
c. (선생님이) 학생들을 매트 위에 눕혔다. 〔지시〕

3.2.3 결합가 변화와 피사역자의 문법적 코드화

통사적으로 사역구문을 특징짓는 방법은 피사역구문과의 대비를 통하여 특정할 수 있는 결합가의 변화를 근거로 이루어진다. 그러므로 사역구문은 피사역동사의 논항에 새롭게 사역자 논항을 추가함으로써 결합가를 하나 증가시킨다는 것이다(Comrie 1985, 1981[1989]), Dixon & Aikhenvald 2000 등 참조). 다음의 예를 보기 바란다.

(11) 자동사(1항) → 사역타동사(어휘적 사역 : 2항) → 사역(3항)

a. ドアが開く。

doa-ga ak-u
문-주격 열리다-현재.단정
'문이 열린다'

b. 次郎がドアを開ける。

Ziro-ga doa-o ake-ru
지로-주격 문-대격 열다-현재.단정
'지로가 문을 연다'

c. 太郎が次郎にドアを開けさせる。

Taro-ga Ziro-ni doa-o ake-sase-ru
타로-주격 지로-여격 문-대격 열다-사역-단정
'타로가 지로에게 문을 열게 한다'

(12) 타동사(2항) → 사역(3항)

a. 子供がご飯を食べる。

kodomo-ga gohan-o tabe-ru
아이-주격 밥-대격 먹다-현재.단정
'아이가 밥을 먹는다'

b. 母親が子供にご飯を食べさせる。

hahaoya-ga kodomo-ni gohan-o tabe-sase-ru
어머니-주격 아이-여격 밥-대격 먹다-사역-현재.단정
'어머니가 아이에게 밥을 먹인다'

(13) 타동사(3항) → 사역(4항)

a. 私は父に手紙を送った。

watasi-wa titi-ni tegami-o okut-ta
나는 아버지-여격 편지-대격 보내다-과거.단정
'나는 아버지에게 편지를 보냈다'

b. 父親は私{に/をして}叔父に手紙を送らせた。

titioya-wa watasi-{ni/o site} ozi-ni tegami-o okur-aset-ta
아버지-는 나{여격/대격 하여} 삼촌-여격 편지-대격 보내다-사역-과거.단정
'아버지는 나{에게/로 하여금} 삼촌에게 편지를 보내게 했다'

(11)~(13)에서는 다음과 같은 사항을 알 수 있다. (i) 사역화로 인해 변하는 것은 결합가이고, 그것은 규칙적으로 하나씩 증가한다. (ii) 이때 새롭게 도입되는 것은 사역자의 논항이다. (iii) 피사역문의 주어는 사역문의 피사역자가 된다. 이때 (iv) 피사역자의 문법적 코드화는 자동사에서 사역타동사로 사역화할 경우 직접목적어(대격명사구)가 되고, 타동사에서 사역화할 경우에는 간접목적어(여격명사구)가 된다. 그러나 이미 간접목적어가 채워져 있으면 (일본어의 (13b)와 같이) 여격의 중복을 허용하기도 하지만 (범언어적으로 보면 '-をして'(를 하여)) 보통은 사격목적어를 사용한다.

이와 같이 사역화는 결합가의 증가를 동반하여 새로운 사역자 논항을 도입함과 동시에 비사역문의 주어가 사역문의 피사역자로서(격 강등 demotion) 재배치되는 특징을 가지게 된다. 이때 피사역자의 문법적 코드화가 어떻게 이루어지는지에 대하여 Comrie(1981〔1989 : 190〕)는 다음과 같은 문법 관계의 위계를 설정하여 설명하였다. 이 위계는 강한 보편적 경향을 가지는 것으로 제시되었다.

(14) 피사역자의 문법적 코드화와 문법 관계의 위계

주어 〉 직접목적어 〉 간접목적어 〉 사격목적어

즉, 피사역자의 문법적 코드화는 위계상 아직 채워지지 않은 것 중에 가장 높은(왼쪽의) 위치를 피사역자가 차지하는 형태를 취한다. 이 경우 주어는 사역자에 의해 항상 채워져 있기 때문에 피사역자는 그 다음의 계층인 직접목적어, 간접목적어, 여격목적어의 순으로 배치된다는 것이다.

더욱이 피사역자에게 부여하는 형태적인 격 표지에 대해서도 Comrie (1981〔1989〕: 194)는 (15)와 같은 위계를 세웠다. 이 위계는 피사역자가 행사하는 제어의 정도가 관계하는 것으로 제안되었다. 즉, 좀 더 큰 제어력을 행사하는 피사역자에게는 위계상 더 높은 격을 부여한다는 것이다.

(15) 피사역자가 행사하는 제어의 정도에 따른 계층(최대에서 최소로)
도구격 〉 여격 〉 대격

예를 들어 Comrie(1981〔1989〕: 187, 195)에 따르면, 헝가리어에서는 '내가 아이에게 기침을 시켰다'라는 표현에 도구격을 사용하는 경우와 대격을 사용하는 경우 두 가지 표현이 대응하는데, 도구격을 사용하는 쪽이 피사역자에 의해 지지되는 제어력이 더 크다는 함의가 있다고 한다. 대격을 사용하는 표현은 내가 아이의 등을 두들겨 그 아이가 원하든 말든 기침을 하도록 유도했을 경우 가장 적절한데, 도구격을 사용한 표현은 내가 그 아이에게 부탁하여 기침을 했다는 함의가 있다고 한다.

일본어에서도 대격과 여격의 분리에는 피사역자가 행사하는 제어력의 정도차가 반영되어 있다는 지적이 있다. 시바타니(柴谷 1978 : 310)에 따르면, 둘 사이의 구별은 의지동사와 무의지동사를 대비시켜 볼 때 가장 명확하게 드러난다. 즉, 무의지동사는 스스로 제어할 수 있는 능력이 없기 때문에 애당초 여격을 사용하여 표현할 수 없다.

(16) a. 太郎は次郎 に/を 走らせた。
Taro-wa Ziro-ni/o hasir-ase-ta
타로는 지로-여격/대격 달리다-사역-과거.단정
'타로는 지로 에게/를 달리게 했다'

b. 太郎は次郎 *に/を 失神させた。
Taro-wa Ziro-*ni/o sissin-sase-ta
타로는 지로-*여격/대격 실신하다-사역-과거.단정
'타로는 지로 *에게/를 실신시켰다'

한편 한국어에서는 생산적 사역 '-게 하다'는 피사역자에게 주격을 부여할 수도 있다. 그 결과 한국어의 사역구문은 두 개의 주격을 허용하기도 한다. 따라서 Yoen(1993 : 418, 1996)에서는 (17)과 같은 문장을 제시하며 한국어에서 피사역자의 제어 위계는 대격 〉 여격 〉 주격의 순서(최소에서 최대로)임을 제안한 바 있다.

(17) a. 아버지가 아이-를 마당에서 놀게 했다.
Father-Nom child-Acc yard-Loc play-Caus-Past-Dec

b. 아버지가 아이-에게 마당에서 놀게 했다.
Dat

c. 아버지가 아이-가 마당에서 놀게 했다.
Nom

3.3 보편적 경향에 모순되는 통사 현상

3.3.1 비규범적 사역구문

앞 절의 내용에 따르면 사역구문은 결합가의 변화와 강하게 연결되어 있기 때문에 결합가의 증가를 기준으로 하는 통사 기반의 정의가 부여되었다.

이와 같이 결합가의 변화에 의해 새롭게 사역자 논항을 추가하는 것과, 그로 인해 결합가를 하나 더 증가시키는 것이 서로 규칙적으로 대응하는 구문을 '규범적 사역구문'이라고 한다면(위의 (11)~(13) 참조), 한국어와 일본어에는 규범적인 논항의 증가를 수반하지 않는 구문도 존재한다. 이를 '비규범적 사역구문(non-canonical causative construction)'이라고 부르자. 예를 들면 다음에 제시하는 바와 같이 결합가(또는 참여자)의 불일치를 보이는 구문이다. 결합가의 변화가 없는 구문과 참가자를 과잉으로 구현하는 두 종류의 구문으로 나눌 수 있다.

〈결합가 변화가 없는 문장〉

(18) 일본어

a. 彼がペットを病気にした。

kare-ga	petto-o	byoki-ni	si-ta
그-주격	애완동물-대격	병-처격	하다-과거.단정

'그는 애완동물을 병에 걸리게 했다'

b. 彼がペットを病気にさせた。

kare-ga	petto-o	byoki-ni	sase-ta
그-주격	애완동물-대격	병-처격	시키다-과거.단정

'그는 애완동물을 병에 걸리게 했다'

(定延 1991 : 130)

(19) 한국어

a. 영희가 철이에게 순희를 소개했다.

b. 영희가 철이에게 순희를 소개시켰다.

〈결합가를 과잉으로 구현한 문장〉[10)]

(20) 일본어

a. 次郎が服を脱ぐ。

Ziro-ga	huku-o	nug-u
지로-주격	옷-대격	벗다-현재.단정

'지로가 옷을 벗는다'

b. 母親が太郎に次郎の服を脱がせた。

hahaoya-ga	Taro-ni	Ziro-no	huku-o	nug-ase-ta
어머니-주격	타로-여격	지로-속격	옷-대격	벗다-사역-과거.단정

'어머니가 타로에게 지로의 옷을 벗기게 했다'

(21) 한국어

a. 아이가 (자신의) 손을 씻었다.

b. 어머니가 하녀에게 아이 손을 씻겼다.

즉, (18)은 'suru(する, 하다)'와 그 사역형 'saseru(させる, 시키다/-게 하다)'가 대응하고, (19)의 한국어도 '소개하다'와 어휘적 사역형 '소개시키다'가 대응한다. 그런데 두 언어에서 이러한 사역문은 새로운 사역자 논항을 도입하지는 않는다. 또 그에 따른 결합가의 증가도 보이지 않으며, 그렇다고 정보의 결여감이 있는 것도 아니다. 또 (20)(21)은 결합가가 아니라 참여자의 수를 과잉으로 구현하고 있다. 이것은 결코 (22a)(23a)와 같은 대응 관계를 나타내는 것이 아니다. 더욱이 (22b)(23b)와도 의미적으로

10) 여기서는 참가자를 과잉으로 구현한 예를 들고 있는데, 예를 들어 '姉が犬を散歩させた(ane-ga inu-o sanpo-sase-ta, 언니가 개를 산책시켰다)'와 함께 '母親が姉に犬を散歩させた(hahaoya-ga ane-ni inu-o sanpo-sase-ta, 어머니가 언니에게 개를 산책시켰다)'도 허용하게 되면(긴스이(金水 敏) 교수와의 개인 면담에 의함), 결합가가 과잉으로 구현하는 것도 가능하게 된다. 宮地(1964)에서는 '母親が姉に子供を歩かせる(hahaoya-ga ane-ni kodomo-o aruk-ase-ru, 어머니가 언니에게 아이를 걷게 한다)'을 가능한 문장으로서 제시하고, '歩かさせる(aruka-sase-ru, 걷게 시키다)'와 같은 연속 구현이 부자연스러워 회피하게 된 것이라고 설명한다(Shibatani 1973b, 定延 1998도 참조).

부합하지 않는다. 즉, 참가자를 두 개나 증가시키는 (22c)(23c)와 대응하는 것처럼 이해된다.

(22) a. 母親が〔*太郎が次郎の服を脱ぐ〕させる。11)

hahaoya-ga 〔*Taro-ga Ziro-no huku-o nugu〕 sase-ru
어머니-주격 [*타로-주격 지로-속격 옷-대격 벗다] 시키다-현재.단정
'어머니가 〔*타로가 지로의 옷을 벗다〕 시키다'

b. ≠ 母親が〔次郎の服を脱ぐ〕させる。

hahaoya-ga 〔Ziro-no huku-o nugu〕 sase-ru
어머니-주격 [지로-속격 옷-대격 벗다] 시키다-현재.단정
'어머니가 〔지로의 옷을 벗다〕 시키다'

c. 母親が太郎に〔次郎の服を脱ぐ〕させる。

hahaoya-ga Taro-ni 〔Ziro-no huku-o nugu〕 sase-ru
어머니-주격 타로-여격 [지로-속격 옷-대격 벗다] 시키다-현재.단정
'어머니가 타로에게 〔지로의 옷을 벗다〕 시키다'

(23) a. 어머니가 〔??하녀가 아이 손을 씻-〕 -기-었다.

b. ≠ 어머니가 〔아이 손을 씻-〕 -기-었다.

c. 어머니가 하녀에게 〔아이 손을 씻-〕 -기-었다.

이러한 비규범적 사역구문들은 결합가의 변화를 기준으로 Comrie가 제안했던 문법 관계의 위계를 적용할 수 없다. 따라서 다음 절에서는 피사역자에 대한 문법적 코드화의 관점에서 결합가의 변화에 대한 문제를 다시 다루겠다. 결합가의 변화가 없는 구문에 대한 전체적인 기술은 제4장을 보기 바란다.

---

11) 내포문의 〔*太郎が次郎の服を脱ぐ(*Taro-ga Ziro-no-huku-o nug-u, *타로가 지로의 옷을 벗다)〕는 만일 타로가 지로의 옷을 입고 있어 그것을 벗는다는 상황이라면 일단 성립한다. 그러나 (20)의 '次郎が服を脱ぐ(Ziro-ga huku-o nug-u, 지로가 옷을 벗는다)'와는 대응하지 않는다.

3.3.2 피사역자의 문법적 코드화에 보이는 비계층성과 결합가의 불일치

피사역자의 코드화에 대한 Comrie의 문법 관계 위계에 관해서는 이미 여러 비판들이 나온 바 있다(Yeon 1993, 1996, Song 1996 : CH.6 등 참조). 그중에서 한국어에서 명백한 반례가 될 것이라고 지적한 것에는 다음의 두 가지가 있다. 하나는 앞 절의 (17c)와 같이 피사역자를 주격으로 코드화할 수 있다는 것이다. 다른 하나는 다음의 (24)와 같이 대응하는 피사역문이 타동사임에도 불구하고 피사역자가 여격을 허용하지 않는 경우가 있다는 것이다(Yeon 1993 : 422).

(24) a. 아이가 옷을 벗었다.
　　b. 어머니가 아이{를/*에게} 옷을 벗기었다.

즉, 한국어는 일반적인 타동사문에서도 이중대격을 허용하기 때문에 사역문에 대격이 중시되는 것 자체가 문제는 아니다(Comrie도 사역구문에 이중대격을 허용하는 거의 대부분의 언어는 사역구문 외에도 이중대격을 허용하는 언어라고 지적한 바 있다). 그러나 위계상 가장 적절하게 수용돼야 할 여격이 허용되지 않은 채 대격만 가능하다는 것은 중요한 반례가 될 것이다.

더욱이 다음의 (25)와 비교해 보면 더 명백한데, 한국어의 어휘적 사역은 대격이 오히려 필수항(무표)이고 여격은 임의적(유표)이라는 지적을 할 수도 있다.[12] 즉, 이 경우 여격은 피사역자가 도착점으로 이해되는지 어떤지와 같은 의미적 요인에 의해 좌우된다. 아이의 옷을 벗기는 경우에는 아이가 기점이 되기 때문에 여격의 부여는 부적격하게 되고, 옷을 입히는 경우 아이는 구체적인 물건이 이동하는 도착점이 되기 때문에 적격한 것

---

12) 최현배(1937[1994 : 419-420])에도 피사역자에게는 대격을 부여하는 것이 기본적이라고 하는 지적이 있다. 최현배에 따르면 목적어가 두 개나 표시되는 부담을 피하기 위하여 대격이 여격으로 교체되는 경우가 있다고 한다.

이다.

(25) a. 어머니가 아이의 옷을 벗기었다.
b. 어머니가 아이{를/에게} 옷을 입히었다.

그런데 한국어에는 위의 두 가지 반례뿐만 아니라 추가로 더 중대한 문제가 잠복해 있다. 다음과 같이 피사역자에게 속격을 부여하는 것조차 가능한 경우가 있다는 것이다. 즉, 피사역자가 속격으로 코드화되는 것은 Comrie의 문법 관계 위계에서도 배제되어 있고, 더욱이 속격이 부여되는 경우에는 결합가에 아무런 변화가 없는 구문이 만들어진다(단 한국어의 속격은 Ø격으로도 표현할 수 있다).

(26) a. 어머니가 아이의 옷을 벗기었다.
b. 어머니가 아이의 옷을 입히었다.

여기서 주목해야 할 것은 피사역자에 속격을 허용할 때의 동사의 의미다. 그것은 위와 같은 신체착탈동사(이른바 재귀동사)에만 국한되지 않는다. 즉, (27)의 '쓰다' 동사와 동일한 격 패턴이 '업다'나 '물다'와 같은 동사에까지 체계적으로 나타난다는 점이다(동사 목록은 4.2.1절을 참조).

(27) a. 아이가 머리에 모자를 썼다.
b. 어머니가 아이{의/를/에게} 머리에 모자를 씌웠다.

(28) a. 아이가 등에 아기를 업었다.
b. 어머니가 아이{의/를/에게} 등에 아기를 업혔다.

(29) a. 아이가 입에 젓가락을 물었다.
b. 어머니가 아이{의/를/에게} 입에 젓가락을 물렸다.

다시 말해 (27)~(29)는 행위의 결과가 자신의 신체(부분)에 잔존하는가(비사역형), 아니면 다른 사람의 신체(부분)에 잔존하는가(사역형)와 같은 의미 대립을 가지는 동사이다(4.2.1절도 참조). 이 경우 피사역자에게 속격을 부여할 수 있고, 더 나아가 속격에서 대격으로, 그리고 여격으로 격 교체하는 것이 가능하다. 또 일본어에서도 속격이 허용되고 여격으로 교체하는 것도 가능하다(단, 일본어에는 이중대격에 제약이 있기 때문에 대격으로의 교체는 허용하지 않는다).

즉, 위에서 서술한 바와 같이 속격 〉 대격 〉 여격의 순서로 격 교체를 허용하는 경우 그 구문은 속격의 비규범적 사역구문에서 보통의 규범적 사역구문으로 전이가 이루어졌다고 생각할 수 있다.

이 점에 대하여 앞 절의 (20)(21)의 '脱ぐ(nug-u, 벗다)'와 '씻다'를 다시 예로 들어 검토해 보자. 이들 동사에는 사실 다음과 같은 세 가지 사역구문이 대응한다. 각각을 피사역자의 격 표지와 연관 지어 속격사역구문, 대격사역구문, 여격사역구문I, 여격사역구문II라고 하면, 일본어에는 속격사역구문, 여격사역구문I, 여격사역구문II가 대응하고, 한국어에는 속격사역구문, 대격사역구문, 여격사역구문II가 대응한다(단, 피사역자가 행위의 대상(특히 인간의 경우에는 '상대'라고 부르겠다) 또는 도착점의 경우를 여격I, 동작주의 경우는 여격II로 구분한다).

(30) a. 비사역형의 타동사구문
次郎が服を脱ぐ。〔2항, 참여자 2〕

Ziro-ga	huku-o	nug-u
지로-주격	옷-대격	벗다-현재.단정

'지로가 옷을 벗는다'

b. 속격사역구문

太郎が次郎の服を脱がせた。〔2항, 참가자 3〕

Taro-ga	Ziro-no	huku-o	nug-ase-ta
타로-주격	지로-속격	옷-대격	벗다-사역-과거.단정

'타로가 지로의 옷을 벗기었다'

c. 여격사역구문Ⅰ·Ⅱ

太郎が次郎に服を脱がせた。〔3항, 참가자 3〕[13)]

Taro-ga	Ziro-ni	huku-o	nug-ase-ta
타로-주격	지로-여격	옷-대격	벗다-사역-과거.단정

'타로가 지로에게 옷을 벗게 했다'

d. 여격사역구문Ⅱ

母親が太郎に次郎の服を脱がせた。〔3항, 참가자 4〕[14)]

hahaoya-ga	Taro-ni	Ziro-no	huku-o	nug-ase-ta
어머니-주격	타로-여격	지로-속격	옷-대격	벗다-사역-과거.단정

'어머니가 타로에게 지로의 옷을 벗기었다'

(31) a. 비사역형의 타동사구문

아이가 손을 씻었다. 〔2항, 참가자 2〕

b. 속격사역구문

어머니가 아이 손을 씻기었다. 〔2항, 참가자 3〕

c. 대격사역구문

어머니가 아이{를/??에게} 손을 씻기었다.[15)] 〔3항, 참가자 3〕

---

13) 일본어에서 이 문장은 세 가지 해석이 가능하다. (ⅰ) 타로가 지로의 옷을 벗기는 경우, (ⅱ) 타로의 지시에 따라 지로가 스스로 옷을 벗는 경우 (ⅲ) 타로의 지시에 따라 지로가 타로의 옷을 벗기는 경우다. 본장의 정의에서 (ⅰ)은 타로가 동작주, 지로가 행위의 상대이기 때문에 여격사역구문 Ⅰ, 후자의 두 가지 해석은 지로가 동작주이기 때문에 여격사역구문 Ⅱ가 된다.

14) 단, 이 문장도 여격사역구문 Ⅰ로서 이해할 수 없는 것은 아니다. 즉, 타로가 지로의 옷을 입고 있어 어머니가 타로에게서 그 옷을 벗긴다는 상황이라면 가능하다.

15) 여격구문의 성립을 위해서는 또 다른 의미조건이 필요하다. 상세한 내용은 6.4.1절을 참조.

d. 여격사역구문Ⅱ
어머니가 하녀{에게/??를} 아이 손을 씻기었다. 〔3항, 참가자 4〕

일단 (30)과 (31)에 보이는 두 언어 간의 차이는 대격사역구문을 허용할지 말지, 혹은 여격사역구문I에 대한 제약이 있는지 없는지와 같은 것이다. 일본어에서는 대격의 연속을 꺼리기 때문에 대격사역구문은 허용하지 않고, (30c)와 같이 여격사역구문I과 대응한다고 이해할 수 있다(柴谷 1978). 한편, 한국어에는 이중대격의 제약이 없기 때문에 (31c)와 같이 대격사역구문이 대응할 수 있고, 오히려 여격사역구문I을 허용하지 않는(경우도 있)다고 이해할 수 있다((24b)도 참조). 즉, 대격구문에 대한 제약은 없지만 여격사역구문에는 의미적 제약이 있다((25), (27)~(29)와 비교 참조).

그리고 두 언어의 공통점은 한국어나 일본어 모두 사이즈의 크기는 서로 다를지 모르겠지만, 기본적으로 속격사역구문을 허용한다는 점이다.

이상으로 서술한 것을 다음과 같이 정리해 두자. (ⅰ) 사역화에 의해 변할 확률이 높은 것은 결합가가 아니라 참가자의 수이다. (ⅱ) 피사역자에 부가되는 여격에는 행위의 상대 또는 도착점을 나타내는 여격I과, 동작주를 나타내는 여격Ⅱ가 있다. 한국어에서는 전자에 대격이 우선적으로 대응하는데, 여격은 도착점을 나타내는 경우에만 자연스럽다. (ⅲ) 피사역자의 문법적 코드화에는 속격 〉 대격 〉 여격의 위계가 보인다. 속격은 행위의 상대에만 부여할 수 있는데, 여격과 대격은 동작주에도 부여할 수 있다. (ⅳ) 속격(행위의 상대)은 결합가의 증가가 없는 사역구문을 만드는데, 한편 여격Ⅱ(동작주)는 참가자를 과잉으로 구현하는 구문을 만들 수도 있다.

본절의 결론은 피사역자의 코드화는 Comrie가 말한 바와 같이 문법적 위계를 따르기보다는 오히려 의미를 기반으로 이루어진다는 것이다.

3.3.3 개재구문과 탈초점화된 피사역자의 문법적 코드화

피사역자의 문법적 코드화에는 사실 다음과 같은 문제도 숨어 있다. (32a)와 같이 현실 세계의 사태에서는 피사역자(사태 참가자)가 존재함에도 불구하고 문법적으로는 그것이 코드화되지 않는다는 문제다.

(32) a. 山田さんが家を建てた。

Yamada-san-ga ie-o tate-ta

야마다-존경-주격 집-대격 세우다-과거.단정

'야마다 씨가 집을 지었다'

b. 大工さんが家を建てた。

daiku-san-ga ie-o tate-ta

목수-존경-주격 집-대격 세우다-과거.단정

'목수가 집을 지었다'

(32a)에서 주어는 일반적으로 직접 집을 짓는 동작주로 이해되지 않는다. 반면 (32b)에서는 주어가 스스로 직접 집을 짓는 동작주로 이해된다. 즉, (32a)는 현실 세계의 사태에서는 야마다 씨(사역자)가 목수(피사역자)에게 의뢰하여 집을 짓는 상황이 된다. 그렇지만 피사역자(실제는 동작주)인 목수는 언어화하지 않는 것이 일반적이다.

이런 종류의 문장을 사토(佐藤 2005)에서는 '개재성(介在性)의 타동사문'이라고 하여 "화자가 실제로는 존재하는 피사역자를 무시하고 마치 주어 자신이 모든 과정을 스스로 수행하는 것처럼 파악하는 표현(p.94)"이라고 하였다.[16] 그러나 본서에서는 오히려 그 상황에 초점을 맞춰 그것을 '개

16) 사토(佐藤 2005)에서는 개재성의 문장 성립 요인도 언급하였는데, '사태의 컨트롤'과 '동사의 의미적 초점'이라는 두 가지 요인이 관여하고 있다고 설명한다. 본서의 제안은

재적 상황'(intermediate situation)이라고 하고, 그러한 구문을 '개재구문'이라고 부르기로 한다. 그리고 "언어화되지는 않지만 실제 현실에는 존재하는 탈초점화된 피사역자(defocused causee)가 있어, 그 불가시적인 존재를 매개로 객관적으로는 간접적으로 피사역 사태를 일으키는 상황임을 나타내는 구문"으로 이를 특징지을 수 있다.

본절에서는 다음과 같은 관점에서 개재구문에 주목한다. (i) 탈초점화된 피사역자를 언어화하면 문법적으로는 어떻게 코드화되는가? (ii) 그 경우 사역형식은 어떻게 변하는가?

이에 대해서는 먼저 다음의 두 가지를 지적할 수 있다. 첫째, 만약 탈초점화된 피사역자를 언어화한다면 부가어로 코드화한다. (33)을 보기 바란다. (33b)에서는 피사역자가 '兵士にさせて(heisi-ni sase-te, 병사에게 시켜서)'로 표현하는데, 부가어 피사역자를 포함하지 않는 (33a)와 의미적으로는 전혀 다르지 않다. (33a)도 히틀러가 직접 유대인을 죽였다고는 해석되지 않고 병사를 시켜서 죽였다는 개재적 상황으로 이해할 수 있다.

(33) a. ヒトラーは何百万人ものユダヤ人を殺した。

Hitora-wa nanbyakunin-mo-no yudayazin-o korosi-ta
히틀러-는 수백만 명-이나-속격 유대인-대격 죽이다-과거.단정
'히틀러는 수백만 명이나 되는 유대인을 죽였다'

b. ヒトラーは兵士にさせて、何百万人ものユダヤ人を殺した。

Hitora-waheisi-ni sase-te nanbyakunin-mo-no yudayazin-o
히틀러-는병사-여격 시키다-고 수백만 명-이나-속격 유대인-대격
korosi-ta
죽이다-과거.단정
'히틀러는 병사를 시켜 수백만 명이나 되는 유대인을 죽였다'

6.3.5절을 참조.

둘째, 탈초점화된 피사역자를 언어화할 때에는 (34)의 '兵士に(병사에게)'와 같이 그것을 필수논항으로 도입할 수 없다. 만일 피사역자를 필수논항으로서 도입하려면 (34b)와 같이 생산적 사역의 sase를 부가하지 않으면 안 되기 때문이다. 그런데 (34b)의 여격사역구문도 현실에서는 (33)과 동일하게 피사역자가 동작주이 되고, 또 그 상황 역시 '히틀러가 병사에게 지시하여 그 병사가 유대인을 죽였다'와 같이 참가자의 수도 일정하기 때문에 객관적으로는 동일한 사태를 가리킬 수 있다. 그렇지만 문법적으로는 전혀 다른 구문이 되고 만다는 점에 주목하기 바란다(6.3.5절 참조).

(34) a. *ヒトラーは兵士に何百万人ものユダヤ人を殺した。
*Hitora-wa heisi-ni nanbyakunin-mo-no yudayazin-o korosi-ta
*히틀러-는 병사-여격 수백만 명-초과-속격 유대인-대격 죽이다-과거.단정
'*히틀러는 병사에게 수백만 명의 유대인을 죽였다'

b. ヒトラーは兵士に何百万人ものユダヤ人を殺させた。
Hitora-wa heisi-ni nanbyakunin-mo-no yudayazin-o koros-ase-ta
히틀러-는 병사-여격 수백만 명-초과-속격 유대인-대격 죽이다-사역-과거.단정.
'히틀러는 병사에게 수백만 명이나 되는 유대인을 죽이게 했다'

cf. ??ヒトラーは何百万人ものユダヤ人を殺させた。
??Hitora-wa nanbyakunin-mo-no yudayazin-o koros-ase-ta
히틀러-는 수백만 명-초과-속격 유대인-대격 죽이다-사역-과거.단정
'??히틀러는 수백만 명이나 되는 유대인을 죽이게 했다'

이와 같은 관찰을 염두에 두면서 이번에는 한국어의 예를 살펴보자. (35a)는 어휘적 사역의 속격구문, (35b)는 탈초점화된 피사역자를 부가어로 코드화한 어휘적 사역구문(이하 부가어 사역구문)이다. 그리고 (35c)와 (35d)는 둘 다 여격구문인데, 전자는 어휘적 사역, 후자는 생산적 사역이다.

(35) a. 어휘적 사역의 속격구문(비규범적 사역구문 : 개재구문)
어머니가 ***아이의*** 머리를 깎-이-었다.
b. 어휘적 사역의 부가어 구문
어머니가 ***이발사를 시켜*** 아이 머리를 깎-이-었다.
c. 어휘적 사역의 여격구문
어머니가 ***이발사에게*** 아이 머리를 깎-이-었다.
d. 생산적 사역의 여격구문
어머니가 ***이발사에게*** 아이 머리를 깎-게 하-였다.

(35a)는 두 가지 해석이 가능하다. 하나는 어머니가 직접 아이의 머리를 이발하는 상황, 다른 하나는 개재적 상황이다. 그리고 후자의 경우에는 (35b)와 같이 탈초점화된 피사역자를 부가어구를 사용하여 언어화하는 것이 가능하다. 즉, 이 두 가지 구문(개재구문과 부가어 구문)의 객관적 상황은 동일하다. 또 두 구문이 전달하는 의미도 아이의 신체에 행위의 결과를 남긴다는 점에서 동일한 의미를 전달한다. 그것은 (36)과 같이 '주다'를 사용했을 때 둘 다 은혜를 받는 대상이 아이(의 머리)이지 탈초점화된 피사역자 또는 부가어인 피사역자가 아닌 해석을 얻을 수 있다는 점을 통해 알 수 있다.

(36) a. 어휘적 사역의 속격구문(개재구문)
어머니가 ***아이의*** 머리를 깎여 주었다.
b. 어휘적 사역의 부가어 구문
어머니가 ***이발사를 시켜*** 아이 머리를 깎여 주었다.

그런데 (35c)를 보기 바란다. 여기서는 (35b)의 부가어 피사역자를 여격으로 대체할 수 있다. 더욱이 둘(부가어 구문과 여격구문)은 동사의 형태에서는 동일한 어휘적 사역을 사용하고 있지만 문법적 행태에서는 서로 다르다. (37a)와 같이 '주다'를 사용했을 때 여격구문은 부적격하게 된다. 이와는 달리 동일한 여격구문이라고 해도 생산적 사역을 사용한 (35d)는 (37b)와 같이 적격이다.

(37) a. 어휘적 사역의 여격구문
??어머니가 ***이발사에게*** 아이 머리를 깎여 주었다.
b. 생산적 사역의 여격구문
어머니가 ***이발사에게*** 아이 머리를 깎게 해 주었다.

위와 같은 차이는 다음과 같이 생각할 수 있다. (i) (35)의 a, b와 달리 (35)의 c, d의 여격구문은 은혜의 대상이 아이가 아니라 피사역자인 이발사이어야 한다. 즉, 이발사가 문법적 피사역자이다(6.4.1절 참조). 그리고 (ii) 동일한 여격구문에서도 어휘적 사역과 생산적 사역은 의미적으로 서로 다른 구문이다(그러나 일본어에는 이러한 구별이 표면적으로는 드러나지 않는다).

여기서 후자에 대해서는 다음과 같이 생각해 보자. 만일 여격사역구문이 허용(허가)사역의 의미를 나타낸다고 한다면, 그것은 피사역자에게 은혜를 주는 것이 가능하기 때문에 적격한 것이다. 그러나 만일 강제사역의 의미를 나타낸다고 한다면 그것은 수익구문과 의미적으로 모순되기 때문에 부적격하게 된다. 실제로 (35c)의 어휘적 사역은 허용사역(특히 허가)의 의미를 나타내는 것이 불가능하기 때문에 어머니가 자기 대신에 이발사에게 그것(아이의 머리를 이발하는 것)을 시켰다는 강제적인 해석만 허용한다. 따라서 (37a)와 같이 표현하면 부자연스러워지는 것이다. 한편, (35d)의 생산적 사역은 이발사의 부탁으로 어머니가 이발사에게 아이의 머리를 깎는 것을 허가해 주었다고 해석할 수 있다. 따라서 (37b)는 적절한 표현으로 허용되는 것이다.

즉, 여기서는 동일한 여격 사역자라고 하더라도 사역형식의 종류에 따라 피사역자의 제어력이 다르다. 이는 다음과 같이 일반화할 수 있다.

(38) 만일 어느 한 언어 내에 동작주의 여격 피사역자가 성립하고 또 어휘적 사역과 생산적 사역이 모두 허용된다면, 피사역 사태에 대한 피사역자의 제어력은 어휘적 사역보다 생산적 사역 쪽이 높다.

이상을 〔표 7〕과 같이 정리해 보자. 탈초점화된 피사역자는 '(탈)피사역자'라고 표기한다.

[표 7]

동작주 피사역자의 문법적 코드화의 범위와 구문의 대응			
낮음	◀── 피사역자의 의미적 중요도	──▶	높음
낮음	◀── 피사역자의 제어력	──▶	높음
(탈)피사역자	부가어		여격
개재구문	부가어 사역	(대격사역)	여격사역
Ø	◀──	──▶	필수논항
어휘적 사역	◀──	──▶	생산적 사역

이 표에 따르면 (현실 세계의 사태에서) 동작주 피사역자의 언어화는 다음과 같이 일어난다. 피사역자의 의미적 중요도가 높고 피사역자의 제어력이 높을수록 문법적 중요도 역시 높아짐으로써 필수논항으로서 언어화하기 쉽다. 또 이 경우에는 여격구문·생산적 사역과 대응하기 쉽다. 반면, 피사역자의 의미적 중요도가 낮고 피사역자의 제어력이 낮을수록 문법적 중요도도 낮아져 최종적으로는 사역 상황이 단축되어 언어화되지 않는 경우도 있다. 또 이 경우에는 비여격구문·어휘적 사역과 대응하기

쉽다(단 피사역자의 의미적 중요도에 관해서는 6.3.5절과 6.4절을 같이 참조하기 바란다. '사회적 도구'와 '개체'라는 개념을 도입하고 있다).

이상으로 본절에서는 현실에는 존재하는 동작주 피사역자를 언어화하지 않고 그 사역 상황을 그대로 단축해 버리는 개재구문이 있다는 것을, 그리고 그 구문에는 보통 어휘적 사역이 대응한다는 점을 서술하였다(6.4.2절도 참조).

3.4 사역형식과 사역의미의 대응 관계

3.4.1 연구사 개략

이미 서술한 바와 같이 60년대 후반에서 70년대에 걸친 생성의미론의 연구에서는 *kill*과 같은 타동사를 어휘 해체, 분석하여 거기서 추상적인 의미성분으로서 CAUSE를 추출해 냈다. 이로 인해 전통적으로 사역이라고 불러 온 생산적 사역과 동일하게 사역 타동사(어휘적 사역) 역시 사역으로 분석할 수 있게 되었다. 여기서 하나의 중대한 문제가 발생하는데, 이 두 종류의 사역, *kill*과 *cause to die*가 과연 동일한 의미를 나타내는가 하는 것이다. 이를 두고 생성의미론자와 생성문법학자들이 격렬한 논쟁을 했던 것이다.

이는 현미경으로 관찰하는 미시세계와 육안으로 보는 거시세계를 동일한 잣대로 비교한 것이라고 할 수 있는데, 당시 생성의미론의 틀에서는 어휘적 사역과 생산적 사역이 인지적 의미뿐만 아니라 기저구조도 동일하다고 주장했던 것이다(McCawley 1968[1973a], 1972, Lakoff 1970 등 참조. 이에 대한 생성문법 측의 반론으로는 Fodor(1970), Shibatani(1972, 1973b) 및 Shibatani(1976a, b) 등이 있다. 그 후 이 논쟁은 생성문법 쪽의 승리로

막을 내리게 된다(생성의미론의 전체적인 개요와 발전에 대해서는 야마나시(山梨 2005 : 124-131)를 참조하기 바란다).

한국어와 일본어의 상황에 대해서 이야기하자면, 일본어에 대해서는 Soga(1970)에서 생성의미론자들과 동일한 분석을 했고, 한국어에 대해서는 Yang(1972, 1973b)이 Fillmore(1968)의 격 문법 틀에서 동일한 주장을 했다. Yang의 주장은, 한국어학에서는 Shibatani(1973c, 1975)의 이의설에 대립하는 동의설로 알려져 있다(고정의 1990). 그 후 한국어 측에서도 대체로 이의설 쪽이 지지를 받게 되지만(최근에는 鷲尾 2001a), 그밖의 다른 문제점들이 지적되는 등(Song 1988, 송석중 1992, 류성기 1998 등 참조) 여전히 해결의 실마리를 찾지 못한 상태로 현재에 이르고 있다. 즉, 한국어 측에서는 세기의 대논쟁에 대한 결말을 짓지 못한 채 정설이 정해지지 않은 상황이 지속돼 오고 있다. 물론 이러한 상황을 야기한 것은 한국어의 언어 현상 그 자체에 원인이 있었기 때문이다. 한편, 일본어 측에서도 생성문법의 틀 속에서는 sase의 취급에 대하여 어휘론자와 변형론자의 대립이 오랜 기간 지속돼 왔다(Miyagawa 1989, Kuroda 1993, 제5장도 참조). 이와 같은 상황을 타개하기 위하여 Shibatani & Pardeshi(2002)와 Shibatani & Chung(2002)에서는 사역 연속성의 사고방식을 토대로 직접사역과 간접사역 사이의 중간 영역을 제안하기에 이른다. 그 경위에 대해서는 다음 절에서 살핀다.

3.4.2 사역의미는 어디에서 해석되는가?

이 절에서는 Shibatani의 사역 연구를 개관하면서 사역형식과 사역의미의 대응 관계에 대하여 그 사고의 흐름을 구체적으로 쫓아가 보기로 한다. 생성문법의 틀 안에서 이루어진 70년대 Shibatani의 사역 연구에서는 어휘적 사역과 생산적 사역의 의미적·통사적 차이에 대하여 다음과 같은 결론을 내린 바 있다. 어휘적 사역은 단문 구조를 가지고 있으며 직접사역의 의미를 나타내지만, 생산적 사역은 내포문을 포함하는 복문구조를 가지고 있고 간접사역의 의미를 나타낸다(Shibatani 1973a, b, c, 1976a, b).

이 가설의 유력한 근거가 된 현상은 부사구의 수식 범위(scope)나 재귀대명사의 선행사 등에 대한 해석에 중의성(ambiguity)이 생기는가 하는 것이었다.[17] 중의성이 없으면 단문구조에 단일 사태임을 나타내지만, 중의성이 생기면 내포문을 가진다는 증거가 되어 두 가지 사태임을 나타낸다.

이에 대해서는 다음의 예를 보기 바란다. (39)와 같이 어휘적 사역에서는 (39b)의 통사구조가 나타내는 것과 같이 문법적 주어는 하나코(花子)뿐이다. 따라서 재귀대명사의 선행사 해석은 주어인 하나코(花子)만이 제어할 수 있다. 그러나 (40)과 같이 생산적 사역에서는 (40b)의 통사구조가 나타내는 것과 같이 하나코(花子) 외에도 타로(太郎)도 문법적 주어다. 따라서 재귀대명사의 해석에 중의성이 생기는 것이다.

(39) a. 花子$_i$ が太郎$_j$ に自分$_{i/*j}$ の部屋で服を着せた。〔직접사역〕
Hanako$_i$-ga Taro$_j$-ni zibun$_{i/*j}$ -no heya-de huku-o kise-ta
하나코-주격 타로-여격 자신-속격 방-에서 옷-대격 입히다-과거.단정
'하나코가 타로에게 자신의 방에서 옷을 입혔다'
b. 〔s 花子が太郎に自分の部屋で服を着せた〕

(40) a. 花子$_i$ が太郎$_j$ に自分$_{i/j}$ の部屋で服を着させた。〔간접사역〕
Hanako$_i$-ga Taro$_j$-ni zibun$_{i/j}$ -no heya-de huku-o ki-sase-ta
하나코-주격 타로-여격 자신-속격 방-에서 옷-대격 입다-사역-과거.단정
'하나코가 타로에게 자신의 방에서 옷을 입게 했다'
b. 〔s_1 花子が〔s_2 太郎に自分の部屋で服を着〕させた〕

17) 그밖에 '그렇다' 삽입 테스트나 경어 테스트 등이 이용된다.

즉 이 가설은 재귀대명사의 선행사에 대한 해석이나 부사구의 수식 범위가 보이는 행태를 통사현상(syntactic phenomenon)이라고 간주하고, 그와 같은 통사구조의 차이가 의미해석에도 반영된다는 가정 아래서 설계된 것이다.[18] 요컨대 사역형식은 통사구조와 대응관계를 나타내고, 그 통사구조에서 직접적인지 간접적인지 하는 사역의미를 해석해 낸다는 생성문법의 이론적 대전제에 합치하는 결론을 도출했던 것이다. 이를 〔표 8〕과 같이 제시해 두자.

[표 8]

사역형식	통사구조		사역의미
어휘적 사역	단문구조	⇒	직접사역
생산적 사역	복문구조	⇒	간접사역

그러나 그 후 Shibatani & Pardeshi(2002)와 Shibatani & Chung (2002)에서는 기존의 Shibatani의 사역 연구를 재검토하여 사역형식이 직접 대응하는 것은 통사구조가 아니라 사태구조(사역 상황)로 봐야 한다는 것을 주장하였다. 이 주장의 배후에는 'saseru'(させる, 시키다/-게 하다)문에서도 내포구조를 가정해야 할 적극적인 이유가 없다는 것이 검증되었기 때문이다(4.4절도 참조하기 바란다).

다음의 예를 보자. (41)(42)에서 재귀대명사의 선행사에 대한 해석은 그것이 생산적 사역인지 어휘적 사역인지 하는 관점을 가지고서는 중의성의 발생 여부를 예측할 수 없다. 오히려 각각의 상황에 맞춰 서로 다른 해석을 받는다고 봐야 할 것이다.

18) 재귀대명사(또는 경어)를 주어 판정 테스트에 쓰게 된 것은 原田(1973)의 업적으로 알려져 있다(阿部 2000). 그러나 한국어의 경우에는 재귀대명사의 행태가 주어와 조응하지 않을 가능성이 높다는 지적도 있다(임홍빈 1987, 鄭 1999, 鷲尾 2001a).

(41) a. 健$_i$ が花$_j$ を自分$_{i/*j}$ の部屋で遊ばせている。〔동반행위 Joint-action〕

Ken$_i$-ga Hana$_j$-o zibun$_{i/*j}$-no heya-de asob-ase-teiru

켄-주격 하나-대격 자신-속격 방-에서 놀다-사역-현재.진행.단정

'켄이 하나를 자신의 방에서 놀게 해서 (같이 놀아 주고) 있다'

b. 母親$_i$ が子供$_j$ に自分$_{i/*j}$ の部屋でおしっこをさせている。〔보조 Assistive〕

hahaoya$_i$-ga kodomo$_j$-ni zibun$_{i/*j}$-no heya-de osiko-o sase-teiru

어머니-주격 아이-여격 자신-속격 방-에서 오줌-대격 시키다-현재.진행.단정

'어머니가 아이를 자기 방에서 오줌을 누였다'

c. 母親$_i$ が子供$_j$ に自分$_{i/j}$ の部屋で本を読ませている。〔감독 Supervision〕

hahaoya$_i$-ga kodomo$_j$-ni zibun$_{i/j}$-no heya-de hon-o yom-ase-teiru

어머니-주격 아이-여격 자신-속격 방-에서 책-대격 읽다-사역-현재.진행.단정

'어머니가 아이에게 자기 방에서 책을 읽혔다'

(42) a. その男$_i$ が彼女$_j$ を自分$_{i/*j}$ の部屋で殺した。〔직접 Direct〕

sono otoko$_i$ -ga kanozo$_j$-o zibun$_{i/*j}$ -no heya-de korosi-ta

그 남자-주격 여자친구-대격 자신-속격 방-에서 죽이다-과거.단정

'그 남자가 여자친구를 자신의 방에서 죽였다'

b. 母親$_i$ が子供$_j$ に自分$_{i/j}$ の部屋で遊ばせた。〔간접 Indirect〕

hahaoya$_i$-ga kodomo$_j$-ni zibun$_{i/j}$-no heya-de asob-ase-ta

어머니-주격 아이-여격 자신-속격 방-에서 놀다-사역-과거.단정

'어머니가 아이에게 자신의 방에서 놀게 했다'

즉 (41a)와 같이 켄(健)이 하나(花)와 함께 놀고 있는 동반행위(Joint-action)의 상황과 (41b)와 같이 어머니가 아이가 오줌을 누도록 바지를 벗겨 주거나 아이를 들어 올려 변기에 앉히거나 해서 아이의 행위를 돕고 있는 보조(Assistive)의 상황에서는 재귀대명사의 선행사에 대한 해석에 중의성이 발생하지 않는다. 또 이 점에 한해서는 (42a)의 어휘적 사역도 동일하다. 반면에 (41c)와 같이 사역자인 어머니가 아이가 책을 읽고 있는지를 감시하고 있는 감독(supervision)의 상황에서는 재귀대명사의 선행

사에 대한 해석에 중의성이 생긴다. 여기서는 어머니가 자신의 방에서 아이에게 책을 읽히는 상황뿐만 아니라 어머니가 아이에게 "네 방에 들어가서 책을 읽어라"라고 말하여 아이가 자신의 방에서 책을 읽도록 유도했음을 나타낼 수도 있다. (42b)의 간접사역 상황과 다른 점은 어머니가 아이를 쭈욱 지켜보고 있어야 한다는, 즉 사역사태와 피사역사태에 부분적으로 시간적 오버랩이 있다는 점이다. 그렇지만 공간적으로는 간접사역과 동일하게 어머니가 방의 바깥, 즉 아이와 멀리 떨어진 곳에 있는 것도 가능하다. 즉, 원거리감독(long-distance supervision)이 가능하다는 것이다. 이와 같은 상황 아래서는 재귀대명사의 선행사에 대한 해석도 (42b)의 간접사역과 동일하다(사태구조의 이미지 그림 및 재귀대명사의 해석 규칙에 대해서는 Shibatani & Chung(2001)과 본서의 4.4.2절을 참조하기 바란다).

따라서 생산적 사역이라고 하더라도 중의성이 생기는 경우와 그렇지 않은 경우가 있을 수 있어 상황(이 나타내는 의미)에 따라 좌우될 수 있는 것이다. Shibatani & Pardeshi(2002)와 Shibatani & Chung(2002)에서는 (41)의 세 가지 상황이 나타내는 사역의 의미를 '수반사역'(Sociative causation)이라고 이름 붙이고 이를 직접사역과 간접사역의 중간 영역을 담당하는 것으로서 제시한 바 있다.

한편 한국어에서는 어휘적 사역이 수반사역의 의미범주를 담당한다. 이는 어휘적 사역이라고 하더라도 감독의 상황이라면 부사구가 피사역자의 행위도 수식할 수 있으리라는 예측을 가능하게 한다. 다음의 예를 보기 바란다.

(43) a. 어머니가 아이에게 글자를 하나하나 짚어가며 책을 읽히고 있다. [보조]

b. 어머니가 아이에게 냉방에서 책을 읽히었다. [감독]

(43)의 a와 b는 '읽다'의 어휘적 사역인 '읽히다'를 사용한 문장이다. 전자는 어머니가 아이 옆에 있어 아이가 책을 읽는 것을 돕고 있는 상황을 나타낸다. 이와 같은 보조의 수반사역에서는 '글자를 하나하나 짚어가며'와 같은 부사구가 사역자인 어머니의 행위만을 수식한다. 한편, 후자는 어머니가 아이를 벌주는 상황이다. 어머니는 아이에게 "저쪽의 추운 방에 가서 책을 읽어라"라고 명령하고, 아이가 책을 읽는 것을 계속 감시·감독한다. 물론 어머니가 아이와 함께 같은 방에 있고 아이를 감시하는 상황도 가능하지만, 좀 더 전형적인 상황은 아이만 추운 방에 있는 원거리 감독의 상황이다. 이와 같은 상황에서 부사구 '추운 방에서'는 오히려 피사역자인 아이만을 한정하는 것이 된다.

기존의 한국어학에서 이루어진 사역 연구에서는 부사구의 수식 범위가 보이는 이러한 행태를 근거로 어휘적 사역도 생산적 사역과 동일하게 간접사역의 의미를 나타낼 수 있다고 주장해 왔다(Song 1988, 고정의 1990, 송석중 1992, 류성기 1998, 鷲尾 2001a 등의 해설도 참조). 게다가 그 통사구조도 생산적 사역과 동일한 내포문 구조를 가정한 적도 있었다(Yang 1972, 1974). 한국어의 생산적 사역형인 '-게 하다'는 (44)와 같이 전형적으로는 "저쪽에 있는 추운 방에 가서 책을 읽어라"와 같이 명령하여 아이가 추운 방에서 책을 읽도록 유도했다는 간접사역의 상황을 나타내는 것이다. 물론 어머니도 추운 방에 있어 아이가 책을 읽도록 만드는 상황도 가능하다. 이 두 가지 해석은 일견 (43b)와 동일한 상황인 것처럼 보이지만, (44)는 (43b)의 어휘적 사역이 나타내는 것과 같이 아이가 책을 읽고 있는지 어머니가 줄곧 그 상황을 지켜보고 있는 '감독수반'의 상황을 나타낼 수는 없다는 결정적인 차이가 있다. 즉 한국어의 생산적 사역은 수반사역의 상황을 나타낼 수 없고 어휘적 사역은 간접사역의 상황을 나타낼 수 없는 것이다.

(44) 어머니가 아이에게 냉방에서 책을 읽게 하였다. 〔간접〕

이상의 논의를 정리해 보면 한국어와 일본어의 사역형식과 의미의 대응 관계는 〔표 9〕의 의미지도(semantic map)와 같이 나타낼 수 있다(Shibatani & Chung 2002).

[표 9] 한일 양 언어의 사역형식의 분포에 대한 의미지도

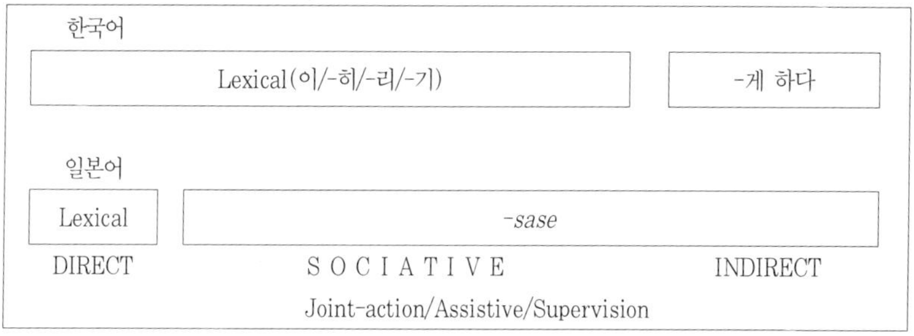

한국어

Lexical(이/-히/-리/-기) | -게 하다

일본어

Lexical | *-sase*

DIRECT | S O C I A T I V E | INDIRECT

Joint-action/Assistive/Supervision

이 의미지도가 나타내는 내용은 사역의 의미가 직접인지 아니면 간접인지와 같은 이분법이 아니라 직접성의 축을 따라 연속성을 가지고 있으며, 그리고 언어에 따라 사역형식이 어떤 상황(이 나타내는 의미)과 대응하는지를 보여 주는 분포에 차이가 난다는 것이다(다른 언어에 대해서는 Shibatani & Pardeshi 2002을 참조). 한국어에서는 직접과 간접의 중간에 있는 수반사역에 어휘적 사역형이 대응하는 반면, 일본어에서는 생산적 사역형이 대응한다. 따라서 〔표 8〕과 같은 대응 관계, 즉 두 언어 모두 어휘적 사역=직접사역, 생산적 사역=간접사역이라는 등식은 성립하지 않는다는 결론에 이르게 된다.[19] 다시 말해 사역형식은 통사구조를 통하여 의

19) 한국어의 경우 어휘적 사역이 직접사역인지 간접사역인지 하는 논쟁의 표적이 되었던 것은 이 수반사역, 특히 감독수반의 상황이었다. 한국어를 모어로 하는 대부분의 연구자들은 여기서 말하는 보조의 상황은 직접사역으로 간주되고, 감독의 상황은 생산적 사

미와 대응하는 것이 아니라 사역 상황(의미)과 직접적으로 대응하고 있다는 주장을 할 수 있는 것이다.

이 연구의 의의는 기존의 보문구조를 가정하는 데 가장 유력한 근거가 되었던 부사구의 수식 범위나 재귀대명사의 선행사에 대한 해석이 통사구조를 기반으로 한 현상이 아니라는 것을 검증함으로 인하여 통사 기반의 연구에서 의미 기반의 연구로 그 패러다임의 전환을 달성했다는 것이다.

3.4.3 기능주의의 사고방식

80년대 인지언어학의 대두 이래 인지 기반의 기능주의라는 입장에서 형식과 의미의 상관관계에 대하여 연구한 업적들이 본격적으로 나타나게 된다(山中・原口・今西 2005 : 180-208의 해설을 참조). 그중에서 특히 큰 영향을 준 것은 Haiman(1983)의 「도상적 및 경제적 동기 부여」(Iconic and economic motivation)일 것이다. Haiman(1983, 1985)에 따르면 어떤 한 언어 내에 대비되는 두 형식이 있으며, 또 그것이 완전형식과 단축형식인 경우 이 두 개의 형식과 의미의 대응관계는 자의적이지 않다. 거기에는, 개념상의 거리는 언어상의 거리와 상관한다고 하는 도상적 동기 부여가 있다. 또 형식이 짧아지는 것에는 경제적 동기 부여가 작동한다.

따라서 Haiman에 따르면 다음과 같은 것을 예측할 수 있다. 만일 어떤

역과 동일한 간접사역이라고 여겨 왔다(Lee 1975, 손호민 1978, Song 1988, 류성기 1998, 서정수 1996 등을 참조). 한편, 어휘적 사역은 모두 직접사역의 의미를 나타낸다고 한 연구로서는 Shibatani의 70년대의 연구 외에 쓰카모토(塚本 1997), 鄭(1999), 와시오(鷲尾 2001a) 등이 있다. 쓰카모토(塚本)는 Shibatani와 동일하게 재귀대명사나 부사구 등의 해석에 중의성이 생기지 않는다는 입장에서 주장을 전개하고 있다. 한편, 鄭과 와시오(鷲尾)는 모호한 해석도 인정하고 나서의 주장이었다. 즉, Shibatani의 직접사역 혹은 조작사역의 정의를 확장시켜 鄭은 '상황조작'(Situation manipulations)이라는 용어를 사용하고, 와시오(鷲尾)는 '전능사역'(Omnipotent causative)이라는 용어를 사용하여 여기서 말하는 감독수반의 상황을 파악하고자 했던 것이다. 이 문제들에 대한 본서의 생각은 6.3절을 보기 바란다.

언어에 대비되는 두 개의 사역형식이 있으면, 이 둘 사이에 보이는 원인과 결과의 개념상 거리는 언어 형식상의 거리와 상관한다는 도상성의 원리에 기반한 의미적 차이가 있다(Haiman 1983 : 783-788, 1985 : 108-111)는 것이다.

영어의 예를 보면 〔표 10〕과 같이 X와 Y 사이의 언어상의 거리는 개념상의 거리와 상관한다. 따라서 a는 간접사역과 d는 직접사역과 각각 대응하게 된다. 단 #는 단어의 경계선, +는 형태소의 경계선이다.

[표 10] Haiman 1983 : 782–784 참조

a. X # A # Y	(예) He *caused* them to *lie* down. (직접사역)
b. X # Y	
c. X+Y	
d. Z	(예) He *laid* them down. (직접사역)

Dixon(2000 : 74)의 간결성의 스케일(scale of compactness)도 기본적인 아이디어는 〔표 10〕과 유사하다. 여기서는 〔표 11〕과 같이 다소 간략하게 제시한다. 이 스케일과 의미의 상관에 관한 Dixon의 설명은 다음과 같다. 직접성・간접성의 매개변인에서 직접성의 값은 항상 더 간결한(more compact) 메커니즘에 의해 표시되고, 간접성의 값은 간결하지 않은(less compact) 메커니즘에 의해 표시된다(p.77).

[표 11] Dixon 2000 : 74 참조

Scale of compactness		
		TYPE OF MECHANISM
more compact	L	Lexical(e.g. *walk*, *melt* in English)
↑	M	Morphological－internal or tone change···
	CP	Complex predicate : *faire* in French
↓	P	Periphrastic constructions with two verbs(a causative verb and
less compact		a lexical verb) in separate clauses

한편 Shibatani(2004)는 완전형식인지 단축형식인지, 간결한지 간결하지 않은지와 같이 형태를 중시하는 기능주의를 비판하며(Shibatani 2006 : 218도 참조), 아래의 〔표 12〕와 같이 형식과 기능의 대응 관계를 제시하였다.

이 표에는 먼저 (직접 반영되어 있는 것은 아니지만) 사역형식을 형태가 아니라 생산성이라는 기능으로 파악하고자 하는 입장이 나타난다. 이러한 자세는 3.2.2절에서 언급한 바와 같이 Comrie의 형식 중시 분류에 대하여 생산성이라는 기능을 중시하여 분류한 70년대 Shibatani의 사역 연구에서도 찾아볼 수 있다. 즉, 일본어의 -sase사역은 Comrie의 분류에 의하면 형태적 사역에 속하지만 생산성의 측면에서는 분석적 사역(완곡적 사역)과 동일한 기능을 담당한다. 한편, 한국어의 접사 '-이' 등은 -sase와 동일하게 형태적 사역에 속하지만, -sase보다 비생산적이기 때문에 어휘적 사역으로 분류된다(〔표 1〕과 〔표 2〕를 참조).

[표 12] Shibatani 2004

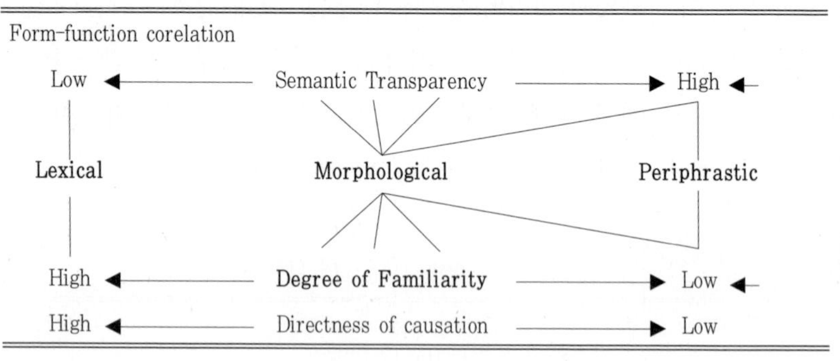

즉 〔표 12〕가 나타내고 있는 것은 생산성이 높은 사역형식은 그 형태가 형태적이든 완곡적이든 의미적 투명성이 높지만, 비생산적인 사역형식은

의미적 투명성이 낮다는 것이다. 요컨대, 형태가 의미적 투명성과 직접 관계하는 것이 아니라 형태가 담당하는 생산성이라는 기능을 통하여 의미적 투명성과 관계한다는 것이다.

다음으로 이 표에는 형태의 단축에 관한 경제적 동기 부여에 대하여 Zipf(1935[1965])의 생각이 적극적으로 도입되어 있다. Zipf이 제시한 최소 노력의 원리(principle of least effort)에 따르면 친숙한 개념(familiar concept)은 그것을 서술할 기회가 많기 때문에 사용 빈도가 높고(high frequency of mention), 따라서 화자는 적은 노력(less effort)을 선호하기 때문에 형태의 단축이 일어나며(shortening of form), 이로 인해 의미적으로는 불투명해져 간다(semantic opacity)는 것이다.[20]

여기서 Shibatani(2004)는 '기능적 투명성의 원리'를 도입한다.

(45) 기능적 투명성의 원리(Principle of functional transparency)
친근하지 않은(less familiar), 또는 일반적이지 않은 상황(unusual situation)에는 의미적·기능적으로 좀 더 명시적인 코드화가 요구된다.

즉, 형태(의 사이즈) 문제는 친근한 개념을 사용하는 상황과의 관계 속에서 의미적 투명성의 문제와 맞닥뜨리게 되는 것이다. 여기서 경제성의 법칙이 세력을 확장하면 형태는 점점 짧아져 의미적으로 불투명해져 간다. 반면, 정확한 정보 전달을 위해서는 의미적 투명성을 확보하고자 하는 원리도 작동한다. 여기서 형식상의 복합성을 유지하며 형태를 명시

---

20) 이 상황에 대해서는 다음의 완전한 명칭과 단축형의 명칭을 참조하기 바란다. 예를 들면 名古屋大学(나고야대학)은 名大(Mei-dai), 神戸大学(고베대학)은 神大(Sin-dai), 大阪大学(오사카대학)은 阪大(Han-dai), University of California, Los Angeles는 UCLA, USA, NASA, JAL, KAL 등. 名大(Mei-dai), 神大(Sin-dai), 阪大(Han-dai) 등의 단축형은 그 지방 또는 관계자들이 아닌 곳(예를 들면 한국)에서 사용하면 의미불명의 어휘가 되고 말 것이다.

적으로 나타냄으로써 의미적 투명성을 꾀하고자 하는 힘도 작동하는 것이다.

이와 같은 생각 위에서 Shibatani(2004)는 '형식을 만들어 내는 두 가지 상호작용의 힘'이 있다는 것을 다음과 같이 제시하였다.

[표 13] Shibatani 2004

형태(의 사이즈)를 만들어 내는 두 가지 상호작용의 힘		
◆ 친근한 개념		↓
높은 빈도	경제성의 법칙	
형태의 축소		
형식상의 복합성 유지		↑
의미적 투명성	기능적 투명성의 원리	
낮은 빈도		
◆ 친근하지 않은 개념		

〔표 12〕와 〔표 13〕이 나타내는 내용으로부터 전형적인 대응 패턴을 추출하면 다음과 같이 나타낼 수 있다.

[표 14] (Shibatani 2004 참조)

전형적인 대응 패턴	
직접사역	간접사역
|	|
친근한 개념・일반적인 상황	친근하지 않은 개념・일반적이지 않은 상황
|	|
사용 빈도가 높다	사용 빈도가 낮다
|	|
의미적으로 불투명	의미적으로 투명
|	|
비생산적인 형식	생산적인 형식
|	|
단축형식	완전형식

다음의 일본어 예를 보자. 어휘적 사역(단축형식) 쪽은 흔히 있는 일반적인 상황을 나타내는 데 반해 생산적 사역(완전형식)은 일반적이지 않은 상황에서 사용한다.

(46) a. 太郎がエンジンを止めた。

Taro-ga enzin-o tome-ta
타로-주격 엔진-대격 멈추다-과거.단정
'타로가 엔진을 껐다'

b. 太郎はエンジンを止めらせた。

Taro-wa enzin-o tomer-ase-ta
타로-는 엔진-대격 멈추다-사역-과거.단정
'타로는 엔진을 멈추게 했다'

(47) a. 運転手は駅の前で花子を降ろした。

untensyu-wa eki-no mae-de Hanako-o orosi-ta
운전수-는 역-속격 앞-에서 하나코-대격 내리다-과거.단정
'운전수는 역 앞에서 하나코를 내렸다'

b. 運転手は駅の前で花子を降りさせた。

untensyu-wa eki-no mae-de Hanako-o ori-sase-ta
운전수-는 역-속격 앞-에서 하나코-대격 내리다-사역-과거.단정
'운전수는 역 앞에서 하나코를 내리게 했다'

즉, 일반적으로 자동차 키를 돌려 (어렵지 않게) 차를 세운 경우에는 (46a)를 사용하고 모래가 들어가거나 일반적이지 않은 (곤란한) 상황의 경우에는 (46b)를 사용한다. 또 운전수가 손님인 하나코(花子)를 아주 까탈스럽고 무서운 손님이라고 생각했거나 혹은 차가 고장 나는 등 우발적인 사고가 발생했기 때문에 목적지가 아닌 역 앞에서 하나코(花子)를 내린 경우에는 (47b)가 대응한다.

정리하자면, Shibatani의 기능적 원리에 기반하면 다음과 같이 이해할 수 있다. 친근한 개념은 사용 빈도가 높기 때문에(인지적으로 활성화되어) 일반적으로 예상할 수 있는 상황에 대응한다. 한편, 친근하지 않은 개념은 사용 빈도가 낮기 때문에(인지적으로 활성화되지 않고) 일반적으로 예상할 수 없는 의외의 상황과 대응한다. 또 전자는 의미적으로 불투명하고 비생산적인 단축형식이 대응하지만, 후자는 의미적으로 투명하고 생산적인 완전형식(장형)이 대응한다.

3.4.4 남은 문제

이 절에서는 먼저 Zipf(1935[1965])와 Haiman(1983, 1985)에 이어 기능주의에 기반하여 이루어진 Shibatani의 사역 연구가 가지는 문제점을 크게 네 가지로 나누어 살피고 남은 문제를 제시하고자 한다. 그리고 이 문제에 대한 본서의 제안은 제6장을 보기 바란다.

첫째, (47a)를 보기 바란다. 사실은 이 문장도 기본적으로는 일반적인 상황으로 이해할 수 있지만 일반적이지 않은 상황, 즉 말다툼을 하고 운전수가 하나코(花子)를 강제로 자동차에서 내리게 한 상황을 나타낼 수 없는 것은 아니다. 그렇다면 여기서 [표 14]와 같이 일반적인 상황-사용 빈도-어휘적 사역(단축형식)이라는 묶음을 얻을 수는 없다. 즉, 어휘적 사역이라면 모두 일반적인 상황을 나타낸다고 하는 충분조건이 아니라 일반적인 상황도 있을 수 있다면 일반적이지 않은 상황도 있을 수 있다는 선택적 상황이 보인다. 그렇다면 다음과 같은 의문이 들 것이다. (i) 어휘적 사역이 일반적인 상황이기도 하고 그렇지 않은 상황이기도 할 때 그 의미 해석의 전환은 도대체 어디서, 무엇을 근거(시발점)로 일어나는 것일까? 즉, 어디에 그와 같은 의미 정보가 새겨져 있어 해석의 전환을 가능하게 하는 것일까? (ii) 어휘적 사역이 나타내는 일반적이지 않은 상황은 생산적 사역이 나타내는 일반적이지 않은 상황과 어떻게 다른 것일까? 아니면 같은 것인가?

둘째, Shibatani(1973a)나 Shibatani(1976a, b) 등에서 제안한 용어 중에는 앞 절의 '일반적인 상황'과 통하는 것으로 '관습화된 목적'이라는 개념이 있다(상세한 것은 5.5.5절과 6.2.2.절도 참조). 예를 들어 "母親が子供たちを二階に上げた(hahaoya-ga kodomo-tati-o nikai-ni age-ta, 어머니가 아이들을 2층에 올렸다/올려 보냈다)"는 어휘적 사역인데, 직접 조작의 상황뿐만 아니라 지시적 상황을 나타낼 수도 있다. 그리고 후자의 지시적 상황은 관습화된 목적이 있다고 이해되는 경우이다. 그렇다면 여기서도 다음과 같은 의문이 생긴다. (iii) 왜 관습화된 목적이 있으면 지시적 상황으로 해석되는 것일까. (iv) 어휘적 사역이 나타내는 지시적 상황은 생산적 사역이 나타내는 지시적 상황과 어떻게 다른 것일까? 아니면 같은 것인가?

셋째, 3.3절에서 살펴본 결합가의 증가를 보이지 않는 비규범적 사역구문을 상기하기 바란다. 이 구문은 통사적으로 단축되어 있기 때문에 완전구문(규범적 사역)에 대한 단축구문으로도 볼 수 있다(상세한 것은 6.4.2절 참조). 그렇다면 여기서도 다음과 같은 의문이 제기된다. (v) 〔표 13〕의 '형태를 만들어 내는 두 가지 상호작용의 힘'은 단축구문(개재구문도 포함)에 관해서도 동일하게 설명할 수 있을까? 즉, 친근한 개념이나 사용 빈도 등에 의한 경제성의 법칙이나 기능적 원리에 기반하여 단축구문을 만드는 방법을 설명할 수 있을까?

이러한 세 가지 큰 문제점은 사실 하나의 근본적인 문제로 수렴된다. 그것은 기능주의 언어학의 기본 개념인 '친근한 개념', '일반적인 상황'이다. 즉, 애당초 어디서 그러한 '친근한 개념'이나 '일반적인 상황'이라는 해석이 생겨나는 것일까. 사용 빈도라는 언어외적 요소만으로는 불충분하기 때문에 위에서 지적한 것과 같은 문제가 발생하는 것이다. 따라서 이 문제를 추구하는 데에는 이 개념과 연결시킬 수 있는 언어적 증거를 제출할 필요가 있을 것이다.

Haiman(1983)의 연구를 보면 중상(中相) 영역에서는 친근한 개념인지 그렇지 않은지에 관하여 그 의미 정보를 제공하는 언어적 증거로서 동사의 의미 범주(가 담당하는 기능)를 제시하고 있다. 즉 Haiman(1983)에 따르면 중상범주에서는 (*He kicked himself.*와 같이) *kick, hit*와 같은 '원심동사'(extroverted verbs)에는 완전형식의 재귀대명사가 대응하지만 (*He shaved.*와 같이) *shave, wash*와 같은 '구심동사'(introverted verbs)에서는 zero 또는 단축형식이 대응한다. 이에 대해서는, '원심동사'는 행위가 항상 다른 곳을 향해 이루어지는 것이고, (피동자가) 예상되지 않는 것이기 때문이지만, '구심동사'는 보통 자기 신체상에 이루어지는 행위이기 때문에 (피동자가) 예상될 수 있는 것이라고 설명할 수 있다.

그런데 사역 영역에 관해서는 이와 같은 언어적 증거는 아직 제시되지 않은 채 사용 빈도의 통계적 조사만을 제시하고 있을 뿐이다(Shibatani 2004). 이 조사에 따르면 분명히 (일본어의) 어휘적 사역과 생산적 사역에는 유의미한 차이가 있는데, 어휘적 사역 쪽이 높은 빈도를 보인다. 그러나 이러한 방법에서는 어휘적 사역이 사용 빈도가 높기 때문에 친근한 개념·일반적인 상황과 연결되고 또 친근한 개념·일반적인 상황은 사용 빈도에 기반하여 어휘적 사역과 연결되기 때문이라는 순환논리를 벗어날 수 없다.

마지막으로, 어휘적 사역의 생산성 문제와 수반사역의 관계에 대하여 다뤄 보자(이 문제는 2장과 관련해서도 중요하다). 즉, 〔표 9〕에서 제시한 의미지도의 사고방식에 따르면 수반사역의 영역을 담당하는 사역형식은 언어의 자의성으로 치환될 우려가 있다. 그것은 중간 영역의 수반사역에 대해서는 직접사역과 간접사역과 달리 어휘적 사역이 담당하는지 아니면 생산적 사역이 담당하는지 하는 것이 언어 개별의 사정에 따라 달라지는 것처럼 보이기 때문이다. 바꿔 말하자면, 의미지도의 사고방식에 따르면 어느 쪽의 형식이 확장되어(수반사역의) 자리다툼을 하고 있는지 하는 문제로밖에 취급되지 않는다는 것이다(의미지도의 사고방식에 관해서는 Croft 2001, Haspelmath 2003 참조. 의미지도의 문제점에 대해서는 2.6절에서도 지적하였다). (vi) 왜 일본어와 달리 한국어의 어휘적 사역의 사이즈가 큰지, 혹은 어휘적 사역의 생산성에 동기 부여하는 요인은 무엇인지 등 기능주의의 근본적인 자세를 묻는 문제가 여기에 숨어 있는 것이다. 그렇지만 의미지도의 사고방식에서는 이러한 문제가 등한시되고 있으며 애당초 추구할 수 없는 것처럼 바라보고 있다.

3.5 마무리

본장에서는 기존의 연구에 따라 *CAUSE*라는 의미성분을 기반으로 한 사역구문의 의미적 정의와 결합가의 변화를 기반으로 한 통사적 정의를 개관하고, 특히 후자에 대하여 여러 가지 문제점을 지적하였다. 즉, 통사 기반의 사역구문의 정의에 따르면 한국어와 일본어에 보이는 결합가의 변화가 없는 비규범적 사역구문을 설명할 수 없다. 그뿐만 아니라 피사역자의 문법적 코드화에 보이는 격 표지의 다양한 행태, 특히 속격사역구문 등에 보이는 피사역자의 코드화의 비계층성도 설명할 수 없다.

이와 같은 상황에서 볼 때 사역구문에서의 피사역자 코드화는 오히려 의미 기반의 현상이라고 할 수 있다. 그렇다면 앞으로의 사역 연구는 형식적 유형론·형식적 보편성의 추구에서 기능적 유형론·기능적 보편성의 추구로 방향 전환을 할 필요가 있을 것이다.

다음으로 사역형식과 사역의미의 대응관계에 관해서는 Shibatani의 사역 연구를 중심으로 생성문법에서 기능주의에 이르기까지 개관하고 남은 문제를 지적했다.

이상의 문제점에 관해서는 제4장에서 비규범적 사역구문에 대하여 상세히 기술한 후 제6장에서 구체적인 제안을 할 예정이다.

제4장 규범적 사역구문과 비규범적 사역구문

4.1 머리말

4.1.1 본장의 목적

3.3.1절에서 지적한 바와 같이 한국어와 일본어에는 Comrie(1981〔1989〕)의 '보편적 경향'과 달리 결합가의 변화라는 통사적 기준에 합치하지 않는 비규범적 사역구문이 있다. 여기서는 비사역동사의 논항에 새로운 사역자 논항을 추가하여 결합가를 하나 증가시키는 구문을 규범적 사역구문이라고 하고, 이와 같이 규칙적으로 결합가를 증가시키지 않는 구문을 비규범적 사역구문이라고 정의한다.

본장에서는 특히 결합가의 변화가 없는 비규범적 사역구문을 가지고 규범적 사역과의 공통점 및 차이점을 밝히고자 한다. 먼저 두 언어의 구문을 각각 확인해 보자.

〈규범적 사역구문〉

(1) 일본어

a. 花子が英語を勉強した。〔비사역형〕

Hanako-ga　eigo-o　benkyo-si-ta

하나코-주격 영어-대격 공부-하다.과거.단정
'하나코가 영어를 공부했다'

b. 家庭教師が花子に英語を勉強させた。〔사역형〕

kateikyosi-ga Hanako-ni eigo-o benkyo-sase-ta
가정교사-주격 하나코-여격 영어-대격 공부-시키다-과거.단정
'가정교사가 하나코에게 영어를 공부시켰다'

(2) 한국어

a. 영희가 영어를 공부하였다. 〔비사역형〕

b. 가정교사가 영희에게 영어를 공부시켰다. 〔사역형〕

〈비규범적 사역구문〉

(1) 일본어

a. 彼がペットを病気にした。〔비사역형〕

kare-ga petto-o byoki-ni si-ta
그-주격 애완동물-대격 병-처격 하다-과거.단정
'그가 애완동물을 병에 걸리게 했다'

b. 彼がペットを病気にさせた。〔사역형〕(定延 1991 : 130)

kare-ga petto-o byoki-ni sase-ta
그-주격 애완동물-대격 병-처격 시키다-과거.단정
'그가 애완동물을 병에 걸리게 했다'

(2) 한국어

a. 영희가 철이에게 순희를 소개하였다. 〔비사역형〕

b. 영희가 철이에게 순희를 소개시켰다. 〔사역형〕

본장의 목적은 다음의 4가지 문제를 해결하는 것이다.

(i) (3)(4)와 같이 새로운 사역자의 논항을 도입하지 않고, 따라서 결합가도 증가시키지 않음에도 불구하고 이들 구문에 사역형태소(사역형식)

가 부가되는 것은 왜인가?

(ii) 이 경우 사역형태소는 문장의 의미를 어떻게 변화시키는가? 즉, 여기서는 사역형태소가 어떤 기능을 수행하고 있는가?

(iii) 비규범적 사역구문은 두 언어 모두 동일한 동기부여에 의해 파생되는가? 바꿔 말하자면, 두 언어를 통일적으로 설명할 수 있는가?

(iv) 사역형태소의 기능을 어떻게 정의하면 비규범적 사역구문도 포함한 사역구문 전체를 통일적으로 설명할 수 있을까?

아래서는 두 언어 모두 비규범적 사역구문에서는 사역형식의 기능을 의미적으로 재파악해야만 설명이 가능함을 살펴보겠다. 사실은 규범적 사역구문 역시 이러한 의미 기반을 토대로 통일적으로 다뤄야 한다는 것을 주장한다.

4.1.2 기존의 견해

기존의 한국어학에서는 (4)와 같은 예가 언어적 사실로서 존재하는 것 자체를 정당하게 받아들이고자 하지 않았다. 최현배(1937[1994])와 서정수(1999 : 1110)는 (5)의 두 동사를 예로 들며 이들 문장은 '선동하다', '자극하다'로도 충분한 표현이기 때문에 '시키다'를 사용하는 것은 잘못이라고 판단했다.[1)]

(5) a. 김 아무개가 민중을 선동시켜서 ….
　　b. 술이란 것은 신경을 자극시킨다.
최현배(1937[1994 : 416-417])

Park(1994 : 63-64)에서도 (6)과 같은 문장을 제시하고 있다. 그는 일단

---

1) 한편 심재기(1982 : 370)는 (5)를 관용적 표현으로 간주하고 있다.

이 경우의 '구속하다'와 '구속시키다'가 모두 자연스럽게 사용된 것임을 확인하였다. 그러나 (6b)에 대응하는 비사역문은 (6a)의 '구속하다'가 아니라 (7)의 '구속되다'문임을 주장한다. 즉, 그는 '하다'와 '시키다'의 대응 관계를 인정하지 않는 입장을 취하는 것이다. 그런데 이 문장은 오히려 피동문으로 해석될 가능성이 높다. 그렇다면 사역문에 대응하는 비사역문이 피동문이 돼 버리는 문제가 생긴다.2)

(6) a. 경찰이 인호를 구속하였다.
  b. 경찰이 인호를 구속시켰다.

(7) 인호가 구속되었다.

또 Kim(1995 : 403-407)은 다음의 (8)~(10)과 같은 동사의 짝을 제시하며 이 경우의 '시키다'는 '하다'와 의미적으로 동일함을 지적한 후, '시키다'는 사역동사가 아니라는 결론을 내리고 있다. 즉, 그의 주장은 결합가가 증가하지 않기 때문에 '하다'와 동일한 일반적인 타동사이거나(김성주 2003 : 136도 동일) 사역(CAUSE)의 의미는 '하다'문에 이미 포함되어 있기 때문에 '시키다'를 부가함으로써 추가되는 의미는 없다고 한다.3)

(8) a. 아이를 교육-*하다*.
  b. 아이를 교육-*시키다*.

---

2) (8b)의 '교육시키다'나 4.2.3절의 발화행위 동사도 보통 '되다'문과 대응하지 않기 때문에 결국 이 주장은 이 사안에 특정한 임기응변적인 설명에 지나지 않는다.
3) 위의 (5)(6)도 포함하여 이들 한자어 동사는 일본어에서도 기본적으로는 결합가의 증가가 없는 구문을 허용한다.

(9) a. 전선을 연결-*하다*.
b. 전선을 연결-*시키다*.

(10) a. 존을 석방-*하다*.
b. 존을 석방-*시키다*.

이 현상은 특히 한자어 동사 '하다'와 '시키다'의 대립에서 현저하게 보이기 때문에 한국어학에서는 '시키다'를 사역동사로 인정하지 않는 입장도 보인다(이익섭・임홍빈 1983 : 212-214, 고영근・남기심 1985 : 285).

한편 일본어에 대한 모리타(森田 1988)의 고찰은 여기서 말하는 결합가의 불일치라는 인식은 없지만 언어적 사실 그 자체에 관해서는 정확한 견해를 가지고 있다. 모리타(森田)에 따르면 "英語を上手にする(eigo-o zyozuni sur-u, 영어를 잘하다)"와 같은 타동사의 'する(하다)'문은 사역의 'せる'를 붙여 동일한 타동사문인 "英語を上手にさせる(eigo-o zyozuni sase-ru, 영어-대격 잘하다-사역)"를 만들 필요는 없다. 그렇지만 다음의 (11)~(13)과 같은 문장은 a, b 양쪽 다 적절한 표현이다. 그리고 이와 같이 대응하는 두 문장은 의미적으로 서로 다르다는 점도 지적하고 있다.

(11) a. 息子を医者にする。
musuko-o isya-ni sur-u
아들-대격 의사로 하다-현재.단정
'아들을 의사로 만들다'

b. 息子を医者にさせる。
musuko-o isya-ni sase-ru
아들-대격 의사로 시키다-현재.단정
'아들을 의사로 만들다'

(12) a. 英語を上手にする方法

eigo-o	zyozuni	sur-u	hoho
영어-대격	잘하게	하다-현재.관형형	방법

'영어를 잘하게 하는 방법'

b. 英語を上手にさせる方法

eigo-o	zyozuni	sase-ru	hoho
영어-대격	잘하게	시키다-현재.관형형	방법

'영어를 잘하게 하는 방법'

(13) a. 髪をしなやかにする整髪剤

kami-o	sinayakani	sur-u	seihatuzai
머리카락-대격	부드럽게	하다-현재.관형형	약

'머리를 부드럽게 하는 약'

b. 髪をしなやかにさせる整髪剤

kami-o	sinayakani	sase-ru	seihatuzai
머리카락-대격	부드럽게	시키다-현재.관형형	약

'머리를 부드럽게 하는 약'

즉, 모리타(森田)에 따르면, (11b)는 (11a)와 달리 강제 의식이나 허용 의식이 추가된다. (12b)에도 (12a)에는 없는 반드시 잘하게 되는 효과가 강한 방법이라는 의미가 있고, (13b)에도 원래는 그렇게 되기 힘든 것을 그렇게 만들고야 만다는 의미가 표출된다(이 점은 4.3.3절에서 검토한다).

그러나 모리타(森田)에서는 왜 'saseru'문에는 'suru'문에 없는 그러한 의미를 추가하는지, 또 왜 그와 같은 의미를 추가하는데 논항의 증가와는 아무런 관계가 없는지에 대해서는 별다른 언급을 하고 있지 않다.

이러한 'suru'문과 'saseru'문에 숨어 있는 문제는 술어의 형태와 논항의 관계가 정상적으로 연결되어 있은 점에 있다는 것을 처음으로 지적한 것은 사다노부(定延 1991)이다. 그렇지만 사다노부(定延 1991)에서도 왜 논항을 증가하지 않으면서도 사역형태소의 부가가 가능한지에 대한 문제를 정면으로 논의하는 데까지는 이르지 못했다.

그 후 사다노부(定延 1998, 2000)는 이 현상을 '사역잉여'라고 이름 붙이고 '곰팡이발생모델(カビ生えモデル)'이라는 독자적인 사태 해석의 모델을 제안하면서 일본어 현상에 대한 설명을 시도하였다. 여기서는 그의 '곰팡이발생모델'에 대하여 상세하게 언급할 여유는 없지만 본장의 논의와 관계하는 부분만을 4.3.1절에서 다루도록 하겠다.

한편 한국어에서 결합가를 증가시키지 않는 사역문의 존재에 대해서는 鄭(1997, 1999, 2000a, 2004a, 2005b)의 일련의 연구를 통하여 처음으로 그 전체상을 조명한 바 있다. 鄭에서는 이 구문들이 포함하고 있는 문제를 타동성의 관점에서 추구하여 '의미적 타동성'의 범주를 제안하며 이 현상들에 대한 설명을 시도하였다(cf. Hopper & Thompson 1980, ヤコブセン 1989).

이런 두 가지 서로 다른 접근방식에서 알 수 있듯이, 두 언어의 비규범적 사역구문을 각각 서로 다른 패러다임을 가지고 설명하기 때문에 언뜻 보면 서로 다른 현상을 다루고 있는 것 같은 인상을 줄 우려가 있다. 또 사다노부(定延)는 언급하지 않았지만 한국어에서 일어나는 현상이 (다소 차이는 있겠지만) 기본적으로 일본어에서도 동일하게 일어난다는 점을 지적해 둔다.

본장에서는 먼저 한국어의 분석을 통해 도출한 '의미적 타동성'과 사역의 관련성을 제시하면서 논의를 시작하고 싶다. 결론적으로는 여기서 제시하는 의미적 타동성의 개념을 일본어에도 동일하게 적용할 수 있다는 점, 그리고 그로 인해 (사다노부(定延)의 '곰팡이발생모델'이 아니더라도) 일본어에 보이는 결합가의 불일치 현상 역시 통일적으로 포착할 수 있다는 것을 아래의 4.2절과 4.3절에서 검토한다. 4.4절에서는 비규범적 사역

구문의 통사구조와 사태구조를 비교 검토하여 두 언어의 사역형식과 의미의 대응 관계를 제시한다(Shibatani & Chung 2002, 3.4.2절 참조). 그리고 실제로는 비규범적 사역구문도 규범적 사역구문과 동일한 의미적 기반 위에 서 있음과, 그로 인해 둘 사이의 통일적인 설명이 가능함을 살펴본다. 마지막으로 이러한 두 언어의 현상을 통일적으로 다루기 위한 '종이접기 모델(折り紙モデル)'을 제안한다.

4.2 한국어에 있어서의 비규범적 사역구문[4]

4.2.1 의미적 타동성과 사역형태소의 기능

鄭(1999, 2000a)에 따르면 한국어에는 행위가 자신의 영역 안에서 수습되는지 아니면 타자의 영역에까지 미치는지의 의미적 기준에 따라 비사역형(기본형)과 사역형(파생형)을 구별하는 동사의 묶음이 있다. 다음의 예를 보기 바란다.

(14) a. 영희가 (자기의) 손을 씻었다. 〔2항〕
b. 어머니가 영희의 손을 씻겼다. 〔2항〕

(15) a. 영희가 손가락에 반지를 끼고 있다. 〔3항〕
b. 철수가 영희의 손가락에 반지를 끼우고 있다. 〔3항〕

(14)와 같이 한국어의 '씻다'라는 동사는 자신의 손을 씻는 행위인지 다른 사람의 손을 씻는 행위인지의 의미적 기준에 따라 비사역형과 사역형의 대립을 보인다. 이 경우 사역형 동사는 비사역형 동사와 동일한 논항

4) 타동성의 의미자질에 관해서는 Hopper & Thompson(1980)을 참조하기 바란다.

구조를 가지고 나타날 수 있다. (15)도 동일하다. 자기의 손가락에 반지를 끼는 경우라면 비사역형인 '끼다'를 사용하고, 다른 사람의 손가락에 반지를 끼우는 경우에는 사역형인 '끼우다'를 사용한다(2.7절의 〔표 11〕도 참조). 그리고 사역형을 사용해도 결합가는 증가하지 않는다.5)

따라서 다음과 같이 행위가 타자에게 미치는 경우에는 비사역형 동사를 사용하여 표현하는 것이 불가능하다.

(16) a. ??어머니가 영희의 손을 씻었다.
b. *철수가 영희의 손가락에 반지를 끼고 있다.

여기까지만 보면 한국어에는 자기의 영역 내에 수습되는 행위인지, 아니면 타자의 영역에 미치는 행위인지가 엄밀한 (객관적인) 의미적 기준이 되고 사역형태소는 그에 따라 부가된다고 하는 단순한 이해로 끝나 버릴 우려가 있다. 그러나 사실은 이와 같은 의미 대립이 표출되는 배후에는 인간의 행위에 대한 우리의 이해나 해석 방식이 깊게 관여하고 있다는 것을 아래의 예를 통하여 알 수 있다.

(17) a. ?*반지가 손가락에 잘 안 들어가서 억지로 (자신의 손가락에) 끼어 넣었다.
b. 반지가 손가락에 안 들어가서 억지로 (자신의 손가락에) 끼워 넣었다.

(17)의 문장은 객관적인 상황에서 볼 때 자신의 영역 안에서 수습되는 행위다. 그러나 그와는 별도로 어떤 방해가 있어서 그 행위를 그렇게 간단히 수행할 수 없는 상황이 있다. 즉, 이러한 경우 행위의 수행은 반지를

---

5) 참고로, (14)와 (15)의 (a), (b)는 양쪽 모두 일본어에서는 '洗う(arau)'와 'はめる(hameru)'에 대응하고, 사역형태소는 부가하지 않는다.

억지로 집어넣지 않으면 안 되는, 보통 때보다 더 많은 에너지를 필요로 하게 된다. 앞서 서술한 바와 같이 객관적이고 엄밀한 의미 기준에 따르면 이 문장은 비사역형 동사가 선택되어야 한다. 그러나 이와 같이 보통 때와 다른 이상(異常) 사태의 상황에서는 (17a)는 부적절한 표현이 되어 (17b)와 같이 사역형태소를 부가한 문장을 사용하지 않으면 안 된다.

한편 다음의 예를 보면 단순한 일반적인 착용의 상황에서는 비사역형 동사가 적격이고, 사역형 동사는 허용되지 않는다.

(18) a. 추우면 이 장갑을 끼어라.
b. *추우면 이 장갑을 끼워라.

또 (19)와 같이 일반적인 단순 착탈의 행위를 나타내는 경우에는 자기가 입고 있는 옷인지 다른 사람이 입고 있는 옷인지의 의미 기준이 적용된다. 그러나 (20)과 같이 불필요한 부착물인 '때'와 같은 경우에는 예를 들어 그것이 자신의 몸에 있는 것이라고 하더라도 비사역형은 불가능하다.

(19) a. 영희가 옷을 벗었다.
b. 영희가 아이의 옷을 벗기었다.

(20) a. *영희가 몸에 때를 벗었다.
b. 영희가 몸에 때를 벗기었다.

이상의 현상은 다음과 같이 이해할 수 있다. 자신의 영역 안에서 수습되는 행위는 힘들이지 않고 일반적으로 이루어낼 수 있는 반면, 타자의 영역에 미치는 행위는 간단히 해낼 수 있는 것이 아니다. 즉, 일반적으로 타자의 영역에 미치는 행위는 자신의 영역 안에서 끝나는 행위보다 방해물도 많고 행위의 수행도 용이하지 않다. 그렇기 때문에 일반적으로 이루어지는 보통의 행위보다 더 많은 에너지를 요구하며, 곤란한 상황으로 이해되는 것이다. 예를 들어 아이의 몸을 씻길 때를 생각해 보자. 아이들은 씻기 싫어 저항을 하는 등 협조적이지 않을 가능성이 많음을 경험적으로 알 수 있다. 그러나 자기 자신의 손발이 비협조적이어서 어떤 행위를 수행하는 데 방해를 받아 일반적인 상황에서보다 더 많은 에너지를 필요로 하는 상황이란 보통 상상하기 힘들다.

이러한 이해를 바탕으로 하면 위의 예가 나타내는 행태는 모두 아무 문제없이 설명할 수 있다. 예를 들면 (19)(20)에서는 자신의 몸에 불필요하게 붙어 있는 때를 제거하는 것이 타자의 옷을 벗기는 것과 동일하게 곤란한 상황인 것이고, 따라서 둘 다 일반적으로 이루어지는 행위보다 더 많은 에너지를 필요로 한다는 점에서 동일한 해석(construe)을 받는 것이다.

이와 같이 비사역형과 사역형의 대립은 행위의 수행이 일반적인 보통의 상황(전형적으로는 자기의 영역 안에서 끝나는 행위)에서 일어나는지 아니면 그렇지 않은 상황(전형적으로는 타자의 영역에 미치는 행위)에서 일어나는지, 바꿔 말하면 보통 무심코 행하는 행위를 가리키는지, 아니면 보통보다 더 많은 에너지를 필요로 하는 곤란한 상황에서 행하는 행위를 가리키는 것인지에 따라 다른 것이다.

그렇다면 다음과 같이 언뜻 이상해 보이는 예도 설명할 수 있다. (21)은, 당시 75세(?) 정도의 할머니가 자기의 신혼 첫날밤의 에피소드를 이야기한 실제 예문이다. 여기서도 화자는 자기가 놓인 상황에서 그 행위를 어떻게 해석하여 표현하는지 잘 알 수 있다.

(21) "… 버선 한 짝 벗겨 놓고 치마끈은 끌르고 족도리를 벗겨 놓고 누우니까 이불을 덮어 주더구만…"

(고영근·남기심 1985 : 288에서 재인용)

(21)에서는 새색시인 화자가 자기의 버선이나 족두리 등을 벗는 데 일부러 사역형 '벗기다'를 사용하여 표현하고 있다.[6] 신혼 첫날밤에는 신랑이 신부의 옷 등을 벗겨 줘야 한다는 한국의 풍습이 있다. 어린 신랑은 아마 그와 같은 관례를 잘 알지 못했고(이 문장에 이어 두 사람의 관계는 남매 비슷한 것이었다는, 당시를 회상하는 내용이 있다), 그렇기 때문에 새색시 스스로 옷을 벗어야만 하는 상황임이 이와 같은 표현을 사용하게 된 배경이 되었던 것이다.

이 문장에 대하여 많은 모어 화자들에게 물어보면 '벗다'가 자연스럽고, (21)과 같은 표현은 쓰지 않는다고 대답한다.[7] 그러나 이 문장을 사용한 화자에게 있어서는 당시를 회상하며 평소에 의복을 벗는 것과 같은 상황이 아니라 방해물을 정리하지 않으면 안 되는 이상(異常) 사태로서 그 상황을 재인식했던 것임에 틀림없다. 즉, 자신의 의복이지만 불필요한 부착물처럼 인식했거나 그것이 일종의 방해물과 같은 것이기 때문에 제거해야만 한다고 했던 것이다. 이와 같은 표현을 사용하는 상황을 화자는 아마 (20b)와 동일한 상황으로 이해하고 거기에 맞게 사역형태소를 부가하여 표현했던 것일 테다.

---

6) 이 문장은 고전 한국어의 상황을 참조하면 교체지시(switch reference)의 가능성이 있다는 지적도 있다(Alan Hyun-Oak Kim 교수의 개인 면담). 즉, '(신랑이 새색시인 나의) 버선 한 짝을 벗겨 놓고, 치마끈을 푸르고, 족두리를 벗겨 놓고, (내가) 눕자 (그가) 이불을 덮혀 주더구만'과 같이 해석된다는 것이다. 그러나 필자는 이 문장은 교체지시가 아니라 비규범적 사역구문의 예라고 생각한다. 왜냐하면 기존의 고전어 해석에서는 여기서 주장하는 사역형태소의 기능은 고려하지 않았을 가능성이 높고, 또 현대어에서는 위와 같은 교체 지시를 이해할 수 없기 때문이다.

7) 그러나 쓰지는 않지만 허용할 수 있다고 판단하는 화자도 있다.

이상 서술한 것을 〔표 1〕과 같이 나타내 보자. 이 표에는 3.4.4절에서 언급한 Haiman(1983, 1985)의 구심동사와 원심동사의 분류를 도입한다. 이미 알아차렸을지도 모르겠지만, 중상영역에서 제안된 이 분류는 아래와 같이 사역의 영역에도 적용할 수 있는 것이다(3.4.3절도 참조).

[표 1]

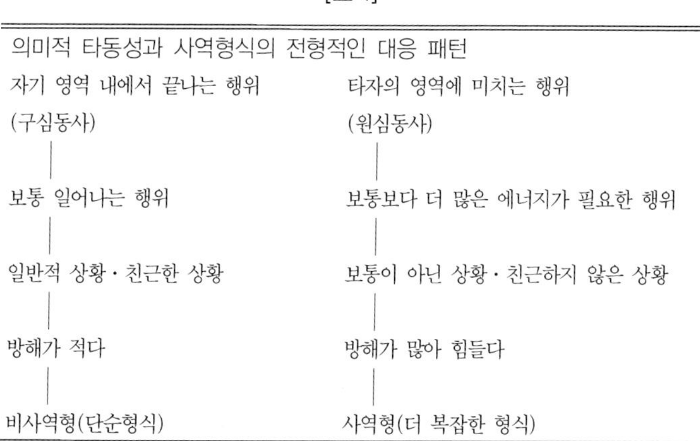

의미적 타동성의 스케일과 그것에 연동하여 부가되는 사역형태소의 파생 방식에 대해서는 다음과 같이 정리해 두자.

[표 2] '씻다'/'벗다'의 파생 방식과 의미적 타동성의 스케일

자신의 영역 안	자신의 영역 밖	
	물건/사물들	타자의 영역
신체 부분 〉 옷 〉	때 〉 감자 〉	때 〉 옷 〉 신체 부분
방해가 적다(小) ←	——— 에너지 ———	→ (大) 방해가 많다
(일반적인 상황)		(일반적이지 않은 상황)
'씻다'/'벗다' ———	→	
	← ———	'씻기다'/'벗기다'

〔표 1〕과 〔표 2〕가 나타내는 내용은 대략 다음과 같다.

(22) 의미적 타동성과 사역형태소의 부가(I)

ㄱ. 자신의 영역 안에서 끝나는 행위는 일반적인 보통의 상황에서 일어나는 행위로 이해된다. 한편, 타자의 영역에 미치는 행위는 일반적이지 않은 상황에서 일어나는 행위로 이해된다.

ㄴ. 타자의 영역에 미치는 행위일수록 그것을 수행하는 데에는 방해가 많아 힘이 드는 상황이다. 즉, 자신의 영역 안 〉 물건 〉 타자의 영역과 같은 순서로 오른쪽으로 갈수록 방해가 많아진다. 그에 따라 에너지도 더 많이 필요하게 된다.

ㄷ. 사역형태소의 부가는 타자의 영역에 미치는 행위를 수행할 경우와 동일하게 방해가 많은 곤란한 상황인지 아닌지, 즉 그것과 똑같이 에너지를 필요로 하는 상황인지 아닌지의 의미적 요인이 동기가 된다.

중간적인 존재인 '물건'의 경우에는 동사에 따라 자기 영역에 가까운 행위로 간주할지 타자의 영역에 가까운 행위로 간주할지 달라진다. 다음의 예를 참조하기 바란다. 감자를 씻는 경우는 비사역형 동사를 쓰고, 감자의 껍질을 벗기는 경우에는 사역형 동사를 쓰고 있다.

(23) a. 영희가 감자를 {씻/*씻기}다.

b. 영희가 감자 껍질을 {*벗/벗기}다.

마지막으로 위와 같이 자신의 영역인지 타자의 영역인지 하는 의미 대립을 가지고 있고 결합가를 증가시키지 않아도 되는 동사의 목록을 제시해 보자. 이것들은 3.3.2절에서 서술한 바와 같이 피사역자를 속격으로 표시하는 속격 사역문인데 일본어도 한국어보다 사이즈는 작지만 기본적으로는 속격구문을 허용한다. 이러한 동사들의 결합가 증가에 관해서는

3.3.2절을 참조하기 바란다.

[표 3] 결합가를 증가시키지 않아도 되는 동사 I

비사역형 자신의 영역 안에서 행위가 끝나고, 그 결과를 자신에게 남긴다.		사역형(속격사역구문을 만든다) 타자의 영역에 행위가 미치고, 그 결과를 타자에게 남긴다.	
이다	(자기의) 머리 위에 짐을 이다	이우다	타자의 머리에 짐을 이우다
끼다	(자기의) 손가락에 반지를 끼다	끼우다	타자의 손가락에 반지를 끼우다
신다	(자기의) 신발을 신다	신기다	타자의 발에 신발을 신기다
입다	(자기의) 옷을 입다	입히다	타자의 몸에 옷을 입히다
업다	(자기의) 등에 아이를 업다	업히다	타자의 등에 아이를 업히다
들다	(자기의) 손에 가방을 들다	들리다	타자의 손에 들리다
쓰다	(자기의) 머리에 모자를 쓰다	씌우다	타자의 머리에 모자를 씌우다
물다	(자기의) 입에 물다	물리다	타자의 입에 물리다
씻다	(자기의) 몸을 씻다	씻기다	타자의 몸을 씻기다
감다	(자기의) 머리를 감다	감기다	타자의 머리를 감기다
빗다	(자기의) 머리를 빗다	빗기다	타자의 머리를 빗기다
감다	(자기의) 눈을 감다	감기다	타자의 눈을 감겨 주다
벗다	(자기의) 옷을 벗다	벗기다	타자의 옷을 벗기다

4.2.2 상태변화의 타동사

4.1.2절에서 이미 문제점을 지적했지만, 아래의 〔표 4〕와 같이 (위치변화도 포함한) 상태변화를 나타내는 많은 수의 타동사가 결합가를 증가시키지는 않는 비규범적 사역구문을 만들 수 있다. 그 대부분은 '하다'와 '시키다'의 대응 관계를 가지는 한자어 동사인데, 고유어 동사가 없는 것은 아니다.[8)]

이 동사들에서는 앞 절의 〔표 3〕과 같이 객관적으로 판단할 수 있는 의

8) 고유어 동사인 '감기다'와 '실리다'는 "누가 고양이 목에 밧줄을 감기어 놓았다"(cf. 새우리말 큰사전)이나 "배에 짐을 실리어 보냈다"(cf. 조선어대사전), 혹은 "음악을 전파에 실려 보냈다."(cf. 민중에센스일한사전)과 같은 표현에 사용된다. 한자어 동사에 대해서는 김성주(2003)에 다량의 데이터와 흥미로운 관찰이 있으므로 참조하기 바란다.

미 기준을 바로 찾을 수 없다. 그러면 왜 결합가를 증가시키지 않는 비규범적 사역구문을 만드는 것이 가능할까? 이 현상 역시 (22)에서 제시한 의미적 타동성의 개념 안에서 적절하게 설명할 수 있다.

[표 4] 결합가를 증가시키지 않는 동사II

비사역형	사역형
감다	감기다
싣다	싣리다
게재하다	게재시키다
교육하다	교육시키다
구속하다	구속시키다
감금하다	감금시키다
이전하다	이전시키다
차단하다	차단시키다
연기하다	연기시키다
점화하다	점화시키다
선동하다	선동시키다
자극하다	자극시키다
촉진하다	촉진시키다

그 전에 상태변화동사와 사역의 관련성 및 그 정의에 대하여 다음의 사항을 확인해 두고 싶다. 3.2.1절의 내용을 상기하기 바란다. 생성의미론에서는 *kill*과 같은 타동사에 사역(CAUSE)의 의미가 있다고 분석함으로써 상태변화를 나타내는 타동사를 어휘적 사역으로서 인정한 바 있다 (Levin & Rappaport Hovav 1995, 影山 1996, 丸田 1998도 참조). 이에 따르면 〔표 4〕의 비사역형 타동사는 이미 사역의 의미를 포함하고 있다는 것이 된다. 그러면 이들 동사에 사역형식을 추가하는 것은 어떤 의미를 나타내기 위하여 필요한 것일까?

본절의 논의를 위하여 사역의 정의를 3.2.1절에서 제시한 내용보다 조

금 더 상세하게 제시해 두자.9)

(24) 사역 : X → Y

- 사역사태(X)가 피사역사태(Y)를 야기한다.
- X(E_1) 〉 Y(E_2) : E_1이 E_2보다 시간적으로 앞서 일어난다. 또는
  X(E_1) ≧ Y(E_2) : E_1이 E_2보다 시간적으로 앞서 일어나며, 동시에 시간적・공간적 오버랩이 있다(E는 EVENT)

(25) a.

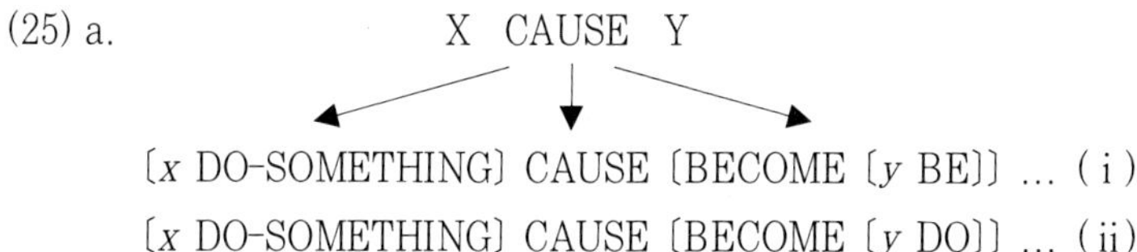

b. 〔*x*가 무언가를 한다〕 → 〔*y*가 어떤 상태에 있다〕와 같이 되도록 야기하다(i)
또는 〔*y*가 어떤 행위를 한다〕와 같이 되도록 유도하다(ii).

그러면 다음의 예를 보자(일본어의 한국어 대역어에도 주목하기 바란다).

(26) a. 아버지가 사무실을 서울로 이전-*하*-였다. 〔직접〕
'父親が事務室をソウルに移転した'
titioya-ga zimusitu-o souru-ni iten-si-ta
아버지-주격 사무실-대격 서울-방향격 이전-하다-과거.단정

b. 아버지가 사무실을 서울로 이전-*시키*-었다. 〔감독〕
'父親が事務室をソウルに移転させた'
titioya-ga zimusitu-o souru-ni iten-sase-ta
아버지-주격 사무실-대격 서울-방향격 이전-시키다-과거.단정

---

9) 岡本(1997)도 참조하기 바란다. 또 (25)의 이탤릭체 소문자 *x*와 *y*는 각각 E_1의 사역사태 X와 E_2의 피사역사태 Y의 주역(protagonist)을 나타낸다.

(26)은 비사역형과 사역형이 동일한 논항구조를 가지고 나타난다(일본어도 동일함). 그러나 의미적으로는 사무실의 이전(이사)이 아버지의 감독 아래서 이루어지는지(사역형), 아니면 그렇지 않은지(비사역형)의 사역 상황(x DO-SOMETHING)에 따라 분명한 차이를 보인다. 즉, (26a)는 (실제로는 이삿짐을 나르는 사람이 있을지도 모르겠지만, 그것과는 관계없이) 아버지가 서울에 이동해 가는 것을 함의하고, 그와 동시에 사무실의 이전도 직접 수행한다고 이해할 수 있다.[10] 한편 (26b)는 아버지가 (실제로는 서울에 이동해 갈지도 모르겠지만, 그것과는 관계없이, 즉 근거리인지 원거리인지는 상관없이) 사무실 이전을 지휘하는 감독자로서 이해된다. 그렇다고 하면 사역형을 사용한 표현에는 통사구조에는 나타나지 않아도 탈초점화된 피사역자의 존재를 의미적으로 함의해야 할 것이다.

이와 병행하는 상황을 다음의 (27)에서도 볼 수 있다. 여기서는 통사구조에 나타나지 않는 통행인의 존재를 해석해 낼 수 있다. 즉 (27a)에서는 군인들이 (의도적이든 의도적이지 않든 그것과는 상관없이) 단순히 도로 위에 서 있기만 하면 된다. 그 결과 (통행인은 길을 다닐 수 없는 상태가 되기 때문에) 길이 차단되는 상황을 얻을 수 있다. 이에 대하여 (27b)에서는 밀려드는 통행인을 군인들이 의도적으로 막음으로써 겨우 길이 차단되는 상황을 만들 수 있다. 이를 위해서는 일부로 도로에 바리케이드를 설치하거나 직접 물리력을 사용하여 통행인을 막아야만 한다.

(27) a. 군인들이 길을 차단-*하*-고 있-다. 〔정지상태〕
(군인들이 도로에 서서 길을 막고 있는 상황)

---

10) 만일 여기에 개재하는 탈초점화된 피사역자를 문장 안에 삽입하여 표현하면 (ⅰ)과 같이 부가어구 '을 시켜서'를 사용할 수 있다. 그러나 이것은 (26a)와 같이 직접 수행하고 싶다는 해석을 얻을 수 없다. 상세한 내용은 6.3.5절과 6.4절을 참조하기 바란다.
(ⅰ) 아버지가 ***아들-을 시키-어서*** 사무실을 서울로 이전-*하*-였다.

b. 군인들이 길을 차단-*시키*-고 있-다. 〔작용을 가함〕
(군인이 통행인의 통행을 막고 길을 봉쇄하고 있는 상황)

이와 같이 통사구조에는 나타나지 않는 통행인의 존재가 양쪽 모두에서 해석되기는 하지만, 비사역형의 경우에는 그것이 화용론적 추론에 의해 해석되는 존재에 지나지 않는 반면, 사역형의 경우에는 그것이 행위가 직접 영향을 미치는 의미적 대상이 되기 때문에 통행인은 사역 상황이 필수적으로 요구하는 사건의 참가자가 된다. 즉, (27a)에서는 군인들의 행위가 향하는 곳은 대격 표지를 부여 받는 '길'인 반면, (27b)에서는 통사적으로 나타나지 않는 통행인이 된다. 둘 사이에는 이와 같은 차이가 있다.

따라서 다음과 같은 무정물 주어를 이용하면 그 차이가 더욱 분명해진다. (28a)에서는 트럭이 단순히 도로 한켠에 서 있어도 길이 차단되는 상태를 얻을 수 있기 때문에 자연스럽다. 이 경우 통행인은 통사적으로 길을 지나다닐 수 없게 될 것으로 이해된다. 한편 (28b)에서는 진입해 오는 통행인을 트럭이 막아내지 않으면 안 되는 상황으로 이해되기 때문에 부자연스럽다.

(28) a. 트럭이 길을 차단-*하*-고 있-다. 〔정지상태〕
(트럭이 길에 서 있어 길을 막고 있는 상황)
b. ??트럭이 길을 차단-*시키*-고 있-다. 〔작용〕
(트럭이 통행인의 통행을 막아서 길을 봉쇄하고 있는 상황)

여기서 사역형을 사용할 경우에는 의도적인 행위가 되고, 그 의도성은 통사구조상에 나타나지는 않지만 사역 상황에 필수적으로 요구되는 피사역자에게로 향해 있음을 알 수 있을 것이다. 바꿔 말하자면, 이 경우 사역자의 행위는 통사구조상에 표시되는 대상(즉, (27)에서는 '길'에 해당)을 직접

향한다. 따라서 사역형을 사용한 표현은 비사역형보다 간접적인 상황이 되는 것이다(6.3.4절도 참조).

또 주목해야 할 것은 이와 같은 탈초점화된 피사역자를 의미적으로 포함할 경우 어떤 의미적 공헌이 있는지 하는 것이다. 예를 들면, 위의 통행인은 사역자의 행위에 대항하는 존재로서 이해된다. 즉, 사역자는 통행인(방해자)을 밀쳐내고서 피사역의 사태를 획득하지 않으면 안 되기 때문에 보통보다 더 많은 에너지를 써야 하는 곤란한 상황에 처해 있는 것이다. 또 (26)도 만약 사무실의 이전을 아들이 강하게 반대하면, 또 그와 같은 강력한 반대에도 불구하고 아버지가 사무실의 이전을 감행한다면, 그와 같은 상황에서는 비사역형보다 사역형 동사가 더 적절하다는 판단을 내릴 수 있다.

사역자와 피사역자의 대항적인 힘의 관계가 더 분명하게 나타나는 것은 '拘束する(kosoku-suru, 구속하다)'나 '監禁する(kankin-suru, 감금하다)'와 같은 동사이다. 만일 경찰이 체포영장을 제시하여 간단히 범인을 구속하거나 감금하는 상황이라면 통상적으로 비사역형 동사가 선택된다. 여기서는 일반적으로 피사역자의 저항 등을 느낄 수 없다. 그러나 만일 피사역자가 도망을 치거나 난폭하게 구는 상황이라면 사역형 동사를 선택하기 쉬울 것이다. 이는 피사역자의 저항이 있기 때문에 행위가 방해를 받거나 간단히 수행할 수 없는 비정상적인 상태가 되는 것이다. 또 비사역형 동사를 사용하여 표현하면 통상 사역자가 직접 피사역자를 구속하거나 감금한다고 해석되기 쉽다. 한편, 사역형 동사를 사용하여 표현하면, 피사역형과 동일하게 직접 구속하거나 감금했다는 해석도 가능하지만(그러나 피사역자의 저항은 존재한다), 더 나아가 사역자의 감독 아래서 그 일이 일어났다는 해석도 가능하다(제6장에서는 이와 같은 사역자를 '사회적 사역자'라고 부르고, 또 이와 같은 경우의 지시·명령의 상황도 '사회적 지시'라고 새롭게 정의한다). 즉, 이

경우 통사구조에는 나타나지 않는 비가시적인 누군가를 매개로 그 사태를 일으켰다는 뜻이 되는 것이다.

예를 들어보자. (29)의 명사구 해석에 관해서는 6.3.1절을 참조하기 바란다. 경찰이라는 직업명이 개인을 가리키는지,[11] 공인을 가리키는지에 따라 의미 해석이 달라지는 것에 주의를 하기 바란다(일본어도 한국어와 동일한 행태를 보인다고 판단된다. 일본어에 대해서는 6.4.2절을 참조).

(29) a. 경찰$_i$-이 그 여자$_{i/j}$ -를 자기의 집-에 감금-*하*-였다.
(①경찰$_i$(개인)이 자신$_i$의 집에 그 여자를 감금한 상황)
(②경찰관(공인)이 그 여자$_j$를 그녀의 자택$_j$에 감금한 상황)
b. 경찰$_i$-이 그 여자$_{i/j}$ -를 자기의 집-에 감금-*시키*-었다.
(①경찰$_i$(개인)이 자신$_i$의 집에, 강하게 저항하는 그 여자를 감금한 상황)
(②경찰관(공인)이 그녀의 자택$_j$에, 강하게 저항하는 그 여자$_j$를 감금한 상황)
(③ 경찰 당국이 그 여자$_j$를 그녀의 자택$_j$에 감금한 상황)

어느 경찰(개인)이 자신의 집에 그 여자를 감금한 사태를 표현하는 데에는 보통 비사역형인 (29a)가 선택된다. 이 경우 자신의 집은 그 경찰관 개인의 집으로 해석되고, 또 그 여자의 저항은 별로 느껴지지 않는다. 또 경찰관(공인)이 체포영장을 제시하고 별다른 문제없이 그 여자를 그녀의 자택에 감금하는 상황에서도 (29a)를 사용할 수 있다.

그런데 (29a)의 ①②와 객관적으로는 완전히 동일한 상황이지만 그 여자의 저항이 강한 경우라면 사역형의 (29b)가 더 좋은 표현이 된다. 이 경우 피사역자는 다루기 쉬운 단순한 대상이 아님을 주목하기 바란다. 여

11) 개인의 이름을 모른다면 직업명으로 부르는 것이 가능할 것이다.

기에는 의지를 가진 존재로서 피사역자 본래의 성격이 문제가 되고, 더욱 강하게 저항하고 있다는 현재의 상황도 부가되어 있는 것이다. 요컨대, 이러한 상황에서는 사역형식을 부가한 표현이 자연스럽다. 또 예를 들어 정부 기관으로서 경찰(당국)이 정치범인 그 여자를 자택에 감금하는 경우에도 (29b)를 사용한다(재귀대명사의 선행사에 대한 해석은 4.4.2절을 참조).

즉, (29)의 a와 b의 대립에는 세 가지 의미적 매개변인이 관여하고 있다. (ⅰ) 강한 저항 때문에 방해가 많은 상황인가(b), 아니면 그렇지 않은 상황인가(a). (ⅱ) 일반적으로 일어나는 상황인가(a), 아니면 일반적이지 않은 상황인가(b). (ⅲ) 더 직접적인 상황인가(a), 아니면 더 간접적인 상황인가(b).[12] 특히 (ⅲ)과 관련하여 (29b)에는 ③과 같이 탈초점화된 피사역자, 즉 정부 기관으로서 경찰 당국(=사역자)이 시키는 대로 행동하는 존재(경찰관)가 있다.

이상을 정리하면 피사역형과 사역형은 〔표 5〕와 같은 대응 관계를 나타낸다. 객관적인 상황에서 바라보면 부분적인 오버랩이 있는 것처럼 보인다는 점에 주목하기 바란다.

[표 5] 상태변화동사의 피사역형과 사역형

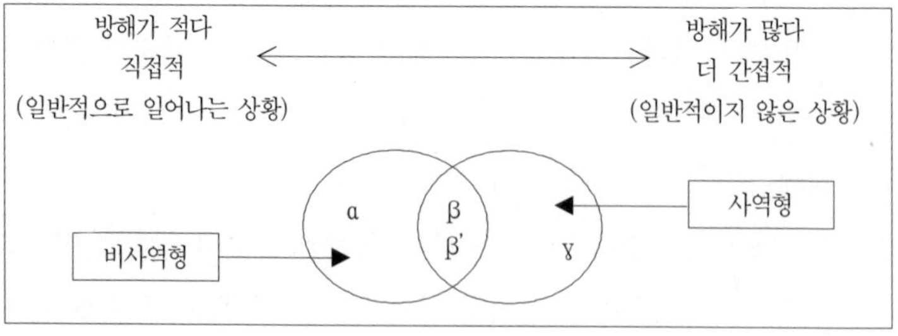

12) 더 간접적이라고 표현한 것은 직접이냐 간접이냐 하는 것을 연속적인 것으로 파악하기 때문이다. 연속성에 관해서는 4.4.2절을, 그리고 간접성의 정의에 관해서는 5.5.2절을 참조하기 바란다.

비사역형 동사는 α와 β의 상황을 나타낼 수 있는 반면, 사역형 동사는 γ와 β'의 상황을 나타낼 수 있다. 즉, 사역형은 α의 상황을 나타낼 수 없고((27)(28)의 a와 b를 참조), 비사역형은 γ의 상황을 나타낼 수 없다((29a)와 (29b)③을 참조). 또 β와 β'는 중첩되어 있기 때문에 언뜻 동일한 것처럼 보이지만, 사실은 서로 다르다((29a)①②와 (29b)①②를 참조).

β와 β'의 관계는 물과 얼음에 비유할 수 있다. 예를 들면, 북극의 호수는 표면의 얼음(β')과 수면 아래의 물(β)의 이중구조로 이루어져 있다. H_2O라는 물질적 성분으로 볼 때 양자는 동일한 것이지만 형상의 측면에서 보면 하나는 액체, 다른 하나는 고체이기 때문에 서로 다르다. 또 일반적인 성질의 측면에서도 액체인 물은 어떤 물질을 던져도 튕겨 나오지 않은 채 수용하지만, 고체인 얼음은 대개의 물체가 튕겨 나오기 때문에 행위의 달성이 용이하지 않다.

결국 β와 β'는 H_2O라는 물질의 측면만 놓고 보면 동일하기 때문에 이를 구별하여 각각 서로 다른 형식을 대응시켜 표현할 필요는 없다. 그렇지만 동일한 물질이라고 해도 형태나 성질의 측면에서는 전혀 다른 별개의 물체라는 인식이 생기면 각각을 나타내기 위하여 서로 다른 형식을 구별하여 대응시킬 필요가 생길 것이다. 여기에 객관적으로는 거의 동일한 것을 가리키지만 비사역형과 사역형의 두 가지 표현이 존재하게 되는 동기가 생기는 것이다. 즉, 비사역형 동사의 피사역자는 물과 같이 뭐든지 간단히 수용하는 다루기 쉬운 존재로 간주할 수 있지만, 사역형 동사의 피사역자는 얼음과 같이 딱딱한 물체이기 때문에 다루기 힘든 존재로 간주되는 것이다.

이와 같은 대립의 배경에는 앞서도 언급한 바와 같이 (ⅰ) 더 직접적인지 아니면 더 간접적인지, (ⅱ) 방해가 많고 행위를 수행하는 데에 일반적 상황보다 많은 에너지를 필요로 하는지 아닌지, (ⅲ) 일반적으로 일어나는 상황인지 아니면 그렇지 않은 상황인지와 같은 세 가지 변인이 관여한다. 앞의 두 가지 변인은 비례 관계에 있으며, 다음의 (30)과 같이 정리할 수 있다.

(30) 직접성・간접성과 사역형식의 대응

i. 방해가 적고 행위의 수행이 용이할수록 직접적인 상황과 대응하고, 또 일반적으로 일어나는 행위로 이해되기 쉽다. 이 경우 피사역자의 성질이나 현재의 상태는 문제시되지 않는다.
→ 비사역형의 타동사와 대응한다.

ii. 방해가 많고 행위의 수행이 곤란할수록 간접적인 상황과 대응하고, 또 일반적이지 않은 상황에서 일어나는 행위로 이해되기 쉽다. 이 경우는 피사역자의 성질이나 현재의 상태가 문제시된다.
→ 사역형의 타동사와 대응한다.

또 (30)과 (22)에서 제시한 의미적 타동성과의 관계도 다음과 같이 이해하면 보기 좋게 파악할 수 있다(4.4.2절도 참조).

(31) 의미적 타동성과 사역형태소의 부가(II)

i. 직접적인 행위일수록 자신의 영역 안에 수습되는 행위와 마찬가지로, 행위 수행에 있어 방해가 적고 용이하다. 또 일반적으로 일어나는 행위로 이해된다.

ii. 행위가 간접적일수록 타자의 영역에 미치는 행위와 마찬가지로, 행위 수행에는 방해가 많고 곤란하며, 보통보다 더 많은 에너지를 필요로 한다. 또 일반적이지 않은 상황에서 일어나는 행위로 이해된다.

iii. 사역형태소가 부가된 경우, 통사구조에는 나타나지 않지만 탈초점화된 타자의 존재가 인식되는 것은 타자의 영역에 미치는 행위와 같다는 의미 표시(semantic representation)이다.

4.2.3 발화행위 동사

〔표 6〕과 같이 발화행위를 나타내는 동사도 결합가를 바꾸지 않는 비규범적 사역구문을 만들 수 있다((4)의 예를 참조). 이 경우 비사역형 동사는 정보를 전달하기 위한 단순한 발화행위에 지나지 않지만, 사역형을 사용한 경우에는 정보전달에만 그치지 않고 상대방의 행위를 촉구하기 위한 발화 행위가 된다.

[표 6] 결합가를 증가시키지 않는 동사Ⅲ

〈비사역형〉 단순한 발화행위	〈사역형〉 상대방의 행위를 촉구하는 발화 행위	
소개-하다	소개시키다	인사를 나누게 하다
주문-하다	주문-시키다	가지고 오게 하다
말-하다	말-시키다	말을 걸어서 말하게 하다
거짓말-하다	거짓말-시키다	거짓말을 해서 속이다

즉, 사역형 동사는 두 사람을 소개해서(E_1) 서로 인사를 나누게 하거나(E_2), 주문을 해서(E_1) 주문을 받은 사람이 그것을 가지고 오게 하거나(E_2), 또는 말을 걸어서(E_1) 상대방을 말하게 하는(E_2) 것과 같은 상황을 나타낸다(4.4.2절의 사태구조도 참조). 이 경우 행위의 상대방은 정보의 도착점이 되는 단순한 청취자가 아니라 사역자의 발화행위에 바로 반응하여 행위를 하도록 요구되는 동작주가 된다는 점에서 비사역형 동사와 다르다.

따라서 (32b)의 '소개시키다'는 (32a)와 서로 다르고, 소개를 함으로써 그 장소에서 서로 인사를 나누거나 안면을 트지 않으면 안 되기 때문에 무정물인 '책'은 부적격하게 된다(예(4)과 비교하기 바란다).

(32) a. 선생님이 학생들-에게 새 책을 소개-*하*-였다.
b. ?*선생님이 학생들-에게 새 책을 소개-*시키*-었다.

또 아래의 (33)과 (34)와 같이 점원에게 짬뽕을 주문하는 식사의 주문은 양복을 주문할(맞출) 때의 주문과 달라 보통 사역형에 의한 표현을 사용할 수도 있다. 그것은 주문과 배달이 하나의 세트로 이해되는 사태인지 아닌지와 같은 사회적 관습의 해석이 관여하기 때문일 것이다. 즉, 사회 통념상 주문을 하면 배달도 동시에 기대할 수 있는 사태라면 그때의 피사역자는 주문의 내용을 받아들이는 청취자로서뿐만 아니라 동작주로도 이해될 수 있기 때문에 사역형을 허용하는 것이다. 요컨대, 이와 같은 제약은 시간적・공간적 오버랩이 있을 경우에만 사역형을 허용하는 것을 의미한다고 받아들일 수 있다. 따라서 양복의 주문과 같이 시간이 걸리고 즉석에서 사태가 끝나지 않는 것에 대해서는 사역형의 '주문-시키다'는 쓸 수 없다.

(33) a. 철이-는 점원-에게 짬뽕을 주문-*하*-였다.
b. 철이-는 점원-에게 짬뽕을 주문-*시키*-었다.
(철이는 점원에게 짬뽕을 주문하여, 가지고 오게 했다)

(34) a. 철이-는 그 집 점원-에게 양복을 주문-*하*-였다.
b. ?*철이-는 그 집 점원-에게 양복을 주문-*시키*-었다.
(철이는 그 가게의 점원에게 양복을 주문하여, 가지고 오게 했다)

즉석에서 반응을 알 수 있는 예로서는 (35)를 보기 바란다. 만일 첫 대면에서 신부의 말투나 목소리를 듣고 싶다면 먼저 말을 걸어 그녀의 발화 행위를 촉구할 필요가 생긴다. 그 경우에는 (35b)를 써야 한다. 여기서도 사역자가 피사역자에게 말을 거는 상황과 그에 반응하여 피사역자가 말을 하는 상황이 그 자리에서 성립하며, 그와 거의 동시에 진행된다.

(35) a. 신부-에게 말을 한번 *하*-여 보아라.
b. 신부-에게 말을 한번 *시키*-어 보아라.
((신부가 말을 하도록) 신부에게 한번 말을 걸어 보아라)

일반적으로 사전이나 문법서 등에서는 '시키다'가 '하다'동사에 생산적 사역형을 붙인 '-하게 하다'와 동일한 의미를 나타내며, 자유롭게 교체할 수 있다는 식으로 기술하고 있는데, 부적절한 설명이 아닐 수 없다. (36)에서 보는 바와 같이(또 앞 절의 상태변화동사도 포함하여) '시키다'는 '-하게 하다'와 바꿔 쓸 수 없는 경우도 있다.

(36) a. 신랑이 신부-에게 손님들-에게 말을 하-*게 하*-였다.
b. *신랑이 신부-에게 손님들-에게 말을 *시키*-었다

이상을 정리해 보면, 발화행위 동사에서 비사역형 동사는 행위의 상대가 주어의 발화 내용을 듣는 단순한 청취자에 지나지 않지만, 사역형 동사의 경우에는 발화 내용에 반응하여 피사역형 사태(E_2)를 수행하도록 요구되는 동작주이다. 결국 사역형을 이용한 표현은 상대의 행위를 촉진하기 위한 발화행위가 되기 때문에 그렇지 않은 비사역형 동사보다 더 많은 에너지를 필요로 하는 상황이 되는 것이다. 또 위와 같이 즉석에서 반응하도록 요구하는 것은 생산적 사역과 동일하게 간접사역의 해석을 받아서는 안 되기 않기 때문에 이러한 이유로 인해 부여된 의미 제약이라고 볼 수 있을 것이다(4.4.2절 참조).[13]

13) 그밖에도 다음과 같이 사역형태소를 부가하면 행위 그 자체가 격렬해지는, 아랍어와 같

4.3 일본어의 비규범적 사역구문

4.3.1 사다노부(定延 1998, 2000)의 사태 해석

사다노부(定延 1998, 2000)는 '곰팡이발생모델(カビ生えモデル)'이라는 독자적인 사태 해석의 모델을 제안하여 일본어에서 결합가를 바꾸지 않는 비규범적 사역구문에 대한 설명을 제공하였다. 그의 설명에 따르면 '곰팡이발생모델'이란 곰팡이가 생기지 않은 상태에서 곰팡이가 생긴 상태로의 발생과 같은, 자연발생적인 사태를 포착하기 위하여 가정한 이른바 자발(自発) 모델이다. 즉, 결합가를 증가시키지 않은 채 사역형태소가 부가되는 것은 사역 연쇄의 사태 안에 이 자발 모델의 사태 해석이 포함되어 있기 때문이라는 것이다.

구체적인 예를 들어 설명해 보자. (37a)는 타동사문, (37b)는 그 타동사에 '-sase(させ, 사역의 접사)'를 부가한 문장인데, 두 문장의 논항구조는 완전히 동일하다. 사역형태소를 부가해도 결합가는 증가하지 않는다.

(37) a. マネージャーがタレントを番組にだした。

manezyaa-ga　tarento-o　bangumi-ni　dasi-ta

매니저-주격　탤런트-대격　방송-처격　내다-과거.단정

'매니저가 탤런트를 방송에 내보냈다'

b. マネージャーがタレントを番組にださせた。

manezyaa-ga　tarento-o　bangumi-ni　das-ase-ta

매니저-주격　탤런트-대격　방송-처격　내다-사역-과거.단정

'매니저가 탤런트를 방송에 내보냈다'

定延(2000 : 130-133)

은 이른바 강조사역(emphatic causative)이 있다(藤井・鄭 1998).

(i) 문을 두드리-었다. (노크)

(ii) 문을 두들-기-었다. (강하게)

사다노부(定延)에 따르면 위의 두 문장의 의미 차이는 다음과 같이 설명된다.

(38) (37a)의 사태 해석
① 매니저가 탤런트에게 예를 들어 명령이나 설득, 간청 등의 형태로 에너지를 부가하는 과정
② 매니저로부터 에너지를 받은 탤런트가 방송에 나오는 과정

(39) (37b)의 사태 해석
1. 매니저가 에너지를 가지고 있는 상태
↓ (38) ①의 과정
2. 탤런트가 (매니저로부터 에너지를 받아서) 결정권을 가지고 있지만 결심이 서지 않은 상태
↓ 또 하나의 과정('カビ生えモデル(곰팡이발생모델)'의 삽입)
3. 탤런트가 (매니저로부터 에너지를 받아서) 결정권을 가지고 있으며 결심이 선 상태
↓ (38) ②의 과정
4. 탤런트가 (그 에너지를 발휘하여) 방송에 나온 상태

즉, (37a)의 문장은 (38)의 ①②와 같이 두 개의 과정을 가지고 있고 그것이 직접적으로 연결되어 펼쳐지는 사건이다. 한편, (37b)의 문장은 (39)와 같이 세 개의 과정을 가지고 있다.[14] 결국 (39)는 (38)과 동일하

14) 실제로 (39)에서는 세 개의 과정과 네 개의 상태를 제시하고 있다. (38)에도 두 개의 과정과 세 개의 상태를 설정하고 있는데, 본고의 논의와 직접적인 관련이 없기 때문에 생략했다. 상세한 내용은 사다노부(定延 1998, 2000)을 보기 바란다. 여기서 설정하고 있는 상태, 즉 세 개 내지 네 개로 잘라서 그 상태의 단면을 제시한 것은 사역연쇄를 개체에서 개체로의 에너지 전달로서 파악하는, 이른바 당구공 모델식의 사태해석에 의한 설명 방식을 파기함을 의미한다. 본고의 입장에서는 당구공 모델을 포기해야 할 적극적인 이유는 없고 또 상태의 단면을 설정하지 않더라도 결합가의 불일치는 설명할 수 있다. 아래의 본문을 보기 바란다.

게 ①과 ②의 과정을 포함하고는 있지만, 그것이 직접적으로 연결되지는 않는다. 그 가운데에 또 하나의 과정이 있어 거기에 '곰팡이발생모델'이 삽입되기 때문이다. 또 이 과정은 에너지를 주고받거나 발산하는 것과는 무관하므로 비인과율을 나타낸다고 한다.

이와 같은 해석에 따르면 (39)가 나타내는 사태는 다음과 같다. 사역자인 매니저가 명령이나 설득, 간청 등의 형태로 피사역자에게 작용을 가한다. 그러나 그 작용이 피사역자인 탤런트에게 직접 가해져 그가 방송에 나오는 사태를 일으킬 수는 없다. 왜냐하면 탤런트는 방송에 나올지 말지 결심이 서지 않아 누구도 컨트롤할 수 없는 과정을 통과해야 하기 때문이다. 그 결과 탤런트가 마음속으로 결심이 선 상태가 되면 방송에 나가는 사태가 일어난다는 것이다.15)

결국 사다노부(定延)의 해석에 따르면 (37a)와 (37b)의 사역자는 둘 다 지시하는 사람이라는 의미에서 동작주로 파악된다. 탤런트가 방송에 나간다고 하는 피사역사태도 마찬가지다. 그러나 (37b)는 (37a)에는 없는 '곰팡이발생모델'이라는 또 하나의 과정이 포함된다. 둘 사이의 차이는 이것 때문에 생기는 것이다. 요컨대 이와 같은 또 하나의 과정을 표현하기 위하여 사역형태소가 부가된다는 것이다.

문제의 핵심은 다음의 두 가지로 정리할 수 있다. 첫째, 'sase'의 부가가 또 하나의 과정을 포함하는 것과 연동하는 것인가 하는 점. 둘째, 이

---

15) 이와 같은 사다노부(定延)의 사태 해석에는 'カビ生えモデル(곰팡이발생모델)' 그 자체에 대한 문제점은 차치하고서라도 당장 두 가지 의문이 남는다. 하나는, 사역사태 안에 비인과율을 나타내는 자발 모델이 삽입되어 있다는 논리적 모순이 있다는 점. 다른 하나는 (39)의 해석에서 볼 수 있는 바와 같이 사역자의 작용이 (39)의 2→3의 과정을 통과할 때 그 에너지는 이 모델에 의해 무효가 될 텐데 3의 상태에는 변함없이 '매니저의 힘을 받아서'가 전제되어 있다는 점이다. 이것을 그대로 해석한다면 인과율과 다름없다. 이 에너지의 정체는 무엇인지에 대해서 설명해야 한다고 생각되는데, 그것은 불분명한 채로 남겨져 있다.

경우 또 다른 과정을 설명하는 방법으로 사다노부(定延)가 주장하는 '곰팡이발생모델'밖에 없는 것인가 하는 점이다(小川 2002도 참조). 본고에서는 'sase'의 부가가 또 하나의 과정을 포함하는 것과 연동된다는 데에 대해서는 딱히 별다른 의문은 없다. 그러나 그 과정을 비인과율을 나타내는 '곰팡이발생모델'식의 사태해석 모델에서 찾는 데에는 납득할 수 없다는 입장을 취한다. 오히려 그 과정은 사다노부(定延 1991)도 주장한 바와 같이 규범적 사역구문과 동일하게 'sase'의 간접성으로 환원되어야 한다고 생각한다. 그 편이 인과율을 표현하는 사역의 성질에서 볼 때에도 더 정합성이 있다(관련된 논의는 5.5절을 참조).

이하에서는 이 점을 토대로 (39)의 또 따른 과정이란 과연 어떤 것인지에 대하여 타당한 설명을 하고자 한다. 이를 위해서는 (38)과 (39)의 사태 해석을 다시 한번 검토해 볼 필요가 있다.

4.3.2 사역자는 동작주인가?

4.2.2절에서 내린 사역의 정의를 다시 떠올려보기 바란다. (25)에서 제시한 두 가지 사건 중에서 사역사태를 나타내는 〔*x* DO-SOMETHING〕이란 *x*가 무엇인가를 한다고 하는, 일반적으로 특정화되지 않는 x의 행위로서의, 이른바 사역 상황을 나타낸다.

일본어에서 비규범적 사역구문을 허용하는 경우의 'suru(する, 하다)'문과 'saseru(させる, 시키다/-게 하다)'문 안의 이 *x*의 행위, 즉 사역 상황이 어떻게 해석되는지에 대하여 다음의 예를 보기 바란다.

(40) a. 彼がペットを病気にした。(＝3)

kare-ga petto-o byoki-ni si-ta
그-주격 애완동물-대격 병-처격 하다-과거.단정
'그는 애완동물을 병에 걸리게 했다'

b. 彼がペットを病気にさせた。

kare-ga　petto-o　byoki-ni　sase-ta
그-주격　애완동물-대격　병-처격　시키다-과거.단정
'그는 애완동물을 병에 걸리게 했다'

(41) a. ペットを病気にするな。

petto-o　byoki-ni　suru-na
애완동물-대격　병-처격　하다-부정명령
'애완견을 병에 걸리게 하지 마'

b. ペットを病気にさせるな。

petto-o　byoki-ni　saseru-na
애완동물-대격　병-처격　시키다-부정명령
'애완견을 병에 걸리게 하지 마'

(42) a. 彼の不注意がペットを病気にした。

kare-no　hutyui-ga　petto-o　byoki-ni　si-ta
그-속격　부주의-주격　애완동물-대격　병-처격　하다-과거.단정
'그의 부주의함이 애완견을 병에 걸리게 했다'

b. 彼の不注意がペットを病気にさせた。

kare-no　hutyui-ga　petto-o　byoki-ni　sase-ta
그-속격　부주의-주격　애완동물-대격　병-처격　시키다-과거.단정
'그의 부주의함이 애완견을 병에 걸리게 했다'

(40)은 두 문장 모두 〔그가 무엇인가를 했다〕(예를 들면 애완동물을 보살피는 것을 태만히 했다)는 것이 애완동물의 병을 일으킨 직접적인 원인으로서 작용하고 있음을 표현한다. 이는 (41)과 같이 부정 명령을 하는 경우, 애완견을 보살피는 것을 태만히 하지 말라고 하거나, 애완견이 병에 걸릴 만한 상태를 만들지 말라는 것으로 이해된다는 점에서 알 수 있다. 따라서 (42)에서는 '그의 부주의함'과 같은 사건명사구를 주어로 삼을 수도 있

다(cf. 定延 1991).

사역자와 사역 상황의 관계를 이와 같이 이해하면 다음의 (43)~(45)도 적절하게 설명할 수 있다.

(43) a. ??花子が髪の毛をしなやかにした。
Hanako-ga kaminoke-o sinayakani si-ta
하나코-주격 머리(카락)-대격 부드럽게 하다-과거.단정
'??하나코가 머리를 부드럽게 했다'

b. ??花子が髪の毛をしなやかにさせた。(하나코가 머리를 부드럽게 시켰다)
Hanako-ga kaminoke-o sinayakani sase-ta
하나코-주격 머리(카락)-대격 부드럽게 시키다-과거.단정
'??하나코가 머리를 부드럽게 했다'

(44) a. 花子がヘアクリームで髪の毛をしなやかにした。
Hanako-ga heakurimu-de kaminoke-o sinayakani si-ta
하나코-주격 헤어크림-도구 머리(카락)-대격 부드럽게 하다-과거.단정
'하나코가 헤어크림으로 머리를 부드럽게 했다'

b. 花子がヘアクリームで髪の毛をしなやかにさせた。
Hanako-ga heakurimu-de kaminoke-o sinayakani sase-ta
하나코-주격 헤어크림-도구 머리(카락)-대격 부드럽게 시키다-과거.단정
'하나코가 헤어크림으로 머리를 부드럽게 했다'

(45) a. このヘアクリームは髪の毛をしなやかにする。
kono heakurimu-wa kaminoke-o sinayakani sur-u
이 헤어크림-은 머리(카락)-대격 부드럽게 하다-현재.단정
'이 헤어크림은 머리를 부드럽게 한다'

b. このヘアクリームは髪の毛をしなやかにさせる。
kono heakurimu-wa kaminoke-o sinayakani ase-ru
이 헤어크림-은 머리(카락)-대격 부드럽게 시키다-현재.단정
'이 헤어크림은 머리를 부드럽게 한다'

(43)이 부자연스러운 것은 하나코(花子)가 머리카락의 성질을 바꾼, 즉 하나코(花子)가 피사역사태를 일으킨 직접적인 동작주로서 해석되기 때문이다. 그렇다면 (40)과 달리 (43)에서는 왜 동작주로 해석되는 것일까? 그것은 세계에 대한 우리의 사태 파악 방법과 관련이 있을 것이다. 우리는 보통 애완견을 방치해 두면 병에 걸리기 쉽다는 것을 알고 있다. 그렇기 때문에 (40)은 보통 비의도적으로 발생하는 사태로서 이해되기 쉽다. 부드러운 머리카락을 가지기 위해서는 의도적인 행위(머리 손질)가 필요하다. 또 머리카락의 성질을 부드러운 상태로 바꿀 수 있는 것도 헤어크림과 같은 도구(?)를 사용해야 가능하다. 따라서 (44)와 같이 'ヘアクリームで(heakurimu-de, 헤어크림으로)'라는 명사구를 삽입하거나 (45)와 같이 헤어크림 그 자체를 주어로 가져와도 적격한 문장이 되는 것이다.16)

이 경우 (44)의 해석은 그 부자연스러움을 고려한다면 〔머리카락이 부드러워진 상태〕를 일으킨 것은 직접적인 동작주인 하나코(花子)가 아니라 〔하나코가 헤어크림을 머리카락에 발랐다〕고 하는 사역사태 전체가 된다고 이해할 필요가 있다. 결국, 사건의 프로세스는 하나코에서 헤어크림으로, 헤어크림에서 머리카락으로 진행되어 가기 때문에 사다노부(定延 1998 : 11)가 포기했던 바로 그 전형적인 당구공 모델의 사역연쇄가 전개되는 것이다(Talmy 1985, Langacker 1991, Croft 1991). 이 경우 머리카락의 성질을 바꾸기 위하여 직접 작용할 수 있는 것은 헤어크림이어야 한다. 요컨대 〔하나코가 헤어크림을 바르다〕 → 〔헤어크림이 머리카락에 작용한다〕 → 〔머리카락이 부드럽다〕와 같이 사역연쇄가 진행되어 가는데, 이 경우 사역자인 하나코는 직접적인 동작주가 아니라 사역연쇄의 시발자(주역)가

---

16) 의미역이 다른 두 개가 모두 주어로서 성립하는 것은 Fillmore(1968)의 *John broke the window with a hammer.*와 *A hammer broke the window.*의 관계와 유사한 점이 있다.

되기 때문에 사역자로서 주어의 위치에 올 수 있는 것이다. 또 이 경우 만일 헤어크림과 같이 중간 단계를 잇는 존재가 없다면 이 두 개의 문장은 모두 성립하지 않게 된다.

다음의 (46)과 같은 자연현상에서는 시발자를 언어화하는 것이 곤란하기 때문에 만일 회오리바람(竜巻)과 같은 시발자가 있으면 그와 같이 사역연쇄의 중간 단계를 잇는 것이 주어가 된다. 즉, 회오리바람도 위의 헤어크림과 동일하게 높은 파도(高波)에 직접 작용하여 피사역사태를 일으킨 것이 된다.

(46) a. 竜巻が、高波を起こした。

tatumaki-ga　　takanami-o　　okosi-ta

회오리바람-주격　　높은 파도-대격　　일으키다-과거.단정

'회오리바람이, 높은 파도를 일으켰다'

b. 竜巻が、高波を起こさせた。

tatumaki-ga　　takanami-o　　okos-ase-ta

회오리바람-주격　　높은 파도-대격　　일으키다-사역-과거.단정

'회오리바람이, 높은 파도를 일으키게 했다'

이상의 상황에서 (37)을 다시 한번 검토해 보자. 이 문장의 사역자도 사실은 사역연쇄의 시발자이고, 실제로 피사역사태를 일으키는 것은 여기서는 언어화되지 않는 중간 단계의 어떤 요소인 것이다. 그렇다면 다음의 두 가지 설명이 가능하다. 하나는 〔매니저가 무엇인가를 했다〕는 것을, 예를 들어 방송에 나가 줬으면 좋겠다 따위는 한마디도 하지 않았다거나, 혹은 무심코 혼잣말로 한마디 하는 것과 같은 일종의 지시적 상황으로서 이해되는 것이다. 즉, 우연히 그 말을 주워들은 탤런트가 마음이 흔들려 (마음속에 직접 작용하여) 〔탤런트가 방송에 나가다〕라는 피사역사태를

일으켰다는 것이다. 이것은 (47)과 같이 표현할 수 있다. 또 (48)과 같이 시발자인 매니저를 주어로 하는 것도 가능하다. 이 경우 매니저는 직접 지시를 하는 동작주가 아니라 피사역사태를 일으킨 시발자(주역)이어야 하는 것이다.

(47) a. マネージャーの思わぬ一言がタレントを番組にだした。
manezyaa-no omowanu hitokoto-ga tarento-o bangumi-ni dasi-ta
매니저-속격 무심코 한 말 한마디-주격 탤런트-대격 방송-처격 내다-과거.단정
'매니저가 무심코 한 말 한마디가 탤런트를 방송에 내보냈다'

b. マネージャーの思わぬ一言がタレントを番組にださせた。
manezyaa-no omowanu hitokoto-ga tarento-o bangumi-ni das-ase-ta
매니저-속격 무심코 한 말 한마디-주격 탤런트-대격 방송-처격 내다-사역-과거.단정
'매니저가 무심코 한 말 한마디가 탤런트를 방송에 내보냈다'

(48) a. マネージャーが(思わぬ一言で)タレントを番組にだした。
manezyaa-ga (omowanu hitokoto-de) tarento-o bangumi-ni dasi-ta
매니저-주격 (무심코 한 말 한마디-수단) 탤런트-대격 방송-처격 내다-과거.단정
'매니저가 (무심코 한 말 한마디에) 탤런트를 방송에 내보냈다'

b. マネージャーが(思わぬ一言で)タレントを番組にださせた。
manezyaa-ga (omowanu hitokoto-de) tarento-o bangumi-ni das-ase-ta
매니저-주격 (무심코 한 말 한마디-도구격) 탤런트-대격 방송-처격 내다-사역-과거.단정
'매니저가 (무심코 한 말 한마디에) 탤런트를 방송에 내보냈다'

다른 하나는 〔메니저가 무언가를 했다〕는 것을 일종의 조작적 상황(원격조작)과 같이 해석되는 것이다. 예를 들어 매니저가 가지고 있는 어떤 요소가 탤런트의 마음을 움직여 (마음속에 직접 작용하여) 탤런트가 방송에 나갔다는 것이다. 이는 다음의 (49)와 같은 문장으로 나타낼 수 있다.

(49) a. ?マネージャーの人格がタレントを番組にだした。

manezyaa-no zinkaku-ga tarento-o bangumi-ni dasi-ta

매니저-속격 인격-주격 탤런트-대격 방송-처격 내다-과거.단정

'매니저의 인격이 탤런트를 방송에 내보냈다'

b. マネージャーの人格がタレントを番組にださせた。

manezyaa-no zinkaku-ga tarento-o bangumi-ni das-ase-ta

매니저-속격 인격-주격 탤런트-대격 방송-처격 내다-사역-과거.단정

'매니저의 인격이 탤런트를 방송에 내보냈다'

단, 여기서 (49a)와 같은 타동사문은 약간 부자연스러운데, 그것도 (50)과 같이 고치면 두 문장 모두 자연스러운 문장이 된다.[17]

(50) a. マネージャーの熱意がタレントを番組にだした。

manezyaa-no netui-ga tarento-o bangumi-ni dasi-ta

매니저-속격 열의-주격 탤런트-대격 방송-처격 내다-과거.단정

'매니저의 열의가 탤런트를 방송에 내보냈다'

b. マネージャーの熱意がタレントを番組にださせた。

manezyaa-no netui-ga tarento-o bangumi-ni das-ase-ta

매니저-속격 열의-주격 탤런트-대격 방송-처격 내다-사역-과거.단정

'매니저의 열의가 탤런트를 방송에 내보냈다'

(51) a. マネージャーが(あつい熱意で)タレントを番組にだした。

manezyaa-ga (atui netui-de) tarento-o bangumi-ni dasi-ta

매니저-주격 (뜨거운 열의-도구격) 탤런트-대격 방송-처격 내다-과거.단정

'매니저가 (뜨거운 열의로) 탤런트를 방송에 내보냈다'

b. マネージャーが(あつい熱意で)タレントを番組にださせた。

17) '인격'과 '열의'의 차이로 적격성이 달라지는 것을 보면 적어도 타동사문 쪽이 더 직접적인 원인이라는 것이 요구된다고 이해할 수 있을 것이다. (48a)도 완벽하게 자연스럽다고 하는 화자도 있기 때문에 개인차에 따라 판단이 달라질 가능성도 시사한다. (50)의 예는 마노 미호(真野美穂) 씨가 알려 주었다.

manezyaa-ga (atui netui-de) tarento-o bangumi-ni das-ase-ta
매니저-주격 (뜨거운 열의-도구격) 탤런트-대격 방송-처격 내다-사역-과거.단정
'매니저가 (뜨거운 열의로) 탤런트를 방송에 내보냈다'

만일 (37)이 (48)이나 (51)과 같이 해석되지 않고, 명령이나 설득, 간청 등의 형태로 직접 지시하는 사람이라는 의미의 동작주이고, 피사역자도 자신의 의사에 따라 스스로 결정하여 방송에 나갔다고 한다면 피사역자의 격 표지는 여격으로도 바뀔 수 있다고 예측된다. 그러나 그것은 (52)와 같이 부적격한 문장이 되는데, 그러한 상황을 표현할 수 있는 것은 (53)과 같은 규범적 사역문이다. 여기서 규범적 사역문과 비규범적 사역문에서 사역자 및 피사역자의 의미역의 차이가 분명해진다(더 자세한 내용은 6.3.1절 참조).

(52) a. *マネージャーがタレントに番組にだした。
manezyaa-ga tarento-ni bangumi-ni dasi-ta
매니저-주격 탤런트-여격 방송-처격 내다-과거.단정
'*매니저가 탤런트에게 방송에 내보냈다'
b. *マネージャーがタレントに番組にださせた。
manezyaa-ga tarento-ni bangumi-ni das-ase-ta
매니저-주격 탤런트-여격 방송-처격 내다-사역-과거.단정
'*매니저가 탤런트에게 방송에 내보냈다'

(53) マネージャーがタレントに番組にでさせた。
manezyaa-ga tarento-ni bangumi-ni de-sase-ta
매니저-주격 탤런트-여격 방송-처격 나다-사역-과거.단정
'매니저가 탤런트에게 방송에 나가게 했다'

이상과 같이 비규범적 사역구문에서는 사역자가 인간이어도 피사역사

태를 직접적으로 일으키는 동작주는 아니다. 단 사역연쇄의 시발자이기 때문에 주어의 위치에 올 수 있는 것이다. 따라서 사역자의 어떤 행위가 피사역사태를 불러일으켰다는 원인주로 해석되기 쉽다. 그렇기 때문에 헤어크림과 같이 머리카락의 성질을 바꿀 수 있는 것, 즉 인간이 직접 만질 수 없는 곳에 직접 작용할 수 있는 것이나 사역사태 그 자체를 나타내는 사건명사구 등도 비규범적 사역구문에서는 사역자로 성립할 수 있는 것이다.[18] 주시하다시피, '花子は父親の死を悲しんだ。(Hanako-ha titioya-no si-o kanasin-da, 하나코는 아버지의 죽음을 슬퍼했다)'와 같은 심리동사문도 사역문은 '父親の死は花子を悲しませた。(titioya-no si-wa Hanako-o kanasam-ase-ta, 아버지의 죽음은 하나코를 슬프게 했다)'와 같이 결합가를 증가시키지 않는데(井上 1976), 여기서도 사역자(아버지의 죽음)는 하나코(花子)의 마음에 직접 작용하여 그 심리상태를 바꿔 버리는 원인 요소가 되는 것이다.

4.3.3 피사역자의 본래 성질·현재의 상태와 간접성

피사역사태가 어떻게 전개하는지는 피사역자가 가지고 있는 본래의 성질(의미론적 요소)뿐만 아니라 피사역자가 놓여 있는 현재의 상태(화용론적 요소)와도 깊은 관련이 있다. 예를 들면 다음과 같은 무정물을 피사역자로 했을 경우 타동사문은 모두 자연스럽지만, (54b)와 (55b)에 보이는 바와 같이 'saseru'문의 경우에는 문장에 따라 적격성이 달라진다(더 자세한 것은 제5장을 참조).

---

18) 광범위한 데이터는 定延(1991, 1998)을 참조하기 바란다.

(54) a. 太郎が椅子を倒した。

Taro-ga isu-o taosi-ta
타로-주격 의자-대격 넘어뜨리다-과거.단정
'*타로가 의자를 넘어뜨렸다'

b. *太郎が椅子を倒れさせた。

Taro-ga isu-o taore-sase-ta
타로-주격 의자-대격 넘어지다-사역-과거.단정
'타로가 의자를 넘어지게 시켰다'

(55) a. 太郎が車のエンジンを止めた。

Taro-ga kuruma-no enzin-o tome-ta
타로-주격 차-속격 엔진-대격 멈추다-과거.단정
'타로가 차의 엔진을 멈췄다'

b. 太郎が車のエンジンを止まらせた。

Taro-ga kuruma-no enzin-o tomar-ase-ta
타로-주격 차-속격 엔진-대격 멈추다-사역-과거.단정
'타로가 차의 엔진을 멈추게 했다'

Shibatani(1973a)에서는 (55)의 a와 b가 나타내는 상황을 다음과 같이 설명한다(3.4.3절도 참조). 만일 타로(太郎)가 자동차 키를 사용하여 평범하게 엔진을 멈췄다고 한다면 (55a)의 문장을 사용할 것이다. 그렇지만 엔진에 모래나 돌 등이 들어 있거나 하여 정상적인 방법으로는 제어할 수 없는 이상(異常) 사태가 발생했을 경우라면 (55b)가 적절하다. 요컨대 그와 같은 상태에 있는 엔진은 단순히 무정물로서가 아니라 자신의 힘으로 움직일 수 있는 존재로 간주되는 것이다. (55b)가 허용되는 것은 그 때문이라고 설명할 수 있다.

이 설명을 다음과 같이 바꿔도 별다른 무리는 없을 것이다. 일반적인 방법으로 별다른 어려움 없이 엔진을 멈추게 한 상황에서는 (55a)의 타동사문이 적격이다. 우리가 일상적으로 경험하는 것은 이와 같은 상황이다. 그러나 모래나 돌 등과 같은 방해물이 들어 있어 행위의 수행이 용이하지 않을 경우, 즉 방해물에 의해 행위의 수행이 가로막힌 상황에서는 (55b)의 'saseru'문이 더 적절하다. 이 경우 사역자의 행위 수행에 저항하는 엔진의 비정상적인 움직임은 자신의 힘으로 움직이는 것과 동일하게 여겨지는 것이다.

요컨대 'saseru'문의 피사역자는 자력으로 피사역사태를 유도할 수 있는 존재이어야 한다. 그러나 그것이 오히려 사역자에게는 그 행위를 용이하게 수행하는 데에 방해가 되는 것일 수도 있다. 피사역자의 이와 같은 성질을 잠재 능력이라고 한다면 그 전형적인 출현은 인간이다(잠재 능력의 정의는 5.5.2절을 참조). 더욱이 인간은 자신의 의지로 피사역사태를 유도할 수도 있다. 따라서 사역자에게는 더 강한 저항도 예상된다.

이와 같은 이해를 바탕으로 (55b)와 같은 사역문에서 '엔진이 멈추다'와 같은 피사역사태는 엔진의 잠재 능력에 의하여 전개되는 것처럼 사역자가 유도했다고 하자. 그러면 사역자인 타로(太郎)는 그와 같은 사태에 과연 어떻게 관여하는 것일까?

두 가지 상황을 생각할 수 있는데, 강제적인 상황과 저절로 일어나도록 유발되는 상황이다. 만일 엔진에 모래 등이 들어가 좀처럼 멈추지 않는 상태가 계속되었지만 어떻게든 멈추게 한 경우라면 보통은 사역자가 강제로 유도했다고 이해할 수 있다. 한편, 엔진이 자신의 힘으로 저절로 멈추도록 유발되었다고 하는 해석도 가능하다. 즉, (55b)의 의미 해석은 이러한 두 가지 방식의 해석을 모두 허용한다. 그것은 아마 (잠재 능력에 기반하는) 피사역자의 저항을 사역자가 제압하는지 아니면 그 성질을 능숙하게 이용하는지의 차이에서 유래할 것이다.

이와 같은 의미 해석은 (55a)의 타동사문에서는 나오지 않는다. 왜냐하면 타동사문에서는 자동차 키를 오프로 돌리는 것과 그로 인해 엔진이 멈추는 것이 거의 동시에 끝나 버리기 때문에 잠재 능력을 가지는 존재인지 아닌지와 같은 피사역자의 의미 성질이나, 또 현재의 상황에서 그것이 저항하는 상태인지 아니면 협력적인 상황인지 등은 이미 문제시되지 않는 것이다.

사실 비규범적 사역구문에서도 (55b)의 규범적인 사역문과 동일하게 두 가지 방식의 의미 해석이 가능하다.

(56) a. 髪の毛をしなやかにする整髪剤。(=13)

kaminoke-o sinayakani sur-u seihatuzai
머리카락-대격 부드럽게 하다-현재.관형형 정발제
'머리카락을 부드럽게 하는 정발제'

b. 髪の毛をしなやかにさせる整髪剤。

kaminoke-o sinayakani sase-ru seihatuzai
머리카락-대격 부드럽게 시키다-현재.관형형 정발제
'머리카락을 부드럽게 시키는 정발제'

(57) a. マネージャーがタレントを番組にだした。(=37)

manezyaa-ga tarento-o bangumi-ni dasi-ta
매니저-주격 탤런트-대격 방송-처격 내다-과거.단정
'매니저가 탤런트를 방송에 내보냈다'

b. マネージャーがタレントを番組にださせた。

manezyaa-ga tarento-o bangumi-ni das-ase-ta
매니저-주격 탤런트-대격 방송-처격 내다-사역-과거.단정
'매니저가 탤런트를 방송에 내보냈다'

(56b)는 머리카락이 본래 가지고 있는 성질을 발동시키는, 즉 유발하는 트리트먼트이거나 머리카락의 현재 상태가 나빠도 강제적으로 부드럽게

만들어 버릴 정도로 효력이 좋은 트리트먼트라고 하는 두 가지 방식의 해석이 가능하다(cf. 森田 1988, 4.1.2절 참조). (57b)도 탤런트의 마음속 상태가 비협력적이어서 방송에 나가는 것을 꺼려하는 상황이라면, 예를 들어 매니저의 인격이나 열의 등은 탤런트의 마음속에 깊은 울림을 주어 탤런트가 방송에 나가는 행위를 이끄는 강력한 요인으로 작용했다고 해석할 수 있다. 그러나 그렇지 않은 상황이라고 한다면, 탤런트의 마음속에 울림을 주어 스스로 나가도록 유발하는 요인으로도 이해할 수 있다. 이와 같은 의미는 (55a)와 같이 타동사문인 (56a)나 (57a)에는 나타나지 않는다. 타동사문에서는 머리카락의 성질이 어떤지, 또 현재의 상태가 나쁜지 좋은지, 탤런트도 의지를 가진 존재여서 현재의 마음속 상태가 협력적인지 비협력적인지 등은 본디 문제가 되지 않는 것이다.

이상과 같이 (56)(57)의 a와 b가 보여 주는 의미 대립은 (55)의 a와 b와 같이 규범적 사역문에서 보여 주는 의미의 차이와 평행하다. 즉, 비규범적 사역구문에 한하여 강제 혹은 유발의 의미가 표출되는 것은 아닌 것이다. 그것은 'saseru'문의 일반적인 의미 특징이고, 그 근원은 피사역자의 본래 성질과 함께 현재의 상태가 문제가 되었을 때 해석된다. 'saseru'의 간접성이 출현한 것이라고 할 수 있다(柴谷 1978 및 5.5절의 분석을 보기 바란다).[19] 바꿔 말하면, (56)(57)의 'saseru'문이 타동사문과는 다른 의미를 나타낸다고 한다면 그것은 이러한 의미에서의 'saseru'의 간접성인 것이다(cf. 定延 1991).

---

19) 여기서 말하는 간접성이란, 간접사역과 동일한 층위의 것이 아님에 주의하기 바란다. 'saseru(させる)'는 피사역자의 성질을 문제로 삼거나, 사역자가 직접 접촉할 수 없다고 하는 의미에서 간접성을 언어 표현에 반영하는 형식이기는 하지만, 그렇다고 해서 'saseru'문이면 모두가 간접사역의 의미를 나타내는 것이라고는 할 수 없기 때문이다. 간접사역의 의미는 사역사태와 피사역사태가 공간적·시간적으로 분리되는 두 개의 사건으로서 이해될 필요가 있다. 간접성에 대해서는 5.5.2절을, 간접사역에 대해서는 4.4.2절을 참조하기 바란다.

본절에서 고찰한 비규범적 사역구문을 만드는 경우의 'suru(하다)'문과 'saseru'문의 특징은 다음과 같이 정리할 수 있다.

(58) 비규범적 사역구문을 만드는 경우의 'suru(하다)'문과 'saseru'문의 특징
i. 'suru'동사는 상태변화를 나타내는 사역타동사일 필요가 있다.
ii. 'suru'문과 'saseru'문의 사역자는 직접적으로 피사역사태를 일으키는 동작주가 아니라 사역연쇄의 시발자이거나 혹은 피사역사태에 직접 작용하는 원인주이다.
iii. 'saseru'문은 피사역자의 본래 성질(잠재 능력)뿐만 아니라 현재의 상태(협력적인지 비협력적인지)도 문제시된다. 그러나 'suru'문에는 그와 같은 제약이 없다.
iv. 'suru'문은 일반적으로 일어나는 행위를 나타내는 경우에 이용되고 직접성의 의미와 대응하지만, 'saseru'문은 일반적이지 않은 상황에 이용되고 간접성의 의미와 대응한다.

여기서 (39)에 대한 사다노부(定延)의 사태 해석으로 돌아가 보자. '곰팡이발생모델'식의 사태 해석에서 설정한 또 하나의 과정이란 사실 피사역자의 본래 성질이나 현재의 상태가 문제시되어 나타난 'saseru'의 간접성으로 환원할 수 있다. 더욱이 그 모델이 보장하는 의미도 저절로 일어나도록 유발된 경우에만 적용할 수 있다는 약점이 있다. 게다가 사역자는 직접적인 동작주가 아니라 시발자이거나, 피사역자의 성질에 직접 작용하거나 피사역자의 마음속에 직접 호소하는 원인 요소이다. 이처럼 생각하면 비인과율을 나타낸다고 하는 '곰팡이발생모델'은 일본어의 비규범적 사역구문에 보이는 결합가의 불일치를 설명하는 모델로는 이미 부적절하다. 물론 이 모델이 한국어의 현상을 다룰 수 있으리라고는 도저히 생각할 수 없다.

우리는 비규범적 사역구문에서 사역형태소의 부가는 일본어나 한국어

에서 모두 의미적 타동성이라고 하는 의미 기반 위에서 통일적으로 파악해야 하는 것이라고 생각한다. 즉, 두 언어 모두 객관적으로는 동일한 사태라고 하더라도 방해가 많은 상황이라면 사역형태소를 부가하여 표현할 수 있다는 것이다. 이 경우 방해 요소로서 출현하는 전형적인 방식은 타자이다(한국어는 (30)과 (31)을 보기 바란다). 결국 자력으로 행위를 할 능력을 가지는 피사역자의 성질 그 자체가 사역자의 행위 수행을 가로막는 요소이고, 간접성을 표시하는 것이기도 하다. 더욱이 이러한 성질에 기반하는 피사역자의 저항은 협조적인지 비협조적인지 하는 피사역자의 현재 상태로 표출되어 일반적으로 발생하는 상황은 아니라고 하는 이해를 만들어 내기도 한다.

일본어의 경우 피사역자의 저항이 강한 경우인 비협조적인 상황에서는 강제적이라는 의미가 나타나는데, 협조적인 경우에는 피사역자의 본래 성질을 잘 이용하여 저절로 일어나도록 유발한다는 의미를 나타낸다. 한국어에서도 (사실은 일본어에서도) (29)와 같이 사역형 동사를 이용한 '경찰이 그 여자를 감금-*시키*-었다'와 같은 경우에는 세 가지 의미해석이 가능하다. 그중 두 가지는 피사역자의 저항이 강한 경우인 비협조적인 상황인데, 그 경우에 강제적이라는 의미가 나타난다. 나머지 하나는 경찰 당국이 하라는 대로 행동하는 탈초점화된 존재가 있어 그 여자의 감금 상태가 불가시적인 어떤 존재에 의해 일어났음을 나타낸다.

즉, 한국어(일본어도)의 비사역형인 '경찰이 그 여자를 감금-*하*-였다'나 일본어의 '*マネージャーがタレントを番組にだした*(manezyaa-ga tarento-o bangumi-ni dasi-ta, 매니저가 탤런트를 방송에 내보냈다)'는 피사역자의 의지나 그로 인한 저항 등이 본래 문제가 되지 않는다. 피사역자는 단순한 대상에 지나지 않고, 따라서 사역자의 행위도 용이하게 수행할 수 있는 상황이다. 그러나 피사역자의 성질이나 현재의 상태가 문제시되면 그 행위는

타자를 향하는 경우와 동등한 상황이 되기 때문에 용이하지 않게 된다. 따라서 사역형태소를 부가하는 것이다. 이와 같은 의미적 타동성의 차원에서 두 언어는 동일한 행태를 보이는 것이다.

4.4 형식과 의미의 대응 관계

4.4.1 통사구조

3.4.2절에서 서술한 바와 같이, 생성문법의 틀 안에서 이루어져 온 70년대의 Shibatani의 사역 연구에서는 어휘적 사역과 생산적 사역의 의미적 차이는 통사구조에서 도출되는 것으로 보았다. 즉, 어휘적 사역은 하나의 사건을 나타내는 단문 구조로서 직접사역의 의미를 나타내고, 생산적 사역은 두 개의 사건을 나타내는 복문구조로서 간접사역의 의미를 나타낸다는 것이었다.

여기서는 비규범적 사역구문을 다루는데, 과연 생성문법에서 가정한 바와 같이 'saseru'문이 내포문을 가지는 복문구조라고 가정할 수 있는 것인지에 대하여 검토한다. 먼저 재귀대명사의 행태를 살펴보자.

(59) a. マネージャー$_i$ が女優$_j$ を自分$_{i/*j}$ が脚本を書いた劇にだした。

manezyaa$_i$-g　zyoyu$_j$-o　zibun$_{i/*j}$-ga　kyakuhon-o
매니저-주격　여배우-대격　자신-주격　각본-대격
kai-ta　geki-ni　dasi-ta
쓰다-과거/관형형　극-처격　내다-과거.단정
'매니저가 여배우를 자기가 각본을 쓴 연극에 내보냈다'

b. マネージャー$_i$ が女優$_j$ を自分$_{i/j}$ が脚本を書いた劇にださせた。

manezyaa$_i$-ga　zyoyu$_j$-o　zibun$_{i/j}$-ga　kyakuhon-o
매니저-주격　여배우-대격　자신-주격　각본-대격

kai-ta geki-ni das-ase-ta
쓰다-과거/관형형 극-처격 내다-사역-과거.단정
'매니저가 여배우를 자기가 각본을 쓴 연극에 내보냈다'

만일 생산적 사역 'saseru'가 내포문을 가지는 것이라면 (59b)는 그 안에 (59a)를 보문으로 가져야 한다. 그러나 그와 같은 조작은 원래부터 불가능하다. 그럼에도 불구하고 (59b)에서 재귀대명사의 선행사에 대한 해석에는 중의성이 발생한다. (59a)에서 자신의 선행사는 사역자인 매니저뿐이지만, (59b)에서는 매니저는 물론 피사역자인 여배우도 선행사가 될 수 있다. 참고로 만일 (59a)를 보문으로 하는 사역문이라면 (60)과 같이 논항을 하나 증가시켜야 하는데, (59b)에 정보의 결여감은 전혀 없다.

(60) 監督が〔マネージャーに女優を自分が脚本を書いた劇にだ〕させた。
kantoku-ga 〔manezyaa-ni zyoyu-o zibun-ga kyakuhon-o
감독-주격 매니저-여격 여배우-대격 자신-주격 각본-대격
kai-ta geki-ni das〕-ase-ta
쓰다-과거.관형형 극-처격 내다-사역-과거.단정
'감독이 〔매니저에게 여배우를 자신이 각본을 쓴 연극에 내보내〕게 했다.'

부사구의 수식 범위도 동일하다. (61a)는 매니저의 태도가 적극적이라는 의미만을 전달하지만, (61b)에서는 여배우가 적극적인 태도로 무대에 섰다는 해석도 가능하다.

(61) a. マネージャーが女優を積極的に舞台にだした。
manezyaa-ga zyoyu-o sekkyokutekini butai-ni dasi-ta
매니저-주격 여배우-대격 적극적으로 무대-처격 내다-과거.단정
'매니저가 여배우를 적극적으로 무대에 내보냈다'
b. マネージャーが女優を積極的に舞台にださせた。

manezyaa-ga zyoyu-o sekkyokutekini butai-ni das-ase-ta
매니저-주격 여배우-대격 적극적으로 무대-처격 내다-사역-과거.단정
'매니저가 여배우를 적극적으로 무대에 내보냈다'

비규범적 사역구문이 보이는 위와 같은 현상에 따르면 다음의 두 가지 사항을 주장할 수 있다. 첫째, 'saseru'문이 내포문을 가지는 복문구조라는 가정은 거의 의미가 없다. 둘째, 부사구의 수식 범위나 재귀대명사의 선행사에 대한 이해는 내포문을 가지는지 여부, 혹은 주어가 두 개 있는지 여부와 같은 통사 현상과는 관계가 없다.

사실은 이와 동일한 결론을 Shibatani & Pardeshi(2002)와 Shibatani & Chung(2002)의 연구에서도 이미 제출된 바 있다(3.4.2절을 참조). 거기서는 기존의 Shibatani의 사역 연구를 재검토하여 사역형식이 통사구조를 통하여 의미해석되는 것이 아니라 사태구조(사역 상황)와 직접 대응하여 의미해석된다고 봐야 하는 것을 주장하였다.

4.4.2 사태구조

Shibatani & Pardeshi(2002)와 Shibatani & Chung(2002)의 제안은, 사역 상황이라는 것이 기존의 논의에서와 같이 직접사역과 간접사역의 이분법적인 것이 아니라 그 중간적인 상황으로서 수반사역(Sociative causation)이 있다고 하는 것이다. 그리고 이 세 가지 상황은 직접성의 축을 따라 연속적으로 분포한다. 또 수반사역에는 다음에서 제시하는 것과 같이 동반행위, 보조수반, 감독수반의 세 가지 상황이 있다. 각각의 상황은 다음과 같은 사태구조의 도식을 사용하여 구체적으로 제시된다.

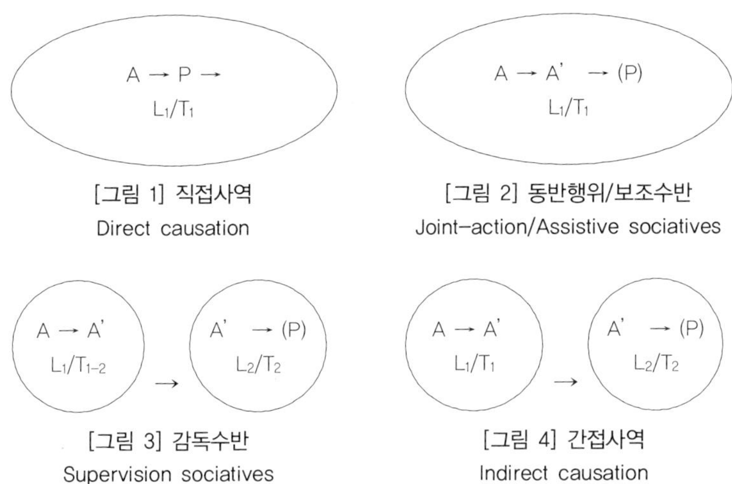

[그림 1] 직접사역
Direct causation

[그림 2] 동반행위/보조수반
Joint-action/Assistive sociatives

[그림 3] 감독수반
Supervision sociatives

[그림 4] 간접사역
Indirect causation

위의 도식 안에서 L은 공간적 장소를, T는 시간을 나타낸다. 또 화살표는 사건의 분절을 나타낸다. 이것은 자동적인 사건으로서 동사에 의해 코드화된 잠재적 단위이다. A → A' → P는 A의 행위가 A'와 P를 포함하는 사건 분절로 넘어간다는 타동적 행위의 연쇄를 가리킨다. 이는 실제로 A가 직접사역이나 동반행위, 또는 보조수반에 관여할 때에 일어나는 것이다. 예를 들어 A가 P를 죽인 것(A → P →)이라면, A의 사역행위(A → P)는 P가 죽어가고 있는 사태(P →)으로 넘어간다. 이와 동일하게 만일 A가 A'를 돕고 있는 보조의 상황에서 A'가 P를 하면(예를 들면 아이가 오줌을 누다) A의 사역행위(A → A')는 A'에 의한 사건(A' → P)로 넘어간다. 이러한 사역행위와 피사역사태 사이의 공간적·시간적 오버랩은 두 개의 관련 사건의 분절을 L_1/T_1의 지정(指定)에 할당함으로써 표시된다.

감독수반의 사역은 원거리 감독도 있지만 사역자와 피사역자가 근거리에 있어도 두 개의 사건 사이에 물리적인 분리가 있는 것처럼 각각의 공간적 지정이 부여된다.[20] 그러나 거기에는 부분적인 시간적 오버랩이 있다. 간접사역은 공간적 오버랩의 가능성이 있다고 해도 두 개의 사건이 각각 별도의 공간적·시간적 지정을 가지는 것으로서 주어진다.

이 경우 재귀대명사의 선행사에 대한 해석은 다음과 같은 규칙으로 설명할 수 있다(Shibatani & Chung 2001).

(62) 재귀대명사의 해석 규칙(Reflexive Construal Rule)
더 현저한 주역(protagonist)에 의해 지배 받지 않는 한, 그 주역은 재귀대명사를 제어할 수 있다.
(i) 주역 현저도의 위계 : Initial A 〉 A 〉 P 〉 Defocused A
(ii) 동일 사건의 분절 내에 두 개의 주역이 동시에 일어나면 하나는 더 현저한 또 하나의 다른 주역에 의하여 지배를 받는다.

이 해석 규칙에서는 A(gent)와 P(atient)와 같은 사태의 참가자 모두가 재귀대명사를 컨트롤할 수 있는 잠재적 가능성을 가진 주역이 된다. 어떤 참가자가 재귀대명사를 컨트롤하는 주역이 될지는 (62)의 (i)과 (ii)에 의하여 결정된다.

재귀대명사의 선행사에 대한 해석을 이와 같이 의미적 기반 위에서 정의하면 일단 (59b)와 같은 일본어의 비규범적 사역구문을 적절하게 다룰 수 있다. 즉, (59b)가 나타내는 현상은 매니저와 여배우가 둘 다 문법적 주어이기 때문이 아니라 두 사람 모두 현저한 주역이기 때문에 중의성이 생기는 것이다. 바꿔 말하자면, 일본어의 비규범적 사역문은 내포문을 가지는 것이 아니라 각각의 공간적·시간적 지정을 가지는 두 개의 사건 분절을 가지는 사태구조이기 때문에 사역형태소 'saseru'를 부여한다는 것

---

20) 물리적으로는 같은 공간에 있더라도 두 사람이 대립하는 상황이라면 이와 같은 지정이 가능하다. 예를 들면 동일한 방에 있는 부부가 싸움을 했을 때의 두 사람, 혹은 국회에서 옆자리에 앉아 있는 야당과 여당 국회의원들을 상상하기 바란다.

이다. 그것은 〔그림 3〕과 〔그림 4〕과 같은 사태구조가 될 것이다. 즉, 4.3.3절에서 고찰한 바와 같이, 일본어의 비규범적 사역구문에는 두 가지 방식의 의미 해석이 있었다. 예를 들어 (59b)라면 매니저의 열의, 혹은 어떤 태도가 여배우의 마음속에 깊은 울림을 줌으로써, 여배우가 꺼려하는 상황이었음에도 불구하고 억지로 연극에 나가도록 했거나, 아니면 스스로 연극에 나가도록 유발했다는 해석이다. 이 두 가지 의미에서 전자는 〔그림 3〕의 상황에 가깝고, 후자는 〔그림 4〕의 상황과 같이 해석될 것이다. 단, 규범적 사역구문과 다른 점은 사역사태의 주역인 사역자가 직접 작용을 가하는 동작주가 아니라 원인주라는 것이다. 따라서 〔그림 3〕의 상황이라고 하더라도 감독의 의미는 나타낼 수 없다. 그 대신 사역자가 가지고 있는 어떤 요소가 피사역자의 비협조적인 상태를 계속하여 억누르고 있다는 강제적 의미가 있고, 그와 같은 점에서 두 개의 사건 사이에는 부분적인 시간적 오버랩을 인정할 수 있는 것이다.

그런데 다음의 한국어 예에는 (62)의 재귀대명사의 해석 규칙이 그대로 적용되지 않는다는 것을 알 수 있다. (29)의 예를 다시 제시해 본다(이 예는 일본어도 동일하다). 비사역형에는 두 가지 방식, 사역형에는 세 가지 방식의 의미가 각각 대응한다.

(63) a. 경찰$_i$-이 그 여자$_j$-를 자기$_{i/j}$ 집-에 감금-*하*-였다.
① 경찰$_i$(개인)이 자기$_i$의 집에 그 여자를 감금한 상황
② 경찰관(공인)이 그 여자$_j$ 를 그녀의 자택$_j$ 에 감금한 상황
b. 경찰이$_i$ 그 여자$_j$를 자기$_{i/j}$ 집-에 감금-*시키*-었다.
① 경찰$_i$ (개인)이 자기$_i$ 의 집에, 강하게 저항하는 그 여자를 감금시킨 상황
② 경찰관(공인)이 그 여자의 자택$_j$ 에, 강하게 저항하는 그 여자$_j$ 를 감금시킨 상황

③ 경찰 당국이 그 여자$_j$ 를 그녀의 자택$_j$ 에 감금시킨 상황

즉, (63)의 a와 b는 둘 다 재귀대명사를 해석할 때 중의성이 발생한다. 만일 여기에 어떤 규칙이 있다고 한다면, 그것은 명사구의 의미 해석에 대한 차이일 것이다. 개인으로서의 경찰인지 공인으로서의 경찰인지 하는 차이가 재귀대명사의 해석을 좌우하여 중의성을 발생시킨다고 할 수밖에 없다. 결국, 개인으로서의 경찰이라면 (개인적으로) 자기 집에 그 여자를 감금한 것이라고 해석할 수 있겠지만, 공인으로서의 경찰이라면 (공무집행상) 그 여자를 자택감금한 것이라고 해석할 수 있는 것이다.

그러나 둘 사이에는 결정적 차이가 있다. (63b)에는 그 여자의 강한 저항이 있고, 그 때문에 더 강제적인 힘을 필요로 한다. 더욱이 (63b)③과 같이 사역자가 경찰 당국으로서 이해되어 경찰(당국)이 말하는 대로 행동하는 탈초점화된 동작주(Defocused)로 해석된다는 차이가 있다. 이 경우에는 원거리 감독의 상황을 나타내기 때문에 피동자(P)인 그 여자가 재귀대명사를 컨트롤할 수 있다.

즉, (62)의 재귀대명사 해석 규칙은 (63a) ①와 (63b)①③에 대해서는 설명할 수 있지만, 나머지 둘에 관해서는 설명할 수 없다. 또 개인인지 공인인지 하는 명사구의 해석이 재귀대명사의 해석에 관여하는 것은 (62)의 해석 규칙과는 서로 다른 차원의 변인이 관여하고 있음을 시사하는 것이다. 이에 대해서는 제6장을 참조하기 바란다.

어찌 됐든 사역 상황에서 볼 때 이상과 같은 해석이 나타내는 상황을 다음의 그림과 같이 표시해 보자. 비사역형의 상태변화동사가 나타내는 사태구조 〔그림 5〕는 앞선 〔그림 1〕과 유사하고, 사역형의 상태변화동사가 나타내는 사태구조 〔그림 6〕과 〔그림 7〕은 앞선 〔그림 2〕 및 〔그림 3〕의 상황과 유사하다.

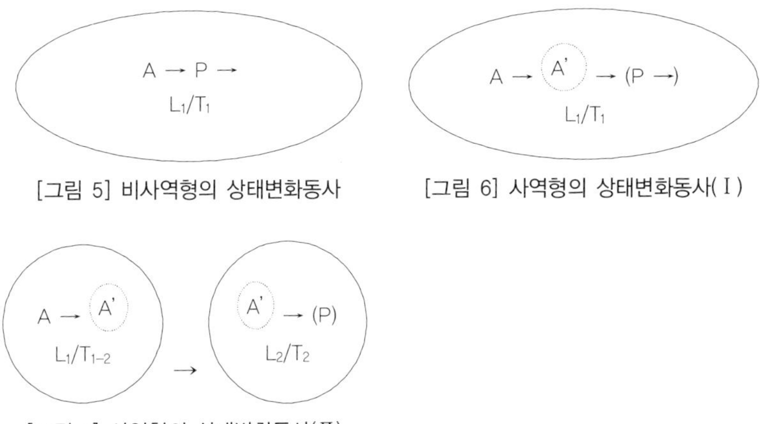

[그림 5] 비사역형의 상태변화동사

[그림 6] 사역형의 상태변화동사(Ⅰ)

[그림 7] 사역형의 상태변화동사(Ⅱ)

〔그림 5〕는 피사역자인 그 여자가 단순한 대상(P)에 지나지 않다는 것을 나타내는데, 〔그림 6〕에서는 피사역자가 자신의 의지를 가진 존재이고 또한 강하게 저항하는 상태에 있다는 것을 나타낸다. 이 경우 사역자는 먼저 행위의 수행을 방해하는 피사역자의 동작주성을 억누르지 않으면 그 다음의 감금되어 있지 않은 상태에서 감금된 상태로의 피사역자의 변화(P →)도 일으킬 수 없다. 결국 피사역자의 저항을 계속해서 억누르는 것(A → A')으로 인하여 그와 동시에 대상으로서의 피사역자의 상태변화도 자동적으로 일어나게 되는 것이다(A → A' → (P →)).

여기서 탈초점화된 피사역자의 존재(A')를 상정하는 이유는 (27b)에서 다룬 사역형을 사용한 '군인들이 길을 차단-*시키*-고 있다'의 예를 보면 납득할 수 있다. 이 경우에도 군인들은 도로의 차단 상태(P →)를 일으키기 위하여 행위의 수행을 방해하는 통행인을 가로막고 있다(A → A'). 즉, 통사구조에 통행인은 나타나지 않는다. 그러나 군인들이 통행인을 계속하여 가로막음으로써 그와 동시에 도로의 차단 상태도 자동적으로 얻게 되는 상황을 나타내는 것이다.

〔그림 7〕은 원거리 감독의 상황인데, 중요한 역할을 하는 피사역자는 탈초점화된 동작주이다. 즉, 사역자는 P의 상태변화(P →)를 일으키기 위하여 자기의 명령대로 행동하는 불가시적인 존재를 피사역자로 이용한다. 이 경우에도 피사역자는 통사구조에는 나타나지 않지만, 사역자는 사건의 감독자라는 의미를 표출한다. (26)의 사역형인 '이전시키다'를 상기하기 바란다. 탈초점화된 피사역자가 있고, 원거리 감독의 상황도 나타낼 수 있다.

만일 〔그림 6〕과 〔그림 7〕에 나타나는 사건의 참가자 모두를 초점에서 제외하지 않고 통사구조에도 그대로 표시된다면 〔그림 6〕과 〔그림 7〕과 같은 공간적·시간적 지정을 가지는 사태구조, 즉 수반사역의 상황을 나타내는 것은 불가능하다. 〔그림 4〕와 같은 간접사역의 상황을 나타내고 마는 것이다.

간접사역의 상황과 비규범적 사역문의 수반사역의 상황이 나타내는 의미의 차이에 대해서는 발화행위동사가 나타내는 사태구조를 가지고 확인해 볼 수 있다.

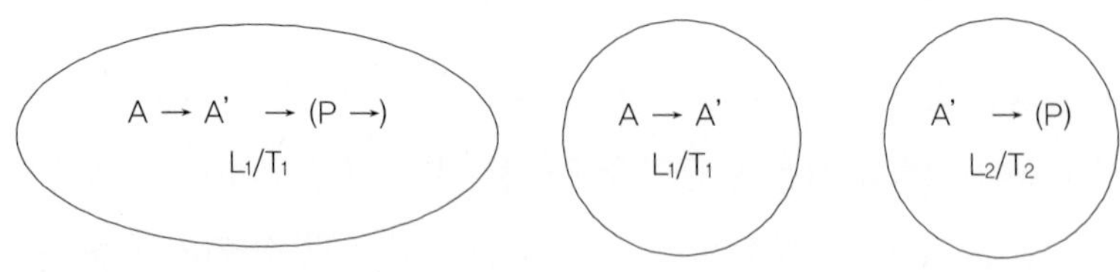

[그림 8] 어휘적 사역형의 발화행위동사 [그림 9] 생산적 사역형의 발화행위동사

예를 들어 '소개하다'의 어휘적 사역형인 '소개시키다'와 생산적 사역형

'소개하게 하다'를 살펴보자. (4b)와 같이 어휘적 사역형을 사용한 경우의 '영희가 철이에게 순희를 소개-*시키*-었다.'(영희가 철이에게 (순희와 인사를 나누도록) 순희를 소개했다)는 사역자인 영희가 철이에게 순희를 소개함으로써 (A → A') 자동적으로 피사역자인 철이가 순희와 인사를 나누는 사건(A' → (P →))이 발생한다.

즉, A의 사역행위와 그로 인해 발생하는 피사역사태(A' → P)가 동일한 공간적 · 시간적 지정 안에서 일어나기 때문에 피사역사태는 A의 사역행위에 촉발된 반응 행위로서 나타나는 것이다. 이와 같은 의미 관계는 동반행위 내지 보조의 상황과 비슷하다.

그렇지만 생산적 사역형을 사용하면 두 사건은 〔그림 8〕과 같이 각각의 공간적 · 시간적 지정이 부여된다. 이 경우 사역자의 행위는 피사역자인 철이에게 순희를 소개하도록 명령한 것(A → A')이고, 그로 인해 철이가 순희를 (다른 누군가 또는 사역자 본인에게) 소개하는 사건(A' → P)이 일어나는 것이다.

다시 말해, 생산적 사역에서 사역자는 명령하는 사람이고 그로 인해 피사역자는 소개하는 행위를 하는 것인데, 어휘적 사역에서는 사역자가 소개를 하는 행위를 하고 피사역자는 그 행위에 반응하여 행동하는 것이 요구되는 상황이 되는 것이다.

이와 같은 차이는 다음과 같이 순희를 무정물인 책으로 대치했을 경우에 생산적 사역은 적격인데 반해 어휘적 사역은 부적격이라는 점을 통해서도 확인할 수 있다.

(64) a. ?*영희가 철이에게 책을 소개-*시키*-었다.
b. 영희가 철이에게 그 책을 소개하-*게 하*-였다.

그렇다면 앞선 〔그림 6〕과 〔그림 7〕처럼 비규범적 사역구문의 수반사역의 상황에 보이는 참가자(피사역자)의 탈초점화는 〔그림 6〕과 같이 (i) 참가자가 통사구조에는 나타나지만 그 행위만 초점에서 제외되는 경우와, 〔그림 7〕과 같이 (ii) 통사구조에는 나타나지 않고 참가자 그 자체가 탈초점화되는 경우의 두 가지가 있다고 할 수 있다. 특히 전자의 경우에는 참가자가 동작주성을 가짐에도 불구하고 통사적으로는 단순한 대상과 동일하게 취급되는 것(대격만 부여 가능)과 연결된다. 일본어의 비규범적 사역문에도 피사역자에는 대격만이 부여되는데((52) 참조), 'saseru'문에는 피사역자의 성질을 문제로 하는 해석이 나타나는 것이나, 또 〔그림 9〕에서 표시된 순회의 반응(P →)도 기본적으로는 이와 동일한 통사구조와 의미 사이의 불일치라고 생각해도 될 것이다.

이 두 종류의 피사역자의 탈초점화와, 그로 인해 발생하는 통사와 의미 사이에 보이는 불일치의 메커니즘을 '종이접기 모델(折り紙モデル)'이라고 부르자. 이는 다음의 이미지 그림과 같다.

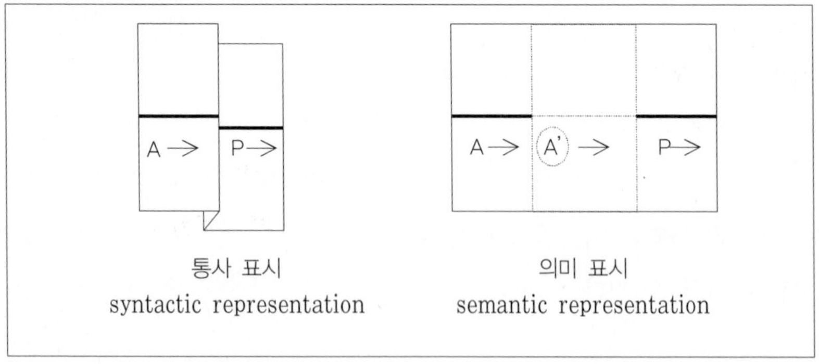

[그림 10] 통사와 의미의 불일치의 메커니즘을 나타내는 '折り紙モデル(종이접기 모델)'

즉, 종이를 치마 접듯이 두 겹으로 접어 그 위에 접은 선과 직각으로 교차하게 직선을 그으면 그 직선은 접은 선에 의해 두 개의 분절(A → P →)을 가지게 된다. 그러나 그 직선 아래에는 사실은 무표시(백지)의 분절(A')이 숨겨져 있다. 그런데 그것은 접혀 있는 부분을 펼치기 전까지는 보통 보이지 않는다. 탈초점화된 참가자나 그 참가자의 행위는 이 무표시의 분절(세로 점선으로 표시함)이 나타내는 사건에 속한다. 이 경우 통사구조에는 유표시 부분, 즉 두 개의 분절을 가지는 (굵은) 직선의 부분밖에 투사되지 않기 때문에 비사역형 동사나 사역형 동사 모두 통사구조에는 동일하게 표시되는 것이다. 왜냐하면 접혀 있는 분절은 통사 표시(syntactic representation)에 링크되지 않는 의미 표시(semantic representation)이기 때문이다. 즉, 한국어와 일본어의 사역형태소는 또 하나의 사건 분절을 가지는 이 의미 표시와 대응하여 부가된 것이다.

이상을 정리하면 〔그림 11〕과 같다(단, (26)과 (29)에 대응하는 일부의 일본어 한자어 동사는 반영하지 않음). 〔그림 11〕에서는 비규범적 사역이 나타내는 의미가 규범적 사역과 평행하고 있고, 사역형식의 분포는 사태구조가 나타내는 의미와 대응하고 있음을 나타낸다.

〈한국어〉

규범적 구문	Lexical C-form (*-이, -히, -리, -기 & 시키다*)		*-게 하다*
비규범적 구문	Non-C-form	Lexical C(ausative)-form	

〈일본어〉

규범적 구문	Lexical	*-sase*	
비규범적 구문	Lexical		*-sase*
	DIRECT	S O C I A T I V E Joint-action/Assistive/Supervision	INDIRECT

[그림 11] 규범적·비규범적 사역구문에서 사역형식의 분포가 보이는 의미 지도

4.5 맺음말

전통적으로 사역구문은 결합가의 증가 내지 새로운 주어의 도입이라는 형식적인 측면과 문법적 개념에 기반하여 정의되어 왔다(3.2.3절 참조). 이와 같은 정의는 규범적 사역문의 통사구조에는 보기 좋게 들어맞지만 비규범적 사역문의 통사구조와는 모순되는 점이 있기 때문에 사역구문 전체의 의미 현상을 예측하는 것을 불가능하게 한다.

결합가를 증가시키지 않음에도 불구하고 왜 사역형태소가 부가되는 것일까? 이 문제는 사역형태소가 의미와 대응하여 부가된다고 하는, 즉 의미적 기능에 기반한다는 것을 제시해야만 해결할 수 있다. 이 경우 사역형태소의 기능은 행위가 밖으로 향하여 전개된다고 하는 의미적 타동성에 기반하여 정의할 수 있다. 즉, 사역형태소는 행위의 수행이 보통과 다른 곤란한 상황에 있을 경우, 요컨대 피사역자가 가지는 본래의 성질이나 현재의 상태가 문제시되는 상황에서 부가되는 것이다. 바꿔 말하자면, 이때 최대한으로 곤란한 상황이란 행위가 타자에게 미치는 경우이고 사역형태소의 부가는 타자에 향하는 행위와 똑같이 에너지를 필요로 하는 상황이라는 의미적 요인에 의하여 동기부여를 받는 것이다. 통사구조에 나타나지 않는 탈초점화된 피사역자의 존재를 해석해 낼 수 있는 것도 바로 그 때문이다.

사역형태소(및 사역형식)의 기능을 이와 같이 의미적으로 새로 파악한다면 한일 두 언어의 비규범적 사역은 사역형태소의 의미적 기능에 의하여 파생된 구문이고, 규범적 사역과도 본질적으로는 동일한 것이라고 할 수 있다. 즉, 비규범적 사역의 통사구조는 의미와 불일치하지만, 사역형태소는 의미와 합치한다는 점에서 규범적 사역과 동일하다는 것이다. 이와 같은 두 언어의 메커니즘을 통일적으로 기술하기 위하여 본장에서는 '종이접기 모델'을 제안했다. 이와 같이 규범적 사역과 비규범적 사역을 동일한 의미적 기반 위에서 설명하면 두 언어에 보이는 이 두 가지 구문을 통일적으로 다룰 수 있음을 제시했다.

마지막으로, 본장에서는 일관되게 사역형태소의 부가와 의미적 타동성의 관점에서 분석을 했다. 그러나 통사구조에서는 왜 '종이접기 모델'과 같이 또 하나의 과정을 두지 않으면 안 되는지, 또 (피동구문도 아니고) 사역구문에서 탈초점화된 피사역자(동작주)가 나타날 수 있는지 등과 같은 의문에 대해서는 대답하지 못했다. 이 문제의 해결은 동사 중심의 분석을 넘어 명사구의 의미를 고려해야만 도달할 수 있을 것이다. 이에 대해서는 6장에서 다시 논의하겠다.

• 제3부 •

동사 기반의 문법에서 명사 기반의 문법으로

— 새로운 패러다임을 찾아서 —

제5장 일본어에서 자타교체와 sase(させ)
– 범주의 확장과 어휘적 결여의 동기부여에 대하여

5.1 머리말

본장은 일본어의 자타교체와 사역(sase)이라는 두 문법 영역의 범주화에 관한 연구이다. 본장의 목적은 두 가지이다. 하나는 자타교체와 sase의 두 영역에서 관찰할 수 있는 범주의 확장 및 어휘 결여의 문제를 다루고, 그 동기부여를 분명히 밝히는 것이다. 또 다른 하나는, 기존 연구와 같이 주로 동사의 의미만을 고찰 대상으로 하는 분석에서는 이러한 문제들을 충분히 다룰 수 없음을 주장하는 것이다. 따라서 본장에서는 동사의 의미보다도 오히려 명사구(가 가리켜 나타내는 존재물)의 인지 층위에서의 의미 해석이 사태구조의 변화를 야기하고, 그것이 범주의 확장 및 그 동기부여에 직접적으로 관여하고 있다는 것을 밝히고자 한다.

그런데 기존의 연구에서는 주로 동사의 의미만을 기준으로 이 두 영역에 속하는 것들을 분류하여, 더욱이 이 경우 자타교체와 사역의 두 영역이 서로 배타적(한쪽을 허용하면 다른 한쪽은 허용하지 않는)인 것처럼 파악하려는 경향도 있었다. 또 어휘 결여에 관해서도 그것을 일본어의 어휘부 안에 어쩌다가 존재하는 우연한 공백(gap)으로 보는 견해도 있었다

(Shibatani 1976a : 261, 1976b : 35, 寺村 1982).

이에 대하여 본장에서는 자타교체와 사역은 배타적인 것이 아니고, 두 영역의 경계에는 양쪽 모두에 참여하는 동사의 중복이 있으며 더 나아가 범주의 확장도 보이는 연속적인 것임을 주장한다. 또 자타교체에 보이는 어휘적 결여도 (설명불가능한) 우연한 공백이 아니라 설명가능한 의미적인 동기부여가 있음을 주장한다.

5.2 기존의 파악 방식

자타교체의 현상에 관하여 언어학적인 주요 관심사항 중 하나는 어떤 자동사가 타동사와 대응하고 또 어떤 자동사는 대응하지 않는지에 대하여 동사 의미의 관점에서 언어 일반의 상황을 파악하고 거기에 원리적 설명을 부여하고자 하는 것이었다.[1] 우선 여기에 대답을 제공하고자 하는 연구로는 세계 21개 언어의 31개의 동사를 조사한 Haspelmath(1993)의 업적이 있다. 그 조사의 결과를 개략적으로 이야기하자면, 상태변화를 나타내는 자동사에는 대응하는 타동사가 있지만, 인간의 행위를 나타내는 자동사에는 대응하는 타동사가 없다(그렇기 때문에 사역과 대응한다)고 일반화할 수 있다는 것이었다(Haspelmath 1993 : 94 및 2.4절 참조). 일본어에 관해서는 하야쓰(早津 1989)가 무대타동사(無対他動詞, 대응하는 자동사가 없는 타동사)・유대타동사(有対他動詞, 대응하는 자동사가 있는 타동사)의 분류를 하여, 거의 동

1) 이 문제에 관하여 이론적으로는 관계문법 및 생성문법의 이론적인 틀 안에서 논의된 비대격가설이 관여한다(Pelmutter 1978, Levin & Rappaport Hovav 1995, 影山 1993, 1996 등). 그러나 이 가설들 및 용어는 본장과 같은 접근방식에서는 적합하지 않기 때문에 이 가설에 기반하는 용어는 도입하지 않는다. 또 비대격가설의 문제점에 대해서는 제2장을 참조하기 바란다.

일한 결론을 제출한 바 있다. 이 상황의 요점만을, 〔표 1〕과 같이 동사의 예를 들어 간략히 제시해 보자(편의상 대응하는 타동사가 있는 자동사(1), 대응하는 타동사가 없는 자동사(2)로 표기한다. 자동사(2)는 사역과 대응한다).

[표 1]

자동사(1)	타동사	자동사(2)	사역
開く(열리다)	開ける(열다)	歩く(걷다)	歩かせる(걸리다, 걷게 하다)
溶ける(tokeru, 녹다)	溶かす(녹이다)	笑う(웃다)	笑わせる(웃기다, 웃게 하다)
沸く(끓다)	沸かす(끓이다)	遊ぶ(놀다)	遊ばせる(놀리다, 놀게 하다)

그러나 사실은 〔표 1〕과 같은 일반화는 Haspelmath나 하야쓰(早津)보다 1세기 반 이상 전에 이미 모토오리 하루니와(本居春庭, 1763~1828)의 『詞の通路』에서도 얻을 수 있었다(島田 1979, 渡辺 1995도 참조). 그 상황은 Shibatani(2000)과 Shibatani & Pardeshi(2002 : 86)에서 〔표 2〕와 같이 정리하고 있다(대체로 'おのずから然る(저절로 그렇게 하는 것) (1)'은 위의 자동사(1)에 대응하고, 'みずから然する(스스로 그렇게 되는 것) (2)'은 자동사(2)에 대응한다).

[표 2]

	타동사	사역	피동
おのずから然る(저절로 그렇게 되는 것)	○	×	×
みずから然する(스스로 그렇게 하는 것)	×	○	○
타동사		○	○

〔표 2〕에서 한층 분명해진 바와 같이, 이와 같은 일반화에서는 자동사가 동작동사인지 변화동사인지에 따라 완전히 두 가지로 분류될 수 있는 것처럼 보인다. 동시에 자타교체와 사역(〔표 2〕에서는 피동도) 그 영역의 경

계가 명확한 것처럼 이산적으로 파악된다.

다음으로 자타교체의 영역에서 관찰되는 어휘 결여의 문제를 보자. 이것은 Shibatani(1973a, 1976a : 260-262)와 寺村(1982 : 293-296) 등에서 다룬 바 있다. 예를 들면 다음과 같은 것이다.

(1) a. 太郎が立つ。
Taro-ga tat-u
타로-주격 서다-현재.단정
'타로가 서다'
b. *太郎を立てる。
Taro-o tate-rul
c. 太郎を立たせる。
Taro-o tat-ase-ru
타로-대격 서다-사역-현재.단정
'타로를 서게 하다/세우다'

(2) a. 家が建つ。
ie-ga tat-u
집-주격 서다-현재.단정
'집이 서다'
b. 家を建てる。
ie-o tate-ru
집-대격 세우다-현재.단정
'집을 세우다'
c. *家を建たせる。
ie-o tat-ase-ru

(3) a. 凍る / 腐る
kor-u kusar-u
얼다 썩다

'얼다' / '썩다'

b. 凍らせる / 腐らせる

kor-ase-ru kusar-ase-ru

얼다-사역 썩다-사역

'얼리다/얼게 하다' / '썩히다/썩게 하다'

즉, '家を建てる(ie-o tate-ru, 집을 세우다)'는 어휘적으로 존재하지만, '*太郎を立てる(*Taro-o tate-ru, 타로를 세우다)'는 존재하지 않는다.2) 또 '凍る(koru, 얼다)'나 '腐る(kusaru, 썩다)'는 (상태변화동사임에도 불구하고) 타동사가 결여하고, sase가 대응한다. 이 상황을 〔표 3〕과 같이 제시해 둔다.

[표 3]

자동사	타동사	사역형	자동사	타동사	사역형
立つ	×	立たせる	凍る	×	凍らせる
建つ	建てる	×	腐る	×	腐らせる

이와 같은 어휘 결여의 문제에 대하여 Shibatani와 데라무라(寺村)는 일본어 특유의 개별적인 사정에 의한 어휘적 문제라고 생각했다. 즉, 이것들은 일본어의 어휘 중에 어쩌다 생긴 대응하는 어휘가 없는 우연한 공백이기 때문에 따로 설명할 수 없다는 입장이다.

본장에서는 이상과 같은 파악 방식에 대하여 문제를 제기하고, 이에 대하여 재검토한다. 단, 이 논의에 들어가기 전에 미야카와(宮川 1989)의 연구를 살펴볼 필요가 있다.

2) 단, '顔を立てる(kao-o tate-ru, 체면을 살리다)'의 의미로는 존재한다.

5.3 宮川(1989)의 문제점3)

미야카와(宮川 1989)는 sase의 성립, 특히 피동자 주어를 취하는 동사에 대응하는 sase가 존재하는(또는 영구적 어휘 목록(permanent lexicon)에 등록되는) 것에 대하여 '저지(Blocking)'라는 현상('본래 존재해야 하는 어휘가 동일한 의미를 담당하는 어휘가 따로 존재하기 때문에 그 존재의 성립이 방해를 받아 나타나지 않는 현상(p.188)')을 인용하여 설명하고자 했다.

그에 따르면 (4)와 같이, 대응하는 타동사가 존재하는 경우에 sase는 저지를 받기 때문에 존재하지 않는다. 한편 (5)와 같이 대응하는 타동사가 존재하지 않는 경우에는 저지를 받지 않기 때문에 sase는 존재할 수 있다. 그러나 (6)과 같이, 대응하는 타동사가 있는 경우도 있고, 또한 sase도 존재하는 예가 있다. 즉, 여기서는 저지를 받았음에도 불구하고 (4)와 달리 sase는 존재하는 것이다. 그 이유에 대하여 宮川는 (6)은 (4)와 달리 대응하는 자동사의 주어가 '花子が倒れる(Hanako-ga taore-ru, 하나코가 쓰러지다)'와 같이 동작주인 경우를 허용하기 때문이라고 했다. 따라서 만일 피동자 주어(그의 용어에 따르면 대상격)를 취하는 '椅子が倒れる(isu-ga taore-ru, 의자가 쓰러지다)'라면 (4)와 같이 저지되고 말기 때문에 sase는 존재하지 않을 것이라고 설명했다.

(4) a. *沸かせる(沸かす)
wak-ase-ru(wakas-u)
*끓다-사역(끓이다:타동)

3) 미야카와(宮川)의 문제점에 대해서는 이미 Kuroda(1993)의 비판적 논문이 있다. 생성문법의 틀 안에서 어휘론자의 입장을 취하는 미야카와(宮川)에 대하여 Kuroda는 변형론자의 입장에서 철저한 반론을 제기하고 있다.

b. *乾かせる(乾かす)

kawak-ase-ru(kawakas-u)

*마르다-사역(말리다:타동)

c. *われさせる(わる)

ware-sase-ru(war-u)

*깨지다:자동-사역(깨다)

(5) a. 野菜を腐らせる

yasai-o kusar-ase-ru

채소-대격 썩다-사역-현재.단정

'야채를 썩히다'

b. 花を咲かせる

hana-o sak-ase-ru

꽃-대격 피다-사역-현재.단정

'꽃을 피우다'

(6) a. たおれさせる(倒す)

taore-sase-ru(taos-u)

쓰러지다:자동-사역(쓰러뜨리다:타동)

'쓰러지게 하다(쓰러뜨리다)'

b. 落ちさせる(落とす)

oti-sase-ru(otos-u)

떨어지다:-사역(떨어뜨리다:타동)

'떨어지게 하다(떨어뜨리다)'

c. 現れさせる(現す)

araware-sase-ru(arawas-u)

나타나다-사역(나타내다)

'나타나게 하다(나타내다)'

또 이 현상과 함께 미야카와(宮川)는 사역의 의미(직접사역과 간접사역)를 도입하여 설명하려고 시도하기도 했다. 즉, 동작주 주어를 취하는 자동사에 대응하는 sase는 간접사역을 나타낼 수 있기 때문에, 대응하는 타동사의 유무와 상관없이 모두 존재한다. 반면, 피동자 주어(대상격)을 취하는 자동사는 간접사역을 나타낼 수 없기 때문에 sase는 모두 존재하지 않는다(존재할 리가 없다). 단지 대응하는 타동사가 없는 것에 한해서는 직접사역을 나타낼 수 있기 때문에 저지당하지 않고 sase가 존재할 수 있는 것이다. 바꿔 말하자면, 대응하는 타동사가 있으면, sase는 직접사역을 나타낼 수 없기 때문에(또 간접사역을 나타낼 수도 없기 때문에) 존재할 수 없게 된다. 그 이유는 이미 존재하는 타동사가 직접사역을 나타내기 때문에 동일한 의미를 나타내는 어휘가 두 개나 존재하는 것을 방해하기 때문이다. 따라서 (5)는 대응하는 타동사가 없기 때문에 sase는 직접사역의 의미를 나타낼 수 있고, 그로 인해 존재하게 되는 것이다.

이와 같은 설명에 기반하면, 다음과 같은 동사는 어떻게 설명하면 좋을까. (7)은 타동사의 유무를 기준으로 하는 저지나 동작주・피동자 주어를 기준으로 하는 저지, 그리고 사역의미를 기준으로 하는 저지 중 어느 것으로도 적절하게 설명할 수 없다. 즉, 이것은 미야카와(宮川)의 설명과 모순되는 반례가 될 것이다(Kuroda 1993 : 42-46 및 5.4절도 참조).

(7) a. 固まる(固める、固まらせる)
katama-ru(katame-ru, katamar-ase-ru)
'굳다(굳히다/굳게 하다)'
b. 縮む(縮める、縮ませる)
titim-u(titime-ru, titim-ase-ru)
'줄다(줄이다/줄게 하다)'
c. 流れる(流す、流れさせる)
nagare-ru(nagas-u, nagare-sase-ru)
'흐르다(흘리다/흐르게 하다)'

여기서 하나 더 확인해 두고 싶은 것은 결국 이러한 설명도 위의 〔표 1〕, 〔표 2〕에서 정리한 것과 같은 견해와 기본적으로는 다르지 않다는 점이다. 즉, '저지'라고 하는 언뜻 시스템적으로 보이는 것을 원용하고는 있지만 내용적으로는 대응하는 타동사의 유무와 동작동사인지 아닌지 하는 동사의 의미정보를 근거로 (거기에 직접사역・간접사역이라는 사역구문의 의미도 도입하여) sase의 성립 여부를 설명할 수 있다는 이야기다. 그러나 여기에는 일본어 어휘에 (5)와 같은 동사는 왜 타동사가 결여하는지에 대한 문제의식은 보이지 않고, Shibatani(1973a, b, 1976a, b)와 데라무라(寺村 1982)와 마찬가지로 어휘의 결여라는 파악 방식을 취하고 있는 것이다. 즉, 어휘적 문제이기 때문에 따로 설명할 수 없다고 인식했던 것이다.

한편 '*太郎を立てる(*Taro-o tate-ru, 타로를 세우다)'와 같은 어휘 결여의 문제에 관하여 미야카와(宮川)는 이를 직접 논의하지는 않았다. 그러나 위의 설명을 볼 때 그 배후에는 비대격가설이 있으며(p.208 참조), 그로 인해 자동사의 주어가 동작주인 경우에는 sase하고(만) 대응한다는 설명을 하리라 예상된다(Kuroda 1993 : 40-42도 참조). 또 Haspelmath(1993)을 따르더라도 동작주 주어이기 때문에 타동사가 대응하지 않는다는 설명이 될 것이다.4) 그렇지만 이 역시 '花子が舞台に上がる(Hanako-ga butai-ni agar-u, 하나코가 무대에 오르다)'에 대하여 '花子を舞台に上げる(Hanako-o butai-ni age-ru, 하나코를 무대에 올리다)'와 '花子を舞台に上がらせる(Hanako-o butai-ni agar-ase-ru, 하나코를 무대에 오르게 하다)'와 같이 대응하는 짝이 있다는 점을 고려하면, 설명으로서 불충분하다. 이에 대해서는 5.5.5절에서 살펴본다.

4) 실제로 와시오(鷲尾 1997 : 81-82)는 그와 같이 시사하고 있다.

5.4 고찰

여기서는 5.2절과 5.3절의 선행연구를 토대로 하여 불충분한 곳을 보완하고, 일단 동사만을 기준으로 하여 다음과 같은 분류를 해 본다.5)

[sase(サセ)만 허용하는 경우]

(A) 동작주 주어를 취하는 자동사

(8) 走る(走らせる)、歩く(歩かせる)、遊ぶ(遊ばせる)、踊る(踊らせる)…
달리다(달리다+사역), 걷다(걷다+사역), 놀다(놀다+사역), 춤추다(춤추다+사역)

(B) 피동자 주어를 취하는 자동사

(9) a. 降る(降らせる)、吹く(吹かせる)
내리다(내리다+사역), 불다(불다+사역)
b. 光る(光らせる)、匂う(匂わせる)、輝く(輝かせる)
빛나다(빛나다+사역), 냄새나다(냄새나다+사역), 반짝이다(반짝이다+사역)

---

5) 분류할 때 항상 문제가 되는 것은 '笑わせる(waraw-ase-ru, 웃게 하다)'와 '笑わす(warawas-u, 웃기다)', '泣かせる(nak-ase-ru, 울게 하다)'와 '泣かす(nakas-u, 울리다)'와 같은 관계일 것이다. 즉, 한쪽은 사역이고 다른 한쪽은 타동사로 봐야 하는지, 아니면 둘 다 사역으로 봐야 하는지가 문제이다. 여기서는 松下(1930[1977 : 149]) 이래 문체(또는 방언)의 차이로 알려져 있는 것처럼 이 경우 후자인 'さす(sas-u)'형은 타동사로 보지 않고 전자인 'させる(sase-ru)'의 변이형으로 생각한다. 松下는 '散らす(tiras-u, 흩뜨리다)', '枯らす(karas-u, 시들게 하다)' 등은 사단활용으로 타동, '走らす(hasiras-u, 달리게 하다)', '帰らす(kaeras-u, 돌아가게 하다)' 등은 하2단활용의 조동사 'す(su)'가 붙은 것으로 사동이라고 한다(森田 2002 : 198-199도 참조). Kuroda(1993)은 타동사의 'さす'와 사역의 'さす'를 구별할 수 있는 테스트로서 이중사역과 존경의 테스트를 고안하여 경험적으로 제시하고 있다. 宮川(1989 : 204)는 '腹をすかせる(hara-o suk-ase-ru, 배를 곯리다)'와 '腹をすかす(hara-o sukas-u, 배를 곯리다)'와 같이 'させる'형의 숙어가 'さす'와 자유롭게 교환할 수 있는 경우에는 이형태로 하고, 한편 '不平をならす(huhei-o naras-u, 불평을 하다)'와 '*不平をならせる(*huhei-o nar-ase-ru, 불평을 하게 시키다)'와 같이 sase와 교환할 수 없는 경우에는 이형태가 아니라 타동사라고 하여 구별한다. '食べさせる(tabe-sase-ru, 먹이다)'와 '食べさす(tabesas-u, 먹이다)'와 같이 'させる'형이 'さす'형으로 자유롭게 교환할 수 있는 예에 대해서는 森田(2002)를 참조하기 바란다.

c. 咲く(咲かせる)、凍る(凍らせる)、しみ込む(しみ込ませる)、腐る(腐らせる)
피다(피다+사역), 얼다(얼다+사역), 스미다(스미다+사역), 썩다(썩다+사역)

타동사와 대응하지 않고 sase하고만 대응하는 동사로는 먼저 (8)의 동작주 주어를 취하는 동사들이 있다. 여기에서 sase는 제약이 없다. 다음으로 피동자 주어를 취하는 동사에도 sase하고만 대응하는 것이 있다. (9a)와 같이 동적인 자연현상(특히 기상현상), (9b)와 같이 빛(光), 냄새(匂い) 등의 방출동사, (9c)와 같이 기온의 변화에 동반하여 그 대상물도 변화하는 자연계의 변화 현상 등이 대부분이다.

[타동사만 허용하는 경우]

(A) 동작주 주어를 취하는 자동사 : 없음

(B) 피동자 주어를 취하는 자동사

(10) 沸く(沸かす)、乾く(乾かす)、開く(開ける)、割れる(割る)、溶ける(溶かす)...
끓다(끓이다), 마르다(말리다), 열리다(열다), 깨지다(깨다), 녹다(녹이다)

(10)의 상태변화동사는 보통 sase와는 대응하지 않고 타동사하고만 대응하는 것으로 알려져 있다. 한편, 동작동사는 sase와 대응하지 않고 타동사하고만 대응하는 예는 존재하지 않는다.

[타동사와 sase 양쪽을 허용하는 경우]

(A) 동작주 주어를 취하는 자동사

(11) a. 上がる(上げる、上がらせる)
올라가다(올리다/올라가게 하다)

b. 入る(入れる、入らせる)
들어가다(들이다/들어가게 하다)

c. 出る(出す、出(で)させる)
나가다(내다/나가게 하다)

(B) 피동자 주어를 취하는 자동사((7)과 동일)

(12) a. 固まる(固める、固まらせる)
　　　굳다(굳히다/굳게 하다)
　b. 縮む(縮める、縮ませる)
　　　줄다(줄이다/줄게 하다)
　c. 流れる(流す、流れさせる)
　　　흐르다(흘리다/흐르게 하다)

타동사와 sase의 양쪽과 대응하는 경우에는, 먼저 동작주 주어를 취하는 동사 중에는 (11)과 같은 이동동사가 있다. 한편, 피동자 주어를 취하는 동사 중에는 (12)와 같은 상태변화동사가 있다. 이 예들을 보면 상태변화동사라고 하더라도 sase와 전혀 대응할 수 없는 것이 아니다. 또 동작동사라고 하더라도 타동사와 전혀 대응할 수 없는 것은 아니다. 즉, 타동사와 사역의 두 영역은 동사의 의미만으로 명쾌하게 분류할 수 있을 정도로 단순하지 않은 것이다.

일단 이상의 고찰을 〔표 4〕와 같이 제시해 보자. '上がる(agar-u, 오르다)'는 '物価が上がる(bukka-ga agar-u, 물가가 오르다)'에서는 피동자 주어를, '子供が二階に上がる(kodomo-ga nikai-ni agar-u, 아이가 2층에 오르다)'에서는 동작주 주어를 나타낸다.

[표 4]

	자동사	타동사	사역
피동자 주어	溶ける(tokeru, 녹다)	溶かす(녹이다)	×
	固まる(굳다)	固める(굳히다)	固まらせる(굳다+사역)
	凍る(kooru, 얼다	×	凍らせる(얼다+사역)
	光る(빛나다)	×	光らせる(빛나다+사역)
	吹く(불다)	×	吹かせる(불다+사역)
동작주/피동자 주어	上がる(오르다)	上げる(올리다)	上がらせる(올라가게 하다)
동작주 주어	歩く(걷다)	×	歩かせる(걷다+사역)

〔표 4〕에서는 두 가지 의문이 떠오른다. 첫째, '凍る(koru, 얼다)'와 溶ける(tokeru, 녹다)는 동일한 변화의 사태이고 상태변화에서 반대의 측면을 나타내고 있는 것처럼 보이는데 왜 서로 다른 행태를 보이는 것일까? 둘째로, '上がる(agaru, 오르다, 올라가다)' '固まる(katamaru, 굳다)'는 한쪽은 동작주 주어(의 경우), 다른 한쪽은 피동자 주어인데 왜 동일한 행태를 보이는 것일까?

5.5 분석

5.5.1 sase의 범주화와 잠재 능력

여기서는 sase의 범주화, 즉 sase는 세계의 어떤 사태를 범주화하는 형식인가 하는 관점에서 분석을 한다. 앞 절까지는(지금까지의 선행연구에서도 대체로 그러하지만) 동사의 의미 정보만을 가지고 분류를 했다. 그러나 그것만으로는 불충분하다.

다음의 예를 보기 바란다. 이것들은 모두 동사의 의미만으로는 sase의 성립 여부를 판단할 수 없다. (13)~(16)은 Shibatani(1973 a, b), 이노우에(井上 1976(下)), 아오키(青木 1977), 데라무라(寺村 1982) 등을 참조했다.

(13) a. 粘土を{固めた／*固まらせた}。
nendo-o {katame-ta / *katamar-ase-ta}
점토-대격 {굳히다(타동)-과거.단정 / 굳다-사역-과거.단정}
'점토를 굳혔다 / *굳게 했다'

b. ゼリーを冷蔵庫に入れて{固めた／固まらせた}。
zeli-o reizoko-ni ire-te {katame-ta / katamar-ase-ta}
젤리-대격 냉장고-처격 넣-연결어 {굳히다(타동)-과거.단정 / 굳다-사역-과거.단정}
'젤리를 냉장고에 넣어서 굳혔다/굳게 했다'

(14) a. 注意書を{回した／*回らせた}。

tyuisyo-o {mawasi-ta / *mawar-ase-ta}

주의서-대격 {돌리다(타동)-과거.단정 / 돌다-사역-과거.단정}

'주의서를 돌렸다/*돌게 했다'

b. 風車を{回した／回らせた}。

husya-o {mawasi-ta / mawar-ase-ta}

풍차-대격 {돌리다(타동)-과거.단정 / 돌다-사역-과거.단정}

'풍차를 돌렸다/돌게 했다'

(15) a. ごみを下水に{流した／*流れさせた}。

gomi-o gesui-ni {nagasi-ta / *nagare-sase-ta}

쓰레기-대격 하수구-처격 {흘리다(타동)-과거.단정 / 흐르다-사역-과거.단정}

'쓰레기를 하수구에 흘렸다/*흐르게 했다'

b. 汚染した水を川に{流した／流れさせた}。

osensi-ta mizu-o kawa-ni {nagasi-ta / nagare-sase-ta}

오염되다-과거.관형 물-대격 강-처격 {흘리다-과거.단정 / 흐르다-사역-과거.단정}

'오염된 물을 강에 흘렸다/흐르게 했다'

(16) a. ガスを{止めた／*止まらせた}。

gasu-o {tome-ta / *tomar-ase-ta}

가스-대격 {끊다-과거.단정 / *끊기다-사역-과거.단정}

'가스를 끊었다/끊기게 했다'

b. エンジンを{止めた／止まらせた}。

enzin-o {tome-ta / tomar-ase-ta}

엔진-대격 {끄다-과거.단정 / 꺼지다-사역-과거.단정}

'엔진을 껐다/엔진을 꺼지게 했다'

(13)~(16)에서 (a)와 (b)는 모두 동일한 동사이지만 목적어 자리에 오는 명사구는 각기 다르다. 이로 인해 sase의 용인도가 달라진다. 이때 둘의 차이를 좌우하는 것으로는 명사구가 가리키는 존재물의 의미 요소밖에

없다. 구체적으로 말하자면 '固まらせる(katamar-ase-ru, 굳다+사역)'의 사태에서 점토는 보통 부적절하지만 젤리는 적절하다. 또 '回らせる(mawar-ase-ru, 돌다+사역)'의 사태도 풍차냐 주의서냐에 따라 그 판단이 달라진다. 풍차에 대해서는 인간이 직접 컨트롤하지 않아도 스스로의 성질에 의해 돌 수 있다. 한편 동력의 원인이 되는 風(바람)가 이미 어휘화되어 있다는 점도 놓치면 안 된다. 이와 같은 상황이 주의서와는 달리 풍차에 sase를 인가하는 요인이 되었을 것이다. (15b)의 水(물)와 (16b)의 エンジン(엔진)도 존재물 그 자체의 내적 성질이 각각의 사태를 성립시키고 있다고 이해할 수 있다(エンジン(엔진)에 관한 설명은 4.3.3절을 참조). 반면, ごみ(쓰레기)와 ガス(가스)는 일반적으로 그들 자신의 내적 성질에 의해 쓰레기가 흘러가거나 가스가 멈추거나 하는 등의 사태가 일어난다고는 이해되지 않는다. 즉, 인간이 직접 관여하여 컨트롤하지 않으면 이들 사태는 일반적으로 발생하지 않는다.

이러한 상황을 다음과 같이 정리해 보자(단, 젤리나 풍차 등과 같이 직접 관여하지 않아도 해당 사태를 일으킬 수 있는 경우, 이를 간접 관여라고 하자. 이하 참조). [표 5]를 보면, 상태변화의 사태에서 sase의 성립은 존재물의 종류에 따라 결정되는 것을 알 수 있다.

[표 5]

사태	존재물	직접관여	타동사	간접관여	サセ의 성립
固まる(굳다)	粘土(점토)	○	○	×	×
	ゼリー(젤리)	○	○	○	○
回る(돌다)	注意書(주의서)	○	○	×	×
	風車(풍차)	○	○	○	○
流れる(흐르다)	ごみ(쓰레기)	○	○	×	×
	水(물)	○	○	○	○
止まる(멈추다)	ガス(가스)	○	○	×	×
	エンジン(엔진)	○	○	○	○

이상의 분석을 통해 sase의 성립 여부에는 명사구가 가리키는 존재물의 의미 성질과 함께 그 존재물에 대한 우리들 관여 방식이 깊이 관계함을 알 수 있었다. 후자의 관여 방식에 관해서는 다음 절에서 다루도록 하고, 먼저 여기서는 전자에 대하여 논의한다.

여기서 일단 위의 〔표 5〕와 같이 젤리나 풍차, 엔진 등에는 있고 점토나 주의서, 쓰레기 등에는 없다고 생각되는 존재물의 의미 성질을 '잠재능력(potent)'이라고 하자.

사실 기존의 연구에서도 본고의 '잠재능력'에 매우 가까운 용어가 있다. 먼저 이노우에(井上 1976)에서 제시한 '자발성'을 들 수 있다. 그런데 이 용어는 sase뿐만 아니라 타동사의 일부(-as형)도 포함하기 때문에 본장의 잠재능력보다 더 넓은 의미가 된다. 예를 들어 '私は妹に壇から降りさせた(watasi-wa imouto-ni dan-kara ori-sase-ta, 나는 여동생에게 단에서 내려오게 했다)'나 'ゼリーを早く固まらせるには…(zerii-o hayaku katam-ase-ru-ni-wa, 젤리를 빨리 굳게 하려면…)'과 함께 '氷を溶かす(kori-o tokas-u, 얼음을 녹이다)'에도 '자발성'이 있다고 한다. 한편, '太郎はジョンに財布をなくさせた(Taro-wa zyon-ni saihu-o nakus-ase-ta, 타로는 존 때문에 지갑을 잃어버렸다)'와 같이 피사역자가 경험자인 경우에는 자립성을 가진다고 생각할 수 없기 때문에 통일적으로 적용될 수 없다는 단점이 있다(井上 1976(下) : 67-69). 즉, 유정의 피사역자에 대해서는 의지성이 없으면 자발성도 동시에 사라지고, 또 본래 의지성이 없는 무정물의 경우에는 자발성이 의지성과는 별개로 독립하여 존재하는 것으로 파악되는 것이다. 또 구노(久野 1973 : 87)에서 제안한 〔+자제적(self-controllable)〕은 유정물 주어를 전제로 하는 용어이기 때문에 무정물 주어는 배제하고 만다.

다음은 일본어에 대한 관찰에서 얻은 것은 아니지만, Levin & Rappaport Hovav(1995 : 90-110)에서 사용하는 '내적 요인'(internal cause)이 있다. 이것은 *laugh, play, speak*와 같은 동작동사뿐만 아니라 감정 변화의 반응을 나타내는 *blush, shudder, tremble*, 그리고 *buzz, flash, smell*과 같이, 대응하는 타동사가 없는 자동사를 특징짓는 개념으로 사용된다. 이들 동사는 외적 요인이 없더라도 존재물(그들의 용어로는 argument)의 내적 성질(internal properties, 또는 inherent properties)에 의해 사태가 생겨나는 것으로 개념화되었다는 공통점을 가진 것으로 여겨져, 그러한 의미에서 '내적 요인'이라고 교정하고 있다(p.91). 이에 대하여 *break, dry, melt, freeze*와 같이, 대응하는 타동사가 존재하는 자동사는 '외적 요인'(external cause)에 의해 사태가 생겨나는 것으로 특징지어진다. 즉, 사태의 발생이 내적 요인에 의한 것인지, 아니면 외적 요인에 의한 것인지에 따라 두 가지로 분류할 수 있다. 또 이 '내적 요인'은 적어도 위의 밑줄 친 곳을 보는 한, 명사구(가 가리키는 존재물)가 가지고 있는 의미 성질이라고 특징지을 수 있다. 이 점에서 본장의 '잠재능력'에 상당히 가까운 개념이 될 것이다. 그렇지만 〔표 4〕에서 보는 바와 같이, *melt*와 달리 *freeze*에 대응하는 일본어의 동사는 영어와 그 활용 행태가 다르다(주16도 참조). 이러한 점까지 설명하려면 역시 일본어의 관점에서 다시 파악할 필요가 있을 것이다.

한편, 잠재능력(potent)이라는 용어 자체는 오히려 피동의 rare(ラレ)의 변인으로 이용되기도 한다. Shibatani(1998)에서는 일본어 자동사의 피동 성립 여부를 animate & potent로 설명한다.[6] 그렇지만 5.2절의 〔표 2〕

---

6) Shibatani(1998 : 100)가 제시한 animate & potent의 범위는 다음의 a~e까지이기 때문에 당연히 f에는 potent가 없는 것이 된다.

(ⅰ) a. 太郎は、急に花子に走られた。(花子が走る, 하나코가 뛰다)
b. 太郎は、犬に一晩中吠えられた。(犬が吠える, 개가 짖다)
c. 太郎は、花子に死なれた。(花子が死ぬ, 하나코가 죽다)
d. 太郎は、雨に降られた。(雨が降る, 비가 내리다)
e. 太郎は、夏草に生い茂られた。(夏草が生い茂る, 여름풀이 우거지다)

에서도 알 수 있듯이, 피동의 성립 여부는 사역의 성립 여부와 (대체로) 일치한다(이에 관해서는 佐久間 1936〔1983〕, 三上 1953〔1972〕)도 참조). 이 점을 고려하면, 피동과 동일한 변인을 sase의 변인에 사용하는 것은 유효할 뿐만 아니라 유용할 것이다. 실은 Shibatani(1976a : 256)도 ヲ사역(옮긴이 : 대격조사 を(o)를 수반하는 사역) 중 비의지적인 피사역자가 관여하는 허용 사역의 상황에서는 내재적 잠재능력 또는 프로그램화된 잠재능력(inherent or programmed potentiality)에 의해 그 과정이 일어날 수 있다고 보고 있다. 그렇지만 여기서 말하는 잠재능력은 앞선 정의에서도 알 수 있듯이, 허용 사역이라는 한정된 상황에서만 적용된다.

본서에서는 다음과 같이 정의한다. 단, 아래의 내용은 기존의 유사한 용어와 달리 본서의 오리지널한 사고방식이다.

(17) 잠재능력의 정의

잠재능력이란, 존재물의 내적 성질이며, 외부로부터 직접적인 작용이 없더라도 해당 사태를 자력으로 일으킬 수 있는 것으로서, 그 존재물이 본래 갖추고 있는 (것으로 이해되는) 성질이다. 단, 이 성질에 의해 발생한 것으로 보이는 사태는 그 존재물의 본래 (존재) 목적에 맞는 합목적성이 있는 것이어야 한다.

즉, 주의서와 달리 생산물로서 풍차는 초기 상태부터 스스로의 힘으로 돌 수 있도록 설계되어 있다. 또 젤리도 그 성분인 젤라틴이 본래 가진 응고하는 성질을 이용하여 제품으로 만든 것이기 때문에 젤리가 굳는 것은 생산물로서 젤리가 가지는 본래의 존재 목적에 부합한 합목적성의 측면에서 이해할 수 있는 사태이다. 이에 대하여 점토는 그 자신이 본래 가진 응고하는 성질을 이용한 생산물이라고 이해되지 않는다. 점토에는 수분과

---

f. 太郎は、急に戸に開かれた。(戸が開く, 문이 열리다)

점성이 본래적으로 갖춰져 있는 것이기 때문에 점토가 굳는 것은 수분이 증발하는 것으로 이해되고, 오히려 점토로서 존재 가치가 없어지는 것을 의미한다. 노파심에 미리 언급해 두지만, 이것은 우리가 존재물에 대한 과학적・전문적 지식을 가지고 있기 때문이 아니라 일상적인 경험적 지식을 토대로 알고 있는 것이다.

이상을 정리해 보면, 존재물의 합목적성에 맞지 않는 사태에는 sase를 부가할 수 없다고 하는 의미와 형식의 대응 관계가 보이며, 이것을 여기서는 잠재능력이라는 개념을 가지고 정의한 것이다. 따라서 풍차나 젤리라고 하더라도 '*風車を割れさせた(*husya-o ware-sase-ta, 풍차를 깨뜨리게 했다)'나 '*ゼリーを回らせた(*zerii-o maw-ase-ta, 젤리를 돌게 했다)'와 같은 표현은 보통 부적격하다고 이해되는 것이다.

이러한 정의를 토대로 하면 sase의 범주화는 다음과 같이 설명할 수 있다(鄭 1999, 鄭 2000b).

(18) sase의 범주화

sase는 동작주 주어와 공기하는 동사를 의미 기반으로 하고, 거기서 '風が吹く(kaze-ga huk-u, 바람이 불다)', '雨が降る(ame-ga hur-u, 비가 내리다)'와 같은 동적인 자연현상을 포함하며, 더 나아가 잠재능력을 가지는 변화동사로 확대된다.

이 분석에서는 범주의 구성 요소로서 위의 세 가지 구성원이 있다는 것과, 그리고 그 구성원이 나타내는 존재물의 의미 성질로서 적어도 잠재능력이 없으면 sase는 부가할 수 없다고 하는 것을 주장한다. 더 나아가 sase의 범주화에는 오히려 잠재능력이 기본적 의미이고, 따라서 sase의 모든 구성원에게는 잠재능력이 있다는 해석도 불가능한 것은 아니다.[7] 이러한 사고방식에 기반하여 (18)의 내용을 다음과 같이 분석해 보자.

(19) sase의 범주를 구성하는 의미 요소(sase의 개념 범주)
sase의 범주를 구성하는 의미 요소로서 동작동사와 공기하는 주어 명사구에는 〔의지성〕, 〔활동성〕, 〔잠재능력〕의 세 가지 요소가 필요하다. 자연현상의 동사에는 〔활동성〕, 〔잠재능력〕의 두 가지 요소가 필요하다. 그리고 sase를 허용하는 변화동사에는 〔잠재능력〕이 있어야 한다.

(19)에서는 〔의지성〕의 개념에 의하여 동작동사를 동일지시하고, 변화동사 특히 상태변화동사는 〔활동성〕의 개념, 즉 〔활동성〕이 없음으로써 동일지시를 받는다.[8] 이 경우 '활동성'은 외부로부터 관찰할 수 있는 동적인 활동을 가리키기 때문에 내적인 〔잠재능력〕과는 대조적이다. 또 '風が吹く(kaze-ga huk-u, 바람이 불다)'와 같은 동적 자연현상은, 외적인 〔활동성〕과 내적인 〔잠재능력〕의 표리일체의 관계로 생각된다.

(18)과 (19)의 분석을 받아들이면, sase의 범주 내부 구조 및 전형성에 대해서도 다음과 같이 설명할 수 있다. sase의 전형적인 예는 동작동사이고, 상태변화동사는 sase의 주변적 예이다. 이 주장을 뒷받침하는 증거로는, 동작동사와 같이 전형적인 예에는 sase의 부가에 대한 제약이 전혀 없고 sase의 성립 여부에 관여하는 의미 요소의 수도 많지만, 변화의 사태와 같은 비전형적인 예에서는 sase의 부가에 제약이 있고 거기에 관여하는 의미 요소의 수도 적다는 것을 들 수 있다.

위와 같은 분석을 받아들이면, 잠재능력의 전형적인 예로서 동작동사가 있고, 주변적인 예로서 변화동사가 있다고 할 수 있는데, 이와 같이 명사구가 가리키는 존재물의 의미적 성질이라는 관점에서 sase의 범주화를 새

---

7) 범주의 구성 요소 전부가 공유하는 것을 기본적인 의미로 가정하는 본서의 사고방식에 가까운 연구로는 아마노(天野 2002 : 제8장)이 있다.

8) 이 점에서 위치변화동사는 중간적이다. 왜냐하면 동작동사로서도 쓰일 수 있기 때문이다. 5.5.5절을 참조.

로 파악할 수 있다.

5.5.2 사태에 대한 관여 방식과 간접성

여기서는 동일한 변화의 사태이면서 상태변화의 반대 측면을 나타내는 '凍る(koru, 얼다)'와 '溶ける(tokeru, 녹다)'가 왜 서로 다른 행태를 보이는지를 고찰해 본다. 참고로, 영어의 *melt, freeze*는 동일한 활용 모습을 보이지만 일본어에서는 차이를 보인다.

바로 앞 절의 (18)과 (19)의 분석을 토대로 생각해 보자. 이들은 둘 다 변화동사인데, '凍る(koru, 얼다)'의 주어명사구(가 가리키는 존재물)에는 잠재능력을 가진다고 여겨지는 것이 오지만 '溶ける(tokeru, 녹다)'는 항상 잠재능력을 가지지 않는 명사구가 주어 자리에 온다고 예측할 수 있다(이 예측에 대한 반례는 5.5.3절을 참조).

(20) a. アイスクリームを{溶かす／*溶けさせる}。
aisukuriimu-o {tokas-u / *toke-sase-ru}
아이스크림-대격 {녹이다(타동)-현재.단정 / 녹다-사역-현재.단정}
'아이스크림을 {녹인다/*녹게 시키다}'

b. 鉄を{溶かす／*溶けさせる}。
tetu-o {tokas-u / *toke-sase-ru}
철-대격 {녹이다(타동)-현재.단정 / 녹다-사역-현재.단정}
'철을 {녹인다/*녹게 시키다}'

(21) a. アイスクリームを凍らせた。
aisukuriimu-o kor-ase-ta
아이스크림-대격 얼다-사역-과거.단정
'아이스크림을 얼게 했다'

b. 川を凍らせた。
kawa-o kor-ase-ta

강-대격　　　얼다-사역-과거.단정
'강을 얼게 했다'

즉, 위의 (20)에 대응하는 자동사 '溶ける(tokeru, 녹다)'는 녹기 쉬운 아이스크림이든 잘 녹지 않는 쇠든 모두 동일하게 취급하여 어느 쪽도 sase를 허용하지 않는다. 따라서 (19)에 의하면 이것들은 항상 잠재능력이 없는 것이다. 한편, '凍る(koru, 얼다)'는 sase만을 허용하기 때문에 (21)의 아이스크림은 잠재능력이 있는 것으로 여겨진다.

이와 같이 동일한 아이스크림이라고 하더라도 공기하는 동사가 '溶ける(tokeru, 녹다)'인지 '凍る(koru, 얼다)'인지에 따라서 그 행태가 달라진다. 이에 대하여 잠재능력 외에 어떤 설명이 가능할지 생각해 볼 필요가 있을 것이다.

아래서는 이 점을 검토해 보도록 하겠다. 여기에는 존재물의 의미 성질 이외의 요소로서 해당 사태에 대한 우리의 관여 방식을 고려할 필요가 있다는 것을 살펴보도록 하겠다(〔표 5〕를 참조).

사실 이와 같은 두 가지 변화사태도 앞 절의 (13)~(16)과 마찬가지로 직접 컨트롤할 수 있는지와 같은 해당 사태에 대한 우리의 관여 방식을 고려하면 그 차이가 명확해진다.

(22) Ⅰ. '凍る(koru, 얼다)'는, '雨が降る(ame-ga hu-ru, 비가 내리다)', '風が吹く(kaze-ga huk-u, 바람이 불다)', '花が咲く(hana-ga sak-u, 꽃이 피다)' 등과 같은 자연현상이고, 따라서 인간이 직접 컨트롤할 수 없는 사태이다. → 간접적으로 관여

Ⅱ. '溶ける(tokeru, 녹다)'는, 'お湯を沸かす(oyu-o wakas-u, 물을 끓이다)'('お湯が沸く(oyu-ga wak-u, 물이 끓다)') 등과 같이 인간이 직접 관여하여 일으킬 수 있는, 즉 직접 컨트롤할 수 있는 사태이다. → 직접적으로 관여

즉, 강을 얼리는 것은 비를 내리게 하는 것과 동일하게 인간이 직접 컨트롤할 수 없는 자연의 힘(예를 들면 이상기온, 장마전선)에 의한 것이다. 그리고 냉장고 등을 이용하여 얼음을 얼릴 때도 우리가 그 사태에 직접 관여할 수 있는 것은 기껏해야 냉동실에 물을 넣어 두는 정도에 지나지 않는다. 그 후의 변화 과정에는 우리가 직접 관여할 수가 없다. 반면에 얼음을 녹이는 일은 손에 쥐고 있는 식으로 우리의 체온만으로도 가능한 일이다. 아이스크림이라면 혀로 핥아 녹일 수도 있다.

결국 동일한 아이스크림(또는 얼음)이라고 하더라도 '溶ける(tokeru, 녹다)'와 '凍る(koru, 얼다)'에 보이는 존재물에 대한 우리의 관여 방식이 서로 다른 것이다. 바꿔 말하면, '溶ける(tokeru, 녹다)'에 있어서 아이스크림이나 얼음은 핥는 등 직접 작용을 가해 계속적으로 해당 변화사태를 일으키는 것이 가능하다. 반면, '凍る(koru, 얼다)'에 있어서 아이스크림(이것은 상황적으로 조금 부자연스럽지만)이나 얼음은 해당 변화사태의 과정에 직접 작용하여 계속적으로 그 변화의 사태를 일으키는 것은 보통 불가능하다. 우리는 그러한 방법을 가지고 있지 않을 뿐더러 알지도 못한다. 이것이 (20a)와 (21a)의 차이를 초래한 것이다.

즉, 여기에는 다음과 같은 원리가 작동하고 있다.

(23) 사태에 대한 관여 방식의 원리

Ⅰ. 동일한 명사구라 하더라도 동사가 나타내는 사태의 종류에 따라 해당 사태에 대한 우리의 관여 방식은 다를 수 있다. 예 : (20a)와 (21a)에 대응하는 '凍る(koru, 얼다)'와 '溶ける(tokeru, 녹다)'

Ⅱ. 동일한 동사라도 하더라도 명사구가 가리키는 존재물의 종류에 따라 해당 사태에 대한 우리의 관여 방식은 다를 수 있다. 예 : '固まる(katamaru, 굳다)'에 대한 (13)의 '粘土を固める(nendo-o katame-ru, 점토를 굳히다)'와 'ゼリーを固まらせる(zerii-o katamar-ase-ru, 젤리를 굳다-사역)' (및 (14)~(16)의 a와 b).

Ⅲ. 동일 명사구・동일 동사에 의해 나타나는 사태라 하더라도 우리는 해당 사태에 대하여 서로 다른 관점으로 표현할 수 있다. 예:'ゼリーを固める(zerii-o katame-ru, 젤리를 굳히다)'와 'ゼリーを固まらせる(zerii-o katam-ase-ru, 젤리를 굳다-사역)'(및 (14)~(16)의 b).

(23)의 원리 Ⅰ과 Ⅱ는 우리가 해당 사태에 관여하는 방식(직접 관여인지 간접 관여인지)을 문제로 삼는다. 이에 대하여 원리 Ⅲ은 해당 사태에 대하여 서로 다른 관점에서 표현할 수 있음을 말하고 있다. 예를 들면 '風車を回らせた(husya-o mawar-ase-ta, 풍차를 돌다-사역)'는 풍차의 잠재능력을 중시하여 해당 사태에 간접적으로 관여한 것을 나타내는 표현이다. 한편 '風車を回した(husya-o mawasi-ta, 풍차를 돌렸다)'는 풍차의 잠재능력을 무시하고 해당 사태에 직접 관여했음을 나타내는 표현이다(井上 1976(下) : 68, 柴谷 1978도 참조). 또 'ゼリーを冷蔵庫に入れて固めた(zerii-o reizoko-ni ire-te katame-ta, 젤리를 냉장고에 넣어서 굳혔다)'와 'ゼリーを冷蔵庫に入れて固まらせた(zerii-o reizoko-ni ire-te katam-ase-ta, 젤리를 냉장고에 넣어 굳게 했다)'와 같이 관여 방식이 객관적으로는 동일해 보이더라도 잠재능력의 인가를 주체적으로 행하는 화자의 관점 차이에 따라 더 간접적으로 표현될 수도 있고 더 직접적으로 표현될 수도 있을 것이다(이에 대해서는 아래의 (29)의 Ⅰ도 참조). 이것을 '동일 사태의 동일 존재물에 대한 화자의 관점 차이'라고 불러 두자.

여기서 (22)로 돌아가 해당 사태에 대한 우리의 관여 방식과 간접성의 관계에 대하여 서술할 필요가 있다. 먼저 간접성 (및 직접성)은 다음과 같이 정의한다.

(24) 간접성(및 직접성)의 정의
간접성(및 직접성)은 해당 사태에 대한 우리의 관여 방식(직접적으로 관여하여 컨트롤할지 간접적으로 관여하여 컨트롤할지)이 나타내는, 그 상황으로부터 해석되는 의미이다.

다음으로 앞 절의 〔표 5〕에서 정리한 바와 같이, 관여 방식은 존재물이 가지는 의미 성질로서의 잠재능력과 깊은 관계가 있음을 시사하고 있다. 그렇다면 이 둘의 관계도 언급되지 않으면 안 될 것이다. 잠재능력과 간접성의 관계는 다음과 같이 가정할 수 있다.[9]

(25) 잠재능력과 간접성의 관계
잠재능력을 가진 존재물에 의해 일어나는 사태는, 외부로부터 해당 사태에 직접 작용을 가할 수 없다고 하는 우리의 관여 방식을 결정지으며, 이로 인해 간접성의 의미가 해석된다.

여기서 (25)의 가정을 토대로 앞 절의 (18)의 sase의 범주를 가설적으로 설명해 보자. 우리는 존재물 스스로의 성질에 의해 일어나는 사태에는 직접 관여할 수 없고, 간접적으로만 관여할 수 있다고 하는 해당 사태에 대한 관여 방식을 알고 있다. 예를 들어, 우리는 보통 사람의 마음이나 감정 등과 같이 자의식이 있는 것에는 외부로부터 직접 작용을 가하여 그것을 컨트롤하는 것이 불가능함을 알고 있다. 이와 동일하게 인간의 의지적

9) 본장에서 말하는 간접성(또는 직접성)은 종래 구문의 의미로서의 간접사역(또는 직접사역)과는 반드시 일치하는 것이 아니기 때문에 주의하기 바란다. 본장의 간접성은 존재물의 잠재능력의 유무를 기반으로 한 것이기 때문에 sase가 부여된 모든 문장은 간접성을 가지는 것으로 생각한다. 그러나 구문의 의미에서는 sase가 나타난 모든 문장이 간접사역이라고 해석되지는 않는다. 수반사역(동반의 상황, 보조의 상황, 감독의 상황)도 나타낼 수 있다. 이것들의 정의에 대해서는 Shibatani & Chung(2002), Shibatani & Pardeshi(2002) 및 3.4.2절, 4.4.2절을 참조하기 바란다.

행위 또한 외부로부터 직접 컨트롤할 수 없다는 것도 알고 있다. 더욱이 자연 현상도 인간의 컨트롤 밖에 있는 것임을 알고 있다. 이와 같은 경험적 지식으로부터 일본어의 언어 사실을 살펴보면, 잠재능력을 가지는 존재물의 전형적인 예에 관해서는 모두 sase를 부가할 수 있고 그렇지 않은 동사에는 보통 sese가 않는다. 이로부터 변화의 사태에 대해서도 잠재능력이 인정되고, 또 간접적인 관여 방식밖에 없다고 이해되는 상황이 보이면, 이 경우에도 sase의 부가는 방해를 받지 않을 것이라고 판단된다.

5.5.3 범주의 더 나아간 확장 가능성과 동기부여

본절에서는 sase의 범주가 한층 더 확장해 가는 확장가능성과 동기부여에 대하여 생각해 보자. 이를 위하여 지금까지는(5.2절과 5.3절의 선행연구에서도) sase를 허용하지 않는 동사로 다뤄져 왔던 '沸く(waku, 끓다)'와 '溶ける(tokeru, 녹다)라는 두 개의 동사를 대상으로 하여 이들도 사실은 sase를 허용하는 경우가 있음을 살펴본다. 또 이 경우도 기본적으로는 (17)과 (19)(25)의 제안으로 정리할 수 있는, 존재물이 가지는 잠재능력의 인가에 의한 확장임을 확인한다.

먼저 '沸かせる(끓다+사역)'를 허용하는 예를 다뤄보자. 다음의 예는 구글(Google)에서 검색한 것이다.10)

(26) a. 私の好奇心を沸かせる本、リスト一覧。

watasi-no	kokisin-o	wak-ase-ru	hon,	risuto	itiran
나-속격	호기심-대격	끓다-사역-현재.관형	책	목록	일람

'나의 호기심을 끓게 한 책, 목록 일람'

b. 興奮する数学—世界を沸かせる7つの未解決の問題。

---

10) '沸かせる'의 총 검색 건수는 19,300건이었는데(2004년 11월 26일 현재), 그 대부분은 '沸かす(끓이다)'의 가능형일 뿐 사역형은 그리 많지 않다.

kohunsur-u　sugaku　sekai-o　wak-ase-runanatu-no
흥분하다-현재.관형　수학　세계-대격　끓다-사역-현재.관형　7개-속격
mikaiketu-no　mondai
미해결-속격　문제
'흥분하는 수학-세계를 들끓게 하는 7개의 미해결 문제'

c. 大会を沸かせたヒーローたち

taikai-o　wak-ase-ta　hiro-tati
대회-대격　끓다-사역-과거.관형　영웅-복수
'대회를 들끓게 한 영웅들'

d. 強打と粘り強さでリングを沸かせたベテランが、悲運の事故でこの世を去った。

kyoda-to　nebariduyosa-de　ringu-o　wak-ase-ta
강타와　끈기-로　링-대격　끓다-사역-과거.관형
beteran-ga　hiun-no　ziko-de　kono　yo-o　sat-ta
베테랑-주격　비운-속격　사고-로　이　세상-대격　떠나다-과거.단정
'강력한 펀치와 끈기로 링을 끓게 한 베테랑이 비운의 사고로 이 세상을 떠났다'

e. …奥様をわかせた「ホット部門」

oku-sama-o　wak-ase-ta　hottobumon
부인-존경-대격　끓다-사역-과거.관형　핫부문
'…부인들을 끓게 한 「핫(hot) 부문」'

사역을 나타내는 '沸かせる(끓다+사역)'는 '好奇心を沸かせる(kokisin-o wak-ase-ru, 호기심을 끓게 한다)', '世界の人の心)を沸かせる(sekai(-no hito-no kokoro)-o wak-ase-ru, 세계(의 사람들의 마음)를 끓게 한다)', '大会を沸かせる(大会を盛り上げて人を興奮させる)(taikai-o wak-ase-ru(takai-o moriage-te hito-o kohun-sase-ru, 대회를 들끓게 한다(대회의 분위기를 고조시켜서 사람들을 흥분시키다)'와 같이 사람의 심적 상태를 나타내는 (것으로 환원할 수 있는) 어휘가 목적어의 위치에 오는 예가 압도적으로 많다. 반면, 'お湯を沸かせる(oyu-o wak-ase-ru, 물을 끓일 수 있다)'와 같은 예는 필자가

조사한 바로는 모두 가능한 용법이기는 하지만 구글에서도 사역의 예는 하나도 찾을 수 없었다(단 5.5.4절 참조). 이로부터 사역의 '沸かせる(끓다+사역)'를 허용하는 것은 인간의 심적 상태와 같이 자율적이고 외부로부터 직접 작용을 받지 않는 것임을 알 수 있다((25) 참조).

다음으로 '溶ける(tokeru, 녹다)를 살펴보자. 지금까지는 (20)과 같이 '溶けさせる(녹다+사역)'는 존재하지 않는다고 서술해 왔다. 그런데 상당히 자연스러운 예로서 '溶けさせる(녹다+사역)'가 쓰인 경우가 있다. 다음의 예 역시 구글에서 검색한 것이다.[11]

(27) a. …焼く色をつけるならオーブンを使いますが、「チーズを溶けさせるだけでいい」という考えだったので、…。(…노릇한 색을 입히려면 오븐을 사용합니다만, 「치즈를 녹게 하는 정도면 된다」는 생각이었기 때문에)

b. 14、ほうれん草がしんなりしてきたら、長ねぎと梅ペーストを加え、よくあわせる。15、仕上げにモッツァレラチーズをちぎって入れ、溶けさせる。→ 完成！！(14, 시금치가 풀이 죽으면 대파와 매실 페이스트를 넣고 잘 섞는다. 15, 마지막으로 모짜렐라 치즈를 손으로 찢어 넣고 녹게 한다. → 완성!!)

c. 全身をこの感触で侵食されていく不安と陶酔が、脊髄の中を電流の如く駆け抜け脳細胞を溶けさせる。(전신을 이 감촉으로 침식당해 간다는 불안과 도취가 척수 안을 전류와 같이 빠져나가 뇌세포를 녹게 한다.)

d. ちょっとこってりした感じもありますが、レモンが入ってるからさっぱりでおいしかっ たです。でも、ゼラチンをうまく溶けさせることができなくて…。(조금 느끼한 느낌도 있지만, 레몬이 들어 있어 상큼하고 맛있었습니다. 하지만 젤라틴을 잘 녹게 하지 못해서 ….)

---

11) '溶けさせる"의 총 검색 건수는 559건이었다(2004년 11월 26일 현재). 그렇지만 '溶かす(녹이다)'의 168,000건에 비하면 훨씬 적다.

e. そして、氷のような彼の心を溶けさせたのは、そこで逢った炭鉱夫たちの下世話な笑い話(あけっぴろげな体験談)だったようです。(그리고 얼음과 같은 그의 마음을 녹게 한 것은 거기서 만난 광부들의 세간에서 입에 자주 오르내리는 웃음거리들(거리낌 없는 체험담)이었던 것 같다.)

필자가 개인적으로 조사한 바에 따르면 (27)의 예에 대한 모어 화자의 허용도는 상당히 높았다. 구글에 검색한 것들 중에는 부자연스러운 예들도 많이 있었다. 그중에서 비교적 자연스럽다고 생각되는 예로 가장 많이 나타나는 것은 치즈였다. 그 밖에도 젤라틴, 뇌세포, 마음 등이 있었다. 여기서 마음과 뇌세포에 대해서는 (26)과 마찬가지로, 자율적이고 외부에서 직접 관여할 수 없는 것이기 때문이라고 판단된다.

그러면 (27a, b)의 치즈와 (20b)의 아이스크림 사이에는 도대체 무슨 차이가 있는 것일까. 먼저 실마리로 삼기 위하여, 우리의 경험적 지식을 기반으로 아래의 〔표 6〕과 같이 분석해 본다(또 이 표에는 バター(버터)도 넣었는데, 이것도 '?*バターを溶けさせる(?*bata-o toke-sase-ru, 버터를 녹게 하다)'와 같이 아이스크림과 동일한 정도로 허용도는 낮다). 그리고 이 분석의 결과를 (23)의 원리에 따라 적절하게 설명하는 방법을 모색해 본다.12)

12) 참고로 구글 검색(2005년 3월 12일 현재)의 결과는 다음과 같다. 숫자는 검색 건수.

	아이스크림	버터	치즈
溶かす(녹이다)	18	4360	1580
溶けさせる(녹게 하다)	없음	1	6

[표 6]

	아이스크림	버터	치즈
① 체온으로도 간단히 녹일 수 있다	○	○	×
② 실온에서도 금방 녹는다	○	○△	×
③ 실온에서 녹으면, 그것을 바람직하다고 생각한다	×	×	부적용
④ 오븐과 같이 도구를 사용하여 녹인다	×	×△	○
⑤ 의도적으로 녹일 때는 도구를 사용하고, 그때 녹으면 그것을 바람직하다고 생각한다.	×	△	○

그럼 〔표 6〕을 정리해 보자. ①②와 ④에 보이는 바와 같이, 직접성(체온·도구)·용이성(간단하게 : 존재물의 성질에 의한 녹기 쉬움의 정도)·시간적 속도(금방)에 관해서는 아이스크림≧버터≧치즈의 순서로 좌측이 더 직접적이다(단 〔표 6〕의 ○△×는 정도성의 표시로서 이해하기 바란다). 또 ④는 간접적 관여도에 관한 표시다. 이 경우 버터는 보통 오븐과 같은 도구는 사용하지 않기 때문에 ×이고, 프라이팬을 사용하는 경우가 있기 때문에 △로 하였다. 한편, ③과 ⑤에서 보는 바와 같이, 의도적 관여도와 바람직함(치즈는 실온에서는 보통 녹지 않기 때문에 ③은 부적용으로 하였다)에 관해서는 아이스크림≧버터〉치즈의 순서로 좌측이 의도적 관여도가 낮고(의도가 없어도 일어날 수 있다), 또 의도하지 않았을 때에 녹는다면 바람직하지 않은 사태로 인식된다. 즉, 아이스크림은 상온에서도 금방 녹아 버리기 때문에 비의도적 사태로서 발생되기 쉽다. 이 점에 관해서 버터는 약간 차이가 있을지 모르겠지만 거의 동일하다고 봐도 될 것이다.

다시 말해, 아이스크림과 버터는 ①~③에서 체크된 직접성·용이성·바람직함에 관하여 거의 동일한 정도이지만 치즈와는 분명히 차이가 난다. ④와 ⑤에 관해서도 아이스크림과 치즈는 대조적이다. 여기서 중간적인 버터를 고려해 보면, 도구의 관여, 특히 프라이팬과 오븐의 차이는 중요한 의미를 가질 것이다. 왜냐하면, 오븐과는 달리 프라이팬은 직접 손에 쥐고 사용하는 것이고, 또 그 자신이 에너지를 가지고 있지 않기 때문에 불의 세기 조절 등으로 마지막까지 요리되는 정도를 지켜봐야 할 필요가 있다. 그렇기 때문에 우리가 항상 그 사태에 직접 관여하는 것처럼 이해되기 쉽다. 반면에 오븐은 처음 세팅을 할 때에만 우리가 관여하고 그 다음에는 그대로 방치해 둬도 되기 때문에 좀 더 간접적으로 느껴지는 것일 테다.

이렇게 보면 존재물의 의미 성질과 거기에 관계하는 인간의 관여 방식의 차이가, 한쪽은 sase를 허용해도 좋다고 판단하고 다른 한쪽은 sase를 허용해서는 안 된다고 판단하는 것으로 보인다. 구체적으로 말하자면, 아이스크림이나 버터와 같이 자체 성질(이것은 잠재능력을 가리키는 것이 아니다. 잠재능력은 (17)과 같이 합목적성이어야 한다. 이하의 설명을 참조)에 의하여 비교적 단시간에 쉽게 변화 사태를 일으키는 존재물은 sase를 허용하지 않고 타동사하고만 대응한다. 바꿔 말하자면, 너무 간단히 발생해 버리기 때문에 그 사태에 비의도적으로 서로 관여할 가능성이 높을 것 같은 사태에는 보통 sase가 대응하지 않는 것이다. 이를 '발생 용이한(의도적・비의도적) 변화 사태'라고 부른다면, 다음과 같이 일반화할 수 있다.

(28) 존재물의 성질에 의한 발생 용이한(의도적・비의도적) 변화 사태에는 보통 sase를 부가하지 않는다.

이러한 일반화에 따르면 유리와 같이 깨지지 쉬울 것으로 인식되는 '(わざと, うっかり) ガラスを割った((wazato, ukkari) garasu-o wat-ta, (일부러, 깜빡 잘못하여) 유리를 깼다)'는 가능하지만, '*(わざと, うっかり) ガラスを割れさせた((*wazato, ukkari) garasu-o ware-sase-ta, (일부러, 깜빡 잘못하여) 유리를 깨지게 했다)'는 허용되지 않음을 정확히 예측할 수 있다.[13] 한편, 복근과 같이 보통 간단하게 갈라지지(割る)는 않지만 열심히 시간을 들여 노력하면 생길 가능성이 있을 것이라고 인식되는 발생 곤란한 것에 대해서는 sase의 용인도가 높아진다고 판단할 수 있다. 실제로 구글에서도 '腹筋を割れさせるには…(hukkin-o ware-sase-ru-ni-wa, 복근을 갈라지게 하려면…)'나 '音を割れさせるには…(oto-o ware-sase-ru-ni-wa, 음을 갈라지게 하려면…)', '反対派の票を割れさせるには…(hantaiha-no hyo-o ware-sase- ru-ni-wa, 반대파의 표를 갈라지게 하려면…)'와 같은 예가 상당수 검색된다.

일단 여기까지의 논의를 정리해 보자. sase의 범주화에는 존재물의 성질로서 잠재능력이 관여해야 하는데, '溶ける(tokeru, 녹다)에 대하여 치즈와 아이스크림에는 언뜻 잠재능력과 다른 차원에 속하는 것처럼 보이는 요소가 있다. (28)의 발생 용이성이다. 즉, (28)에 따르면 sase는 해당 사태를 그렇게 간단히 일으킬 수 없다고 인식되는 것을 범주화한다. 반면, 타동사에 관여하는 존재물의 성질은 해당 사태를 용이하게 일으킬 수 있다고 인식되는 것을 범주화한다. 일단 이것을 (우리가 그 사태에 관여할 때에 경험하게 되는) '발생 용이성'과 '발생 곤란성'으로 구분해 두자.

여기서 이상과 같은 분석 결과를 (23)의 원리에 비추어 생각해 보자. 원리Ⅱ에 따르면, 동일한 동사라고 하더라도 명사구가 가리키는 존재물의 종류에 따라 해당 사태에 대한 우리의 관여 방식은 서로 다를 수 있다. 치즈는 아이스크림이나 버터와 비교할 때 더 간접적인 관여를 허용한다. 한편, (18)(19)에 기반하면 sase를 허용하는 치즈에는 잠재능력도 인정해

13) 한편, '息子が戦争で死んだ(musuko-ga senso-de sin-da, 아들이 전쟁으로 죽었다)'에 대응하는 '息子を戦争で死なせた(musuko-o sensou-de sin-ase-ta, 아들을 전쟁으로 죽게 했다'는 비의도적 변화 사태이기는 하지만 단시간에 아주 간단히 발생하는 것으로 경험할 수 있지는 않기 때문에 오히려 타동사가 대응하지 않는다(cf. 益岡 1979, 天野 1987). '息子を戦争で殺した(musuko-o senso-de korosi-ta, 아들을 전쟁으로 죽였다)'라고는 하지 않는 것이다. 즉, 비의도적 사태로 해석가능한 것 모두가 sase와 대응할 수 있다고 주장하는 것은 아니다.

야 한다.

여기에는 두 가지 문제가 있다. (i)(25)에 따르면, 간접성은 잠재능력에 포함되는 개념인데, (28)의 발생 용이성, 바꿔 말해 발생 곤란성은 잠재능력과 어떤 상관관계가 있는 것일까, (ii) (27a, b)에서 치즈의 잠재능력은 무엇을 근거로 어떻게 인정되는 것일까. 다음에 제안하는 (29)를 가정한다면, 이 역시 설명할 수 있다. 이를 '동일 사태(의 동일 존재물 및 다른 존재물)에 대하여 화자가 가지는 견해의 일반적 경향'이라고 부르기로 하자.

(29) 동일 사태(의 동일 존재물 및 다른 존재물)에 대하여 화자가 가지는 견해의 일반적 경향

Ⅰ. 의도적이고 직접적으로 관여하여 일으킨 (변화) 사태라고 하더라도 그 사태의 발생에 시간이 걸리고, 더욱이 해당 사태를 일으키는 일이 그다지 간단하지 않다고 인식되는 상황이 보이면 우리는 보통 그 이유를 행위의 상대방(대상)인 존재물의 고유한 성질(인 잠재능력)에 전가하는 경향이 있다(이것을 'なすりつけ(덮어씌우기)'라고 부르자).

Ⅱ. 존재물의 고유한 성질(잠재능력의 경우)은 그 존재물이 본래 갖추고 있는 내적 프로그램이기 때문에 우리가 외부에서 직접 거기에 작용을 가할 수 없다고 이해하는 경향이 있다. ((25)도 참조)

Ⅲ. 만일 도구의 사용이 가능한 사태라면, 그것을 직접 손에 쥐고 사용하는 도구는 그렇지 않은 도구보다 직접 관여의 상황으로 인식되는 경향이 있다. 또 그 자신이 에너지를 가지고 있는 등 더 자율적인 도구는 그렇지 않은 도구보다 간접 관여의 상황으로 인식되는 경향이 있다.

즉, (29)의 가정을 받아들이면 '발생 곤란성'은 잠재능력을 가지고 있는 것과 연결되고, '발생 용이성'은 잠재능력을 가지지 않는 것과 연결되는

것이다.14) 그렇다면 아이스크림은 실온에서도 아주 간단히 녹아 버리기 때문에 잠재능력이 인정되지 않아 타동사만 대응하는 것이다. 그러나 치즈는 보통 오븐과 같이 자율적인 도구를 사용한다. 이 경우 해당 사태는 사역자와 떨어진 곳에서 일어나고 비교적 시간도 걸리기 때문에 그 과정 안에 발생 곤란함을 경험하는 것도 있을 수 있다. 만일 이와 같은 상황이 잠재능력의 인가로 이어지면 sase의 부가도 불가능한 것은 아니게 되는 것이다.15)

더욱이 이 분석은 (17)의 '잠재능력'의 정의와도 모순되지 않는다. 즉, 아이스크림은 '녹는(溶ける, tokeru)' 성질을 이용하여 만든 생산물이 아니라 오히려 녹아 버리면 아이스크림으로서 존재 가치가 없어지는 것이다. 이러한 성질을 아이스크림의 존재 목적에 맞는 합목적성이라고 할 수는 없을 것이다. 따라서 잠재능력이 인정되지 않으면 sase는 부가할 수 없다.16) 이에 대하여 치즈는 특히 요리에 사용할 경우에는 보통 녹여서 먹

---

14) 잠재능력의 전형적인 예가 가리키는 상황에서 볼 때도 피사역자가 의지성을 가지는 동작주(잠재능력을 가진다)인 경우는 무정물 목적어(잠재능력을 가지지 않는 경우)를 취하는 타동사보다 사역자가 그 사태를 일으키는 것이 곤란하다고 말할 수 있다(이에 대해서는 제4장도 참조). 또 피사역자가 동작주인 경우는 보통 두 개의 사태로 이해되기 때문에 하나의 사태로 이해되는 타동사보다 시간적으로 폭이 있다는 것도 말할 수 있다. 즉, 발생 곤란성과 시간적 폭을 가지는 사태는 잠재능력과 상관관계가 있다고 할 수 있다.

15) 덧붙여 말하자면, (29)는 sase의 개념화, 그중에서 '잠재능력'의 인가에 관계하는 문제라고 생각한다. 예를 들어 'チーズを溶かす(tizu-o tokas-u, 치즈를 녹이다)'와 '鉄を溶かす(tetu-o tokas-u, 철을 녹이다)'는 현실 상황에서는 분명히 철 쪽이 치즈보다 간단하지 않고 곤란한 상황이며, 시간도 더 많이 걸릴 것이다. 그러나 치즈와 달리 '鉄を溶けさせる(tetu-o toke-sase-ru, 철을 녹게 하다)'라고는 하지 않는다. 이와 같은 상황을 설명할 수 있는 것은 (17)에서 제안한 합목적성의 개념에 기반하는 '잠재능력'일 것이다. 즉, 시간이 걸리고, 그다지 간단하지 않다고 인식되는 상황만 있다고 하여 모두 sase의 부가로 이어지는 것은 아니다. 그것들은 잠재능력을 인가하는 요소 중 하나로는 있을 수 있지만, 합목적성을 인가하는 것은 아니기 때문이다.

16) Levin & Rapport Hovav(1995 : 100)에 따르면 *melt*와 같은 동사는 '내적 요인'(5.5.1절 참조)과 '외적 요인'의 양쪽 모두 표현할 수 있다. 그렇기 때문에 언어 간

는 것이기 때문에 합목적성에 들어맞는다. 따라서 잠재능력의 개념과 모순되지 않는다. 이와 같은 상황은 아이스크림이 타동사하고만 대응하고 치즈에는 sase도 부가할 수 있다는 것과 강한 상관관계가 있다.

이상으로, sase가 한층 더 확장해 갈 때에도 잠재능력이 필요한데 이 경우 잠재능력의 인가는 합목적성, 간접 관여의 상황, 발생 곤란성에 의하여 동기 부여를 받고 있음을 살펴봤다.

5.5.4 문맥의 보충에 의하여 인가되는 잠재능력

이번에는 sase의 범주화에서 가장 주변적인 예를 살펴보자. 지금까지와는 달리 이 예들은 잠재능력이 없어도 허용되는 것들이다. 바꿔 말하자면, 보통은 허용되지 않겠지만, 적절한 문맥이 주어지면 sase는 제한을 받지 않은 채 모든 동사에 sase를 허용한다고도 할 수 있는 현상이다. 이에 대해서는 이미 사다노부(定延 1991)과 Kuroda(1993)에서 지적한 바 있다. 본장에서는 이 경우 어떻게 그러한 문맥이 만들어지는가의 관점에서 이 예들을 검토하겠다. 결론적으로, 적절한 문맥이란 다름 아닌 잠재능력의 인가를 위한 요청인 것을 아래서 서술한다.

사다노부(定延 1991)는 '注意書を回らせる(tuisyo-o mawar-ase-ru, 주의서를 돌게 하다)', '曲を終わらせる(kyoku-o owar-ase-ru, 곡을 끝나게 하다)', '椅子を倒れさせる(isu-o taore-sase-ru, 의자를 쓰러지게 하다)'와 같은 예는 보통은 불가능하다고 여겨지지만, 다음과 같이 표현하면 자연스러움이 상승하여 받아들일 수도 있음을 지적한 바 있다.

의 차이도 있다. 그리고 melt가 '내적 요인'으로 취급되는 언어에서는 주어로 얼음이나 아이스크림과 같은 것만 발견될 것이다. 그러나 이것은 일본어의 사실과는 어긋나는 판단이다. 이를 보면 그녀들의 '내적 요인'에는 합목적성의 개념을 결여하고 있기 때문에 일본어의 사실을 파악하지 못할 뿐만 아니라 본장의 '잠재능력'과도 분명히 다른 개념임을 알 수 있다.

(30) 「ご存じのように当自動車レース同好会では、いつもレース前には注意書の回覧を行い、会員に安全運転を呼び掛けています。しかし最近は注意書が、回覧中で紛失したり、また回覧が非常に遅滞したりと、まともに機能しなくなっています。次回のレースでは、会員の皆さんの良識に期待しております」事務局からこのような通知を受け取った会員たちは、次のレースでは全員一致団結して、注意書をなんとか正常にまわらせた。(“아시다시피 우리 자동차 레이스 동호회에서는 항상 레이스 전에는 주의서 회람을 실시하여 전원에게 안전 운전을 호소하고 있습니다. 그러나 최근에는 주의서가 회람 중에 분실되거나 또 회람이 상당히 지체되거나 하여 제대로 기능하지 못하고 있습니다. 다음 레이스에서는 회원들 모두의 양식에 기대를 합니다”라고 사무실로부터 이와 같은 통지를 받은 회원들은 다음 레이스에서는 전원 일치단결하여 주의서를 어떻게든 정상적으로 돌게 했다.)

(31) そのピアニストたちは２０時間コンサートと題して、全部弾くのにざっと一日かかる≪ヴェクサシオン≫という曲を交代で引き続けることにした。演奏は順調に進んだが、最後の奏者の指が急にもつれ、一瞬、曲がとだえたそうになった。(たのむ、≪ヴェクサシオン≫をなんとかうまく終わらせてくれ)と、舞台裏の皆は一心に祈った。(그 피아니스트는 20시간 콘서트를 제목으로 걸고 전부 연주하는 데 적어도 하루는 걸리는 ≪벡사시옹(Vexation)≫이라는 곡을 교대로 이어가기로 했다. 연주는 순조롭게 진행되었지만, 마지막 연주를 할 때 손가락이 갑자기 꼬여 순간적으로 곡이 끊길 뻔했다.) (부탁이야, ≪벡사시옹≫만은 어떻게든 잘 끝나게 해 줘)라고 무대 뒤의 모두는 한 마음으로 기도했다)

(32) 太郎は何十キロもある荷物を２階から勢いよく床に落とし、落下地点の近くに置いてあった椅子を其の弾みで倒させた。(타로는 몇 십 킬로그램이나 되는 짐을 2층에서 기세 좋게 바닥에 떨어뜨렸는데, 낙하 지점 근처에 놓여 있던 의자를 그 충격에 넘어지게 했다)

사다노부(定延 1991)는 (30)과 (31)에 관하여 이 문장들을 허용하는 이유를 다음과 같이 설명했다. 간략하게 이야기하자면, 이 두 개의 문장에는 '주의서가 회원들 간에 한 바퀴 돎'과 '곡 전체의 연주 완료'라고 하는 추상적인 테제가 있다. 이 테제는 추상적인 인식 세계의 과정이다. 예를 들면 (30)에서는 회원들 사이의 직접적인 작용 과정이 구체적・즉물적인 사건으로서 존재하고, 그 후 추상적・인식적인 과정으로서 '주의서가 회원들 간에 한 바퀴 돎'이 성취되기까지의 과정이 있다고 한다. 그리고 이들 문장과 같이 구성원이 많아지고, 시간적으로도 장시간에 미칠수록 테제로서 파악하기 쉬워지고, 그러한 경우에는 sase도 자연스러워진다는 것이다. 단, 테제로 인식할 수 있는 필요충분조건에 대하여 확실한 것은 알 수 없다(자세한 내용은 定延 1991 : 126-127을 참조).

즉, 사다노부(定延)는 추상적인 인식의 과정으로서 테제가 관여함으로써 피사역자는 잠재능력(그의 용어로는 피사역자의 능력)이 없어도 간접적인 상황으로 인지되어 sase가 가능해진다고 생각했던 것이다.

그러나 본서의 생각은 사다노부(定延)와 다르다. 먼저 (25)에 따르면 간접성과 잠재능력은 분리할 수 있는 개념이 아니다. 다음으로 (29)에서 볼 때 간접적인 상황에서는 피사역자의 잠재능력도 인정할 수 없는 것이 아니다. 즉, 위의 두 문장은 다음과 같은 점에서 문맥을 만들어 내는 방식이 동일하다. (i) 사역자가 의도적이고 직접적으로 관여한다. (ii) 사태의 성립까지 상당한 시간이 걸린다. (iii) 그러나 그렇게 간단하게 해당 사태를 일으킬 수는 없는 곤란한 상황이 주어진다.[17] 이러한 경우 우리는

17) 사다노부(定延 1991)의 테제는 이렇게 시간이 걸리는 곤란한 상황의 반대 방향으로의 표출 내지는, 그로부터 부수적으로 이해되는 해석에 지나지 않는다고 생각된다. 즉, sase의 성립 여부를 결정하는 요소는 테제가 있기 때문이 아니라 시간이 걸리는 곤란한 상황이 있기 때문이고, 결국 이와 같은 상황에 의하여 간접성 및 잠재능력이 인정되기 때문일 것이다.

(29)를 근거로, 해당 사태가 일어난 이유를 존재물의 성질(잠재능력)에 전가한다고 하는 화자의 관점에 의한 일반적인 경향에서 찾을 수 있다(4.3.3절도 참조하기 바란다). 알기 쉽게 이야기하자면, 열심히 노력하고 있지만 좀처럼 해당 사태가 일어나지 않았을 경우에 우리는 보통 그 책임을 상대방(여기서는 주의서와 곡의 성질) 탓으로 돌리는 경향이 있다. 잠재능력의 인가는 이와 같은 '덮어씌우기'에 의해 내려지는 것이다.

여기서 (30)(31)과 같이 문맥 안에 곤란한 상황 등을 만들어냄으로써 간접성 및 잠재능력이 인가를 받아 그 문장의 자연스러움이 올라가는 것을 문장을 넘어선 텍스트에 의한 '덮어씌우기(なすりつけ)'라고 하자. 그렇다면 다음의 (32)는 문중의 다른 요소('はずみ')의 작용으로 인해 자연스러움이 올라갔음을 알 수 있다. 이를 문중의 다른 요소의 보충에 의한 간접성 및 잠재능력의 인가라고 한다면, 이는 '옮아붙기'라고 할 수 있을 것이다. 즉, sase를 허용하기 위한 적절한 문맥을 만들어 내는 작용으로는 '덮어씌우기'나 '옮아붙기'에 의한 간접성 및 잠재능력의 인가가 있어야 하는 것이다.

다음의 문장도 '옮아붙기'에 의한 간접성 및 잠재능력의 인가로 파악할 수 있다. 즉 (33)의 의자는 그대로는 잠재능력이 없기 때문에 sase를 부가할 수 없다. 그러나 이 문장 안에는 잠재능력을 가진 다른 요소, 즉 '磁力(자력)'이나 '念力(염력)' 등이 있다. 그 동력이 의자에 옮겨 붙어 둘이 일체화되면 sase의 부가도 가능해지는 것이다.

(33) a. 磁力/念力で椅子を倒れさせた。
ziryoku/nenriki-de isu-o taore-sase-ta
자력/염력-으로 의자-대격 넘어지다-사역-과거.단정
'자력/염력으로 의자를 넘어지게 했다'
b. 磁力/念力で椅子を舞台に上がらせた。
ziryoku/nenriki-de isu-o butai-ni agar-ase-ta

자력/염력-으로 의자-대격 무대-처격 오르다-사역-과거.단정
'자력/염력으로 의자를 무대에 오르게 했다'

(定延 1991 : 143)

사다노부(定延 1991 : 129)는 (33)의 의자에 잠재능력이 있다고 이해하기는 힘들다고 했다(그렇기 때문에 간접성밖에 인정하지 않는다). 객관적으로는 그 말이 맞을 것이다. 그러나 여기서는 문맥의 보충에 의한 잠재능력의 인가도 가능하다고 본다. 오히려 (25)의 제안에 따르면 잠재능력과 간접성은 밀접하게 관련되어 있기 때문에 이 둘을 따로 떼어내어 파악하는 것은 불가능하다. 따라서 본장에서는 이 두 요소의 상호작용에 의하여 sase가 부가된다고 주장한다. 더욱이 범주의 경계선상에 나타나는 주변적인 예에 대해서도 마찬가지로, 이 둘의 긴밀한 상호관계는 유지된다고 주장한다. 즉, 위와 같은 문맥이 요청되는 이유는 원래부터 잠재능력이 인가되지 않으면 sase를 부가할 수 없기 때문일 것이다.

한편 Kuroda(1993 : 42-45)에 따르면 허용 내지 방임사역의 상황에서도 sase는 제한을 받지 않는다. 즉, 피사의 사탑이 그대로 자연히 기울어지거나 베네치아가 자연히 가라앉거나 저절로 뜨거운 물이 솟아올라 오는 것과 같은 상황만 주어진다면, 다음과 같은 표현도 가능하다.

(34) a. 傾くままに傾かせておくより仕方がない。

katamuk-u mamani katamuk-ase-te ok-u-yori
기울다-현재.관형 그대로 기울어지다-사역-연결 두다-현재-말고
sikata-ga na-i
방법-주격 없다-현재.단정
'기울어지는 대로 기울어지게 하는 것 말고는 방법이 없다'

b. ヴェニスは沈むままに沈ませておくより仕方ない。

benisu-wa sizum-u mamani sizum-ase-te

베니스는 가라앉다-현재.관형 그대로 가라앉다-사역-연결
ok-u-yori sikata na-i
두다-현재-말고 방법 없다-현재.단정
'베니스는 가라앉는 대로 가라앉게 하는 것 말고는 방법이 없다'

c. あのお湯は湧くままに湧かせておくより仕方ない。

ano oyu-wa wak-u mamani wak-ase-te
저 뜨거운 물은 솟다-현재.관형 그대로 솟다-사역-연결
ok-u-yori sikata na-i
두다-현재-말고 방법 없다-현재.단정
'저 뜨거운 물은 솟아나는 대로 솟아나게 하는 것 말고는 방법이 없다'

즉, 여기서 자력으로 그렇게 된다는 해석을 가능하게 하는 맥락이 있으면 sase는 제한을 받지 않는다. 더욱이 피사의 사탑이나 베네치아, 저절로 솟아오르는 뜨거운 물 등과 같이 사역자가 직접 관여하거나 컨트롤할 수 없는 것들이라는 점에도 주목하기 바란다.

이상으로 문맥의 보충에 의해 인가되는 잠재능력에는 세 가지 패턴이 있고, sase의 범주 확장에는 명사구(가 가리키는 존재물)가 가지는 의미 성질로서 잠재능력이 중요하게 관여한다는 것을 논의했다. 이는 sase의 범주화를 파악하는 데에는 동사보다 명사구의 의미 정보를 파악하는 쪽이 더 유효함을 의미하는 것이다.

5.5.5 자타교체와 어휘 결여의 문제

5.2절과 5.3절에서는 자타교체에 보이는 어휘 결여의 문제로서 '*太郎を立てる(타로를 세우다)'와 같은 예를 들었다. 거기서, 주요 선행연구에서 이것은 어휘적 문제이기 때문에 설명할 수 없다고 했으나, 그 이유로는 Haspelmath(1993)의 일반화에 따르면 '太郎が立つ(Taro-ga tat-u, 타로가

서다)'는 동작주 주어를 취하기 때문에 타동사와 대응하지 않는다고 설명할 수 있을 것 같다는 점을 언급했다. 본절에서는 그러한 설명 역시 불충분하다고 보기 때문에, 이에 대한 적극적인 이유를 찾아보고자 한다. 다음의 예부터 살펴보자.

(35) a. 母親が子供たちを二階に上げた。〔지시〕

hahaoya-ga	kodomo-tati-o	nikai-ni	age-ta
어머니-주격	아이-복수-대격	2층-처격	올리다-과거.단정

'어머니가 아이들을 2층에 올려보냈다'

b. 母親が子供たちを二階に上がらせた。〔지시〕

hahaoya-ga	kodomo-tati-o	nikai-ni	agar-ase-ta
어머니-주격	아이-복수-대격	2층-처격	오르다-사역-과거.단정

'어머니가 아이들을 2층에 올라가게 했다'

(36) a. *子供を挨拶に回した。(青木 1977)

*kodomo-o	aisatu-ni	mawasi-ta
아이-대격	인사-목적	돌리다-과거.단정

'*아이를 인사하도록 돌렸다'

b. 赤星はファーストに、金本はセカンドにそれぞれ回した。

Akahosi-wa	huasuto-ni	Kanemoto-wa	sekando-ni
아카호시-는	1루-처격	가네모토-는	2루-처격
sorezore	mawasi-ta		
각각	돌리다-과거.단정		

'아카호시는 1루에, 가네모토는 2루에 각각 돌렸다'

(35a)에서 아이들은 (35b)의 사역문과 동일하게 동작주로서 스스로 걸어서 2층에 올라갈 수 있다.[18] 즉, (35a)는 타동사문임에도 불구하고 목적어가 동작주로 이해된다. 또 (36)에서는 (36a)는 부적격하지만 (36b)

18) 이 문장은 어머니가 아이들을 안고 2층에 오른다고 하는 조작의 상황도 가능하다.

와 같이 로테이션이라는 해석이 나오는 상황이라면 타동사문도 성립한다. 더욱이 아카호시(赤星)와 가네모토(金本)는 실제로 동작을 행하는 동작주로 이해할 수 있다.

이로부터 일본어의 타동사문에는 다음과 같은 의미 제약이 있다고 할 수 있다(일본어에 있어서의 동작주 목적어를 성립시키는 의미 조건이라고도 할 수 있다).

(37) 일본어의 타동사문에 있어서의 동작주 목적어에 대한 의미 제약
일본어의 타동사문에서 목적어가 동작주로 이해되기 위해서는 그 문장이 나타내는 상황에서 일정한 거리의 이동이 해석되어야 한다.

(37)에 근거하면 동작주 목적어는 이동동작주에 한하여 허용된다. 따라서 이동동사라고 하더라도 이 문장이 나타내는 상황에서 일정한 거리의 이동이 해석되지 않으면 그 타동사문의 목적어는 이동동작주로는 해석할 수 없을 것이라고 예측된다. 실제로 (38)은 예측한 대로의 예문이다(단, (38d)는 이동동사가 아니다).

(38) a. 母親が子供を机の上に上げた。

hahaoya-ga	kodomo-o	tukue-no	ue-ni	age-ta
어머니-주격	아이-대격	책상-속격	위-처격	올리다-과거.단정

'어머니가 아이를 책상 위에 올렸다'

b. 僕は太郎を箱に入れた。

boku-wa	Taro-o	hako-ni	ire-ta
나는	타로-대격	상자-처격	넣다-과거.단정

'나는 타로를 상자에 넣었다'

c. 太郎が次郎を机の上から下ろした。

Taro-ga	Ziro-o	tukue-no	ue-kara	orosi-ta
타로-주격	지로-대격	책상-속격	위-탈격	내리다-과거.단정

'타로가 지로를 책상 위에서 내렸다'

d. 母親が子供をベッドの上に横たえた。

hahaoya-ga	kodomo-o	beddo-no	ue-ni	yokotae-ta
어머니-주격	아이-대격	침대-속격	위-처격	눕히다-과거.단정

'어머니가 아이를 침대 위에 눕혔다'

즉, 이들 문장은 도착점구(到着点句)를 갖추고 있지만 여기서는 오히려 위치 변화의 도착점으로 이해될 뿐 이 문장이 나타내는 상황에서 일정한 거리의 이동은 해석되지 않는다. 따라서 이들 문장의 목적어는 이동동작주로서는 이해되지 않고 조작의 상황으로만 해석된다.

이상으로 일본어의 타동사문에서는 목적어가 동작주로 이해되기 위해서는 그 문장이 나타내는 상황에서 일정한 거리의 이동이 해석되어야 한다고 했다. 그런데 일정한 거리의 이동이 '그 문장이 나타내는' 상황에서 해석된다고는 했지만, 그것이 구체적으로 어디에서 해석되는 것인지에 대해서는 아직 언급하지 않았다.

아래서는 이 점에 대하여 약간 설명을 해 둔다. (38)에서 보는 바와 같이, 단순히 도착점구가 표현되어 있는지의 여부에 따라 일정한 거리의 이동이 있는 것으로 해석되는지 판단할 수는 없다. 여기에는 '관습화된 목적'(conventionalized purpose, 이하 CP. Shibatani 1973a, 1976a, b 참조)으로부터 읽어 낼 수 있는 문장의 의미나, 주어와 목적어의 사회·가족 관계의 역할을 알 수 있는 '사회·가족 관계역할어'(socio-family relational role word, 약칭 '관계역할어'. 6.2.4절 참조)의 기능, 그리고 이상인지모델(이하 ICM. Lakoff 1987 참조) 등이 관여한다.

이와 같은 상황을 잘 나타내는 예로 다음의 (39)를 보기 바란다.

(39) a. 監督が女優を舞台に出した。

kandoku-ga	zyoyu-o	butai-ni	dasi-ta
감독-주격	여배우-대격	무대-처격	내보내다-과거.단정

'감독이 여배우를 무대에 내보냈다'

b. 運転手がお客さんを駅の前に降ろした。

untensyu-ga	okyakusan-o	eki-no	mae-ni	orosi-ta
운전수-주격	손님-대격	역-속격	앞-처격	내리다-과거.단정

'운전수가 손님을 역 앞에 내렸다'

(39)의 목적어는 이동동작주로 이해할 수 있는데, 거기에는 우리가 주체적으로 의미를 해석하는 다음과 같은 프로세스가 있다. 먼저 어휘 항목 안에서 주어와 목적어 사이의 사회・가족 관계의 역할을 나타내는 관계역할어가 발동한다(만일 관계역할어가 발동하지 않으면 개인으로서 해석된다). 그로 인해 ICM이 환기되고, 거기서 적절한 CP를 읽어낼 수 있다. 그러면 이들 문장의 목적어는 일정한 거리를 이동하는 동작주로 해석되는 것이다(관계역할어, ICM, CP의 관계에 관한 상세한 내용은 제6장을 참조). 예를 들어 (39b)라면, 운전수와 손님이라는 관계역할어가 발동하면 운전수는 목적지의 역 앞까지 손님을 운반하고, 손님은 스스로 택시에서 내린다는 것이 정확히 이해된다. 이처럼 생각하면, 사실은 위의 (35a)와 (36b)도 동일하게 설명할 수 있다. 즉, (35a)에는 가족 관계를 나타내는 관계역할어를 이용한 것이고 (36b)에는 개인명을 이용한 한신 소속의 야구 선수와 감독이라는 관계역할어가 발동하는 것이다.

여기서 '*太郎を立てる(*Taro-o tate-ru, 타로를 세우다)'에 대하여 생각해 보자. (37)의 제약은 일본어의 타동사문 전체에 관여하는 것이기 때문에 당연히 이 문장에도 적용되어야 한다. 그렇다면 '*太郎を立てる(*Taro-o tate-ru, 타로를 세우다)'가 성립하지 않는 이유는 이동동작주로 해석되지 않기 때문인 것이다. 그러나 만일 '太郎を立てる(Taro-o tate-ru, 타로를 세우다)'에서 (37)의 의미 조건을 충족시킬 만한 상황을 끌어낼 수 있다면, 그 경우에는 동시에 이 타동사문도 허용하리라는 것을 예측할 수 있다. 물론 실제로도 그러하다.

(40) a. *太郎を宮殿の前に立てる。

*Taro-o kyuden-no mae-ni tate-ru
타로-대격 궁전-속격 앞-처격 세우다-현재.단정
'*타로를 궁전 앞에 세운다'

b. 太郎を宮殿の前に見張りに立てた。

Taro-o kyuden-no mae-ni mihari-ni tate-ta
타로-대격 궁전-속격 앞-처격 파수-처격 세우다-과거.단정
'타로를 궁전 앞에 파수를 세웠다'

c. 宮殿の前に見張りに立てた。

kyuden-no mae-ni mihari-ni tate-ta
궁전-속격 앞-처격 수-처격 세우다-과거.단정
'궁전 앞에 파수를 세웠다'

(40a)는 부적격하고 (40b, c)는 적격하다. 이 경우에 (40a)와 (40b) 사이에는 개인으로서의 太郎(타로)냐 아니면 감시 역할을 하는 太郎(타로)냐 하는 차이밖에 없다. 이 점에서 (또 (40c)도 고려하면) 파수꾼(관계역할어)에는 '어느 특정한 위치로 이동하여 임무를 맡다'와 같은 ICM이 있고 거기서 CP를 읽어낼 수 있기 때문에 이동동작주가 되는 동시에 어느 일정한 거리의 이동이 해석된다는 것이다. 다른 방식으로 설명하자면, (40a)와 (40b)에는 동일하게 '宮殿の前(궁전 앞)'이라는 장소명사구가 있지만 (40a)에는 관계역할어가 없기 때문에 ICM은 물론 CP도 환기되지 않아 이동의 도착점으로 해석되지 못한 채 부적격하게 되는 것이다.[19)]

이와 동일하게 (38a, d)와 같은 예도 여기서는 일단 관계역할어가 발동하기는 하지만 ICM에서 적절한 CP를 읽어낼 수 없기 때문에, 그 결과 이동의 사태로 해석되지 못하고 동작주 목적어의 해석도 불가능해졌다는 것이다.

위의 '立てる(tateru, 세우다)'는 현대 일본어에서는 관용적 용법밖에 없기 때문에 이동 동사의 용법이 있다는 것을 바로 이해할 수 없는 독자가 있을지도 모르겠다. 그러나 사실은 다른 언어의 상황을 보면, 자세의 변화와 특정한 위치로의 이동을 동일한 동사가 표현하는 것은 결코 드문 일이 아니다. 와시오(鷲尾 1997 : 87)에 따르면, 영어의 *stand*도 *The firemen stood us to one side to let the ambulance through.*와 같은 문장에서는 '특정한 위치로의 이동'(move to a position)을 나타내는 것으로 분석되어, 이 경우에 한해서는 동작주 목적어를 해석해 내는 타동사 용법이 가능하다. 한편, 자세의 변화를 나타내는 *stand*는 *The mother stood the children up.*과 같이 타동사 용법이 있기는 하지만 동작주 목적어로의 해석은 불가능하다(Levin & Rappaport Hovav 1995 참조). 한국어의 '*세-우-다*'도 일본어의 '立てる(tateru, 세우다)', '建てる(tateru, 건물 등을 세우다)', '止める(tomeru, 자동차 등을 세우다)' 등에 대응하기 때문에 위의 '특정 위치로의 이동'을 나타내는 영어의 문장에도 대응시킬 수 있다. 단, '子供たちを三時間も運動場に立たせておいた(kodomo-tati-o sanzikan-mo undozyo-ni tat-ase-te oi-ta, 아이들을 세 시간이나 운동장에 세워 두었다)'와 같이 자세의 유지(maintain position)를 나타내는 문장에서 한국어는 타동사인 '*세-우-다*'

19) 긴스이 사토시(金水 敏) 교수와의 사적 담화에 따르면, 고전 일본어에는 파수꾼과 같은 관계역할어가 문중에 나타나지 않아도 이동동작주의 해석이 가능한 예가 다수 보인다고 한다. 예를 들면 'にほ鳥の葛飾早稲をにへすとも そのかなしきを(曾能可奈之伎乎)外に立てめやも (万葉集, 3386) 이 예는 오카자키 토모코(岡崎友子) 씨에게서 제공 받았다. 지면을 빌려 감사의 인사를 드린다.

를 사용할 수 있지만, 영어는 (일본어도) 타동사문을 사용할 수 없다(鷲尾 1997 : 88-89)는 차이가 있다. 또 한국어에서는 '子供が立った(立ち上がった)(kodomo-ga tat-ta(tatiagat-ta), 아이가 섰다(일어섰다)', 'そこに立ち止まれ！(soko-ni tatitomar-e, 거기에 서!)'에도 동일한 자동사 '*서-다*'가 대응한다. 현대 일본어에는 화석화된 '立ち止まる(tatitomaru, 멈춰 서다)'의 '立つ(tatu, 서다)'가 남아 있다. 당연하지만, 이는 보행을 중지하고 선다는 의미이기 때문에 자세 변화의 '立つ(tatu, 서다)'는 아니다.

일본어가 주로 이동방향동사인 점에 대하여 영어는 *jump, march, walk* 등과 같은 이동 양태동사도 자타교체가 허용되기 때문에 참여하는 동사의 사이즈는 다르다고 봐야 할 것이다(Levin & Rappaport Hovav 1995, 影山 1996, 2000, 鷲尾 1997, 丸田 2000 등 참조). 그러나 한국어에서는 일본어나 영어에서 허용하지 않는 *play, cry* 등과 같은 동작동사까지도 가능하기 때문에 (37)의 의미 제약을 넘어서고 있다고 할 수 있다. 즉, (37)의 의미 제약은 모든 언어에 일률적으로 적용할 수 있는 것은 아니다(제2장 참조).

5.6 맺음말

이상의 논의에 근거하면 먼저 자타교체와 사역에 관한 Haspelmath나 모토오리(本居)의 일반화는 다음과 같이 수정하여 둘 사이의 관계를 연속적으로 파악할 필요가 있다. (ㄱ) 자타교체는 상태변화동사를 의미 기반으로 하여 거기서 동작주 주어와 공기하는 동사를 수용하는 방향으로 일반화한다. (ㄴ) sase는 동작주 주어와 공기하는 동사를 의미 기반으로 하여 거기서 상태변화동사를 수용하는 방향으로 일반화한다.

다음으로 타동사문과 sase의 의미 제약은 다음과 같다. (ㄷ) 일본어의 타동사문이 동작주 목적어를 허용하는 것은 일정한 이동 거리가 해석될 때의 이동동작주에 국한된다(단, 언어마다의 의미 제약은 다를 수 있다). (ㄹ) sase의 부가는 잠재능력과 간접 관여의 상황(간접성)의 상호작용에 의해 인가된다. sase가 범주 확장을 할 때에도 기본적으로는 이 두 가지 요소에 의한 제약을 받는다.

마지막으로 본장의 접근 방식을 통하여 분명히 밝힌 것은 기존 연구에서와 같이 단순히 동사의 의미만을 고찰하는 것으로는 충분하지 않다는 점이다. 이는 특히 범주의 경계를 살펴보면 분명해진다. 확인 차 다시 한 번 예를 든다. 아래의 예를 보면, 명사구를 포함하는 동사구(또는 문장 전체, 더 나아가서는 텍스트를 포함하는 경우도 있다)의 사태구조를 고려해야 함을 알 수 있다.

(41) a. *アイスクリームを溶けさせる。
*aisukuriimu-o toke-sase-ru
아이스크림-대격 녹다-사역-현재.단정
'아이스크림을 녹게 한다'
b. チーズを溶けさせる。(cf.27)
tizu-o toke-sase-ru
치즈-대격 녹다-사역-현재.단정
'치즈를 녹게 한다'

(42) a. *太郎を立てる。
*Taro-o tate-ru
타로-대격 세우다-현재.단정
'타로를 세우다'
b. 見張りを立てる。
mihari-o tate-ru

파수-대격　　세우다-현재.단정
'파수를 세우다'

(43) a. *ボールを流す。
*boru-o　　nagas-u
공-대격　　흘리다-현재.단정
'공을 흘리다'

b. ボールを川に流す。
boru-o　　kawa-ni　　nagas-u
공-대격　　강-처격　　흘리다-현재.단정
'공을 강에 흘리다'

따라서 본장에서는 sase의 범주화는 동사의 의미보다 명사구(가 가리키는 존재물)의 의미 성질의 관점에서 다시 파악해야만 함을 일관되게 주장해 왔다. 말하자면, sase는 어떤 사태에 대한 명사구의 범주화이다. 타동사문도 그와 같이 말할 수 있다. (42)와 같이 목적어가 일정한 거리를 이동하는 이동동작주로 해석될 경우에만 적격문이 된다. 명사구의 의미 기능에 의해 사태구조가 변했기 때문이다. 더욱이 (43b)와 같이 '옮아붙기'에 의하여 적격성이 변하는 일도 있다. 이들 문장에 대한 용인도 판단은 모두 명사구의 의미 해석에 의존하고 있다(서장도 참조).

본장에서 제시한 것과 같은 접근 방식은 동사 중심의 이론이 가지는 설명력의 빈곤을 지적함과 동시에 문법 영역에서 범주 확장(및 축소)에 대한 설명, 거기에 동반되는 언어 변화의 설명에도 유익할 것이다.

제6장 사회·문화 모델과 통사구조

– 개체와 관계역할어로서의 명사구

"빈 우드·리드는 이 점에 대하여 좋은 것을 이야기하고 있다"라고 홈즈는 말했다. "그가 말한 바에 따르면 개인으로서 인간은 불가해한 수수께끼이지만, 집단이 되면 수학적인 확실성이라는 것을 띠게 된다. 예를 들어 한 인간의 행동을 예측하는 것은 불가능하지만, 평균적인 수의 인간이 무엇을 할지에 대해서는 정확하게 예측할 수 있다. 개인은 변동하지만, 평균(퍼센티지)은 변화하지 않는다. 통계학자는 그렇게 이야기하고 있지요."

—『四つの署名(네 개의 서명)』 제10장(内井惣七(2004)
『推理と論理(추리와 논리)』 p.46에서 인용

6.1 머리말

본장의 목적은 '개체와 관계역할어로서의 명사구'를 제안하고, 그럼으로써 사회·문화 모델과 통사구조의 관계를 분명히 밝히는 것이다. 최종적으로는 명사구의 문법적 지위를 동사의 논항만으로 다뤄 왔던 동사(술어) 중심의 현대 언어 이론이 가지는 한계를 지적하는 것이다.1)

'개체와 관계역할어로서의 명사구'라는 것은 하나의 명사(구)가 두 개의 기능(즉 개체로서 외부 세계의 지시물을 가리키는 것과 사회적 역할을 담당하는 사회적 존재로서 드러나는 것)을 담당하고 양쪽 모두에 대응 관계를 가지지만, 실제로 문장으로 구현될 때에는 어느 쪽만이 선택됨을 가정하는 것이다. 그리고 전자의 개체와 달리 후자는 사회・문화적인 인지 체계가 새겨져 있는 단위, 즉 이상인지모델(Lakoff 1987 참조)을 환기시키는 단위로서의 명사구를 도입하는 것을 의미한다.

본장의 구성은 다음과 같다. 먼저 6.2절에서는 어휘적 사역구조가 다의적으로 해석되는 상황을 고찰한다. 거기서 구문의 다의적 의미가 이상인지모델을 기반으로 하는 명사구의 해석에 좌우된다는 점에 주목하여 '사회・가족 관계역할어'(약칭 '관계역할어')라는 명사구 단위를 제안한다. 6.3절에서는 이 관계역할어가 기능하는지의 여부에 따라 '개체모델'과 '사회모델' 중 어느 쪽인가가 대응한다는 것을 분명히 밝히고, 이 두 가지를 변항으로 하는 'F-모델'을 도입한다. 이를 토대로 사역구문의 여러 가지 의미 현상 및 한국어의 사역형식과 통사구조의 대응 관계를 설명한다. 6.4절에서는 통사 현상에만 초점을 맞춰 사회・문화 모델과 통사구조의 관계를 입증한다. 여기서는 비규범적 사역구문을 '통사구조의 단축'이라고 특징지을 것인데, 이 단축이 '사회모델'에서는 빈번히 행해진다는 것을 밝힌

1) 전통문법・전통논리학에서 문장은 '주어+술어'와 같이 덧셈적으로 생각되어 왔는데(森本 2004 : 20), 그것을 술어함수적으로 다시 파악하여, 즉 주어와 술어의 개념을 논항과 함수로 대치하여 공란을 수반하는 술어에 대입되는 것으로서 논항의 개념을 설정한 것은 프레게의 아이디어라고 알려져 있다(フレーゲ 1988, 野本 1988 참조). 따라서 G. 프레게에 따르면, 예를 들어 "카이사르는 갈리아를 정복했다"라는 문장은 '카이사르'와 '…는 갈리아를 정복했다"로 분해할 수 있다. 이 경우 후자의 부분은 불포화하여 공란을 가진다. 이 공란에 논항인 카이사르가 들어가면 완결된 의의를 나타낼 수 있게 된다는 것이다. 현대의 이론언어학은 이와 같은 수학적 논리학 내지 형식주의를 토대로 성립한다. 이에 대한 정당한 비판은 Lakoff(1987 : 14장)을 보기 바란다.

다. 결론적으로 개체로서 간주할지, 아니면 사회적 역할을 담당하는 사회적 존재로서 간주할지, 명사구(가 가리키는 지시물)에 대한 해석(construal)의 차이가 언어화에서 통사구조의 구성 방식에 직접 관여한다는 결론을 이끌어낸다.

한편 본장의 '개체와 관계역할어로서의 명사구'의 제안은 기존의 동사(술어) 중심의 언어 연구에서는 설명할 수 없었던 문제, 즉 제2장에서 다룬 어휘적 사역의 생산성 문제, 제3장의 피사역자의 문법적 코드화의 비계층성, 제4장의 비규범적 사역구문의 문제 등에 대하여 설명할 수 있음은 물론, 개재구문(介在構文)이나 언어의 역사적 변화에 대한 설명에도 유효하다.

6.2 개체와 관계역할어로서의 명사구

6.2.1 어휘적 사역의 다의성과 이상인지모델

다음의 문장을 보기 바란다.

(1) a. 金先生は落ちこぼれのわが息子を一生懸命指導して、大学に入れた。(合格させた)

Kimusensei-wa otikobore-no wagamusuko-o issyokenmei
김 선생님-은 낙오자-속격 우리 아들-대격 열심히
sidosi-te daigaku-ni ire-ta (gogaku-sase-ta)
지도하다-여서 대학-처격 넣다-과거.단정 (합격-사역-과거.단정)
'김 선생님은 공부를 잘 못하는 우리 아들을 열심히 지도하여 대학에 들여보냈다(합격시켰다)'

b. 田中さんは一人息子をやっと大学に入れた。(入学させた)

Tanaka-san-wa hitorimusuko-o yatto daigaku-ni
다나카-씨-는 외동아들-대격 드디어 대학-처격

ire-ta (nyugaku-sase-ta)
넣다-과거.단정 (입학-사역-과거.단정)
'다나카 씨는 하나뿐인 아들을 드디어 대학에 들여보냈다(입학시켰다)'

c. 守衛さんが書籍販売の営業マンを大学に入れた。(校門を通過させた)

syueisan-ga	syosekihanbai-no	eigyoman-o	daigaku-ni
경비 아저씨-주격	서적 판매-속격	영업사원-대격	대학-처격

ire-ta (komon-o tuka-sase-ta)
넣다-과거.단정 (교문-대격 통과-사역-과거.단정)
'경비 아저씨가 서적 판매하는 영업사원을 대학에 들여보냈다(교문을 통과시켰다)'

위의 '大学に入れた(daigaku-ni ire-ta, 대학에 들여보내다)'는 '합격시켰다', '입학시켰다', '교문을 통과시켰다'의 세 가지로 해석할 수 있다. 왜 이와 같은 해석이 가능할까? 일단 이들 해석이 나타내는 의미의 상호관련성에 주목하여 다음과 같이 생각해 보자.

이러한 해석의 다양성은 '대학에 들어가는' 것에 대한 사회・문화적 배경을 이해하고 있어야 비로소 적절히 이해되는 것이다. 즉, 〔표 1〕과 같이 언어 이전의 백과사전적 지식 체계에 의존하여 해석된다.

[표 1]

'대학에 들어가기'에 관한 백과사전적 지식 체계(필요로 하는 행동에 관한 지식과 그 밖의 일반 지식)
Ⅰ 대학에 들어가기 위해서는 입학시험을 보고 그것을 통과할 필요가 있다.
Ⅱ 시험에 통과하면 입학금을 지불하는 등 일정한 사무적인 입학 절차를 해야 할 필요가 있다. 그로 인해 대학생으로서의 신분이 주어짐과 함께 강의를 들을 권리나 대학의 시설을 이용할 권리도 발생한다.
Ⅲ 권리 행사를 위하여 일주일에 몇 번인가 교문을 통과할 필요가 있다. 교문 앞에는 수상한 사람 등 관계자 이외의 출입을 체크하는 경비원 아저씨가 있다. 관계자라면 여기서 허가를 받을 필요는 없다.

여기서는 〔표 1〕과 같이 일종의 전형적으로 패턴화된 지식 체계를 Lakoff(1987)에 따라 이상인지모델(idealized cognitive model, 이하 ICM)이라고 부르기로 한다(유사한 개념을 나타내는 것으로서 시나리오, 스크립트, 프레임, 스키마 등이 있다. 이에 대해서는 Lakoff(1987)와 河上(1996), ウンゲラ・シュミット(1998), 辻(2002), 大堀(2002), 松本(2004) 등의 해설을 참조. 본서에서도 설명의 편의를 위하여 이 용어들을 사용하는 경우가 있다).

그러면 다음과 같이 위의 백과사전적 ICM이 인과관계와 절차에 관한 지식 구조 위에 성립한다고 분석해 보자. 그러면 〔표 1〕은 〔표 2〕와 같이 더 스키마적으로 재파악할 수 있다.

[표 2]

'대학에 들어가기' 위한 전제 조건의 행동과 그 행동이 야기하는 결과에 관한 스키마적인 지식 체계(인과관계와 절차에 관한 ICM)	
Ⅰ 입학 시험에 합격하면 대학에 들어갈 수 있다. Ⅱ 입학금을 내고 일정한 사무적인 절차를 하면 대학에 들어갈 수 있다. Ⅲ 교문을 통과하면 대학에 들어갈 수 있다.	↓ 시발점에서 종료점으로
→ 원인에서 결과로	

즉, 〔표 2〕에는 세 가지 과정이 있다. 개개의 과정은 각각 전제 조건과 결과의 인과 관계에 의해 지지를 받는다. 또 세 가지 과정의 상호관계는 '절차'에 의해 연관되어 있고, 시발점에서 종료점까지 과정 하나하나를 절차적으로 헤쳐 나가면 최종적으로는 '대학에 들어갈' 수 있게 되는 것이다. 요컨대, '대학에 들어가는' 것은 개개의 전제조건('합격하다', '입학금을 지불하다', '교문을 통과하다')에서 이끌어낸 개개의 결과이기도 하고, 동시에 ICM 전체의 종료점이기도 한 것이다.

이 분석에 기반하면, 우리의 지식 구조는 인과관계와 절차에 관한 ICM

에 의거하며, 그렇기 때문에 다의적인 의미를 용이하게 읽어냄과 동시에 ICM 전체의 시나리오도 환기할 수 있게 되는 것이다.

더 구체적으로 말하자면, (1)은 '대학에 들어가다'라는 결과를 언급하고 있는데, 실제의 의미는 '합격하다', '입학하다', '교문을 통과하다'라고 하는 결과를 야기한 원인의 행동을 가리키는 것이다. 그러면 이들 문장의 다의성은 다음과 같이 해석된다는 것을 나타내게 된다. 즉, 결과를 표현하여 그것을 근거로 원인을 찾아낸다고 하는 역방향의 추론과 동시에 원인에서도 결과를 추론에 의해 이끌어내지 않으면 안 된다고 하는 상호의존적·순환론적인 논리 구조에 의거하여 해석되는 것이다. 이를 다음과 같이 정리해 보자.

(2) 인과관계와 절차에 관한 ICM에 기반한 다의성의 해석
  a. (1)의 다의성은 절차적인 내부 구조를 가지는 ICM([표 2])에 의해 지지를 받는다.
  b. 개개의 내부 구조는 인과관계에 관한 ICM을 통하여 이해된다.
  c. 원인과 결과는 상화의존적인 관계이고, 순환론적이다. 따라서 원인으로부터는 결과를 추론할 수 있고, 결과로부터도 원인을 끄집어낼 수 있다.

즉, 인과관계와 절차에 관한 ICM은 언뜻 다의성의 해석을 설명하는 확실한 모델처럼 보인다. 그렇지만 사실은 그 자체의 ICM 안에서 자기완결적이고, 순환론적이다. 따라서 이 모델은 세 가지 원인 요소(전제조건)가 본디 어디서 환기되는 것이고 어디서 끄집어 낸 것인지에 관하여 아무것도 시사하지 못한다는 결론이 나온다.

6.2.2 집합체 모델과 관습화된 목적

이번에는 이와 같이 생각해 보자. 〔표 1〕의 백과사전적인 ICM은 〔표 2〕와 같이 시간축으로 늘어세운 스키마적인 ICM이 아니라 다음의 〔표 3〕과 같이 이산적인 명제(개념)에 의해 표시되는 모델의 집합체이다.

[표 3]

'대학에 들어가는' 것에 관한 집합체 모델(명제 모델)
Ⅰ 시험 모델 : 대학의 입학 시험에 합격하는 것은 대학에 들어가는 것이다.
Ⅱ 입학 모델 : 대학에 입학하는 것은 대학에 들어가는 것이다.
Ⅲ 통학 모델 : 대학의 교문을 통과하는 것은 대학에 들어가는 것이다.

그리고 이들 이산적인 개개의 명제 모델들은 하나의 '관습화된 목적'(CP)이 주어졌을 때에 통합된다고 생각해 보자. 즉, 하나의 관습화된 목적을 중심으로 독립된 세 개의 모델(cf. Fillmore의 프레임, Langacker의 인지영역)이 그 주변에 모여든다. 요컨대, 우리의 인지구조는 〔표 2〕와 같은 인과관계와 절차에 관한 ICM, 즉 아날로그적 지식구조가 아니라 〔표 4〕와 같이 어떤 관습화된 목적 아래 모여드는 집합체 모델, 즉 디지털식 지식구조인 것이다.

이를 〔표 4〕와 같이 제시해 보자. 추상적인 개념의 '관습화된 목적'이 상위 범주로 존재하면, 그 아래에는 세 가지의 하위 범주가 모여 든다는 이미지다.

[표 4] 관습화된 목적 아래에 통합되는 집합체 모델

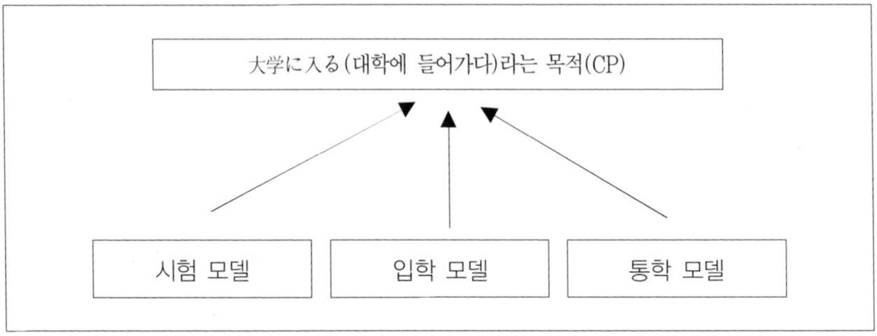

즉, 〔표 4〕와 같은 (디지털식) 지식 체계는 다음과 같이 만들어진다. 〔표 3〕의 집합체 모델은 이산적이지만, 어떤 관습화된 목적이 나타나면 그 목적에 맞는 행동에 관한 지식 모델로 재편성될 것을 요구한다. 그러면 명제에 관한 정적 지식 모델에서 행동에 관한 동적 지식 모델로 순간적으로 전환되어 하나의 지식 체계를 만든다. 이것을 〔표 5〕와 같이 정리해 두자.

[표 5]

하나의 '관습화된 목적'에 통합되는 집합체 모델(목적에 맞은 행동에 관한 지식 모델로의 재편성
Ⅰ 시험 모델 : 대학에 들어가기 위해서는 입학 시험에 합격하는 것이 요구된다.
Ⅱ 입학 모델 : 대학에 들어가기 위해서는 입학금을 내고 일정한 입학 수속을 밟는 것이 요구된다.
Ⅲ 통학 모델 : 대학에 들어가기 위해서는 교문을 통과하는 것일 요구된다. (〔표 3〕의 Ⅲ으로부터).

그러면 이렇게 재편성된 집합체 모델에서는 무엇이 개개의 모델을 소환해 내는 결정적인 수단이 되는 것일까? 앞 절의 인과관계와 절차에 관한 ICM에서는 '대학에 들어가다'라는 결과에서 전제 조건인 '합격하다', '입학하다', '교문을 통과하다'라는 세 가지 원인 요소를(역방향의 추론을 통해) 소

환해 낼 수 있었다. 즉, 개개의 전제조건 그 자체가 원래 어디에서 소환된 것인가에 관하여 이 모델은 전혀 추구할 수 없다. 또 이 모델에서는 사태 참여자(에 관한 의미정보)도 인과관계에는 어떤 영향도 주지 않기 때문에 중요하지 않게 된다.

그런데 재편성된 집합체 모델에서는 상황이 다르다. 〔표 4〕와 〔표 5〕의 세 가지 집합체 모델에서는, 공통의 목적(CP)을 달성하기 위하여 독립된 각각의 방법(프레임)이 있다. 즉, 각각 방법은 서로 다르더라도 그 목적은 같기 때문에 하나로 통합된다. 이렇게 본다면, 여기서는 사태 참여자에 관한 의미정보가 중요하고, 더욱이 모델마다 어떤 참여자가 관여하는지도 추측할 수 있는 모델이 되었음을 알 수 있다. 왜냐하면 개개의 모델 속 참여자(사역자와 피사역자)는 '대학에 들어가다'라는 목적(CP)을 수행하기 위하여 충분히 적격한 존재인지 아닌지(즉 목적에 맞는 존재인지), 또 요구된 행동을 달성할 수 있는 존재인지 아닌지(즉 적절한 동작주인지)와 같은 참여자에 관한 의미정보가 중요하기 때문이다.

즉, 집합체 모델을 기반으로 하면 사태 참여자(명사구)의 관점에서 '합격하다', '입학하다', '교문을 통과하다'의 세 가지 의미가 본래 어디서 나온 것인지, 혹은 어디에 그러한 의미 정보가 새겨져 있는 것인지에 관하여 추구할 수 있는 길이 열리는 것이다.

6.2.3 참여자의 유형과 의미적 투명성

위의 설명은 (1)을 보면 그 타당함이 판명된다. 즉, 시험 모델에서는 선생과 학생이 참가자이고, 입학 모델에서는 부모와 아이가 참가자이다. 또 통학 모델에서는 경비원과 관계자 이외의 사람(영업사원)이 각 모델의 참가자이다. 아니, 오히려 선생과 학생이 참가자가 되는 경우 일반적 상황이라면 시험 모델이 환기되고, 부모와 아이가 참가자가 되는 경우에는 시험 모델이, 그리고 경비원과 관계자 이외의 사람이 참가자가 되는 경우에는 통학 모델이 환기된다고 하는 것이 더 맞는 말일 것이다. 왜냐하면 우리는 이미 언어화 이전에 각 모델마다 가장 적격한 참가자가 누구인지에 관한 지식 체계를 가지고 있고, 더욱이 각각의 목적이 무엇인지, 또 그 목적에 맞는 형태로 요구되는 행동이 무엇인지에 관한 지식도 가지고 있기 때문이다. 즉, 시험 모델에서는 시험에 합격시킬 능력이나 책임이 있는 선생이 관련되고, 입학 모델에서는 보통 입학금을 지불할 능력이나 책임이 있는 부모가 관련되며, 교문을 통과할 때에는 관계자 이외의 사람을 관리하는 경비원의 능력이나 책임이 발휘되어야 한다는 점을 알고 있다.

따라서 이와 같이 각 모델마다 용이하게 예상되는 이상화된 참가자가 아닌 경우에는 우리의 지식 체계 안에 있는 공유된 지식을 이용할 수 없게 된다. 따라서 그 경우에는 바로 이해하는 데에 무리가 있을 것이라고 점을 예상할 수 있다. 예를 들어 경비원과 영업사원의 관계에서는 입학 모델이나 시험 모델을 환기시키는 것이 상당히 곤란하다. 만일 경비원과 영업사원을 입학 모델이나 시험 모델 안에서 표현하고자 한다면, 먼저 두 사람의 참가자로부터 가장 쉽게 예상할 수 있는(인지적으로 가장 활성화된) 통학 모델이 환기되지 않도록 할 필요가 있을 것이다. 다음으로, 의도하는 임시 모델(여기서는 입학 모델이나 시험 모델)을 명시적으로 언급해야 한다. 즉, 임시 모델은 즉흥적으로 만들어 낸 즉석 모델이기 때문에 모든 상황을 차례로 하나하나 언어화하여 의미적으로 충분히 투명하게 할 필요가 있다. 그래야 의도한 정보 전달이 매끄럽게 이루어질 것이다. 따라서 그러기 위해서는 상당한 비용이 드는 긴 (언어적) 문맥이 필요하게 된다.

"守衛さんがその学生を大学に入れた。(syueisan-ga sono gakusei-o daigaku-ni ire-ta, 경비원이 그 학생을 대학에 들여보냈다)"도 이와 동일하게 설명할 수 있다. 이 역시 우리가 이미 가지고 있는 지식 체계로 쉽게 예상할

수 있는 일반적 상황이 아니기 때문에 어떤 모델을 이용하면 좋을지, 순간적으로는 판단이 서지 않는다. 그 학생이 다른 대학의 학생이기 때문에 관계자 이외의 사람이 되는 것인지(통학 모델), 경비원이 선의로 입학금을 내 준 것인지(부모를 대신한 입학 모델), 혹은 경비원이 사실은 보모였거나(입학 모델) 선생님이었을(시험 모델) 경우도 있을 수 있다(드라마나 소설은 이와 같은 의외성을 소재로 긴 이야기를 구성해 낸다). 이와 같이 일반적이지 않은 의외의 상황에는 앞서 서술한 바와 같이, 해당 임시 모델을 명시적으로 언급할 필요가 있다. 그리고 그것들을 차례차례 하나하나 언어화할 필요가 있을 것이다. 따라서 문장(문맥)이 길어지리라는 것도 예상할 수 있다. 단, 그것은 해당 임시 모델에 적격한 참가자로서 구성해 내기 위한 것이고, 또 그와 같은 필요성에 의해 요청되는 것이다.

즉, 다음과 생각할 수 있다. 어느 한 모델 안에 우리의 지식 체계에 합치하는 이상화된 참가자와 예상할 수 없는 의외의 참가자가 대비되는 경우(예를 들면 입학 모델에서 '田中さんが息子を大学に入れた。(Tanaka-san-ga musuko-o daigaku-ni ire-ta, 다나카 씨가 아들을 대학에 들여보냈다)'와 '守衛さんが営業マンを大学に入れた。(syueisan-ga eigyoman-o daigaku-ni ire-ta, 경비원이 영업사원을 대학에 들여보냈다)'의 대비를 상상해 보기 바란다), 후자는 문장(문맥)을 길게 함(즉, 경비원이 영업사원의 입학금을 지불하는 등 입학 수속에 관한 내용을 하나하나 명시적으로 언급함)으로써 해당 임시 모델의 의미를 명시적으로 전달할 수 있다(3.4.4절의 Shibatani(2004)의 '기능적 투명성의 원리'와 비교하기 바란다). 한편 전자는 우리의 지식 체계 안의 공유 지식에 의해 지지를 받기 때문에 여분의 설명은 불필요해지고, 그만큼 컨텍스트는 짧아진다. 즉, 공유 지식(입학금을 내는 등 입학 수속에 관한 내용)을 하나하나 명시적으로 언어화할 필요가 없기 때문에 그만큼 의미적으로는 불투명해진다.

이 관계에 대하여 전형적인 대응 패턴을 다음과 같이 제시해 둔다.

[표 6]

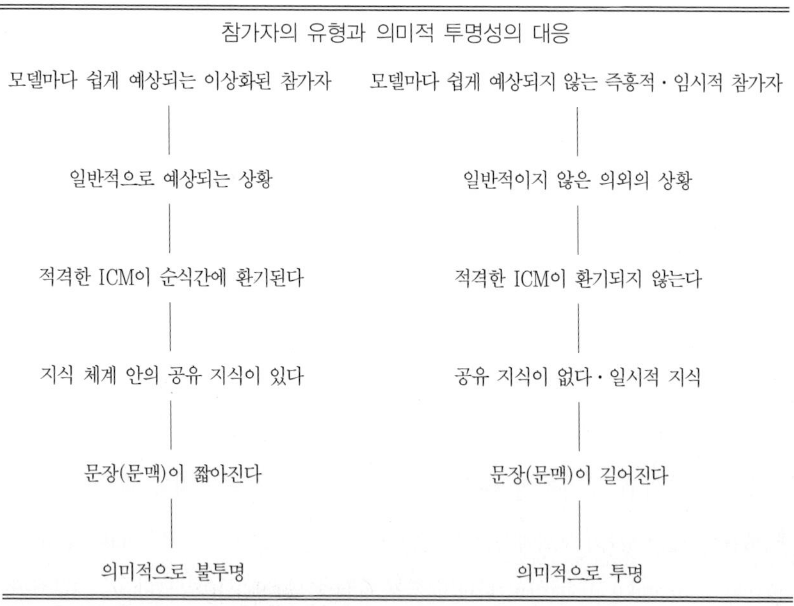

6.2.4 초기값 지식과 관계역할어

앞 절의 관찰을 근거로, 우리가 이미 알고 있기 때문에 하나하나 언어화하지 않아도 되는 지식, 즉 ICM으로서 우리의 지식 체계 안에 있는 공유된 지식을 '초기값 지식(default knowledge)'이라고 부르자. 그러면 이 초기값 지식은 어디에 새겨져 있는 것일까? 바로 선생님과 학생, 부모와 자식, 경비원과 영업사원과 같이 이상화된 참가자, 즉 둘 사이의 사회·가족 관계 및 그 사회적 역할을 알 수 있는 명사구에 새겨져 있을 것이다. 이를 '사회·가족 관계역할어'(socio-family relational role word, 이상 '관계역할어')라고 부르자.

'관계역할어'를 위와 같이 정의하여 도입한 단계에서 다음과 같은 제안을 해 보자. 먼저 Zipf(1935〔1965〕) 이후 기능주의 언어학의 기본 개념 중 하나인 '친근한 개념・일반적 상황'에 관한 것이다(3.4.3절 참조). '친근한 개념・일반적 상황'이란, 적어도 사역의 영역에서는 관계역할어에 패키지되어 새겨져 있는 의미 정보이고, 듣는 이도 거기서 그 정보를 끄집어 낼 수 있다. 그렇다면 종래와 같이 사용 빈도나 사용 상황 등 언어 외적인 요소에서 그것을 전에 먼저 언어 내 요소인 관계역할어(명사구)의 기능으로 그것을 환원시켜야 한다는 제안을 할 수 있다(2.4.4절도 참조).

다음으로 Shibatani(2004)에서 제시한 기능적 투명성의 원리와 경제성의 법칙(3.4.3절의 〔표 13〕)의 관계에 대해서도 다음과 같이 새로 파악할 필요가 있음을 제안한다. 즉, 형식상의 복합성을 유지하여(여기서는 문장을 길게 하여) 의미적 투명성을 유지하고자 하는 의미적 투명성의 원리와, 의미적으로는 불투명하지만 친근한 개념에 의거하여 형태(여기서는 문장)를 축소하고자 하는 경제성의 법칙은 양쪽 모두 관계역할어의 기능으로서 설명할 수 있다. 요컨대, 관계역할어가 제대로 작동하면 의미적으로는 불투명하지만 문장은 짧아진다. 반면, 관계역할어가 기능하지 않으면 문장은 길어지지만 의미적으로는 투명하게 된다.

더욱이 〔표 4〕와 〔표 5〕와 같이 '하나의 관습화된 목적'에서 개개의 모델을 소환해 낼 수 있는 것도 역할관계어의 기능에 의한 것이라고 이해할 수 있다. 이것은 〔표 7〕과 같이 정리해 둔다.

[표 7]

대학의 ICM(공유 지식·초기값 지식)에 근거하여 개개의 모델을 쉽게 소환할 수 있는 '관계역할어'
I 시험 모델 : 선생과 학생의 사회적 관계 및 그 역할이 해석됨으로써 소환된다. II 입학 모델 : 부모자식 관계 및 그 역할이 해석됨으로써 소환된다. III 통학 모델 : 경비원과 영업사원과 같은 사회적 관계 및 그 역할이 해석됨으로써 소환된다.

이상에 근거하여 역할관계어로부터 개개의 모델을 소환해 내기까지의 과정을 제시하면 대략 다음의 〔표 8〕과 같다.

[표 8] 관계역할어로부터 개개의 모델의 소환

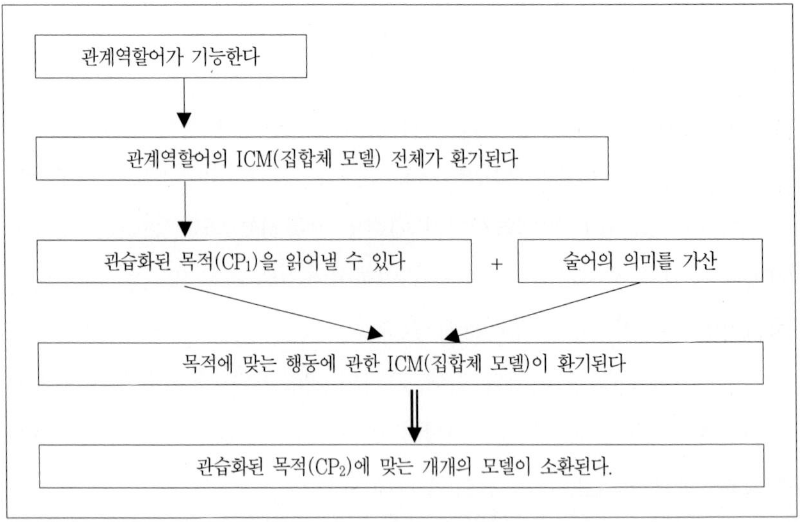

관계역할어가 기능한다

↓

관계역할어의 ICM(집합체 모델) 전체가 환기된다

↓

관습화된 목적(CP_1)을 읽어낼 수 있다 + 술어의 의미를 가산

↓

목적에 맞는 행동에 관한 ICM(집합체 모델)이 환기된다

⇓

관습화된 목적(CP_2)에 맞는 개개의 모델이 소환된다.

먼저 관계역할어가 적절하게 기능하면 거기에 새겨져 있는 초기값 지식으로서 사회·가족 관계와 그 역할에 관한 일반적인 의미 정보(관계역할어의 ICM 전체)가 환기되어 CP_1을 읽어낼 수 있다. 예를 들어 부모는 아이를 돌보거나 양육을 담당하고, 운전수는 손님을 목적지까지 안전하게 수송해야 하는 사회적 역할을 맡으며, 영업사원은 세일즈를 위하여 여기저기 돌아다니는 중에 경비원과 만나는 경우도 있고, 경비원은 정문의 출입을 관리・경비하는 임무가 있다는 등의 일반적 지식 및 CP_1을 용이하게 읽어낼 수 있다. 거기에 술어(동사)의 의미가 가산되면(이것은 하나로 한정되는 것이지 결코 평등한 1+1의 조합은 아니라는 점을 주의하기 바란다) 관계역할어로부터 읽어 낸 관습화된 목적(CP_1)은 더욱 한정되고, 목적에 맞는 행동에 관한 ICM(재편성된 집합체 모델)에 환기되는 것이다. 예를 들면 부모자식의 관계에서는 양육모델이랑 교육모델 등의 일반적인 CP_1이 환기되고, 거기에 '대학에 들여보내다'라는 술어의 의미가 가산되면 입학 모델로 한정되는 것이다. 이를 술어에 의한 '세계의 한정'이라고 부르자. 그러면 입학금을 지불하는 등 목적에 맞는 구체적인 행동에 관한 ICM이 적격하게 환기된다. 이렇게 하여 최종적으로는 CP_2에 맞는 개개의 모델이 끄집어 낼 수 있는 것이다.

이상의 논의를 토대로 관계역할어는 ICM을 환기시켜 집합체 모델에서 개개의 모델을 소환해 낼 수 있는, 초기값 지식이 새겨져 있는 단위(unit)로서 인정할 수 있다.[2)] 여기서 우리는 '개체와 관계역할어로서의 명사구'

2) '관계역할어'의 제안함에 있어서 GB이론에서는 이러한 종류의 명사구를 어떻게 다루는지에 대하여 언급해 두고자 한다. GB이론에 있어서 '아버지', '딸', '수도'와 같은 명사구는 '*x*의 아버지', '*x*의 딸', '*x*의 수도'와 같이 되며, 이로써 비로소 의미적으로 완결된다고 보기 때문에 후자의 명사구가 *x*의 논항을 취하는 것으로서 형식화된다. 이러한 아이디어는 현대기호논리학을 창시하고 분석철학을 개척한 G. 프레게의 이론에서도 이미 보이는 것인데(주121 참조), 西山(2003 : 33)에서는 이와 같은 명사구를 '비포화명사(非飽和名詞)'라고 부른다. 즉, 西山에서는 문법의 일부로서 (화용론과 엄격하게 구별하여) 의미론을 설정하고, 명사(구)를 포화명사(飽和名詞)와 비포화명사로 구분한다. '비포화명사'란, '이 연극의 주역'이나 '타로의 상사'에 있어서의 '주역'과 '상사'와 같이 단독으로는 외연(extension)을 결정할 수 없고 'X의'라는 변인을 요구하며, 변인값이 정해지지 않는 한 의미적 완결성을 가지지 못하는 것을 가리킨다. 명사구에 관한 이와 같은 사고방식을 확장해 가면 동사(술어)와 기능적으로 비슷한 명사구가 있다는 사실을 인정하게 될 것이다.

라는 존재를 제안하는 바이다.

6.3 F-모델의 도입 : 개체모델과 사회모델

관계역할어가 제대로 기능함으로써 소환되는 개개의 모델을 '사회적 역할 모델'(Social-role model : 이하 '사회모델')이라고 하자. 그러면 여기에 대립하는 '개체적 역할 모델'(Individual-role model : 이하 '개체모델')에 대해서도 당연히 생각할 수 있을 것이다. 여기서는 이 두 가지 모델을 변항으로 하는 'F-모델'(Functional Model)을 도입한다. 즉, F-모델은 이 두 가지 모델이 동일한 조건 아래서 한꺼번에 실현되지는 않는다는 것을 전제로 한다.

아래서는 하나의 어휘(동사)가 담당하는 다의적 상황을 F-모델의 관점에서 설명한다. 그러고 나서 F-모델과 사역형식·사역구문·사역의미 사이의 대응 관계를 고찰하고, 특히 중간 영역의 수반사역에 대한 새로운 견해를 제시한다.

6.3.1 명사구의 표시 층위와 기능 층위

본절에서는 (i) 관계역할어는 표시 층위와 기능 층위를 구별할 필요가 있다는 것을 제시하고, (ii) 이 구별에 의해 다의적인 사역 상황을 설명할 수 있으며, 더 나아가 (iii) '사회모델'은 기능 층위에서만 성립한다는 것을 서술한다.

다음의 문장을 보기 바란다. 이 문장은 개인명을 사용하고 있고, 따라서 표시 층위에서는 관계역할어를 찾을 수 없다. 그렇지만 관계역할어가 기능하는 경우와 그렇지 않은 경우가 있어 그 차이에 따른 다의적 상황을 관찰할 수 있다. 예는 Shibatani(1973a : 58)에서 인용한다.

(3) a. We brought Chomsky to Berkeley. 〔사회적 지시〕
b. We brought Chomsky to our house. 〔동반〕

즉 (3)은 어휘적 사역이다. 두 문장은 동일한 동사를 사용하고 있지만, a는 지시, b는 동반이라는 두 가지 사역 상황을 허용한다(단 어휘적 사역의 지시적 상황은 생산적 사역의 지시적 상황과 내용적으로 다르다. 자세한 내용은 아래서 서술한다.)

Shibatani(1973a, 1976a : 262-267)에 따르면 이와 같은 차이는 관습화된 목적(CP)이 있는지 여부에 따라 달라진다. CP가 있으면 어휘적 사역이라고 하더라도 지시적 상황을 가리킬 수 있다. 그러나 CP가 없으면 문자 그대로의 조작(여기서는 동반)만을 나타내는 것이다.3) 그런데 여기서 설명되는 CP란 도대체 어디서 환기되고 이해되는 것일까. 이에 대해서는 따로 언급하지는 않았다.

앞 절에서는 CP를 읽어 낼 수 있는 것은 관계역할어가 기능하기 때문이라고 제안했다(〔표 8〕 참조). 이 제안에 따르면 Shibatani가 말하는 지시와 동반의 두 가지 상황은 관계역할어가 기능하는지와 상관이 있다. 관계역할어가 기능하면 사역자와 피사역자의 관계는 언어학 관계자인 우리(we)와 언어학자인 촘스키(Chomsky)로 이해된다. 즉, (3a)에서는 '사회모델'이 성립하는 것이다. 그러면 양자의 관계에서 충분히 상정할 수 있는 관습화된 목적(예를 들면 강연을 위하여)이 이해되는 동시에 그 목적을 달성하기 위하여 관습적으로 행하는 방식, 예를 들면 초대장인 공문서를 보낸다든가 편지를 보낸다, 직접 전화를 걸어 부탁한다 등 사회 공유의 무언가 지시적 방법을 사용하여 촘스키를 버클리(Berkeley)로 데리고 왔다(초

3) *bring*이 동반의 상황을 나타내는 것은 어휘적 의미에 의한 것이다. 이에 대하여 *march, run, jump, walk* 등의 타동사 용법이 일반적으로 수반사역의 해석을 받는 것은 어휘적 의미가 아니라 관계역할어의 기능에 따른 것이라고 생각된다. 6.3.3절을 보기 바란다.

대했다)고 이해할 수 있는 것이다. 이와 같은 상황을, 생산적 사역이 일반적으로 나타내는 문자 그대로의 '개체적 지시'(Individual directive : 아래의 (5)를 참조)와 구별하여 '사회적 지시'(Social directive)라고 부르기로 하자. 이 사회적 지시 상황에서는 실제로 어떤 방법이 사용되는지는 일반적으로 불분명하다.

이에 대하여 관계역할어가 기능하지 않는 경우에는 개인명의 촘스키로 이해할 수 있고, 개인으로서의 촘스키를 (개인으로서) 우리 집으로 데리고 왔다는 동반의 상황으로 해석된다. 즉, (3b)에서는 '개체모델'이 성립하는 것이다. 이와 같은 개체모델은 사회적 지시로 이해되지 않기 때문에, 또 개체적 지시는 어휘적 사역이 아니라 생산적 사역이 담당하기 때문에 (6.3.2절 참조) 문자 그대로의 물리적 상황으로 이해될 것이다.

즉, 이 두 가지 F-모델은 제각각 서로 다른 개념 공간(conceptual space)을 대상으로 한다고 볼 수 있다. 사회모델은 '사회적 공간'(추상적 공간)을 대상으로 하고, 개체모델은 물리적 공간을 대상으로 한다. (3)에서는 *Berkeley*와 *house*와 같은 장소명사구가 참조점이 되어 사회적 공간인지 개체적 공간(물리적 공간)인지가 결정되고, 관계역할어의 기능 전환을 매끄럽게 해 준다. 즉, 개념 공간이 서로 다른, 두 개의 F-모델이 적절하게 대응함으로써 동사의 의미적 모호함을 회피하는 것이다.

단 (3b)도 사회모델에 대응하여 해석하는 것이 불가능한 것은 아니다. 그러나 그 경우에는 일반적인 상황이 아니기 때문에 (3b)에서 일반적으로 예상할 수 있는 단순한 식사 자리에 대한 초대가 아니라 '강연회를 위하여 언어학자인 촘스키를 우리 집에 초대했다'라고 하는 사회적 활동을 환기시킬 수 있는 것과 같은 긴 설명이 필요하게 된다(그렇다고 해도 이 문장은 개인적 활동처럼 이해되기 쉽지만). 즉, 이와 같은 맥락을 더욱 더 명시적으로 부가해야만 하는 것이다.

다음으로 사회모델은 (3)과 같이 보통은 어휘적 사역에서 성립하는 경향을 보인다. 그러나 생산적 사역에서도 불가능한 것은 아니라는 점을 살펴보자. 다음의 문장에서는 관계역할어가 기능하면 문자 그대로의 의미해석이 불가능해지는 것을 관찰할 수 있다.

(4) a. 夫が妻を泣かせた。〔간접적/사회적 조작〕
otto-ga tuma-o nak-ase-ta
남편-주격 아내-대격 울다-사역-과거.단정
'남편이 아내를 울렸다'

b. 太郎が次郎を泣かせた。〔직접적/물리적 조작〕
Taro-ga Ziro-o nak-ase-ta
타로-주격 지로-대격 울다-사역-과거.단정
'타로가 지로를 울렸다'

c. 太郎が花子を泣かせた。〔물리적 조작, 사회적 조작〕
Taro-ga Hanako-o nak-ase-ta
타로-주격 하나코-대격 울다-사역-과거.단정
'타로가 하나코를 울렸다'

(4a)와 같이 남편과 아내라는 관계가 표시되어 그것이 기능하면 아내는 실제로는 울지 않아도 된다. 남편에게서 아내로의 영향 관계가 구체적으로 어떤 형태인지는 불분명하지만, 흔히 있을 수 있는 보통의 상황을 상상할 수 있다. 예를 들어 남편이 무언가 나쁜 짓을 하여(예를 들면 바람을 피우거나 해서) 아내를 슬프게 했다는 해석을 얻을 수 있다.[4] 한편 (4b)와 같이 太郎(타로)와 次郎(지로)라는 개인명이 주어지면 (4a)와 같이 간접적

4) 물론 '남편이 아내를 때려서 울렸다'와 같이 물리적으로 울리는 것도 표현할 수 없는 것은 아니다. 그러나 그 경우는 일반적인 상황이 아니기 때문에 때린다고 하는 물리적 조작의 상황을 명시적으로 나타내지 않으면 의도한 의미를 표현할 수 없다. 따라서 (4a)보다 문장이 길어진다.

인 영향 관계는 읽어낼 수 없고 문자 그대로 '지로가 울었다'는 것으로만 이해된다. 그러면 이 사역 상황은 아이들끼리 싸우거나 하여 '타로가 때렸다'는 사실로 인해 일어난 물리적인 영향 관계에 의한 사태로 이해되는 것이다. 한편 (4c)는 모호하다. 太郎(타로)와 花子(하나코)의 관계를 남녀관계로 해석할 수도 있기 때문이다. 따라서 (4a)와 동일하게 간접적인 영향 관계, 즉 타로가 나쁜 짓을 하여 연인인 하나코를 슬프게 했다는 해석도 가능하고, 또 (4b)와 같이 개인명으로 이해할 수도 있다. 그 경우에는 물리적인 영향 관계인 '타로가 때렸다'는 사실로 인해 '하나코가 울었다'는 것을 나타내게 된다.

이와 같이 개체모델이 성립하면 문자 그대로 의미가 해석됨과 동시에 그 사역 상황도 '개체적 공간'에서 받은 물리적 영향 관계로 이해되는 것이다. 한편, 사회모델이 성립하면 의미가 문자 그대로 해석되지는 않고 사역 상황도 '사회적 공간'에서 받은 추상적인 영향 관계로 이해된다. 따라서 이와 같은 추상화로 인해 사역 상황은 간접적으로 이해되는 것으로 생각된다. 그러면 (4a)의 간접성은 개체모델(물리적・개체적 공간)에서 사회모델(추상적・사회적 공간)로 F-모델의 전환, 즉 개념 공간의 전환에 의하여 표출된 의미로 생각할 수 있을 것이다. 여기서 (4a)와 같은 상황을 (4b)의 물리적 조작(또는 '개체적 조작')과 구분하여 '사회적 조작'이라고 부르기로 한다. 이는 관계역할어의 기능에 의하여 이해되는 추상적인 조작이며, 의미적으로는 (물리적 공간에서) 원격 조작의 상황과 비슷하 것으로 생각된다.

그런데 위의 생산적 사역문을 다음과 같이 여격사역구문으로 바꾸면 이번에는 문자 그대로의 의미밖에 나타낼 수 없게 된다. 즉, 여기서는 표시층위와 상관없이 관계역할어가 기능하지 않는 것이다.

(5) a. 夫が妻に泣かせた。〔개체적 지시〕

otto-ga tuma-ni nak-ase-ta

남편-주격 아내-여격 울다-사역-과거.단정

'남편이 아내에게 울게 했다'

b. 太郎が次郎に泣かせた。〔개체적 지시〕

Taro-ga Ziro-ni nak-ase-ta

타로-주격 지로-여격 울다-사역-과거.단정

'타로가 지로에게 울게 했다'

c. 太郎が花子に泣かせた。〔개체적 지시〕

Taro-ga Hanako-ni nak-ase-ta

타로-주격 하나코-여격 울다-사역-과거.단정

'타로가 하나코에게 울게 했다'

(5)에서 제시한 세 문장은 위의 (4)와 달리 명사구의 의미 성질(참가자의 유형)에 의하여 사역 상황의 의미가 바뀌는 일은 없다. 사역자가 피사역자에게 울도록 지시하면 피사역자는 그 지시대로 운다고 하는 일관된 의미를 나타낸다. 명사구의 의미 성질에 관계없이 개체로부터 개체로의 지시를 나타내는 것을 '개체적 지시'라고 부르자. 그러면 생산적 사역의 여격사역구문은 기본적으로 개체모델만 대응하고, 사회모델은 성립하지 않는다고 판단할 수 있다.[5] 한편, (4)의 대격사역구문의 경우에는 사회모델도 성립한다.

이상의 관찰에서 먼저 명사구에는 표시 층위와 기능 층위의 구별이 있다는 점, 그리고 관계역할어가 적절하게 기능하는 기능 층위에서만 사회모델이 성립한다는 점을 인정할 수 있다. 이를 〔표 9〕와 같이 제시해 둔다.

---

5) 단, 타동사 기반의 여격사역구문의 경우에는 이중대격 제약 때문에 여격구문이 된다고 여겨지는 것이 있다(3.3.2절 참조). 어찌 됐든 여기서는 그 점은 고려하지 않는다.

[표 9]

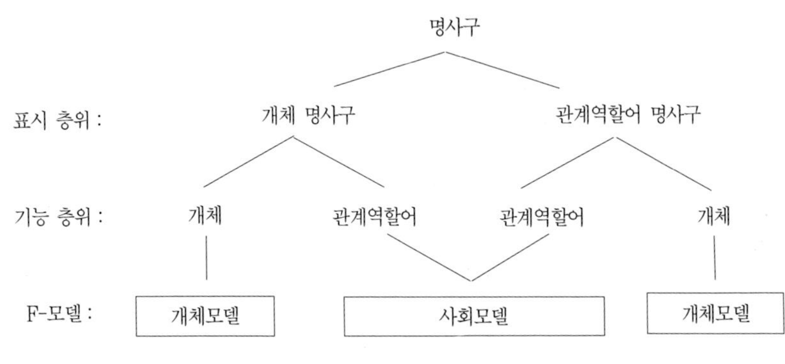

또 개체모델과 사회모델의 차이에 대해서는 다음과 같이 정리해 둔다.

[표 10] 개체모델과 사회모델

	개체모델	사회모델
개념 공간	개체적・물리적 공간	사회적・추상적 공간
사역 상황	개체적 조작(물리적 조작)	사회적 조작(추상적 조작)
	개체적 지시	사회적 지시
의미 해석	문자 그대로의 의미	문자 그대로의 의미가 아님
의미적 투명성	투명	불투명

6.3.2 F-모델과 사역형식·사역구문·사역의미의 대응 관계

위의 (4)와 (5)에는 일본어에서는 양쪽 모두 생산적 사역만 사용하는데, 한국어에서는 다음과 같이 어휘적 사역과 생산적 사역이 제각각 따로따로 대응한다. 즉, (4)의 사회적 조작・물리적 조작에는 (6)과 같이 어휘적 사역이 대응하고 (5)의 개체적 지시 상황에는 (7)과 같이 생산적 사역 '-게 하다'만 대응한다. 다시 말해, 두 언어 모두 어휘적 사역이 개체적 지시를 나타낼 수 없다는 공통점이 있지만 이것은 (6)과 같이 한국어에서는 (자동사에 대응하는) 어휘적 사역이 여격 구문을 허용하지 않는 형태로 나타난다. 이로부터 어휘적 사역이 나타내는 지시적 상황은 사회적 지시만 가능하다고 볼 수 있다.

(6) 어휘적 사역의 대격 구문 : (4)에 대응
　a. 남편이 아내-{를/??에게} 울-*리*-었다. 〔간접적/사회적 조작〕
　b. 철이가 영수-{를/??에게} 울-*리*-었다. 〔직접적/물리적 조작〕

(7) 생산적 사역의 여격 구문 : (5)에 대응
　a. 남편이 아내-에게 울-*게 하*-였다. 〔비강제적/개체적 지시〕
　b. 철이가 영수-에게 울-*게 하*-였다. 〔비강제적/개체적 지시〕

한편 생산적 사역의 경우에는 여격구문도 대격구문도 아무런 제약 없이 자유롭게 허용한다. 대격구문에 관해서는 다음을 보기 바란다. (7)은 비강제적인 개체적 지시를 가리키는 데 비해 (8)은 일단 (7)과 대비되는 의미로 아내에게 울라고 명령하여 아내가 울었음을 나타내는 강제적인 개체적 지시이다. 이를 생산적 사역의 대격구문 (Ⅰ)이라고 하자. 일본어 대역문에도 주목하기 바란다.

(8) 생산적 사역의 대격구문(Ⅰ)
　a. 남편이 아내를 울-*게 하*-였다. 〔강제적/개체적 지시〕
　　'夫が妻を泣かせた。'
　　otto-ga　　tuma-o　　nak-ase-ta
　　남편-주격　　아내-대격　　울다-사역-과거.단정
　b. 철이가 영수를 울-*게 하*-였다. 〔강제적/개체적 지시〕

'チョリがヨンスを泣かせた。'
Tyori-ga Yonsu-o nak-ase-ta
철이-주격 영수-대격 울다-사역-과거.단정

생산적 사역의 대격구문은 강제적인 개체 지시뿐만 아니라 간접적인 물리적 조작(원격 조작)의 상황도 나타낼 수 있다. 따라서 전자의 강제적인 개체 지시는 (7)의 여격구문과 대비되는 의미를 나타내고, 후자의 간접적인 조작은 (6b)의 어휘적 사역과 대비되는 의미를 나타낸다. 이 두 가지 점에 대해서 조금 더 자세하게 살펴보자.

먼저 전자에 관해서는, 예전부터 논의되어 온 바와 같이 생산적 사역의 여격구문은 비강제적 의미를 나타내는 반면에 대격구문은 강제적인 의미를 가진다고 할 수 있다. 여기에 앞 절에서 제시한 F-모델의 사고방식을 도입하면([표 10] 참조) 대격구문의 의미는 강제적인지 비강제적인지에 따른 차이가 있을지라도 양쪽 모두 개체적 지시를 나타낸다는 점에서는 동일하다고 할 수 있다. 즉, (7)과 (8)은 모두 사역자와 비사역자의 참가자 유형과는 상관없이 명사구의 의미에 영향을 받지 않는 사역자가 피사역자에게 울도록 (강제적 혹은 비강제적으로) 명령하여 그 결과로 피사역자가 우는(눈물을 흘리는) 개체모델에서 그 사실이 성립하는 개체적 지시의 상황을 나타낸다.

다음으로 후자에 관해서는, 다음의 예를 보기 바란다. (9)와 (10)과 같이 물리적 조작의 상황을 명시적으로 나타내면 어휘적 사역에서는 때리는 행위가 피사역자를 울린 수단·방법으로 파악된다. 이에 대하여 생산적 사역에서는 사역자가 피사역자를 때린 결과로 피사역자가 울었다고 하는 시간적 전후 관계에 초점이 놓이는 인과관계의 표현으로서 이해된다. 즉, (9)의 어휘적 사역과 (10)의 생산적 사역은 직접적인지 간접적인지에 의한 차이는 있더라도 양쪽 모두 개체모델에서 성립하는 물리적 (내지 개체적) 조작의 상황을 나타낸다는 점에서는 동일한 것이다. 또 이 경우에 한국어의 생산적 사역에서는 일본어와 달리 대격뿐만 아니라 피사역자에 주격을 부여할 수도 있다(3.3.2절도 참조). 각각의 일본어 대역에도 주목하기 바란다.

(9) 어휘적 사역의 대격구문

a. 남편이 아내를 때려서 (아내를/*가) 울-*리*-었다. (직접적/물리적 조작)

'夫が妻を殴って、泣かせた'

otto-ga　tuma-o　nagut-te,　nak-ase-ta
남편-주격　아내-대격　때리다-어서,　울다-사역-과거.단정

b. 철이가 영수를 때려서 (영수를/*가) 울-*리*-었다. (직접적/물리적 조작)

'チョリがヨンスを殴って、泣かせた'

Tyori-ga　Yonsu-o　nagut-te,　nak-ase-ta
철이-주격　영수-대격　때리다-어서,　울다-사역-과거.단정

(10) 생산적 사역의 대격구문(II)와 주격구문

a. 남편이 아내를 때려서 (아내를/가) 울-*게 하*-였다. (간접적/물리적 조작)

① 남편이 아내를 때려서, 울렸다 (대격구문)

'夫が妻を殴って、泣かせた'

otto-ga　tuma-o　nagut-te, nak-ase-ta
남편-주격　아내-대격　때리다-어서,　울다-사역-과거.단정

② 남편이 아내를 때려서, 아내가 울도록 만들었다. (주격구문)

夫が妻を殴って、妻が泣くように仕向けた'

otto-ga　tuma-o　nagut-te,　tuma-ga
남편-주격　아내-대격　때리다-어서,　아내-주격
naku-yoni　simuke-ta
울다-도록　유도하다-과거.단정

b. 철이가 영수를 때려서 (영수를/가) 울-*게 하*-였다. (간접적/물리적 조작)

① 철이가 영수를 때려서, 울렸다.

'チョリがヨンスを殴って、泣かせた'

Tyori-ga	Yonsu-o	nagut-te	nak-ase-ta
철이-주격	영수-대격	때리다-어서,	울다-사역-과거.단정

② 철이가 영수를 때려서, 영수가 울도록 만들었다.

'チョリがヨンスを殴って、ヨンスが泣くように仕向けた'

Tyori-ga	Yonsu-o	nagut-te,	Yonsu-ga
철이-주격	영수-대격	때리다-어서,	영수-주격
naku-yoni	simuke-ta		
울다-도록	유도하다-과거.단정		

먼저 (10)의 대격구문과 주격구문의 의미 차이는 강제적인지 비강제적(자발적)인지에서 찾을 수 있다. 다음으로 어휘적 사역과 생산적 사역이 나타내는 직접적인지 간접적인지 하는 차이는 다음과 같이 확인할 수 있다. 예를 들어 철이가 영수를 때려서 그로부터 10분 후에 (맞은 것을 새삼 떠올리자 분에 못 이겨) 영수가 울었다는 상황이 있었다고 하자. 이 상황을 묘사할 때에 (11a)는 부적격하지만 (11b)의 생산적 사역은 대격구문과 주격구문 모두 허용된다.

(11) a. 어휘적 사역의 대격구문

*철이가 영수를 때려서 10분 후에 울-*리*-었다.

b. 생산적 사역의 대격구문(II)과 주격구문

철이가 영수를 때려서 10분 후에 (영수를/가) 울-*게 하*-였다.

일반적으로 물리적 조작이라고 하면 직접사역의 의미를 나타내고 어휘적 사역형을 사용하며 무정물을 피사역자로 취한다고 하는 전형적인 패턴만을 고려하는 경향이 있었다. 그러나 생산적 사역도 물리적 조작을 나타낼 수 있고, 또한 무정물의 피사역자를 취하는 것도 불가능하지 않다. 한편, 이 경우에도 한국어에서는 주격구문을 허용한다. (12)를 보기 바란다. 어휘적 사역과 생산적 사역이 양쪽 모두 무정물의 피사역자를 취하고 직접적이냐 간접적이냐 하는 차이는 있지만 물리적 조작의 상황을 나타낸다는 점에서는 동일하다. 가령 (12)에서는 발로 찼고, 그로부터 10분 후에 (그 영향 때문에) 담이 무너졌다고 하는 객관적 상황이 있었다고 하자. 그리고 화자에게도 그와 같이 시간적 간격이 있는 인과관계의 사건으로서 인식되었다고 하자. 그렇다면 이와 같은 상황에서 (12a)의 표현은 부자연스럽지만, (12b)와 같이 생산적 사역을 사용한 표현은 자연스럽다(예의 제시는 생략).

(12) a. 어휘적 사역의 대격구문
철수가 발로 차서 담을/*이 무너뜨렸다. 〔직접적/물리적 조작〕
b. 생산적 사역의 대격구문(Ⅲ)과 주격구문
철수가 발로 차서 담을/이 무너지-*게 하*-였다. 〔간접적/물리적 조작〕

일본어도 한국어와 동일하게 대격사역구문에서 어휘적 사역과 생산적 사역이 대비되는 경우에는 (13), (14)과 같이 전자는 직접적인 상황(직접 조작)을 나타내고 후자는 간접적인 상황(원격 조작)을 나타낸다(제5장도 참조). 따라서 (15)와 같이 여격구문이 되면 어휘적 사역은 성립하지 않고, 생산적 사역은 개체적 지시의 상황으로 대치되는 것이다. 단, 일본어에서는 주격구문은 성립하지 않는다.

(13) a. 太郎は穴を掘って花子を落とした。〔직접적/물리적 조작〕
Taro-wa ana-o hot-te Hanako-o otosi-ta

타로는 구멍-대격 파다-연결어 하나코-대격 떨어뜨리다-과거.단정
'타로는 구멍을 파서 하나코를 떨어뜨렸다'

b. 太郎は穴を掘って花子を落ちさせた。〔간접적/물리적 조작〕
Taro-wa ana-o hot-te Hanako-o oti-sase-ta
타로는 구멍-대격 파다-연결어 하나코-대격 떨어지다-사역-과거.단정
'타로는 구멍을 파서 하나코를 떨어지게 했다'

(14) a. 水を下水に流した。〔직접적/물리적 조작〕
mizu-o gesui-ni nagasi-ta
물-대격 하수구-처격 흘려보내다-과거.단정
'물을 하수구에 흘려보냈다'

b. 水を下水に流れさせた。〔간접적/물리적 조작〕
mizu-o gesui-ni nagare-sase-ta
물-대격 하수구-처격 흐르다-과거.단정
'물을 하수구에 흐르게 했다'

(15) a. 太郎は穴を掘って花子に落とした。〔개체적 지시〕
*Taro-wa ana-o hot-te Hanako-ni otosi-ta
타로는 구멍-대격 파다-연결어 하나코-여격 떨어뜨리다-과거.단정
'타로는 구멍을 파서 하나코에게 떨어뜨렸다'

b. 太郎は穴を掘って花子に落ちさせた。〔개체적 지시〕
Taro-wa ana-o hot-te Hanako-ni oti-sase-ta
타로는 구멍-대격 파다-연결어 하나코-여격 떨어지다-사역-과거.단정
'타로는 구멍을 파서 하나코에게 떨어지게 했다'

이상을 바탕으로 F-모델과 사역형식・사역구문・사역의미의 대응관계를 도식적으로 나타내 보면 다음과 같다. 단, 여기서는 자동사 기반의 사역구문만을 고려한다. 또 주격구문은 한국어에만 국한된다(6.4절도 참조).[6)]

---

6) 여기서 말하는 '강제적/비강제적'이라는 개념은 피사역자가 본래 가지고 있는 성질이나 현재의 상태가 문제시되는 경우에 나타나는 의미이다(4.3.3절 참조). 따라서 일반적으로

[표 11] F-모델과 사역형식·사역구문·사역의미의 대응 관계

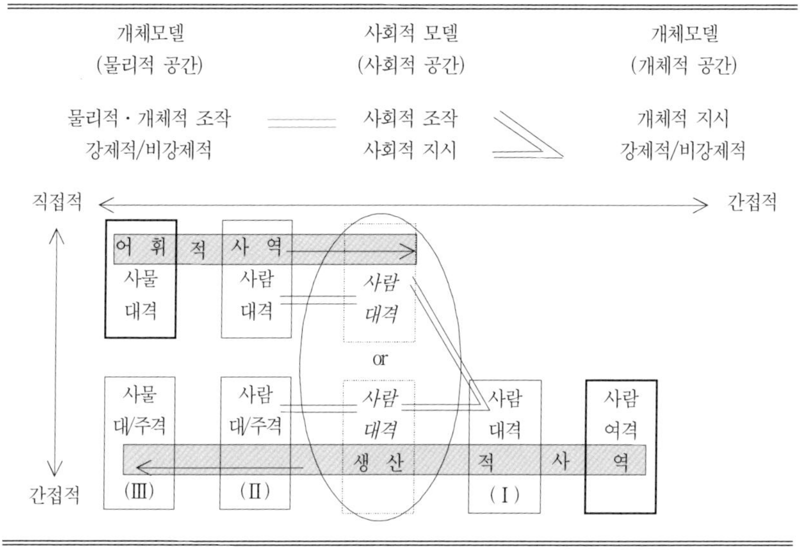

개체모델 (물리적 공간)		사회적 모델 (사회적 공간)		개체모델 (개체적 공간)
물리적 · 개체적 조작 강제적/비강제적	═	사회적 조작 사회적 지시	⇘	개체적 지시 강제적/비강제적

직접적 ← → 간접적

어 휘 적 사 역 →

사물 대격 | 사람 대격 ═ *사람 대격*

or

사물 대/주격 | 사람 대/주격 ═ *사람 대격* ═ 사람 대격 | 사람 여격

← 생 산 적 사 역

간접적 (Ⅲ) (Ⅱ) (Ⅰ)

〔표 11〕 안의 ═은 인접 영역 간의 가까운 의미관계를 나타내고, 그 방향은 개체모델(물리적)에서 사회모델(추상적)으로 향하고 있다. 또 거기에는 다음의 두 가지 측면이 있다. (i) 두 모델의 기능 영역(functional domain)이 연속적 관계(연속성)라는 점. (ii) 두 모델의 개념 공간이 거울 이미지의 관계(상등성(相等性))라는 점. 후자에 대하여 조금 앞서 이야기하자면, 사회모델에서 표현의 의미는 직접사역과 등가이고, 객관적 상황은

는 생산적 사역에 적용되는 의미이지만 어휘적 사역에도 적용되며, 또 일반적인 상황에서는 비강제적이지만 일반적이지 않은 상황에서는 피사역자의 현재 상태가 문제가 되어 강제적인 의미를 띠는 일이 있다. 예를 들면 '老人を先にバスに乗せましょう(노인을 먼저 버스에 태웁시다)'는 일반적인 상황(사회모델이 대응한다)에서는 노인을 우선하여 대우한다는 의미이기 때문에 강제적인 의미는 없다. 그러나 일반적이지 않은 상황, 예를 들면 노인이 먼저 타지 않겠다고 거부하고 있음에도 불구하고 노인의 기분을 생각하지 않은 채 사역자가 제멋대로 그것을 결정한 경우에는 강제적인 의미가 나타난다(개체모델이 대응한다). 또 이 경우에는 강제적 조작을 나타내는 생산적 사역Ⅱ에 의미적으로 접근하는 것이 된다.

간접사역과 등가라고 하는, 즉 개체모델의 좌우 양측에서 한쪽은 표현의 의미가, 그리고 다른 한쪽은 객관적 상황이 선택적으로 투영되어 사회적 공간에서 혼합되는 것이다(6.3.3절~6.3.5절 참조). 비유적으로 말하자면, 사회적 공간에는 거울의 왜곡이 있기 때문에 일종의 '뒤틀림 현상'이 일어나는 영역이 된다. 또 사회모델 안에 표기되어 있는 'or'는 사회모델이 담당하는 기능 영역을 어휘적 사역과 대응시킬지 아니면 생산적 사역과 대응시킬지에 대한 선택의 가능성이 있음을 나타낸다.

여기서 두 언어의 공통점과 차이점을 〔표 12〕와 같이 정리해 둔다. 이 표가 나타내는 것은 크게 다음의 세 가지다. (ⅰ) 개체모델에서는 (주격구문을 제외하면) 언어 간의 차이는 보이지 않지만, 사회모델에서는 그 차이가 보인다. 그리고 (ⅱ) 사회모델은 어휘적 사역만 대응하는 한국어형과, 어휘적 사역과 생산적 사역의 양쪽 모두에 대응하는 일본어형이 있다(6.3.4절 참조). (이론상으로는 생산적 사역만 대응하는 제3의 언어형도 있을 수 있기 때문에 범언어적으로는 제3의 유형을 생각할 수 있다). (ⅲ) 사회모델은 자동사 기반의 사역구문에 한정하면 두 언어 모두 대격구문만 가능하고, 여격구문은 대응할 수 없다.

[표 12] 양 언어의 공통점과 차이점

	사 역 상 황		구문
	어휘적 사역	생산적 사역	
개체모델	물리적 조작(직접적)	물리적 조작(간접적) 개체적 지시(강제적) 개체적 지시(비강제적)	대격(주격) 대격 여격
사회모델	사회적 조작(한/일) 사회적 지시(한/일)	사회적 조작(일) 사회적 지시(일)	대격 대격

6.3.3 수반사역과 사회모델

앞 절의 〔표 11〕은 신기하게도 70년대 Shibatani가 직접사역과 간접사역으로 분류했던 것과, 그로부터 약 30년 후에 제안한 사역 연속성의 패러다임 전환을 연상시킨다(3.4.2절 참조). 직접사역과 간접사역의 분류는 개체모델과 대응하는 것처럼 보이고, Shibatani & Pardeshi(2002)와 Shibatani & Chung(2002)에서 제안한 중간 영역의 수반사역(Sociative causation)은 사회모델과 중복되는 것처럼 보이기 때문이다. 구체적으로는 수반사역의 동반행위 · 보조 · 감독의 세 가지 상황은 일견 사회모델의 사회적 조작 · 사회적 지시의 상황에 그대로 대응하는 것처럼 보인다.

그러나 둘 사이의 결정적 차이는 각각의 정의에 있다. 수반사역은 직접성의 축에 따라 시간적 · 공간적 오버랩이 있는지를 기반으로 정의한다(3.4.2절과 4.4.2절을 참조). 그것은 존재론적 공간(물리적 · 개체적 공간)을 상정하는 것이다. 반면에 사회모델은 존재론적 공간과 대비되는 (또는 거울 이미지 관계의) 사회적 공간을 상정한다.

아래서는 개체모델과 연속성만을 기반으로 하는 수반사역은 연속성과 상등성 양쪽을 모두 가정하는 사회모델의 한 측면을 포착할 수는 있지만 그 전체를 파악하는 데에는 불충분하다는 것을 살펴보고, F-모델의 유효성을 제시한다.

먼저 영어의 예를 보기 바란다. (16)은 Levin & Rappaport Hovav (1995 : 80, 111), 影山(2000 : 54)에서 인용한 것이다.

(16) a. The general *marched* the soldiers to the tents.
b. The rider *jumped* the horse over the fence.
c. He *walked* a sick man.

위의 예는 수반사역의 동반행위 (또는 보조)의 상황을 나타낸다고 여겨지는 것이다(2.4절 참조). 그러나 이것들은 (3b)의 *We brought Chomsky to our house*가 수반사역을 나타내는 것과 달리 동사의 어휘적 의미에 의해 동반행위의 상황이 해석된다고 할 수는 없다. 각각의 상황을 적확하게 이해하기 위해서는 장군과 병사, 기수와 말, 간병인과 환자와 같은 관계역할어의 기능으로부터 환기되는 적절한 지식이 없으면 안 된다. 이와 같은 명사구가 제공하는 일반적인 상황에 대한 의미 정보를 적확하게 읽어 냄으로써 동반행위의 상황을 해석할 수 있는 것이다. 또 이것이 〔표 11〕의 개체모델의 직접사역(물리적 조작의 상황)과 연속적 관계라고 할 수 있는 것은 그 상황이 지시보다 조작에 가깝고, 또 두 가지 사태(사역사태와 피사역사태)가 시간적으로 오버랩하는 동반행위를 나타내기 때문이다.

다음으로 한국어의 예를 보자. (17)에서는 어머니가 아기의 신변을 보살피고 있다는 의미로 해석할 수 있기 때문에 수반사역의 보조 상황임을 알 수 있다. 그렇지만 (18)을 보기 바란다. (17)과 동일한 동사(어휘적 사역)를 사용하고 있지만 수반사역의 동반행위・보조・감독 중 어느 것과도 대응하지 않고 수반사역의 정의로는 전부를 포착할 수 없다. 게다가 개체모델의 물리적 조작이나 개체적 지시의 해석도 불가능하다. 즉, (18)은 개체모델도 아니고 수반사역도 아닌 것이다. 일본어 대역어를 보면 (17)은 일본어에서는 어휘적 사역도 대응할 수 있지만 (18)은 생산적 사역하고만 대응한다는 차이도 있다.

(17) 어머니가 아기를 옷을 입-*히*-고, 밥을 먹-*이*-고, 잠을 재-*우*-었다. 〔보조〕
母親が赤ちゃんに服を着せ、ご飯を食べさせ、そして寝かせた。

hahaoya-ga	akatyan-ni	huku-o	kise-∅,	gohan-o
어머니-주격	아기-여격	옷-대격	입히다-고	밥-대격

tabe-sase-∅,	soshite	nekase-ta
먹이다-고,	그리고	재우다-과거.단정

(18) 누가 너희들을 먹-*이*-어 주고, 입-*히*-어 주고, 재-*우*-어-주고 있다고 생각하니?

誰がお前達を食べさせて、着させて、寝させてくれていると思う？〔사회적 조작〕

dare-ga	omae-tati-o	tabe-sase-te,	ki-sase-te,	ne-sase-te
누구-주격	너-복수-대격	먹다-사역-고,	입다-사역-고,	자다-사역-어
kure-te	i-ru-to	omo-u?		
주다-고	있다-현재.단정-인용	생각하다-현재.의문?		

예문 (18)은 누군가가 재정적 지원을 해 주고, 그로 인해 의식주가 제공되어, 그 덕분에 실제로 (개인적 레벨에서) 먹고 입고 자는 것이 가능했다는 의미가 있다. 이 경우 '누군가'에 해당하는 사역자는 의미적으로 전혀 불투명한 개인이 아니라 일반적으로 예상할 수 있는 사회적 인물을 가리킨다. 예를 들면 보통 가장인 아버지라든지 고아원이라면 원장, 북한이라면 김정일 장군님이라는 대답도 가능할 것이다(만약 이들을 감독하라고 해석할 수 있다면, 감독사역으로 볼 수도 있겠다. 그러나 이들은 일반적인 감독 상황이나 정의와 다르다). 즉, 이 문장에서 이해되는 사역 상황은 사회적 조작이라고 볼 수는 있겠지만 수반사역의 동반행위・보조・감독 중 어느 것인가에 맞아떨어진다고 생각할 수는 없는 것이다.

만일 (18)이 나타내는 상황을 존재론적으로(개체모델로서) 해석한다면, 간접사역이라고 간주하더라도 어쩔 수 없다. 왜냐하면 재정 지원으로 의식주가 제공되고, 그로 인해 실제로 먹고 입고 자는 사건이 행해지기까지는 시간적으로 상당한 간격이 있을 터이기 때문이다. 게다가 재정 지원으로부터 개개의 층위에서는 실제로 의식주를 보살펴 주는 사람, 예를 들면 어머니나 보모와 같은 매개자도 존재할 수 있다. 그러나 이 표현에는 그러한 상황은 전혀 드러나지 않은 채 무시되고 있다.

즉 (18)에서는 인과관계의 중간 단계에 있는 매개자를 생략한 채 시발자인 '사회적 사역자'와 종료점의 피사역자 사태만을 직접적으로 연결하고 있기 때문에 표현의 의미는 직접적이라고 해석할 수 있다. 여기서 표현의 의미와 현실 속의 실제 사태 사이에 불일치가 생긴다. 이러한 불일치의 배경에는 사회모델이 관여한다. 즉, 관계역할어가 기능함으로써 실제(존재론적)로는 간접적인 상황이지만 그 사역 상황의 중간 단계를 단축하는 것이 허용되어 표현의 의미로서는 직접적이게 되는 것이다. 이는 연속적 관계에 있는 인접 영역과 같이 개체적 공간에서 사회적 공간으로 향했을 때에 일어나는 약간의 굴절(시간적・공간적 오버랩)과는 다르다.

만일 (18)을 (19)와 같이 생산적 사역으로 바꾸면 개체적 지시의 상황을 나타내게 되고, 사회적 조작은 나타낼 수 없게 된다. 당연히 여기서는 중간 단계의 단축도 없고, 매개자도 없다.

(19) 누가 너희들을 먹-*게 하*-고, 입-*게 하*-고, 자-*게 하*-ㄴ다고 생각하니? 〔개체적 지시〕

誰がお前達を食べさせて、着させて、寝させてくれていると思う？

dare-ga	omae-tati-o	tabe-sase-te,	ki-sase-te,	ne-sase-te
누구-주격	너-복수-대격	먹다-사역-고,	입다-사역-고,	자다-사역-어
kure-te	i-ru-to	omo-u?		
주다-고	있다-현재.단정-인용	생각하다-현재.의문?		

여기서 (16)(17)과 같이 개체모델과 연속적 관계에 있는 사회적 조작・사회적 지시(동반행위・보조・감독)의 상황을 사회모델 A라고 하고, (18)과 같이 개체모델과 거울이미지 관계에 있는 사회적 조작・사회적 지

시의 상황을 사회모델 B라고 하자. 그러면 사회모델 B의 영역은 다음과 같이 특징지을 수 있다.

(20) 사회모델 B(개체모델과 거울이미지의 관계)의 특징

Ⅰ. 존재론적으로는 간접적 상황이다.
Ⅱ. 표현의 의미는 직접적이다.
Ⅲ. 관계역할어가 기능하고, 사회적 사역자가 관여한다.
Ⅳ. 사역 상황의 중간 단계가 단축되고, 의미적으로 불투명해진다.
Ⅴ. 개체모델과는 거울이미지의 관계이고, 사회적 조작·사회적 지시의 상황을 나타낸다.

유형론적 관점에서 (18)의 상황을 보면, 사회적 조작의 상황을 어휘적 사역과 대응시키는 한국어형의 언어와, 생산적 사역과 대응시키는 일본어형의 언어가 있는 것이다([표 12]도 참조). 그러면 사회모델 B의 영역을 담당하는 사역형의 선택에서 표현의 의미를 좀 더 중시하면 어휘적 사역을 사용하는 한국어형이 성립하고, 존재론적 상황을 좀 더 중시하면 생산적 사역을 사용하는 일본어형이 성립한다는 설명도 가능할 것이다([표 12]에 보이는 바와 같이 실제로 일본어는 혼합형 언어이다. 5.5.5절 및 6.3.4절 참조).

이상으로 사회모델과 수반사역의 관계는 [표 13]과 같이 나타낼 수 있다. 즉, 사회모델의 전 영역은 연속성에 기반하는 사회모델 A(=수반사역)과 상등성에 기반하는 사회모델 B를 같이 가지고 있는 것이다. 당연하겠지만, 사회모델 B의 영역은 Shibatani & Pardeshi(2002)와 Shibatani & Chung(2002)에서 제안한 (존재론적) 연속성의 개념만으로는 충분하지 않다. 따라서 좀 더 광범위한 현상을 파악하기 위해서는 '개체모델'과 대비되는 '사회모델'의 도입이 필요한 것이다.

[표 13] 사회모델과 수반사역의 관계

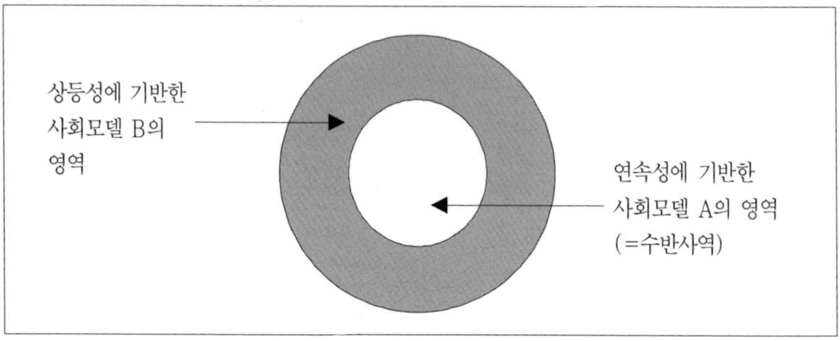

6.3.4 어휘적 사역의 생산성과 사회모델

이상의 내용을 토대로 하면, 일본어보다 어휘적 사역의 생산성이 훨씬 높은 한국어는 그 생산성이 사회모델을 담당하기 위하여 동기부여되어 있다고 주장할 수 있을 것 같다. 한편 일본어의 어휘적 사역은 Shibatani & Chung(2002)에 따르면, 한국어와 달리 직접사역만이 가능하고 수반사역은 담당할 수 없다(3.4.2절의 〔표 9〕 참조). 그런데 사실은 일본어의 어휘적 사역도 사회모델(B의 영역)을 담당할 수 있다. 아래서는 어휘적 사역의 생산성에 대한 위의 주장이 일본어에서도 지지 받을 수 있음을 살펴보겠다.

그 전에 F-모델의 도입으로 인한 어휘적 사역의 기능 영역을 다시 정리해 둔다. 기존의 이해와 크게 다른 점은 사회모델이 담당하는 기능 영역이다.

(21) 어휘적 사역의 기능 영역

Ⅰ. 개체모델 : 직접사역의 의미를 나타내고, 간접사역의 의미는 나타낼 수 없다. 즉, 직접적인 물리적 조작의 상황에 한정된다.

Ⅱ. 사회모델 : 수반사역의 상황 및 간접적 상황도 나타낼 수 있다. 단 사회적 조작·사회적 지시의 상황에 한정된다.

그러면 다음의 문장을 보기 바란다. Shibatani(1973a, 1976a 등)에 따르면 (22)는 어휘적 사역이기는 하지만 관습화된 목적(CP)이 있기 때문에 지시적 용법을 나타낼 수 있다고 여겨지는 것이다. 또 이 예들에 대하여 Shibatani는 직접사역의 일종으로 분류하기도 했다(Shibatani & Chung 2002 참조). 그러나 본장의 분석에 따르면 사회모델, 특히 B의 영역의 사회적 지시를 나타내는 것이다.

(22) a. 太郎は通りがかりの通行人を止めた。〔사회적 지시〕

Taro-wa	torigakari-no	tukonin-o	tome-ta
타로-는	지나는 길-속격	통행인-대격	세우다-과거.단정

'타로는 지나는 길의 통행인을 세웠다'

b. 母親は子供たちを二階に上げた。〔사회적 지시〕

hahaoya-wa	kodomo-tati-o	nikai-ni	age-ta
어머니-는	아이-복수-대격	2층-처격	올리다-과거.단정

'어머니는 아이들을 2층에 올렸다'

c. 運転手がお客さんをバスから降ろした。〔사회적 지시〕

untensyu-ga	okyakusan-o	basu-kara	orosi-ta
운전수-주격	손님-대격	버스-탈격	내리다-과거.단정

'운전수가 손님을 버스에서 내렸다'

즉 (22a)는 개체적 지시와 같이 '멈춰 주세요!'라는 완전한 지시보다 오히려 '저, 잠깐만'이라든지 '죄송합니다' 정도로도 충분하다. 또 아이들을 2층으로 올려 보낼 때에도 어머니는 '이제 잘 시간이다'라든지 '손님이 오셨다' 등 (여느 때와 같이) 어떤 (약속된) 신호를 보내기만 하면 된다.7) 이와 동일하게 운전수와 손님의 경우에도 서로 사회적 역할을 다하는 한에

---

7) 이 경우 사회적 지시는 교육모델에 의하여 해석되는 것으로 보인다. 또 이 문장은 직접조작(어머니가 아이를 직접 안고 2층으로 올림)의 상황도 해석되는데, 그것은 양육모델로부터 이해되는 것으로 생각된다(Lakoff 1987 참조).

서는 사회적 약속을 수행하고 있는 것이기 때문에 목적지에 손님을 잘 내려 줬다는 이해와, 손님은 평상시대로 스스로 버스에서 내렸다고 하는 이해가 모두 가능하다. 그러나 사회적 역할을 다할 수 없는 상황, 예를 들어 문제가 있거나 하면 사회적 약속은 이미 수행할 수 없게 된다. 또 이 경우에는 개인적 감정이 분출한 것으로 이해하기 쉬워지기 때문에 강제적이라는 이해도 나온다. 즉, 이 경우에는 사회모델이 아니라 개체모델로 전환한다고 생각된다.

다음의 예는 표면적(표시 층위)으로는 무정물 피사역자를 취하고 있어 그 점에서는 (22)와는 다른 것처럼 보인다. 그렇지만 (23a)를 제외하면 이 예들도 사회모델의 해석이 가능하다.

(23) a. 花子は車を止めた。〔물리적 조작〕

Hanako-wa　　kuruma-o　　tome-ta

하나코-는　　차-대격　　세우다-과거.단정

'하나코는 차를 세웠다'

b. 花子はタクシーを止めた。〔사회적 지시〕

Hanako-wa　　takusi-o　　tome-ta

하나코-는　　택시-대격　　세우다-과거.단정

'하나코는 택시를 세웠다'

c. 審判が試合を中止した。〔사회적 지시〕

sinpan-ga　　siai-o　　tyusi-si-ta

심판-주격　　시합-대격　　중지-하다-과거.단정.

'심판이 시합을 중지시켰다'

즉 (23a)는 보통 차를 직접 어딘가에 세운다는 물리적 조작의 상황을 나타내지만 (23)의 b와 c는 사회적 지시의 상황을 나타낸다. 이것은 '택시가 멈추다', '시합이 중지되다' 등의 피사역 사태를 일으키기 위하여 손을 들거나 휘슬을 불거나, 아니면 '택시!'라고 부르는 등 사회가 공유하는 어떤 신호만 보내면 된다. 그렇다면 이 경우 (23)의 a와 b에는 차냐 택시냐의 차이밖에 없을 텐데 왜 이와 같은 의미의 차이가 생기는 것일까? 차는 개인의 소유물로 이해되기 쉽기 때문에 일반적으로 개체모델이 대응한다. 그러나 택시에는 사회적 교통수단으로서의 ICM이 있어 거기서 두 사람의 참가자, 즉 운전수와 손님을 읽어낼 수 있기 때문에 사회모델이 대응하는 것이다.

여기서 택시의 ICM에 의하여 환기되는 참가자를 명사구 '택시'가 취하는 참가자라고 하자.[8] 그렇다면 (23b)의 '하나코'는 개인명이 아니라 손님이라는 사회적 사역자로 기능한다고 이해할 수 있다. 반면에 (23a)의 '하나코'는 개인명이고, 차에 의해 환기되는 참가자도 '하나코'뿐이다. 이를 (24)와 같이 표기하여 간략하게 그 사역연쇄를 제시해 보자(정확한 내용은 다음 절을 참조). 그러면 (23a)는 (24a)와 같이 형식과 사역의 상황이 완전히 대응하는 문자 그대로의 의미임을 나타낸다. 이에 대하여 (23b)는 중간 단계인 (24b)Ⅱ의 사역 상황을 단축하고 있고, 형식에는 그것이 표시되지 않기 때문에 문자 그대로의 의미가 아니라는 것이 판명된다.[9] 단,

8) 이와 비슷한 생각으로서 Pustejovsky(1995)가 있다. Pustejovsky의 특질구조 안 주체역할(agentive role)에 의하면 예를 들어 book이라는 명사는, 그것을 만들어내는 동작이나 원인, 출처 등의 정보가 새겨져 있는 것으로서 파악된다. 즉, 명사 *book*에는 *write*라는 동사((사태)를 환기시키는 정보와, 이 인공물(*book*)을 만든 사람으로서 작가 내지 작자, 즉 동작주를 환기시키는 정보가 새겨져 있다. 따라서 *book*이 주어지면 자동적으로 이 두 가지 요소도 환기되어 해석된다는 것이다(影山 1999 : 44, 影山 2002도 참조). 본 장의 관점에서 보면, 사회모델의 동작주는 작가(作家)이고, 개체모델의 동작주는 작자와 대응하는 것은 아닐까 생각한다.

9) 사역 상황의 중간 단계를 단축하는 것과, 그로 인해 표현되지 않는 참가자(매개자)는 Talmy(2000 : 263)의 '저지된 논항'(blocked complement)과 통하는 부분이 있다. Talmy에 따르면 예를 들어 *I spent $50 for this book [*from/by/to/for … the clerk] at that store last Friday.*와 같이 술어의 어휘적 특성에 의해 나타나지 않는 의미적 참가자가 있는데, 그것을 '저지된 논항'이라고 한다. 본서에 의하면 이와 같은 단

명사구가 취하는 참가자는 〔 〕으로 표기한다. 형식에 나타나지 않은 채 단축되는 사역 상황은 ≪ ≫ 안에 표시한다.

(24) a. 물리적 조작의 사역연쇄 : (23a)의 경우
명사구가 취하는 참가자의 수 : 차〔하나코 : 개인〕
Ⅰ 사역자(하나코 : 개인)이 차를 직접 조작하여 세우다
⇩
Ⅱ (에너지가 차에 전달되어) 차가 멈추다
b. 사회적 지시의 사역연쇄 : (23b)의 경우
명사구가 취하는 참가자의 수 : 택시〔운전수, 하나코 : 손님〕
Ⅰ 사회적 사역자(하나코 : 손님)가 사회 공유의 어떤 사인을 보내다
⇩
Ⅱ ≪운전수가 사인을 받아 택시를 직접 조작하여 세우다≫
⇩
Ⅲ (에너지가 차에 전달되어) 택시가 멈추다

(23c)도 이와 동일하게 분석할 수 있다. '시합'의 ICM에 의하여 두 사람의 참가자로서 선수와 심판(또는 감독)을 읽어낼 수 있고, 심판이 어떤 사인을 보내면 선수가 시합을 중단하여 그 시합이 중지된다. 여기서도 선수가 시합을 중단하는 상황은 단축되어 표현되지 않는다. 그러나 만일 이러한 상황을 단축하지 않은 채 모든 표현 안에 집어넣으려고 한다면 다음과 같이 생산적 사역을 사용해야 한다. 이 경우는 사회적 지시로부터 (강제적인지 아니면 비강제적인지 하는 차이는 있지만) 개체적 지시로 이행해 가는 것으로 생각된다.

축이 가능한 것은 사회모델의 커다란 특징이다.

(25) a. 花子が運転手 {をして/に} タクシーを止めさせた。

Hanako-ga	untensyu-{o-site/ni}	takusi-o	tome-sase-ta
하나코-주격	운전수-{를 하여/에게}	택시-대격	멈추다-사역-과거.단정

'하나코가 운전수 {로 하여금/에게} 택시를 멈추게 했다'

b. 審判が選手 {をして/に} 試合を中止させた。[10]

sinpan-ga	sensyu-{o shite/ni}	siai-o	tyusi-sase-ta
심판-주격	선수-{를 하여/에게}	시합-대격	중지-사역-과거.단정

(심판이 선수 {로 하여금/에게} 시합을 중지하게 했다)

이와 같이 명사구의 ICM을 이용한 분석은 환유를 이용한 분석보다 설명력이 높다. 후자는 근접성의 연상을 바탕으로 '택시'와 운전수, '시합'과 선수의 두 관계가 '인지적으로 한 덩어리'를 이루어 인지적으로 도드라지는 쪽이 다른 쪽을 나타내는 관계를 이룬다는 설명에만 그치기 때문이다(Langacker 1993, 河上 2000 : 186-189). 그러나 전자는, '택시'나 '시합'이 ICM을 환기시키면 그로부터 관계역할어 및 사태의 참가자를 불러낼 수 있다. 그러면 (피사역자인) 운전수나 선수뿐만 아니라 (사역자인) 하나코나 심판도 환기되고, 더욱이 그것들이 개인명인지 역할명인지 하는 것까지 도출해 낼 수 있다. 즉, ICM이 환기되면 역할명이 기동하게 된다.

마지막으로 사회모델에 의해 어휘적 사역의 생산성이 동기부여됨을 나타내는 좀 더 직접적인 근거를 살펴보자. (26)은 똑같은 동사가 쓰였지만 문장의 적격성이 다르다. 즉 (26)의 a, b는 동일하게 개체모델이지만, 여기서는 무정물의 피사역자만 허용된다. 그러나 (26c)에서는 유정물의 피사역자도 적격하다. (26b)와 (26c)는 개인명의 '타로(太郎)'인지 파수를 보는 '타로'인지의 차이밖에 없다.

---

10) 이 문장에서 審判(심판)을 監督(감독)으로 바꾸면 '選手をして(선수를 하여)'에 대한 미묘한 위화감이 완화될 것이다. 심판과 선수의 관계보다 감독과 선수의 관계 쪽이 더 직접적인 지배 관계로서 이해되기 때문일 것이다.

(26) a. 宮殿の前に銅像を立てた。〔물리적 조작〕

kyuden-no mae-ni dozo-o tate-ta

궁전-속격 앞-처격 동상-대격 세우다-과거.단정

'궁전 앞에 동상을 세웠다'

b. *宮殿の前に太郎を立てた。〔물리적 조작〕

*kyuden-no mae-ni Taro-o tate-ta

궁전-속격 앞-처격 타로-대격 세우다-과거.단정

'궁전 앞에 타로를 세웠다'

c. 宮殿の前に太郎を見張りに立てた。〔사회적 지시〕

kyuden-no mae-ni Taro-o mihari-ni tate-ta

궁전-속격 앞-처격 타로-대격 파수꾼-으로 세우다-과거.단정

'궁전 앞에 타로를 파수꾼으로 세웠다'

즉 (26c)는 (26b)와 달리 '파수꾼(見張り)'이라는 관계역할어의 기능에 의해 '어떤 특정한 장소를 감시하기 위하여 그 장소로 이동하여 임무를 수행한다'는 ICM를 읽어낼 수 있다(5.5.5절 참조). 이 경우 사역 상황은 지극히 불투명하고, 명령・지시 등의 상황은 분명하게 표현되지는 않는다. 그러나 그것은 관계역할어로부터 환기되는 사회 일반의 공유 지식(암묵적 이해)에 의하여 보완된다.11) 즉, 관계역할어로부터 환기되는 ICM에 의하여 사회적 사역자가 있거나 어느 조직화된 명령 체계가 배경에 있다고 하는 이해를 얻을 수 있는 것이다.

이상으로 일본어의 어휘적 사역도 물리적 조작뿐만 아니라 사회적 지시도 담당할 수 있다는 점을 지적했다. 특히 사회모델 B의 영역은 객관적으로는 간접적 상황이지만, 표현의 의미는 직접적이기 때문에 어휘적 사역이 그와 같은 기능 영역을 담당하는 것은 이론적으로도 전혀 무리가 없다

11) 단, 이와 같은 공유 지식은 시대의 변화에 따라 잊히는 것도 있는데, 그 경우에는 언어 변화가 일어날 것이다. 언어 변화에 대해서는 6.4.3절을 참조. 이 예는 일단 관용적 용법으로서 남아 있다.

(다음 절도 참조).

6.3.5 거울 이미지 관계의 개체모델과 사회모델

지금까지 우리는 사회모델의 영역, 특히 B영역에서 종종 사역 상황의 중간 단계가 단축되는 이른바 '뒤틀림 현상'을 보인다는 것을 살펴봤다. 본절에서는 3.3.3절에서 다룬 '개재구문'도 사회모델을 도입하여 통일적으로 설명할 수 있음을 살펴보고, 사회모델에서 사역 상황의 중간 단계가 단축되는 메커니즘을 밝힌다.

다음의 예를 보기 바란다. 이것도 사실은 (23)과 완전히 동일하게 분석할 수 있다.

(27) a. 太郎が次郎を殺した。〔물리적 조작〕
Taro-ga Ziro-o korosi-ta
타로-주격 지로-대격 죽이다-과거.단정
'타로가 지로를 죽였다'
b. ヒトラーが何百人ものユダヤ人を殺した。〔사회적 지시〕
Hitora-ga nanbyakunin-mo-no yudayazin-o korosi-ta
히틀러-주격 수백만 명-이나-속격 유대인-대격 죽이다-과거.단정
'히틀러가 수백만 명이나 되는 유대인을 죽였다'

즉, (27a)은 일반적으로 그 행위가 직접적인 반면에 (27b)는 간접적이다. 그것은, 전자와 달리 후자에서는 명시적으로 표현되지 않았지만 '병사에게 시켜서'라는 이해가(우리의 지식구조에서 저절로 환기되어) 강제적으로 포함되어 버리기 때문이다.

따라서 (27b)는 단축된 중간 단계의 사역 상황, 즉 실제로는 사태를 일으킨 매개자를 (29a)와 같이 부가어 피사역자로 도입하여 의미를 좀 더

명시적으로 전달하는 것도 가능하다. 또 생산적 사역의 여격구문으로 만들면, 사회적 지시에서 개체적 지시로 이행하기도 한다.

(28) a. 太郎がネット上で知り合ったある男にさせて、次郎を殺した。

Taro-ga nettozyo-de siriat-ta aru oto ko-nisase-te,
타로-주격 인터넷-에서 알다-과거.관형 어떤 남자-여격 시키다-어서,
Ziro-o korosi-ta
지로-대격 죽이다-과거.단정
'타로가 인터넷에서 알게 된 어떤 남자에게 시켜서, 지로를 죽였다'

b. 太郎がネット上で知り合ったある男に、次郎を殺させた。

Taro-ga nettozyo-de siriat-ta aru otoko-ni,
타로-주격 인터넷-에서 알다-과거.관형 어떤 남자-여격,
Ziro-o koros-ase-ta
지로-대격 죽이다-사역-과거.단정
'타로가 인터넷에서 알게 된 어떤 남자에게, 지로를 죽이게 했다'

(29) a. ヒトラーが兵士にさせて、何百万人ものユダヤ人を殺した。

Hitora-ga heisi-ni sase-te, nanbyakunin-mo-no
히틀러-주격 병사-여격 시키다-어서, 수백만 명-이나-속격
yudayazin-o korosi-ta
유대인-대격 죽이다-과거.단정
'히틀러가 병사에게 시켜서, 수백만 명의 유대인을 죽였다'

b. ヒトラーが兵士に、何百万人ものユダヤ人を殺させた。

Hitora-ga heisi-ni, nanbyakunin-mo-no yudayazin-o
히틀러-주격 병사-여격, 수백만 명-이나-속격 유대인-대격
koros-ase-ta
죽이다-과거.단정
'히틀러가 병사에게, 수백만 명의 유대인을 죽이게 했다'

여기서 주목해야 하는 것은 (27a)를 (28)과 같이 표현하면 참가자의

수가 달라져 다른 의미가 되어 버리지만, (27b)는 (29)와 같이 표현하더라도 참가자의 수나 그것이 가리키는 사역 상황이 달라지지 않는다는 점이다. 즉, (27b)는 현실 세계의 사태에서는 (29)와 동일한 사역 연쇄가 전개되어 히틀러와 유대인의 죽음이 간접적으로 연결되는 것이다. 이는 (20)을 참고하기 바란다. 여기서 저절로 포함되고 마는 '병사'와 같은 매개자를 '사회적 도구'(social tool)라는 의미에서 사회적 동작주(social agent) 내지 사회적 전문가(social expert)라고 부르자.[12] 또 사역연쇄에 대해서는 Langacker(1991), Croft(1991), Talmy(1985) 등에서 제안한 당구공 모델(또는 동력전달모델)을 원용하여 표시한다.

(30) 사회모델에서 어휘적 사역의 사역연쇄(사회적 도구가 개재하는 경우) : (27b)의 경우

Ⅰ. 히틀러가 ≪병사에게 명령을 한다≫

⇩

Ⅱ. ≪병사가 그 명령을 받은 상태로 있다≫

⇩

Ⅲ. ≪병사가≫ 유대인을 죽인다

⇩

Ⅳ. 유대인이 죽는다

(30)의 ≪ ≫ 안에는 단축된 사역 상황이 들어 있는데, 그 안의 사태 참가자는 사회적 동작주이다. 전형적인 사회모델에서는 언어화되지 않지

12) 사회적 동작주(social agent)라는 용어는 片桐(1997)에서 빌려온 것이다. 그는 정보 제공・정보 수집・컨설팅・비서 업무・매매 대리 실행 등 일정한 사회적 기능을 인간 대신에 수행하는 인공지능을 가진 기계를 사회적 동작주라고 부른다. 여기서는 이발사와 같이 전문성이 있는 것은 사회적 전문가(social expert), 하녀와 같이 신분계급에 의한 것은 사회적 동작주라고 하여 일단 개념적인 구분은 해 둔다. 그러나 실제 사용에 있어서는 엄밀하게 구별하지 않는다.

만, 의미를 명시적으로 나타내기 위해서는 (29a)와 같이 부가어 피사역자로서 도입된다. 그러나 (29b)와 같이 동사의 필수논항으로 언어화할 경우에는 생산적 사역을 사용해야만 한다. 그때는 개체모델로 전환한다. 여기서 (28a)와 같이 개인이 사회적 도구로서 임시적으로 사용되는 경우를 '즉석 사회적 동작주'라고 해 두자.

그러면 왜 사회모델에서는 사태 참가자를 언어화하지 않고 생략할 수 있고, 사역 상황의 중간 단계를 단축할 수 있는 것일까? 여기서는 상등성의 관점에서 그 메커니즘을 생각해 본다.

(31) a. 人夫が(ハンマーで)岩を割った。

ninpu-ga	(hanma-de)	iwa-o	wat-ta
인부-주격	(해머-로)	바위-대격	깨다-과거.단정

'인부가 (해머로) 바위를 쪼갰다'

b. 太郎が(鍵で)ドアを開けた。

Taro-ga	(kagi-de)	doa-o	ake-ta
타로-주격	(열쇠-로)	문-대격	열다-과거.단정

'타로가 (열쇠로) 문을 열었다'

c. その男は(刃物で)一人暮らしの老人を殺した。

sono	otoko-wa	(hamono-de)	hitorigurasi-no	rozin-o
그	남자는	(칼-로)	독거-속격	노인-대격

korosi-ta
죽이다-과거.단정

'그 남자는 (칼로) 혼자 사는 노인을 죽였다'

(32) 개체모델에서 어휘적 사역의 사역연쇄(물리적 도구가 개재하는 경우) : (31a)의 경우

Ⅰ. 인부가 ≪해머를 쥔다≫

⇩

Ⅱ. ≪해머가 인부에게서 에너지를 받은 상태로 있다≫

⇩

Ⅲ. ≪에너지를 받은 해머가≫ 바위를 친다

⇩

Ⅳ. 바위가 쪼개진다

즉, 개체모델의 물리적 도구는 인지적으로 중요하지 않은 경우에는 언어화하지 않고 생략해도 된다. 이 점에서는 위의 (27b)와 (29a)의 관계와 유사하다. 다시 말해, 사회적 도구와 물리적 도구는 상등성에 기반하여 연관되고, 그로 인해 사회적 동작주가 실제로는 피사역자임에도 불구하고 그 사역 상황을 단축할 수 있는 것이다. 바꿔 말하자면, 서로 다른 개념 공간에 존재하는 두 개의 도구(동력의 매개체)를 동일하게 인식한다는 것이다. 즉, 사회적 도구를 물리적 도구에 의거하여 이해한다고 하는 상등성에 기반하는 개념화가 가능해지는 것이다.

그렇지만 (30)과 (32)에는 당연히 다른 측면도 있다. 사회적 도구는 스스로 피사역 사태를 수행하는 능력을 가지는 데 비해 물리적 도구는 그렇지 않다. 따라서 물리적 도구는 인부가 바위를 두들겨 바위가 쪼개진다는 사건 안에 개재되어도 결코 간접적으로 이해되는 일은 없다. 즉, 사역사태와 피사역사태가 시간적·공간적으로 멀리 떨어져 있다고 이해할 수는 없는 것이다. 이와 달리 사회적 도구의 경우에는 객관적 상황에서 보면 간접적이고, 그 점에서는 개체적 지시의 상황과 일치하는 것이다.

마지막으로, 현대의 사회·문화와 밀접한 관련이 있는 개재구문을 다뤄 보자. (33)의 문장은 일반적으로 현실 세계의 사태에서 목수나 이발사, 사진사, 간호사 등의 사회적 전문가가 개재한다고 이해할 수 있다.

(33) 家を建てる/頭を散髪する/写真を撮る/注射をする。
　　'집을 세우다/머리를 이발하다/사진을 찍다/주사를 놓다'

그렇지만 이와 같은 사회모델은 어느 사회나 시대에서 언제나 보편적으로 성립한다고 생각할 수는 없다. 즉, 사회・문화에 따라, 또는 시대에 따라 충분히 변할 수 있는 것이다. 만약 사회적 전문가가 별로 발달하지 않은 사회가 있다면, 그 언어에서 (33)은 사회모델의 해석으로 성립하지 않을 것이다. 예를 들어 몽골의 유목 민족이나 에스키모 사람들은 자신이 직접 집을 세울 것이다. 또 무인도의 로빈슨 크루소도 스스로 머리를 자를 수밖에 없다.

그러나 한편으로 사회적 전문가・사회적 동작주가 더 발달한 사회나 시대도 상상할 수 있다. 예를 들면 '발을 씻다'나 '밥을 먹다', '옷을 입다' 등도 사회적 동작주가 개재하는 시대나 사회가 있을지도 모른다. 실제로 우리는 어린 아이나 환자들에게서 '발을 씻었다', '밥을 먹는다', '옷을 입었다'라고 하는 이야기를 들으면 어머니나 간호사가 그것을 대신 해 줬을 것이라고 이해한다. 양육모델이나 간호모델이 환기되기 때문인 것이다. 또 이사를 하는 상황이라면 "아빠, 엄마가 피아노를 2층에 올렸어요."라고 말할 수도 있다. 이 경우에도 어머니가 혼자의 힘으로 직접 피아노를 운반했다는 것이 아니라 이삿짐센터 사람을 통해서 2층으로 올렸다고 이해할 것이다.

이와 같은 상황들이 시사하는 것은 다음과 같다. (i) 사회・문화모델은 언어(사회)에 따라서 다를 수 있다. 시대에 따라서도 변할 수 있다. 따라서 (ii) 어휘적 사역의 생산성도 언어마다 다를 수 있다. 또 하나의 언어 안에도 시대에 따라 변할 수 있다. 그 배후에는 (iii) F-모델의 변화(사회모델에서 개체모델로, 또는 그 반대도 가능. 혹은 사회모델 내의 해석모델의 변화 등)이 관여한다는 것이 유력한 가설로 떠오른다. 이와 같은 것에 대한 사회언어학적 관점의 유형론 연구도 매우 흥미로울 테지만, 그것은 모두 앞으로의 과제로 남겨 둔다.

이상으로 살펴본 바와 같이, 사회모델에서 형식과 의미의 대응관계는 당구공 모델식의 사역연쇄로는 도출해 낼 수 없는 것이 있다. 그것은 당구공 모델이 개체모델만을 상정하기 때문일 것이다. 즉, 당구공 모델에서는 이론상으로는 무한의 연쇄 충돌이 가능하고 언어 표현은 공의 충돌 개수에 맞춰 결정된다(Fillmore 1968도 참조). 그러나 사역연쇄의 중간 단계를 생략할 수 있는지 없는지, 또 생략할 수 있다면 어떤 조건 아래서 가능한 것인지에 관해서는 이론적인 제안이 없다(Talmy 2000 : 274-276에 약간 고찰이 있다. 주9 참조). 그렇지만 본장에서 제안한 사회모델에서는 사역연쇄의 중간 단계를 모두 단축할 수 있고, 그때 단축된 사역 상황(에 관한 정보)는 관계역할어 명사구 안에 새겨진다고 제안했다. 따라서 (24) 및 (27)의 a와 b와 같이, 공의 충돌(참가자)의 개수는 서로 다르지만 언어형식(동사의 형태)은 동일하게 나타날 수 있다.[13] 이와 같이, 상정된 참가자의 수보다도 언어형식으로 표시되는 참가자의 수가 적고, 그 의미 정보를 명사구 안에 들어가 있다고 하는 메커니즘을 설명하는 이론을 '네스팅이론(くりこみ理論, Nesting theory)'라고 부르기로 한다.[14]

다음 절에서는 비규범적 사역구문에 나타나는 통사 현상을 통하여 '네스팅이론'의 또 다른 모습을 고찰한다.

---

13) 定延(1998, 2000)가 보고한 '아내를 세 번 바꿨다'라는 빈도 표현에도 이 현상이 일어나고 있다. 즉, 定延에 따르면 합리적으로 생각해 보면 4명의 아내가 있어야 하지만, 실제로 모어화자의 의미해석에서는 3명 있다고 이해하는 사람이 많다는 것이다. 이것을 본장의 사고방식으로 설명하면, 개체모델에서는 명사구 '아내'에 의하여 환기되는 참가자는 아내뿐이고, 따라서 아내만 세게 되기 때문에 4명이 필요하다. 그러나 사회모델에서는 명사구 '아내'에 의해 환기되는 참가자는 2명(아내와 남편)이고, 따라서 아내의 남편의 변화 회수를 세는 것이 되기 때문에 아내의 수는 3명으로 족한 것이다.

14) 통사구조가 어떤 형태로든 의미에 관여한다는 인식 위에서 'nesting'이라는 개념을 언어학에 처음으로 도입한 것은 아마 Weinreich(1963 : 130-142)이다. Talmy(2000 : 299-300)에도 'nest'라는 용어가 보이지만 본서와 같은 내용은 아니다.

6.4 F-모델과 통사현상

6.4.1 사회모델과 통사구조

다음의 문장을 보기 바란다. (34)는 비사역형의 타동사 '씻다', '깎다'를 사용한 문장이고, (35)는 어휘적 사역형 '씻기다', '깎이다'를 사용한 문장이다. 이 경우 새롭게 도입되는 것은 사역자가 아니라 피사역자 논항이고, 더욱이 그 피사역자는 속격을 받아 나타나기 때문에 결합가를 증가시키지 않는 비규범적 사역구문(이것을 단축구문 I 라고 하자)이 된다(4.2.1절 참조. 일본어에 대해서는 3.3.2절 참조).

(34) 비사역형의 타동사구문
  a. 어머니가 발을 씻었다.
  b. 장군이 머리를 깎았다.

(35) 어휘적 사역의 속격구문 : 단축구문 I
  a. 어머니가 *아이의* 발을 씻-*기*-었다. 〔보조〕
  b. 어머니가 *아이의* 머리를 깎-*이*-었다. 〔보조, 사회적 지시〕
  c. 장군이 *부하들의* 머리를 깎-*이*-었다. 〔사회적 지시〕

여기서 새롭게 도입되는 (35)의 속격 피사역자는 단순한 의미적 피사역자이지 문법적으로는 피사역자가 아니라고 생각할 수 있을지도 모르겠다. 그러나 그것은 생략 가능성을 체크해 보면 쉽게 판단할 수 있다. 다음과 같이 속격 피사역자를 생략하면 정보의 결여감이 생기고, 완결문으로서는 부적격하다. 따라서 속격 피사역자는 문법적 피사역자라고 판단할 수 있다.

(36) 어휘적 사역구문 : 속격 피사역자를 생략한 경우
a. ?*어머니가 발을 씻-*기*-었다.
b. ?*장군이 머리를 깎-*아*-었다.

한편, 문법적으로 요구되는 피사역자와는 별도로 의미적으로 도입되는 피사역자도 있다. 그것은 부가어로 언어화할 수 있는 사회적 전문가들인데, 이에 대해서는 6.3.5절에서 서술한 대로다. 즉, 부가어의 의미적 피사역자는 문장 안에 도입되든 말든 동사의 형태를 변화시켜 사역구문을 만들거나 하지는 않는다. 즉, (동사의) 문법에는 어떤 영향도 미치지 않는다. (37)을 보기 바란다.

(37) 피사역형의 타동사 구문 : 부가어의 의미적 피사역자를 포함하는 경우
a. 마님이 *하녀를 시켜서* 발을 씻었다.
b. 장군이 *이발병을 시켜서* 머리를 깎았다.

어휘적 사역문도 동일하다. (35)와 같은 어휘적 사역의 속격구문도 동사의 형태를 바꾸지 않고 부가어의 의미적 피사역자를 문장 안에 포함시킬 수 있다. (38)을 보기 바란다. 이것을 (35)의 속격구문과 구분하여 '어휘적 사역의 부가어 구문'이라고 해 두자. 이 구문에는 피사역자가 둘 있다. 문법적 피사역자는 속격 명사구가 담당하고, 현실 세계에 있는 사회적 동작주는 의미적 피사역자로서 도입되기 때문에 부가어를 이용하는 것이다.

(38) 어휘적 사역의 부가어 구문 : 부가어의 의미적 피사역자를 포함하는 경우
a. 어머니가 *하녀를 시켜서* 아이의 발을 씻-*기*-었다. 〔사회적 지시〕
b. 어머니가 *이발사를 시켜서* 아이의 머리를 깎-*아*-었다. 〔사회적 지시〕
c. 장군이 *이발병을 시켜서* 부하들의 머리를 깎-*아*-었다. 〔사회적 지시〕

여기서 위의 어휘적 사역이 담당하는 구문의 의미에 대하여 약간 생각해 보자. 먼저 (35)를 일반적으로 해석했을 경우(즉, 초기값 해석으로는) (35a)는 어머니가 직접 아이의 발을 씻어 줬다는 보조의 상황을 나타내지만, (35b)에서는 어머니가 직접 이발을 해 주는 보조의 상황도 가능하고, 또 사회적 전문가인 이발사를 매개로 하여 아이의 머리카락을 자르는 사회적 지시의 상황도 나타낼 수 있다. 이와 달리 (35c)에서는 이발병에게 명령을 하여 부하들의 머리카락을 자르는 사회적 지시의 상황으로만 해석되지 일반적으로 장군이 부하들의 머리카락을 직접 잘라 주는 보조의 상황으로는 잘 해석되지 않는다.

즉, 이와 같은 해석은 어머니와 아이, 장군과 부하라는 관계역할어의 기능에서 두 개의 ICM(양육모델과 관리・감독모델)이 환기되기 때문이라고 생각된다. 구체적으로는, 양육모델을 끄집어내면 어머니가 직접 아이의 신변을 보살피는 보조의 상황이 해석되고, 관리・감독모델을 끄집어내면 사회적 지시를 수행하는 데에 적격한 인물(사회적 동작주)을 자동적으로 불러내는 것이다.

이처럼 저절로 환기되는 사회적 동작주를 문장 안에 삽입할 경우에는 보통 (38)과 같이 부가어구 '*-을/를 시켜*'를 사용하여, 의미적 피사역자로서 도입하게 된다. 이 경우 (35a)도 (38a)와 같이 부가어 피사역자를 삽입할 수 있는데, 이 경우 그 해석모델은 양육모델에서 관리・감독모델로 이행하게 된다. 즉, 의미적 피사역자는 문법적으로는 아무런 영향을 주지 않지만, 해석모델을 변경하는 기능은 있다.[15] 또 (35c)와 같이, 원래 관

---

15) 의미적 피사역자의 도입에 의한 해석모델의 변경은 사역구문이 아니어도 자주 발생하는 현상이다. 본문의 (34)와 (37)을 보기 바란다. 그밖에도 '아버지가 삼촌에게 편지를 썼다/보냈다', '아버지가 저녁을 지었다'와 같이 말하면 보통은 아버지가 직접 그 행위를 했다고 이해되는데, '아버지가 아들을 시켜서 삼촌에게 편지를 썼다/보냈다', '아버지가 아들을 시켜 저녁을 지었다'라고 말하면 대리행위로 이해될 것이다. 그러나 '아버지가

리·감독모델의 해석을 받는 경우에는 의미적 피사역자를 언어화하든 말든 현실 세계의 참가자 수는 변하지 않기 때문에 의미 해석의 변화가 없다.

그런데 (38)의 부가어 구문는 (39)와 같이 부가어를 여격으로 대체하여 여격구문으로 만들 수도 있다. 이때 (38)과 (39) 사이에 의미적으로 변했다는 느낌은 별로 없다. 또 (35)의 속격구문과 비교했을 때 여기의 여격 피사역자는 동사에 의해 도입되었다고 생각되지 않는다.

(39) 어휘적 사역의 여격구문
  a. 어머니가 *하녀-에게* 아이의 발을 씻-*가*-었다. 〔사회적 지시〕
  b. 어머니가 *이발사-에게* 아이의 머리를 깎-*아*-었다. 〔사회적 지시〕
  c. 장군이 *이발병-에게* 부하들의 머리를 깎-*아*-었다. 〔사회적 지시〕

그러면 왜 (39)와 같은 여격구문이 허용되는 것일까. 우선 (38)을 근거로 사회적 동작주인 부가어의 의미적 피사역자가 문법적 피사역자로 이행했다고 생각해 보자. 그러나 이러한 생각에는 곤란한 문제가 하나 있다. 그것은 (39)의 여격 피사역자가 생략 가능한 것처럼 보이기 때문이다. 즉, 여격 피사역자를 생략하면 이 구문은 (35)의 속격구문으로 돌아갈 수 있어 부적격문은 되지 않기 때문에 판단하기가 아주 어렵다.

그런 까닭에 이번에는 (39)를 생산적 사역의 여격구문과 비교해 보자. (39)의 문장을 생산적 사역 '*-게 하다*'로 대체하면 의미적으로는 (39)와 달라져 사회적 지시에서 개체적 지시로 이행하게 된다. 두 구문에 나타나는 이러한 의미 차이는 다음과 같이 수익구문을 사용했을 때 분명해진다. 즉, 어휘적 사역의 피사역자는 여격으로 표시해도 기능적으로는 관리·감독모

아들에게 시켜 밥을 먹었다/소변을 봤다/1km를 걸었다' 등은 부자연스러우며 대리행위의 해석이 불가능하다.

델을 바탕으로 한 사회적 동작주라고 이해되기 때문에 수익구문과는 궁합이 잘 맞지 않게 되리라는 예측을 할 수 있다. 실제로도 예상한 대로 (40a)의 어휘적 사역은 부자연스럽고, (40b)의 생산적 사역은 자연스럽다.

(40) a. 어휘적 사역의 여격구문 : 수익구문을 사용한 경우
??어머니가 ***하녀-에게*** 아이의 발을 씻-*기*-어 줬다. 〔사회적 지시〕
b. 생산적 사역의 여격구문 : 수익구문을 사용한 경우
어머니가 ***하녀-에게*** 아이의 발을 씻-*게 하*-여 줬다. 〔개체적 지시〕

그렇지만 만일 (40a)의 부자연스러움이 사회적 동작주기 때문이라는 의미적인 이유뿐이라면 (38)도 수익구문을 사용한 경우에는 부적격해야 할 것이다. 그러나 실제로는 적격하다. 오히려 부가어 구문은 속격구문과 동일한 행태를 보인다. 이는 (41)을 참조하기 바란다.

(41) a. 어휘적 사역의 속격구문 : 수익구문을 사용한 경우
어머니가 ***아이의*** 발을 씻-*기*-어 줬다.
b. 어휘적 사역의 부가어구문 : 수익구문을 사용한 경우
어머니가 ***하녀-를 시켜*** 아이의 발을 씻-*기*-어 줬다.

즉, 이렇게 생각할 수 있다. 속격구문과 부가어 구문에서는 속격 명사구가 문법적 피사역자이고, 부가어는 단순한 의미적 피사역자에 지나지 않는다. 그러나 여격구문에서는 여격 명사구가 문법적 피사역자이고, 더욱이 의미적으로는 여전히 사회적 동작주이기 때문에 수익구문과 의미적 충돌이 발생하여 부자연스러워지는 것이다. 요컨대, 어휘적 사역의 여격구문은 생산적 사역의 여격구문과 달리 사회적 동작주를 문법적 피사역자로서 도입할 때에 만들어지는 구문이라고 할 수 있다.

이러한 분석에 따르면 (42)(43)과 같은 여격구문도 무리 없이 설명할 수 있다. 즉, (43)은 개체적 지시를 나타내기 때문에 피사역자에게 은혜의 의미를 부여하는 수익구문을 적격으로 받아들이지만, (42)의 경우에는 사회적 지시를 나타내기 때문에 수익구문과는 잘 맞지 않는 것이다.[16)]

(42) 어휘적 사역의 여격구문 : 사회적 지시의 경우
 a. 선생님이 ***학생-에게*** 책을 읽-*히*-었다.
 b. ?선생님이 ***학생-에게*** 책을 읽-*히*-어 줬다.

(43) 생산적 사역의 여격구문 : 개체적 지시의 경우
 a. 선생님이 ***학생-에게*** 책을 읽-*게 하*-였다.
 b. ?선생님이 ***학생-에게*** 책을 읽-*게 하*-여 줬다.

그런데 여격사역구문에는 다음과 같이 보조의 상황을 나타내는 경우도 있다. 이 경우 피사역자는 사회적 동작주가 아니기 때문에 (42)와는 달리 수익구문을 적격하게 받아들인다.

(44) 어휘적 사역의 여격구문 : 보조의 경우
 a. 어머니가 ***아이-에게*** 밥을 먹-*이*-었다.
 b. 어머니가 ***아이-에게*** 밥을 먹-*이*-어 줬다.

이상으로 본절에서는 F-모델을 가정함으로써 여러 가지 의미 현상이나 통사 현상을 잘 설명할 수 있음을 살펴봤다. 결론적으로 통사구조(구문)는 해석모델(construal model)과 대응하고 있다. 즉, 해석모델(의미)이 통사구

---

16) Lee(1975 : 17-24)에 따르면, 한국어의 어휘적 사역에는 수익구문과 공기할 수 있는 유형과, 수익구문과는 잘 어울리지 않지만 '시키다'의 의미(본장의 사회적 지시에 대응한다)와 궁합이 좋은 유형의 두 가지가 있다고 한다.

조(구문)를 결정한다는 결론이 도출된다. 구체적으로 말하자면, 사회모델에서는 통사구조의 단축도 가능하고, 참가자를 과잉으로 구현하며, 더욱이 여격 피사역자로서 도입하는 것조차 가능하다. 이러한 현상들은 모두 명사구의 기능에 의해 일어나는 것이다.

이러한 대응관계를 다음과 같이 제시해 둔다(단 〔표 14〕는 비사역형이 타동사인 경우다. 어두운 부분은 비규범적 사역구문인데, 그중에서 속격구문과 대격구문은 단축구문이다. 탈초점화는 다음 절을 참조. 일본어에서는 여기의 어휘적 사역형이 담당하는 구문(사회모델의 경우)에는 주로 생산적 사역형식이 대응한다).

[표 14] 해석 모델과 한국어 구문의 대응 관계

해석 모델	참가자	논항	구문	피사역자	사역형식	수익구문
개체모델	2	2	대격		비사역형	
사회모델	2/3	2	대격/부가어		비사역형	
양육모델	3	2	속격	필수논항	어휘적	OK
	3	3	여격	필수논항	어휘적	OK
관리·감독 모델	3	2	속격	필수논항	어휘적	OK
	4	2	부가어	부가어	어휘적	OK
	4	3	여격	필수논항	어휘적	NO
	2 or 3	2	대격	탈초점화	어휘적	NO
개체모델	3 or 4	3	여격	필수논항	생산적	OK

위의 〔표 14〕에 기반하면 다음과 같은 문장에 대해서도 적절한 설명을 할 수 있다.

(45) 어휘적 사역의 여격구문

a. ?어머니$_i$가 ***아이$_j$-에게*** 발$_{i/j}$을 씻-*기*-었다.

b. 어머니$_i$가 ***아이$_j$-에게*** 발$^*{}_{i/j}$을 씻-*기*-어 줬다.

c. 젊은 엄마$_i$가 ***아이$_j$-에게*** 자기$_{i/^*j}$ 발을 씻-*기*-었다.

(45)는 세 예문 모두 통사적으로는 완전히 동일한 어휘적 사역의 여격 구문인 것으로 보인다. 그러나 각 구문은 해석모델이 서로 다르다. 그렇기 때문에 문장의 적격성 판단도 달라진다. 먼저 (45a)는 관계역할어의 기능으로는 양육모델이 환기되고 아이에게 여격이 부여된다. 이 경우 만일 보조의 상황이 해석된다면 이 문장은 적격할 것이다. 그러나 이 동사는 보조의 상황을 속격구문으로 표현한다((35a) 참조). 따라서 이 구문의 피사역자는 양육모델로는 해석되지 않고 관리・감독모델의 사회적 동작주로 해석되기 때문에 부자연스러운 문장이 되는 것이다. 그러나 만일 이 문장을 생산적 사역문으로 바꾼다면 자연스러운 문장이 된다. 다음으로 (45b)는 양육모델의 해석을 받고, 더욱이 보조의 상황을 나타내는 것도 가능하기 때문에 자연스럽다. 이 경우 피사역자 표시의 여격은 은혜를 표현하는 '주다' 동사에 의하여 부여된다. 마지막으로 (45c)는 '젊은 엄마가 (다름 아닌 자신의) 아이에게 자신의 발을 씻도록 시켰다'고 하는 일반적으로는 있을 수 없는, 즉 양육모델이 아닌 문맥을 만들어 내어 관리・감독모델을 환기시킬 수 있어야지만 자연스러워진다. 따라서 이 경우 아이는 사회적 동작주로서 해석을 받게 된다. 여기서는 수익구문과의 공기도 당연히 불가능하다. 또 (45c)가 만일 '어머니의 발'이 아니라 '아이의 발'이라면 생산적 사역을 사용하지 않으면 안 된다.

6.4.2 통사구조의 단축

앞 절의 속격구문과 달리 피사역자 논항을 전혀 도입하지 않는 비규범적 구문도 있다(4.4.2절 참조). 그것을 단축구문Ⅱ라고 하자. 여기서는 일본어의 예를 들어본다.

(46) a. 비사역형의 타동사 구문[17)]

警察がその女を自分の家に監禁した。

keisatu-ga	sono	onna-o	zibun-no	ie-ni	kankin-si-ta
경찰-주격	그	여자-대격	자신-속격	집-에	감금-하다-과거.단정

'경찰이 그 여자를 자신의 집에 감금했다'

① 경찰(개인)이 여자를 자신의 집에 감금한 상황 (물리적 조작)

② 경찰관(공인)이 그 여자를 자택감금한 상황 (사회적 조작)

b. 비규범적 사역구문 : 단축구문Ⅱ

警察がその女を自分の家に監禁させた。

keisatu-ga	sono	onna-o	zibun-no	ie-ni	kankin-sase-ta
경찰-주격	그	여자-대격	자신-속격	집-에	감금-시키다-과거.단정

'경찰이 그 여자를 자신의 집에 감금시켰다'

① 경찰(개인)이 자신의 집에, 강하게 저항하는 그 여자를 감금시킨 상황 (물리적 조작)

② 경찰관(공인)이 강하게 저항하는 그 여자를, 자택감금시킨 상황 (사회적 조작)

③ 경찰(당국)이 그 여자를 자택감금시킨 상황 (사회적 지시)

위의 구문의 의미는 다음과 같이 종합적으로 분석하지 않으면 의미의 전체상을 파악하기 힘들다. (i) 해석모델을 환기시키는 관계역할어 명사구가 기능하고 있는지 없는지. 즉 (46)에서는 사역자가 개인인 경우에는 개체모델의 해석을 받아 물리적 조작의 상황을 나타낸다. 그렇지만 사역자가 단순한 개인이 아니라 관리·감독을 하는 사회적 사역자인 경우에는 사회모델의 해석을 받아 사회적 조작 내지 사회적 지시(에 의한 자택감금이라는 사회적 조치)의 상황을 나타낸다. (ii) 동사의 형태적 측면에서 사역형

17) 이것은 형태상의 분류이지 의미상의 분류는 아니다. 비규범적 사역구문을 만드는 경우의 'する(하다)'문은 상태변화를 나타내는 사역타동사가 많기 때문에 의미적으로는 어휘적 사역이라고 분류할 수 있다(3.2.1절, 3.2.2절 참조).

태소가 부가되어 있는지 없는지. 즉 (46a)와 (46b)의 ①②에서는 두 개의 구문이 언뜻 동일한 물리적 조작·사회적 조작의 상황을 나타내는 것처럼 보이는데, 사실 거기에는 타동성의 관점에 기반하는 의미적 차이가 있다. 'suru(하다)'문의 경우에는 일반 타동사문과 동일하게 보통 피사역자의 저항이 없다고 해석되어 비강제적·직접적인 상황으로서 이해된다. 이에 대하여 'saseru(시키다)'문의 경우에는 피사역자의 강한 저항이 있다고 해석되어 강제적·더 간접적인 상황으로서 이해되는 것이다(4.2.2절의 〔표 5〕도 참조).

즉, 위와 같이 단축구문Ⅱ를 만드는 경우의 'suru(하다)'문과 'saseru'문은 (46)의 ①②가 나타내는 것과 같이 명사구의 의미 해석으로는 동일한 모델을 환기해 내더라도 타동성의 관점에서 보면 두 구문은 의미적으로 구분할 수 있다.그렇지만 (46b) ③은 관계역할어 명사구의 기능이 더 중요하다. 그것은 탈초점화된 피사역자의 존재가 경찰 당국이라는 관계역할어 명사구의 기능에서 이해된다고 생각할 수 있기 때문이다. 요컨대 관계역할어 명사구의 기능에 의해 도입된 탈초점화된 피사역자는 동사에 의해 도입된 논항과 달리 사역 상황에서만 존재하는 의미적 피사역자에 지나지 않기 때문에 언어화하지 않더라도 전혀 문제가 되지 않는 것이다.

그러나 다음 문장을 보기 바란다. 여기서는 피사역자를 명시적으로 언어화할 수 있다. 게다가 피사역자에게 여격을 부여하여 문법적으로 도입할 수도 있다. 그런데 이 경우에는 (46b)의 사회모델(사회적 지시)로부터 (47)의 개체모델(개체적 지시)로 이행하기 때문에 양자는 의미적으로나 문법적으로 모두 별개의 구문이라고 봐야만 한다.[18] 즉, 생산적 사역의 여

18) 김성주(2003 : 143)는 한국어의 '한어동사+시키다'에는 피사역자가 필수논항이면서 표면에는 나타나지 않는 경우가 있다고 하여 그것을 '숨은논항'(covert argument)라고 하였다. 그러나 본장에서는 이렇게 생각한다. 표면에 나타나지 않은 채 또 문맥에 포함될 뿐인 경우에는 의미적 피사역자이고, 따라서 필수논항이 아니다. 한편, 여격을 받아

격 피사역자는 관계역할어 명사구가 부여하는 의미적 피사역자가 아니라 동사가 부여하는 문법적 논항인 것이다.

(47) 생산적 사역의 여격구문

a. 警察がある男にその女を自分の家に監禁させた。〔개체적 지시〕

keisatu-ga aru otoko-ni sono onna-o zibun-no
경찰-주격 어떤 남자-여격 그 여자-대격 자신-속격
ie-ni kankin-sase-ta
집-에 감금-하게 하다-과거.단정
'경찰이 어떤 남자에게 그 여자를 자신의 집에 감금하게 했다'

b. 父親が息子に事務室をソウルに移転させた。〔개체적 지시〕

titioya-ga musuko-ni zimusitu-o Soru-ni iten-sase-ta
아버지-주격 아들-에게 사무실-대격 서울-방향격 이전-하게 하다-과거.단정
'아버지가 아들에게 사무실을 서울로 이전하게 했다'

cf. 父親が事務室をソウルに移転させた。〔사회적 지시〕

titioya-ga zimusitu-o Soru-ni iten-sase-ta
아버지-주격 사무실-대격 서울-방향격 이전-사역-과거.단정
'아버지가 사무실을 서울로 이전시켰다'

이에 대하여 (46a)의 'suru(하다)'문은 (48)과 같이 부가어를 사용하여 의미적으로 피사역자를 삽입할 수는 있지만, (49)와 같이 문법적으로 여격 피사역자를 도입할 수는 없다.

(48) 비사역형 동사의 부가어 구문

a. 警察がある男にさせてその女を自分の家に監禁した。

keisatu-ga aru otoko-ni sase-te sono onna-o

언어화할 경우에는 문법적 피사역자로서 도입된다. 따라서 두 가지는 문법적으로 다른 구문이 된다. 단축구문과 논항이 증가된 구문의 관계에 대해서는 定延(1998, 2000 : 113)도 참조하기 바란다.

경찰-주격 어떤 남자-여격 시키다-고 그 여자-대격
zibun-no ie-ni kankin-si-ta
자신-속격 집-에 감금-하다-과거.단정
'경찰이 어떤 남자에게 시켜서 그 여자를 자신의 집에 감금했다'

b. 父親が息子にさせて事務室をソウルに移転した。

titioya-ga musuko-ni sase-te zimusitu-o Soru-ni
아버지-주격 아들-에게 시키다-고 사무실-대격 서울-방향격
iten-si-ta
이전-하다-과거.단정
'아버지가 아들에게 시켜서 사무실을 서울로 이전했다'

(49) 비사역형 동사의 여격구문

a. *警察がある男にその女を自分の家に監禁した。

*keisatu-ga aru otoko-ni sono onna-o zibun-no
경찰-주격 어떤 남자-여격 그 여자-대격 자신-속격
ie-ni kankin-si-ta
집-에 감금-하다-과거.단정
'경찰이 어떤 남자에게 그 여자를 자신의 집에 감금했다'

b. *父親が息子に事務室をソウルに移転した。

*titioya-ga musuko-ni zimusitu-o Soru-ni iten-si-ta
아버지-주격 아들-에게 사무실-대격 서울-방향격 이전-하다-과거.단정
'아버지가 아들에게 사무실을 서울로 이전했다'

피사역자를 도입할 때에 보이는 위와 같은 제약은 한국어 역시 기본적으로 일본어와 동일하다. 단, 하나 주의해야 할 것은 일본어의 'saseru(させる)'에 대응하는 사역형식이 한국어에는 두 가지가 있다는 점이다. 즉, 'saseru'에는 어휘적 사역 '시키다'와 생산적 사역 '하게 하다'가 대응한다. 이와 같은 상황에서 볼 때 (47)에는 (50)과 (51)과 같은 두 가지 구문의 의미가 포함되어 있을 가능성이 있다(구문의 의미에 대해서는 〔표 14〕도 참조).

(50) 어휘적 사역의 여격구문
아버지가 *아들-에게* 사무실을 서울로 이전-*시키*-었다. 〔사회적 지시〕

(51) 생산적 사역의 여격구문
아버지가 *아들-에게* 사무실을 서울로 이전하-*게 하*-였다. 〔개체적 지시〕

여기서 다시 (46b)③의 경우와 (47)의 통사구조를 비교해 보자. 동사의 형태만을 기준으로 하면 두 구문 모두 피사역자를 필수논항으로 도입할 수 있다. 그렇지만 사회모델에서는 그 피사역자를 언어화하지 않은 채 단축할 수가 있다. 바꿔 말하자면, 개체모델에서는 피사역자가 필수논항으로서 요구되지만, 사회모델에서는 반드시 그런 것만은 아니다. (46b)③과 같이 사역 상황에서만 존재하는 의미적 참가자가 있는데, 그것은 딱히 언어화되지 않더라도 비문법적인 문장이 되는 것은 아니다.

이상의 논의에서 사회모델에는 세 가지 단축 패턴이 있음을 알았다. 하나는 개재구문에 보이는 사역 상황의 단축이다(6.3.4절-6.3.5절 참조). 나머지 두 개는 단축구문에 보이는 통사구조의 단축이다. 다음과 같이 정리한다.

[표 15] 사회모델에서 세 가지 단축 패턴

사역 상황의 단축 (개재구문)	사역 상황에서는 필연적으로 존재하는 의미적 피사역자를 언어화하지 않는다 : 부가어 피사역자의 무시
통사구조의 단축 (단축구문)	① 단축구문 I (속격 피사역자) 개체모델이라면 대격 또는 여격의 피사역자로서 도입되어야 할 것을 속격 피사역자로서 언어화한다 : 속격으로의 인상 ② 단축구문II (탈초점화된 피사역자) 개체모델이라면 여격 피사역자로서 도입되어야 것을 언어화하지 않는다 : 여격 피사역자의 무시

단축구문에 대해서는 제4장에서 상세하게 기술한 바 있다. 단, 거기서 제안한 '종이접기 모델'은 통사구조와 의미 사이의 불일치 메커니즘에 대한 이해를 돕기 위하여 제시한 기술적 모델에 지나지 않는다. 본장에서는 위에서 제시한 세 가지 단축 패턴 모두에 대한 설명 이론으로서 관계역할어 명사구의 기능을 기반으로 하는 '네스팅이론'을 제창한다(정의는 6.3.5절 참조).

6.4.3 역사적 변화 : 한국어의 경우

한국어의 경우 문헌자료에서 언어 변화를 추적할 수 있는 것은 기껏해야 15세기 정도까지인데, 불과 600여 년의 역사 속에서도 상당히 눈에 띄는 변화가 보인다. 먼저 어휘적 사역에서 생산적 사역으로 사역형식의 교체 현상이 보인다. 다음으로 피사역자의 문법적 코드화에도 변화가 보인다. 아래서는 이 두 가지 점에 대하여 비교적 간단하게 서술하고, 이와 같은 언어 변화에 대하여 기능적 관점에서 그 동기 부여를 생각해 보겠다.

허웅(1975[1995])에서 제공하고 있는 자료에 따르면 중세한국어(15세기)에서는 현대어보다 훨씬 어휘적 사역이 생산적이었다고 한다(유명희 1982, 류성기 1998도 참조). 피사역자의 표시가 문중에 분명하게 표시되어 있는 경우를 보면 '로'(도구격), '을 하야', '을 시키샤', '을' 등 다양한 패턴이 있다. 그러나 여격 표지의 피사역자는 그 예를 하나도 찾을 수 없다는 특징이 보인다(유명희 1982, 류성기 1998, Park 1994도 참조).[19] 다음은 허웅(1975[1995 : 151-174])에서 따온 예이다. 아래의 주석은 모두 필자에 의한다.

---

19) 권재일(2001 : 138-147)에 따르면 중세어에 여격구문 그 자체가 존재하지 않았던 것은 아니다. '니르다', '가로다'와 같은 발화행위동사에는 여격 표지가 보인다. 그러나 '주다'도 15세기에서는 대격만이고, 16세기 이후가 되어서야 드디어 여격이 보이기 시작한다.

〈중세한국어〉

(52) a. ***아ᄒᆡ로*** 훤히 둥어리 글***키***고=令児快搔背(두시언해 15 : 4)
ahi-lo hwuenhi tungeli kulk-***hi***-ko
아이-도구격 훤히 등 긁다-사역-고

b. ***겨집죵을*** ***ᄒᆞ야*** 薬 부븨이더니=使婢丸薬(내훈 1 : 61)
kyecipcyong-ul haya yak-ul pwupuy-***i***-teni
하녀-를 하여 약-대격 비비다-사역-회상

c. 부톄 ***河難일*** ***시기샤*** 羅睺羅ᄋᆡ머리 갓***기***시니'(석보상절 6 : 1
puthe-y ***hanani-l*** ***sikisya*** lahula-uy meli kas-***ki***-si-ni
부처-주격 河難을 시켜서 羅睺羅-속격 머리 깎다-사역-존경-어미

(53) a. 城 밧긔 닐굽 뎔 일어 ***즁*** 살***이***시고(월인석보 2 : 7
seng pask-uy nilkwup tyel il-e ***cywung*** sal-i-***si***-ko
성 밖-처격 일곱 절 만들다 중(대격) 살다-사역-존경

b. 父母ㅣ ***나ᄅᆞᆯ*** 北方 싸ᄅᆞᆷᄋᆞᆯ 얼***이***시니(월인석보 10 : 2
pwumo-i ***na-lul*** pwukpang ssalam-ul el-***i***-si-ni
부모-주격 나-대격 북방 사람-대격 결혼하다-사역-존경-어미

c. ***너를*** 똥 취***유***려호ᄆᆞᆫ(월인석보 13 : 21)
ne-lul stong chuy-***ywu***-lye-homun
너-대격 똥 치우다-사역-하려고 하는 것은

먼저 위의 예들에서 제시한 동사들 중 어휘적 사역이 현대어에도 남아 있는 것은 (52c)뿐이다. (53b)는 본동사도 소멸했다. (53c)는 현대어에서는 생산적 사역 '-게 하다'가 부가된 형태인 '치우게 하다'로 되었다. 그 밖에는 어휘적 사역이 쇠퇴하여 생산적 사역형으로 대체되었다.[20] 다음으

20) 김형배(1999 : 134-138)가 제공하고 있는 자료에 따르면 (52)(53)의 동사 중에서 '살이-다'는 18세기에는 '살-리-다'로 바뀌고, 그 후 소멸, 즉 생산적 사역으로 대체된 것 같다. '얼이-다'는 17세기까지 존재하고, 18세기에는 생산적 사역으로 바뀌는데, 현대어에서는 본동사의 소멸과 함께 사라진다. 단 격 표지는 18세기도 중세어(53b)와 동일하다(류성기 1998 : 제3장도 참조).

로 피사역자의 표시를 보면, 먼저 도구격 '로'는 현대어에서는 사용할 수 없다. 한편 '을 하여'는 현대어에서는 '로 하여금'으로 바뀌었고, 생산적 사역과만 공기할 수 있으며, 더욱이 이것은 문어체이다(이 점은 일본어의 '~をして'와 동일하다). '을 시키샤'는 (52c)와 같이 어휘적 사역의 경우에 단축할 수 있는 부가어 피사역자이다. 대격은 기본적으로 현대어에서도 허용된다.

예를 들면 (52a)는 현대어에서는 (54b)와 같이 표현할 수 있다. 어휘적 사역이 생산적 사역으로 교체되었고, 또 중세어에서는 사용하지 않았던 여격 표지도 이용할 수 있다. 단, 생산적 사역이 되면 (52c)와 달리 부가어인 '을 시켜'도 필수논항의 표시로 이용되는 경우가 있다(54b).

〈현대한국어〉

(54) a. *아버지가 *아이-{에게/를}* 등을 긁-*하*-었다.
아버지-주격 아이-{여격/대격} 등-대격 긁다-사역-과거-단정

b. 아버지가 *아이-{에게/를/로 하여금/를 시켜}* 등을 긁-*게 하*-였다.
아버지-주격 아이-{여격/대격/도구격-하여/를 시켜} 등-대격 긁다-사역-과거-단정

위에서 살펴본 바와 같이 중세어와 현대어를 비교해 보면 다음과 같은 점을 알 수 있다. (i) 15세기 이후 많은 어휘적 사역이 생산적 사역으로 교체되었다. (ii) 피사역자에 여격 표지를 이용했던 것은 적어도 15세기 이후의 일이다. 김미령(1998 : 326)에 따르면 이미 근세한국어(17세기에서 19세기)에는 어휘적 사역에서 생산적 사역으로의 교체가 많이 보이는데, 피사역자 표시는 주로 '*N 하여(금)*'의 형태로 실현되었다고 한다. 그렇다면 여격 표지의 등장은 현대어까지 기다리지 않으면 안 된다고 할 수 있다.

유명희(1982)에 따르면 15세기에도 생산적 사역 자체가 존재하지 않았

던 것은 아니다. 김미령(1998 : 310)도 사용 빈도가 높은 일부의 동사를 제외하면 어휘적 사역형이 없는 동사를 중심으로 '-게 하다'를 사용하였다고 한 바 있다. 이는 (55)를 보기 바란다. 이 예들은 유명희(1982 : 63, 65)에서 따온 것이다. (55b, c)에서 확인할 수 있듯이 생산적 사역에서도 피사역자 표시는 여격이 아니고 (55a)의 어휘적 사역과 동일하게 대격이 이용되고 있음을 주목하기 바란다.

(55) a. 糧食을 주어 ***어미를*** 머***기***거늘 (월인석보 2 : 12)
yangsik-ul cwu-e ***emi-lul*** mek-***i***-kenul
양식-대격 주다-어 어머니-대격 먹다-사역-어미

b. 뼝고ᄒᆞ야 ***아ᄃᆞᄅᆞᆯ*** 주어 먹***게*** ***ᄒᆞ야*** 닐오ᄃᆡ
pyengkohaya ***atul-ul*** cwu-e mek-***key*** ***ha***-ya nil-otey
병에 걸려서 아들-대격 주다-어 먹다-사역-연결어 하여 이르니
이 ᄀᆞ장 됴ᄒᆞᆫ 약이니
I kacang tyohan yak-ini (월인석보 17 : 19)
이것 가장 좋은 약이니

c. …***사ᄅᆞᄆᆞᆯ*** 듣***게*** ***ᄒᆞ샤*** 凡을 ᄇᆞ터 聖을 아라(금강경언해 서
salam-ul tut-***key*** ***ha***-sy-a pem-ul puthe seng-ul a-la
사람-대격 듣다-사역-존경-연결어 凡-대격 부터 聖-대격 알다-명령

이상의 상황을 종합하면, 여격 표지 피사역자의 등장(특히 동작주의 경우)은 어휘적 사역의 생산적 사역으로의 교체 현상과 깊게 관련을 맺고 있으며, 아마도 생산적 사역이 정착한 후에 나타났을 가능성이 있다고 생각된다.

어휘적 사역의 소멸(또는 생산적 사역의 사용 범위의 확대) 원인에 대해서는 몇 가지 논의가 있다(김석득 1979 : 1991-192, 배희임 1988 : 92-95, 박병채 1989 : 258-259, 권재일 1993 : 38, 김형배 1997 : 134, 류성기 1998 등). 그중에서 특히 흥미로운 것은 류성기(1998)의 설명이다. 류성기(1998 : 49-76)에 따

르면, 생산적 사역으로 교체된 어휘적 사역은, '입-*히*-다', '먹-*이*-다'와 같이 사역자가 피사역자의 행위에 직접 관여할 수 있는 동사들이 아니다. 간접적으로만 관여하는 것으로 이해되는 '살-*이*-다', '길-*이*-다'와 같은 동사들이 쇠퇴의 길을 걸어 생산적 사역으로 교체된 것으로 설명한다(배희임 1988 : 94-95도 참조). 그렇다면 왜 간접적 상황을 나타내는 어휘적 사역만이 소멸했는가? 그 이유에 대하여 류성기(1998 : 83-84, 161-164)는 다음과 같은 화용론적·사회적 요인을 들어 설명한다. 요컨대, 시대의 변화에 따라 사역자의 절대적 권위가 소실되고, 그로 인해 사역자의 피사역자에 대한 구속성이 없어졌기 때문이라는 것이다. 바꿔 말하자면, 사역자의 권위 약화와 함께 피사역자(의 행위)를 존중하는 사회로 변화해 간 것이 이와 같은 언어 현상의 배경에 있을 것이라는 설명이다.

이와 같은 주장은 다음의 상황을 고려하면 이해하기 어렵지는 않다. (ⅰ) 중세어 자료에서는 왕이나 승려, 부모 등 당시의 사회적 역할을 반영하고, 절대적 권위를 가진 인물이 사역자인 경우가 많다. (ⅱ) 동작주 피사역자에는 대격, 도구격, '을 하여' 등의 표시가 이용된다. (ⅲ) 내용적으로는 보호해야 할 대상이거나 아니면 사회적 동작주가 피사역자로서 등장한다. 한편, (ⅳ) 간접적 상황을 나타내는 어휘적 사역은 생산적 사역으로 교체된다.

그렇지만 본서에서는 지금까지 언어 외적 요소로서 치부되어 왔던 화용론적 내지 사회문화적 요소의 일부가 사실은 언어적 요소인 관계역할어 명사구의 기능에 환원될 수 있다고 서술해 왔다(6.2.4절 참조).

그렇다면 본서의 가설에 기반하여 위와 같은 언어 변화는 다음과 같이 파악할 수 있다. 즉, 관계역할어 명사구가 제출하는 사회모델의 변화, 예를 들어 사회모델에서 개체모델로 그 해석모델이 바뀐 것이 그 배후에 있다는 것이다. 그리고 이와 같은 전환을 일으키는 동기부여에 대해서도 우리는 의미적 투명성에 대한 요청이라는 언어의 기능적 원리에서 그 원인을 찾을 수 있을 것이다(Shibatani 2004, 및 3.4.3절, 6.2.3절을 참조). 즉, 사회모델은 관계역할어 명사구의 기능 및 그것이 담당하는 ICM에 지지를 받기 때문에 통사구조나 사역 상황의 단축이 많고(앞 절 참조), 그렇기 때문에 사회・문화모델이 적확하게 이해되지 않으면 종종 의미가 불분명해진다. 따라서 개체모델로의 전환은 의미를 명시적으로 전달하기 위하여 요청되는 것이고, 어휘적 사역에서 생산적 사역으로의 교체 현상도 이와 같은 기능적 원리 위에서 적절하게 설명할 수 있는 것이다.

6.5 맺음말

본장에서는 '개체와 관계역할어로서의 명사구'를 제안하여, 사역구문의 다양성을 포함한 다양한 의미 현상, 통사 현상뿐만 아니라 언어 변화에 대해서도 적절한 설명을 부여할 수 있음을 제시했다. 그리고 제2장부터 일관된 문제의식으로서 어휘적 사역의 생산성과 관련한 문제가 있었는데, 이 역시 본장에서 사회모델을 제안함으로써 해결할 수 있었다. 즉, 어휘적 사역의 생산성은 사회모델에 동기부여를 받으며, 따라서 수반사역의 의미 범주도 사회모델로 환원할 수 있다는 결론을 얻었던 것이다. 이를 기반으로 사회모델을 (i) 어휘적 사역이 전면적으로 담당하는 한국어형, (ii) 어휘적 사역과 생산적 사역으로 나뉘어 있는 혼합형의 일본어형, 그리고 (iii) 생산적 사역이 전면적으로 담당하는 이론적으로 존재할 수 있는 제3의 언어형으로 분류하여 이론언어학과 기능적 유형론의 양쪽에 있어서 중요한 제안을 했다.

마지막으로 통사구조에 관한 본서의 생각을 언급하고 싶다. 본장이 제안하는 '명사 기반의 문법'에 따르면 동사뿐만 아니라 명사구도 통사구조의 형성에 관여하는 것을 인정할 수 있다. 비규범적 사역구문은 바로 그것을 드러내는 현상인데, 명사구의 의미기능에 의해 통사구조가 단축된 것이다. 그렇다면 본장에서의 주장은 대략 다음의 두 가지 점에서 현대 언어이론의 약점을 지적하는 것이 된다. (i) 현대 언어이론에서는 동사와 논항의 관계를 함수적으로 파악하며, 형식적 계산주의를 기본으로 통사구조를 조립한다. 예를 들면 논항을 가지는 것은 동사이고, 사역형식의 부가는 본래 동사가 가지는 논항에 새로운 논항을 부가하여 하나를 증가시키는 등 수학적 논리학 모델을 기본으로 한 술어 중심의 이론이다(서장 및 본장의 주1 참조). 그러나 이와 같은 이론에서는 단축구문 등 언어의 다양한 통사 현상을 충분히 설명할 수 없다. (ii) 생성문법의 기본적 입장으로서 의미는 통사구조에서 해석된다고 하는 이론적 대전제가 있다. 이것도 본장의 F-모델(개체모델과 사회모델)에 보이는 풍부한 다양성의 생성 메커니즘을 설명하지 못한다. 더욱이 통사적으로 표시되지 않는 참가자를 왜 의미 해석할 수 있는지에 관해서도 설명하지 못하고 타당성도 약하다. 생성문법에서 언어운용의 부분이라고 여겨지고 있는 사회문화적 요소는 실제로는 명사구의 기능을 통하여 통사구조의 형성에 직접 영향을 미치고 있음을 확인할 수 있기 때문이다.

즉, 본장의 제안은 (객관적 상황을 환기시키는) 의미, 구체적으로는 명사구 안에 새겨져 있는 의미 정보, 더 구체적으로 말하면 해석모델(construal model)로부터 통사구조(구문)이 결정된다(〔표 14〕 및 서장의 〔그림 1〕 참조)는 것이다. 즉, 명사구 안에 세계에 관한 지식 구조를 새겨 넣고, 거기에 적절한 동사를 부가하여 세계를 한정하면 ('네스팅(nesting)'에 의한 통사적 단축이 적용되어) 적절한 통사구조를 만들어 낼 수 있을 것이다(〔표 8〕 참조).

6.6 앞으로의 전망

그렇다면 본서의 '명사 기반의 문법'의 앞으로의 전망 가능성에 대하여 몇 가지 생각나는 점을 언급해 둔다.

(i) 언어의 역사적 변화에 관하여 '명사 기반의 문법'에서는 다음과 같은 접근방식을 취할 수 있다. 즉, 언어변화는 개체모델에서 사회모델로, 또는 사회모델에서 개체모델로의 추이가 그 배후에 있다고 가정할 수 있다. 그것은 언어공동체가 공유하는 지식모델의 변화 내지 소실에 그 원인이 있다고 생각되기 때문이다. 이에 따르면, 언어변화의 동기부여는 경제성의 원리와 의미적 투명성의 원리에서 찾을 수 있는 길이 열린다. 그것은, 기능주의에 따르면 언어는 전달의 도구이며, 사용상의 변화가 언어변화의 요인이라고 할 수 있기 때문이다(cf. Langacker 2000). 그렇다면 의미적 투명성을 우선시할지(그러면 형식적으로는 길어지지만 문자 그대로의 의미를 전달할 수 있다. 개체모델이 대응한다), 경제성을 우선시할지(그러면 의미적으로는 불투명해지지만 형식을 단축할 수 있다. 사회모델이 대응한다), 기능주의의 관점에서 언어변화를 추구할 수 있을 것이다(Shibatani 2004, 및 3.4.3절, 6.2.3절 참조). 요컨대 의미적 투명성・불투명성의 배후에는 이상인지모델을 배경으로 하는 개체모델 아니면 사회모델이라는 개념공간이 관여한다고 가정할 수 있을 것이다.

구체적인 예를 하나 들자면, 金水(2006)에 따르면 일본어의 인칭명사구에 사용되는 존재동사는 현대어에서는 'あの人は奥さんがありますか(ano hito-wa oku-san-ga a-ri-masu-ka, 저 사람은 부인이 있습니까?)'에서 'あの人は奥さんがいますか(ano hito-wa oku-san-ga i-masu-ka, 저 사람은 부인이 있습니까?)'로[21] 언어변화가 일어났다. 이 변화에 대하여 金水(2006)는 '공간적 존재문'(2항동사)와 '한량적(限量的) 존재문'(1항동사)을 구분한 후, 위의 예는 '한량적 존재문'(소유문)이라고 하며, 이 경우 유정물 주어의 'ある(ar-u)'에서 'いる(i-ru)'로의 변화의 추진력은 Langacker(2000)의 동적 용법기반 모델(dynamic usage-based model)에서 언급된 바와 같이 인간을 특별하게 취급하는 언어 현상, 즉 인간의 언어적 도드라짐이 작동했기 때문이라고 하였다. 다시 말해 인간의 언어적 도드라짐이 공간적 존재문과 한량적 존재문의 구분을 해소하여 주어의 유정성만으로 'いる(i-ru)'(유정물)와 'ある(ar-u)'(무정물)가 대립하는 체계로까지 나아가 이 변화가 수렴된다고 설명하는 것이다(金水 2006 : 110-114). 그런데 金水(2006 : 21-22)가 제공하고 있는 "お父さんはもう{??ありません/いません}。(oto-san-wa mo {??ar-i-masen/i-masen}, 아버지는 이미 없습니다)"(공간적 존재문 : 소재문의 일종으로 설명됨)와 "お父さんは{ありません/いません}。(oto-san-wa mo {ar-i-masen/i-masen}, 아버지는 없습니다)"(한량적 존재문 : 소유문의 일종으로 설명됨)를 비교해 보면 알 수 있듯이(그리고 金水도 정확하게 지적하고 있는 것처럼) 아버지가 전자의 문장에서는 개체(金水에서는 개체를 나타내는 호칭으로서의 'お父さん(아버지)')로 사용되고, 후자에서는 관계역할어(金水에서는 보통명사로서의 '父')로 이해되고 있다. 그렇다면 이 변화의 동인은 오히려 사회모델에서 개체모델로의 변화, 즉 유정물 주어를 사회모델로서가 아니라 개체모델로서 개념화한다고 하는 해석모델의 변화가 그 배후에 숨어 있다는 분석도 가능할 것이다. 또 유정물과 무정물이 이항대립으로 변하게 되는 배후에는 의미적 투명성에 대한 요청이 관여하고 있다고도 할 수 있을 것이다. 그리

21) [옮긴이] 두 문장 모두 한국어로는 '저 사람은 부인이 있습니까?'로 번역할 수 있는데, 현대 일본어는 존재동사를 유정물의 존재를 나타내는 iru(いる)와 무정물의 존재를 나타내는 aru(ある)의 두 가지로 구별하여 쓰고 있기 때문에 유정명사인 '奥さん(아내)'에 대하여 'ある'를 사용한 전자는 현대 일본어에서는 비문법적인 문장인 것이다. 한국어에서 유정명사에는 조사 '에게'를 쓰고 무정명사에는 '에'를 쓰는 것을 참고하기 바란다. 예를 들면, '개에게 먹이를 준다'와 '꽃에 물을 준다'.

고 金水가 일본어의 특질로서 제시하고 있는 한량적 존재문에 있어서의 논항구조의 생략가능성도 본서에 따르면 사회모델에서 그 동기부여를 찾을 수 있을 것이다.

(ii) "発表させていただきます(happyo-sase-te itadak-i-masu, (다른 사람의 허락을 받아서) 발표하겠습니다)"와 같은 경어 표현이나 "田中さんは最近奥さんに死なれた(Tanaka-san-wa saikin oku-san-ni sin-are-ta, 다나카 씨는 최근에 아내의 죽음을 당하였다(아내가 죽어 상심이 크다)"와 같은 이른바 '피해피동'(迷惑受身)의 통사구조에 관해서도 '명사 기반의 문법'으로 설명할 수 있는 가능성이 있다. 전자는 객관적 상황에서 볼 때 참가자는 발표자(나)와 청중(들을이) 두 사람이다. 그러나 표현적 의미로는 누군가에게 허가를 받아 그 일을 행한다는 것을 나타내는데, 현실의 상황보다 참가자가 하나 더 많다. 결국, 개재구문이나 비규범적 사역구문의 작성 방식과는 반대로 이 경우에는 언어 표현 쪽이 참가자의 수를 쓸데없이 많이 포함하고 있는 것이다. 즉, 더 증가할 것처럼 묘사하는 논항의 존재야말로 일본어 경어 표현의 통사구조를 만들어 내는 데 공헌하고 있는 것이다. 후자의 피해피동문도 동사가 부여하지 않는 참가자를 제멋대로 포함시킴으로써 물리적 피해가 아니라 정신적 피해의 의미를 표현하게 되는 것이다. 이와 같이 일본어에서 경어 표현의 통사구조 작성 방식이나 피동의 통사 현상 역시 개체모델과 다른 차원의 사회모델을 가정함으로써 설명할 수 있는 길이 열릴 것이다.

(iii) 여격주어구문, 이중주격구문 등의 이른바 비규범적 구문이라고 하는 구문에 관해서도 사회모델의 관점에서 재검토할 여지가 있을 것이다. 그렇게 함으로써 만약 사회모델 우위와 개체모델 우위의 언어가 있다는 것을 인정할 수 있게 된다면 통사구조의 작성 방식에 관하여 기능적 관점에서의 언어 유형을 제안할 수도 있을 것이다.

(ⅳ) "このカメラは写真がよく撮れる(kono kamera-wa syasin-ga yoku tore-ru(이 카메라-는 사진-이 잘 찍다-능력-현재.단정), 이 사진기는 사진이 잘 찍힌다)", "この川では魚がよく釣れる(kono kawa-de-wa sakana-ga yoku ture-ru(이 강-에서-는 물고기-가 잘 잡다-능력-현재.단정), 이 강에서는 물고기가 잘 잡힌다)"와 같은 이른바 중간구문(또는 이에 상당하는 문장)의 성립 여부를 설명하는 데에도 '명사 기반의 문법'은 유효해 보인다. '사진기는 사진을 찍기 위한/찍을 수 있는 것이다'나 '물고기를 잡기 위한/잡을 수 있는 것이다'와 같이 행위의 목적에 맞는 것인지 아닌지(5.5.1절의 합목적성을 참조), 그리고 누구든지 하려고 하면 간단하게 할 수 있는 것인가 하는 두 가지 점이 명사구의 의미 속성으로서 존재한다면. 즉 경험적 지식에 기반하는 이상인지모델(명제모델)이 성립한다면 그 문장은 성립할 수 있을 것이다(cf. 高見 1995의 '特徴づけ, 柴谷 1993, Pustejovsky 1995).

(ⅴ) 본서에서 제안한 '명사 기반의 문법'이 생성문법의 '동사 기반의 문법'에 대한 진정한 의미의 대안이 되기 위해서는 아이들의 언어습득에 대한 연구가 필요할 것이다. 그것은 언어 지식을 어떻게 획득하는가 하는 생성문법의 테제에 관하여 '명사 기반의 문법'에서는 생득성과 모듈성을 물리칠 만한 검증 가능한 방법론(반증가능성)을 제시하지 않으면 안 되기 때문이다. 여기서 '명사 기반의 문법'에 있어서의 언어 지식의 획득은 이상인지모델에 기반하는 지식 구조의 습득이라고 한다면 언어 지식이 급속하게 증가하는 시기와 그 내용에 관하여 다음과 같은 예상을 할 수 있다. 제1기는 개체모델에 기반하는 인식구조를 습득하는 시기다. 이 시기는 주로 개체의 속성 다발을 습득할 것으로 생각된다. 제2기는 사회모델에 기반하는 지식구조를 습득하는 시기이며, 그 지식을 손에 넣었을 때 막대한 지식구조가 구축될 것이 예상된다. 앞으로 '명사 기반의 문법'의 관점에서 언어 습득의 연구가 기대된다.

약호 일람

A	transitive agent	타동사구문의 동작주
A	agentive	동작주격(자동사구문의)
ABS(Abs)	absolutive	절대격
ACC(Acc)	accusative	대격
ANTI(anti)	antipassive	역피동
Aux	auxiliary	조동사
CAUS(Caus)	causative	사역
Dat	dative	여격
Dec	declarative	단정
ERG(Erg)	ergative	능격
1SG, 2SG, 3SG	first, second, third person singular	1인칭, 2인칭, 3인칭 단수
Fem	feminine	여성
FUT	future	미래
Masc	masculine	남성
NOM(Nom)	nominative	주격
IND	indicative	직설법
Loc	locative	처격
OBL	oblique	사격
P	transitive patient	타동사구문의 피동자
P	patientive	피동자격(자동사구문의)
pass	passive	피동
PAST(Past)	past	과거
P/P	past/present	과거/현재
PRES	present	현재
S	intransitive subject	자동사구문의 주어
S_a	intransitive subject (agent)	자동사구문의 주어(동작주)
S_p	intransitive subject (patient)	자동사구문의 주어(피동자)
Tense	tesnse	시제
V_{int}	intransitive verb	자동사
V_{tr}	transitive verb	타동사

참고문헌

고광주(2001), 『국어의 능격성 연구』, 월인.

고영근(1986), 「능격성과 국어의 통사구조」, 『한글』 192, pp.43-76, 한글학회.

고영근 · 남기심(1985), 『표준국어문법론』, 탑출판사.

고정의(1990), 「사동법」, 서울대학교 대학원 국어연구회(편), 『國語硏究 어디까지 왔나』, pp.500-510, 동아출판사.

권재일(1993), 「한국어 피동법의 역사적 변화」, 『언어학』 15, pp.25-41.

권재일(2001), 「한국어 격틀 구조의 역사적 변화」, 『어학연구』 37-1, pp.135-155, 서울대학교 어학연구소.

김미령(1998), 「근대국어의 사동법」, 홍종선(편) 『근대국어 문법의 이해』, pp.303-328, 박이정.

김석득(1970), 「국어의 피 · 사동」, 『언어』 4-2, pp.181-192, 한국어언학회.

김석득(1980), 「자리만듦성(ergativete)과 시킴월(使動文) 되기 제약」, 『말』 5, pp.35-52, 연세대학교 한국어학당.

김성주(2003), 『한국어의 사동』, 한국문화사.

김형배(1997), 「국어 파생사동사의 역사적인 변화」, 『한글』 236, pp.103-105, 한글학회.

김형배(1999), 「16세기 말기 국어의 사동사 파생과 사동사의 변화—≪소학언해≫를 중심으로」, 『한글』 243, pp.109-140, 한글학회.

류성기(1998, 『한국어 사동사 연구』, 홍문각.

박병채(1989), 『국어발달사』, 세영사.

배희임(1988), 『國語被動硏究』, (민족문화연구총서 36), 고려대학교 민족문화연구소.

서정수(1996), 『國語文法』, 한양대학교 출판원.

손호민(1978), 「긴 形과 짧은 形」, 『어학연구』 14-2, pp.141-151, 서울대학교 어학연구소.

송복승(1995), 『국어의 논항구조 연구』, 보고사.

송석중(1992), 『한국어 문법의 새조명—통사구조와 의미해석』, 지식산업사.

심재기(1982), 『國語語彙論』, 집문당.

우형식(1996), 『국어타동구문 연구』, 박이정.
유명희(1982), 「타동접미형과 '-게 하-'형의 의미 비교－15세기 국어연구를 중심으로」, 『우리말 研究』, 연세대학교 대학원.
이상억(1972), 「동사의 특성에 대한 이해」, 『어학연구』 8-2, pp.44-59, 서울대학교 어학연구소.
이선영(1992), 『國語硏究－15世紀國語複合動詞硏究』 110호, 국어연구회, 서울대학교 국어연구실.
이익섭・임홍빈(1983), 『國語文法論』, 학연사.
임홍빈(1987), 『국어의 재귀사 연구』, 신구문화사.
최동주(1989), 「국어의 '능격성' 논의의 문제점」, 『주시경학보』 3, 탑출판사.
최현배(1937[1994]), 『우리말본』, 정음문화사.
허웅(1975[1995]), 『우리 옛말본－15세기 국어 형태론』, 샘출판사.

鈴木怜子(1997)「使役—自動詞・他動詞との関わりについて—」『成蹊国文』 10, 成蹊大学日本文学科研究室. [須賀一好・早津恵美子(編)(1995) 『動詞の自他』 pp.108-121, ひつじ書房에 재수록]
天野みどり(1987)「状態変化主体の他動詞文」『国語学』 151, pp.1-14, [須賀一好・早津恵美子(編)(1995)『動詞の自他』 pp.151-165, ひつじ書房에 재수록]
阿部泰明(2000)「解題１：敬語の文法と意味の世界をめぐって」原田信一(著)・福井直樹(編)『シンタクスと意味：原田信一言語学論文選集』, pp.786-794, 大修館書店.
池上嘉彦(1981)『「する」と「なる」の言語学』, 大修館書店.
井上和子(1976)『変形文法と日本語(下)』, 大修館書店.
内井惣七(2004)『推理と論理ーシャーロック・ホームズとルイス・キャロルー』, ミネルヴァ書房.
ウンゲラー, F.・シュミット, H. -J.(著), 池上嘉彦他(訳) (1998)『認知言語学入門』, 大修館書店.
大堀寿夫(2002)『認知言語学』, 東京大学出版会.
岡本順治(1997)「第5章：イベント構造から見た使役表現ー使役の意味の広がりー」筑波大学現代言語学研究会(編) 『ヴォイスに関する比較言語学的研究』, pp.163-208, 三修社.
小川暁夫(2002)「書評論文：定延利之著『認知言語学』」『日本語文法』 2-1, pp.230-238, 日本語文法学会.
奥津敬一郎(1967)「自動詞化・他動詞化および両極化転刑ー自・他動詞の対応ー」『国語学』 70, pp.57-81. [須賀一好・早津恵美子(編)(1995)『動詞の自他』 pp.57-81,

ひつじ書房에 재수록]
生越直樹(1982) 「日本語漢語動詞における能動と受動―韓国語*hata*動詞との対照―」『日本語教育』48, pp.53-65, 日本語教育学会.
生越直樹(2001) 「現代韓国語の*hata*動詞における하다形と되다形」『「하다」と「する」の言語学―筑波大学東西言語文化の類型論特別プロジェクト研究成果報告書』, pp.1-26, 平成12年度別冊, 筑波大学東西言語文化の類型論特別プロジェクト研究総組織.
小野尚之(2005)『生成語彙意味論』, くろしお出版.
影山太郎(1993)『文法と語形成』, ひつじ書房.
影山太郎(1994)「能格動詞と非対格動詞」,『英米文学』39, pp.405-421, 関西学院大学.
影山太郎(1996)「動詞意味論―言語と認知の接点―』(柴谷方良・西光義弘・影山太郎(編) 日英言語対照シリーズ5), くろしお出版.
影山太郎(1999)『形態論と意味』(西光義弘(編)日英語対照による英語学演習シリーズ2), くろしお出版.
影山太郎(2000)「自他交替の意味的メカニズム」丸田忠雄・須賀一好(編)『日英語の自他の交替』, pp.33-70, ひつじ書房.
影山太郎(編)(2001)『日英対照動詞の意味と構文』, 大修館書店.
影山太郎(2002)「動作主名詞における語彙と統語の境界」『国語学』53-1, pp.44-45.
片桐恭弘(1997)「社会的エージェントとメタ・コミュニケーション」『ATR第10回研究発表会資料集』.
河上誓作(편저)(1996)『認知言語学の基礎』東京：研究社出版.
河上誓作(2000)「第4部：ことばと認知の仕組み」原口圧輔・中島平三・中村捷・河上誓作(著)『ことばの仕組みを探る―生成文法と認知文法―』(英語学モノグラフシリーズ1) 東京：研究社出版.
岸本秀樹(2000)「非対格性再考」丸田忠雄・須賀一好(편)『日英語の自他の交替』pp.71-110, 東京：ひつじ書房.
岸本秀樹(2005)『統語構造と文法関係』柴谷方良・西光義弘・影山太郎(編) 日英語対照シリーズ8, 東京：くろしお出版.
金水敏(2006)『日本語存在表現の歴史』東京：ひつじ書房.
久野暲(1973)『日本文法研究』東京：大修館書店.
クリモフ, G. A.(著), 石田修一(訳)(1999)『新しい言語類型論：活格構造言語とは何か』東京：三省堂.
黒田成幸(1990)「使役の助動詞の自立性について」『国広哲弥教授還暦退官記念論文集：

文法と意味の間』pp.93-104, 東京：くろしお出版.
佐久間鼎(1936[1983])『現代日本語の表現と語法」東京：くろしお出版.
定延利之(1991)「SASEと間接性」仁田義雄(編)『日本語のヴォイスと他動性』pp.123-147, 東京：くろしお出版.
定延利之(1998)『言語表現に現れるスキャニングの研究』博士論文, 京都大学文学部.
定延利之(2000)『認知言語論』東京：大修館書店.
佐藤琢三(2005)『自動詞文と他動詞文の意味論』東京：笠間書院.
柴谷方良(1978)『日本語の分析ー生成文法の方法ー』東京：大修館書店.
柴谷方良(1979)「対格言語に於ける能格性について」『林栄一教授還暦記念論文集：英語と日本語』pp.287-307, 東京：くろしお出版.
柴谷方良(1985)「主語プロトタイプ論」『日本語学』4-10, pp.4-16.
柴谷方良(1986)「能格性をめぐる諸問題」(特集 シンポジウム「能格性をめぐって」)『言語研究』90, pp.75-96.
柴谷方良(1989)『英語学の関連分野：言語類型論』(英語学体系 6), pp.1-179, 東京：大修館書店.
柴谷方良(1993)「認知統語論と語用論」『英語青年』139-5, pp.213-215.
柴谷方良(1997)「言語の機能と構造と類型」『言語研究』112, pp.1-32.
柴谷方良(2000)「ヴォイス」仁田義雄(著)『文の骨格』pp.117-186, 東京：岩波書店.
島田昌彦(1979)『国語における自動詞と他動詞』東京：明治書院.
高見健一(1995)『機能的構文論による日英語比較ー受動文, 後置文の分析ー』(柴谷方良・西光義弘・影山太郎(編) 日英語対照シリーズ4) 東京：くろしお出版.
高見健一・久野暲(2002)『日英語の自動詞文』東京：研究社出版.
鄭聖汝(1997)「韓日語比較：使役他動詞文ーパラメーターと統語的具現化についてー」『日本言語学会第11回大会予稿集』pp.240-245, 日本言語学会.
鄭聖汝(1999)『他動性とヴォイス(態)ー意味的他動性と統語的自他の韓日語比較研究ー』博士論文, 神戸大学.
鄭聖汝(2000a)「韓国語における動詞の自他ー結合価変化のない構文はなぜ可能なのかー」『神戸言語論叢』2, pp.37-66, 神戸大学文学部言語学研究室.
鄭聖汝(2000b)「「させる」の選択とパラメータ」『日本学報』44, pp.149-164, 韓国日本学会.
鄭聖汝(2001)「자동사의 수동화와 태범주ー한일어 비교의 관점에서ー」『言語科学研究』19, pp.263-290, 言語科学会.
鄭聖汝(2004a)「意味を基盤とした韓日使役構文の分析ー非規範的使役構文を手がかりとしてー」『大阪大学大学院文学研究科紀要』44, pp.91-139, 大阪大学.

鄭聖汝(2004b) 「韓国語の自動詞とヴォイス─自発と受身の連続性─」 影山太郎・岸本秀樹(編)『日本語の分析と言語類型：柴谷方良教授還暦記念論文集』pp.319-335, 東京：くろしお出版.

鄭聖汝(2005a)「分裂自動詞性の本性について─言語類型論の観点からみた非対格仮説とその問題点─」『大阪大学大学院文学研究科紀要』45, pp.19-58, 大阪大学.

鄭聖汝(2005b)「규범적 사동구문과 비규범적 사동구문」『언어연구』41-1, pp.49-78, 서울대학교 언어교육원.

鄭聖汝(2005c)「状態術語のふるまいから見た分裂自動詞性─動格言語の分裂主語システムと韓国語の自動詞システムの証拠から─」*KLS 25：Proceedings of the twenty-ninth annual meeting*, pp.33-43, 関西言語学会.

塚本秀樹(1997) 「語彙的な語形成と統語的な語形成：日本語と韓国語の対照研究」 国立国語研究所(編)『日本語と外国語との対照研究Ⅳ：日本語と朝鮮語(下)』pp.191-212, 東京：くろしお出版.

辻幸夫(편)(2002)『認知言語学への招待』東京：大修館書店.

角田太作(1991)『世界の言語と日本語』東京：くろしお出版.

坪井栄治郎(2004)「他動性と構文Ⅱ：態と他動性」中村芳久(編)『認知文法論Ⅱ』pp.205-246, 東京：大修館書店.

寺村秀夫(1982)『日本語のシンタクスと意味Ⅰ』東京：くろしお出版.

西尾演彦(1947)「動詞の派生について─自他対立の形による─」『国語学』17, pp.105-117, [須賀一好・早津恵美子(編)(1995)『動詞の自他』pp.108-121, ひつじ書房에 재수록]

西山佑司(2003)『日本語の名詞句の意味論と語用論─指示的名詞句と非指示的名詞句─』東京：くろしお出版.

野本和幸(1988)『現代の論理的意味論：フレーゲからクリプキまで』東京：岩波書店.

早津恵美子(1989)「有対他動詞と無対他動詞の違いについて」『言語研究』95, pp.231-256.

原口庄輔・中村捷(編)(1992)『チョムスキー理論辞典』東京：研究社出版.

原田信一(1973)「構文と意味─日本語の主語をめぐって─」『月刊言語』2月号, pp.82-90, 東京：大修館書店. [原田信一(著)・福井直樹(編)(2000)『シンタクスと意味：原田信一言語学論文選集』pp.470-481, 東京：大修館書店.에 재수록]

藤井義久・鄭聖汝(1998)「アラビア語と朝鮮語における強意形から使役に発展する派生形の研究」(音と意味のイコン性) 関西言語学会ワークショップ.

フレーゲ, G.(著), 藤村竜雄(訳)(1988)『フレーゲ哲学論集』東京：岩波書店.

益岡隆志(1979)「日本語の経験的間接関与構文と英語のhave構文について」『日本語と英語

と・林栄一教授還暦記念論文集』pp.345-358, 東京：くろしお出版.

松下大三郎(1930[1977])『標準日本口語法』東京：中文館書院.

松本克己(1986)「能格性に関する若干の普遍性」(特集シンポジウム「能格性をめぐって」)『言語研究』90, pp.169-190.

松本曜(1998)「日本語の語彙的複合動詞における動詞の組み合わせ」『言語研究』114, pp.37-83.

松本曜(編)(2004)『認知意味論』(シリーズ認知言語学入門3) 東京：大修館書店.

真野美穂(2004)「所有関係と非規範的構文について」影山太郎・岸本秀樹(編)『日本語の分析と言語類型：柴谷方良教授還暦記念論文集』pp.109-125, 東京：くろしお出版.

丸田忠雄(1998)『使役動詞のアナトミー―語彙的使役動詞の語彙概念構造―』東京：松柏社.

丸田忠雄(2000)「動詞の語彙意味鋳型と語彙の拡張」丸田忠雄・須賀一好(編)『日英語の自他の交替』pp.209-240, 東京：ひつじ書房.

三上章(1953[1972])『現代語法序説―シンタクスの試み―』東京：くろしお出版.

三原健一(2002)「動詞類型とアスペクト限定」『日本語文法』2-1, pp.132-152.

宮岡伯人(1986)「エスキモー語の能格性」(特集シンポジウム「能格性をめぐって」)『言語研究』90, pp.97-118.

宮川繫(1989)「使役形と語彙部門」『日本語学の新展開』pp.187-211, 東京：くろしお出版.

宮島達夫(1985)「「ドアをあけたが, あかなかった」―動詞の意味における＜結果性＞―」『計量言語学』14-8, pp.335-353.

宮地裕(1964)「使役(現代語)せる・させる」『国文学』9-13, pp.62-65.

本居春庭(1828)『詞の通路(上)』島田昌彦解説, 東京：勉誠社文庫25.

森田良行(1988)『日本語の類義表現』東京：創拓社.

森田良行(2002)『日本語文法の発想』東京：ひつじ書房.

森元浩一(2004)『デイヴィドソン―「言語」なんて存在するのだろうか―』(シリーズ・哲学のエッセンス) 東京：NHK出版.

ヤコブセン, ウェスリー. M.(1989)「他動性とプロトタイプ論」久野暲・柴谷方良(編)『日本語学の新展開』pp.213-248, 東京：くろしお出版.

山中圭一・原口庄輔・今西典子(編)(2005)『意味論：英語学文献解題第7巻』東京：研究社出版.

山梨正明(2005)「生成意味論」山中圭一・原口庄輔・今西典子(編)(2005)『意味論：英語学文献解題第7巻』pp.124-131, 東京：研究社出版.

尹盛熙(2005)「韓国語の形式動詞*hata*(する)に関する考察」*KLS* 25：*Procceedings of the twenty-ninth meeting*, pp.12-20, 関西言語学会.

米山三明(2005) 「語彙意味論の展望」 山中圭一・原口圧輔・今西典子(編)(2005) 『意味論：英語学文献解題第7巻』 pp.143-148, 東京：研究社出版.

鷲尾竜一(1997)「第1部：他動性とヴォイスの体系」鷲尾竜一・三原健一(共著)『ヴォイスとアスペクト』(中右実(編)日英語比較選書7) pp.1-160, 東京：研究社出版.

鷲尾竜一(2001a) 「使動法論議再考」 筑波大学現代言語学研究会(編) 『事象と言語構造』 pp.1-66, 東京：三修社.

鷲尾竜一(2001b) 「하다・되다を日本語から見る」 『「하다」と「する」の言語学一筑波大学東西言語文化の類型論特別プロジェクト研究成果報告書』 平成12年度別冊, 筑波大学東西言語文化の類型論特別プロジェクト研究組織, pp.27-52.

鷲尾竜一(2002) 「上代日本語における助動詞選択の問題一西欧諸語との比較から見えてくるもの一」『日本語文法』2-1号, pp.109-131.

渡辺英二(1995)『春庭の言語研究一近世日本文法研究史一』研究叢書161, 東京：和泉書院.

Anderson, S. R.(1976) On the notion of subject in ergative languages. C. Li(ed.) *Subject and Topic*. pp.1-23. New York：Academic Press.

Baker, Mark C.(1988) *Incorporation：A Theory of Grammatical Function Changing*. Chicago：The University of Chicago Press.

Boas, Franz and Ella Deloria(1939) *Dakota Gramma* (Memoirs of the National Academy of Sciences, vol.23)

Burzio, Luigi(1986) *Italian Syntax：A Government-Binding Approach*. Dordrecht：Reidel.

Chomsky, Noam(1981) *Lectures on Government and Binding：The Pisa Lectures*. (Studies Generative Gramma 9) Dordrecht：Foris.

Chomsky, Noam(1986) *Knowledge of Language：Its Nature, Origin, and Use*. New York：Praeger.

Comrie, Bernard(1976a) The syntax of causative constructions：cross-language similarities and divergences. M Shibatani(ed.) *The Grammar of Causative Constructions* (Syntax and Semanties 6), pp.261-312. New York：Academic Press.

Comrie, Bernard(1976b) Review of Klimov 1973. *Lingua* 39. pp.252-260.

Comrie, Bernard(1978) Ergativity. W. P. Lehmann(ed.) *Syntactic Typology*. pp.329-294. Austin：University of Texas Press.

Comrie, Bernard(1985) Causative verb formation and other verb-deriving morphology. T.

Shopen(ed.) *Language Typology and Syntactic Description : Grammatical Categories and the Lexicon* Ⅲ. pp.309-348. Cambridge : Cambridge University Press.

Comrie, Bernard(1981[1989]) Language Universals and Linguistic Typology. [松本克己외(역)『言語普遍性と言語類型論』, 東京 : ひつじ書房]

Croft, William(1991) *Syntactic Categories and Grammatical Relations : The Cognitive Organization of Information*. Chicago : The University oof Chicago Press.

Croft, William(2001) *Radical Construction Grammar : Syntactic Theory in Typology Perspective.* Oxford : Oxford University Press.

Crystal, David(1980) *A First Dictionary of Linguistics and Phonetics*. London : Andre Deutsch and Great Britain : Cambridge University Press.

DeLancey, Scott(1981) An interpretation of split ergativity an related patterns. *Language* 57. pp.626-657.

DeLancey, Scott(1985) On active typology and the nature of agentivity. Frans Plank(ed.) *Relational Typology*. pp.47-60. Berlin : Mouton.

Dixon, R. M. W.(1979) Ergativity. *Language* 55. pp.59-138.

Dixon, R. M. W.(1994) Ergativity. *CSL* 69. Cambridge : Cambridge University Press.

Dixon, R. M. W.(2000) A typology of causative : form, syntax and meaning. R. M. W. Dixon and Alexandra Y. Aikhenvald(eds.) *Changing Valency : Case Studies in Transitivity*. pp.30-83. Cambridge : Cambridge University Press.

Fillmore, Charles J.(1968) The case for case. E. Bach and R. T. Harms (eds.) *Universals in Linguistic Theory*, pp.1-88. New York : Holt, Rinehart and Winstion.

Fillmore, Charles J.(1982) Frame semantics. The linguistic society of Korea(ed.) *Linguistics in The Morning Calm,* pp.111-137. Seoul : Hanshin.

Fodor, Jerry A.(1970) Three reasons for not deriving 'killing' from 'cause to die'. *Linguistic Inquiry* 1, pp.429-438.

Goldberg, Adele E.(1995) *Constructions : A Construction Grammar Approach to Argument Structure*. Chicago : University of Chicago Press.

Haiman, John(1983) Iconic and economic motivation. *Language* 59, pp.781-819.

Haiman, John(1985) *Natural Syntax : Iconicity and Erosion*. (Cambridge Studies in Linguistics 44). Cambridge : Cambridge University Press.

Haliliday, M. A. K.(1967) Notes on transitivity and theme in English, part 1. *Journal of Lingusitics* 3, pp.37-81.

Harris, Alice C.(1982) Georgian and the unaccusative hypothesis, *Language* 58-2, pp.290-306.

Haspelmath, Martin(1993) More on the typology of inchoative/causative verb alternations. B. Comrie and M. Polinsky(eds.) *Causatives and Transitivity*, pp.87-120. Amsterdam : John Benjamin.

Haspelmath, Martin(2003) The geometry of grammatical meaning : semantic maps and cross-linguistics comparison. Michael Tomasello(ed.) *The New Psychology of Language : Cognitive and Functional Approaches to Language Structure* vol.2, pp.211-242. Mahwah, N.J. : Lawrence Erlbaum Associates.

Hopper, Paul J and Sandra A. Thompson(1980) Transitivity in grammar and discourse. *Language* 56, pp.251-299.

Jackendoff, Ray S.(1997) *The Architecture of The Language Faculty*. (Linguistics inquiry monograph 28). Cambridge, Mass. : MIT Press.

Jackendoff, Ray S.(2002) *Foundation of Language : Brain, Meaning, Grammar, Evolution.* Oxford : Oxford University Press.

Keenan, E. L.(1976) Towards a universal definition of subject. C. Li(ed.) *Subject and Topic*, pp.303-333. New York : Academic Press.

Kemmer, Suzanne(1993) *The Middle Voice*. (Typological Studies in Language 23). Amsterdam : John Benjamins.

Kim, Kyun-Hwan(1995) *The Syntax and Semantics of Causative Constructions in Korean*, Seoul : Thaehaksa.

Kim, Young-Joo(1990) *The Syntax and Semantics of Korean Case : The Interaction between Lexical and Syntactic Levels of Representation*, Doctoral dissertation. Harvard University.

Kiryu, Kazuyuki(2001) Types of verbs and functions of the causative suffix *-k* in Newar. *Kobe Papers in Linguistics* 3, pp.1-9. Department of linguistics faculty of letters Kobe University.

Kishimoto, Hideki(1996) Split intransitivity in Japasense and the unaccusative hypothesis. *Language* 72, pp.248-286.

Kishimoto, Hideki(2004) Non-canonical case marking of transitive predicates in Japanese 影山太郎・岸本秀樹(편) 『日本語の分析と言語類型：柴谷方良教授還暦記念論文集』 pp.57-74, 東京：くろしお出版.

Kuroda, Shige-Yuki(.1988) Whether we agree or not : a comparative syntax of English and Japanese. William Poser(ed.) Papers from the Second International Workshop on Japanese Syntax, pp.103-143. Stanford : CSLI.

Kuroda, Shige-Yuki(1993) Lexical and productive causatives in Japan : an examination of the theory of paradigmatic structure. *Journal of Japanese Linguistics* 15, pp.1-81. Nanzan University.

Labov, William(1973) The boundaries of words and their meanings. Charles J. bailey and Roger W. Shuy(eds.) *New Ways of Analyzing Variation in English*, pp.340-373. Washington : Georgetown University Press.

Lakoff, George(1970) *Irregularity in Syntax*. New York : Holt, Reinhart and Wisnston.

Lakoff, George((1971) Presupposition and relative well-formedness. Danny D. Steinberg and Leon Jakobovits(eds.) *Semantics : An interdiscilinary Reader in Philosophy, Linguistics and Psychology*, pp.329-340. Cambridge : Cambridge University Press.

Lakoff, George(1987) *Women, Fire, and Dangerous Things : What Categories Reveal about Mind*. Chicago : University of Chicago Press.

Langacker, Ronald W.(1987) *Foundations of Cognitive Grammar vol.1 : Theoretical Prerequisites*. Stanford. California : Stanford University Press.

Langacker, Ronald W.(1991) *Foundations of Cognitive Grammar vol.2 : Descriptive Application*. Stanford. California : Stanford University Press.

Langacker, Ronald W.(1993) *Reference-point constructions*. *Cognitive Linguistics* 4, pp.1-38.

Langacker, Ronald W.(2000) A dynamic usage-based model. M. Barlow and S. Kemmer (eds.) *Usage-Based Models of Language*, pp.1-63. Stanford : CLSI Publications.

Lee, Kee-Dong(1975) Lexical causatives in Korean, *Language Research* 11-1, pp.17-24. Language research institute Seoul National University,

Levin, Beth and Malka Rappaport Hovav(1995) *Unaccusativity : At the Syntax Lexical Semantics Interface*. Cambridge, Mass. : MIT Press.

Lyons, John(1968) *An Introduction to Theoretical Linguistics*. Cambridge : Cambridge University Press.

Matsumoto, Yo(1996) Subjective motion and the English Japanese verbs. *Cognitive Linguistics* 7, pp.138-226.

McCawley, James D.(1968[1973a]) Lexical insertion in a transformational grammar without deep structure. *Papers from the Fourth Regionalm Meeting of the*

Chicago Linguistic Society 4. pp.71-80. [*Grammar and Meaning : Papers on Syntactic and Semantic Topics*, pp.155-166. Tokyo : Taishukan Publishing Company.]

McCawley, James D.(1972) Kac and Shibatani on the grammar of killing. J. Kimball(ed.) *Syntax and Semantics* 1, pp.139-149. New York : Academic Press.

McCawley, James D.(1973b) Where do noun phrases come from? *In Grammar and Meanin g : Papers on Syntatic and Semantic Topics*, pp.133-154. Tokyo : Taishukan Publishing Company.

McLendon, Shally(1978) Ergativity, case and transitivity in Eastern Pomo. *International Journal of American Linguistics* 44, pp.1-9.

Merlan, Francesca(1985) Split intransitivity : functional oppositions in intransitive inflection. J. Nichols and A. Woodbury(eds.) *Grammar Inside and Outside the Clause.* pp.324-362. Cambridge : Cambridge University Press.

Mithun, Marianne(1991) Active/Agentive case marking and its motivations. *Language* 67-3, pp.510-546.

Miyagawa, Shigeru(1989) *Structure and Case Marking in Japanese*. (Syntax and Semantics 22) New York : Academic Press.

Pardeshi, Prashant(2002) 'Responsible' Japanese vs. 'intentional' Indic : a cognitive contrast of non-intentional events. [『世界の日本語教育』 12, pp.123-144. 日本国際交流基金.]

Pardeshi, Prashant(2004) Dative subjective construction : a semantico-syntatic kaleidoscope. 影山太郎・岸本秀樹(편) 『日本語の分析と言語類型 : 柴谷方良教授還暦記念論文集』 pp.527-541, 東京 : くろしお出版.

Park, Jeong-Woo(1994) *Morphological causatives in Korean : Problems in Grammatical Polysemy and Constructional relations*. Ph.D., University of California, Berkely.

Perlmutter, David(1978) Impersonal passive and the unaccusative hypothesis. *BLS* 5, pp.157-189.

Perlmutter, David and Paul Postal(1984) The 1-advancement exclusiveness law. D. Perlmutter and C. Rosen(eds.) *Study in Relational Grammar* 2, pp.81-125. Chicago : University of Chicago Press.

Pullum, Geoffrey(1988) Citation etiquette beyond thunderdome. *Natural Language and Linguistic Theory* 6, pp.579-588.

Pustejovsky, James(1995) *The Generative Lexicon*. Cambridge, Mass : MIT Pres.

Rocen, Carol G.(1984) The interface between semantic roles and initial grammatical relations. D. Permutter and C. Rosen(eds.) *Studies in Relational Grammar* 2, pp.38-77. Chicago : University of Chicago Press.

Sapir, E.(1917) Review of Uhlenbeck, C. C., Her passiveve karakter van het verbum transitivum of van her verbum actionis in talen van Noord-Amerika(The passive character of the active verb in languages of North America). *International Journal of American Linguistics* 1, pp.82-90.

Shibatani, Masayoshi(1972) Three reasons for not deriving 'killing' from 'cause to die' in Japanese. J. Kimball(ed.) *Syntax and Semantics* 1, pp.125-137. New York : Academic Press.

Shibatani, Masayoshi(1973a) *A Linguistic Study of Causative Constructions*. Ph. D., University of California, Berkeley.

Shibatani, Masayoshi(1973b) Semantics of Japanese Causativization. *Foundation of Language* 9, pp.327-373.

Shibatani, Masayoshi(1973c) Lexical versus periphrastic causatives in Korean, *Journal of Linguistics* 9, pp.281-297.

Shibatani, Masayoshi(1975) On the nature synonymy in causative expressions. *Language Research* 11-2, pp.267-274. Language research institute Seoul National University.

Shibatani, Masayoshi(1976a) Causativization. M. Shibatani(ed.) *Japanese Generative Grammar*(Syntax and Semantics 5). pp.239-294. New York : Academic Press.

Shibatani, Masayoshi(1976b) The grammar of causative constructions : a conspectus. M. Shibatani(ed.) *The Grammar of Causative Constructions*(Syntax and Semantics 6), pp.1-40. New York : Academic Press.

Shibatani, Masayoshi(1985) Passive and related constructions. *Language* 61, pp.821-848.

Shibatani, Masayoshi(1988) *Passive and Voice*. Amsterdam : John Benjamins.

Shibatani, Masayoshi(1998) Voice parameters. L. Kulikov and H. Vater(eds.) *Typology of Verbal Categories*, pp.117-138. Tuebingen : Max Niemeyer. [*Kobe papers in linguistics* 1, pp.93-111, 神戸大学文学部言語学研究室에 재수록]

Shibatani, Masayoshi(1999) Dative subject constructions twenty-two years later. *Studies in the Linguistic Sciences* 29-2, pp.45-76.(Papers from the form lecture series of the 1999 linguistics institute). Department of linguistics, University of

Illinois, Urbana-Champaign.

Shibatani, Masayoshi(2000) Issues in transitivity and voice : a Japanese perspective. 『五十周年記念論文集』 pp.523-586. 神戸大学文学部.

Shibatani, Masayoshi(2001) Non-canonical constructions in Japanese. A. Aikhenvald, R. M. W. Dixon, and M. Onishi(eds.) *Non-Canonical Marking of Subjects and Objects*, pp.307-354. Amsterdam : John Benjamins.

Shibatani, Masayoshi(2002a) Introduction : some basic issues in the grammar of causation, M. Shibatani(ed.) *The Grammar of Causation and Interpersonal Manipulation*. (Typological Studies in Language 48), pp.1-22. Amsterdam : John Benjamins.

Shibatani, Masayoshi(2002b) 神戸大学言語学講義用のハンドアウト.

Shibatani, Masayoshi(2004) Iconicity or functional transparency? Handout. Institute for linguistic sciences Kobe Shoin Women's University.

Shibatani, Masayoshi(2006) On the conceptual framework for voice phenomena. *Linguistics* 44-2. pp.217-269.

Shibatani, Masayoshi and Sung-Yeo Chung(2002) Japanese and Korean causatives revisited. N. M. Akatsuka and S. Strauss(eds.) *Japanese/Korean Linguistics* 10, pp.32-49. CSLI Publications and SLA : Stanford.

Shibatani, Masayoshi and Prashant, Pardeshi(2002) The causative continuum. M. Shibatani(ed.) *The Grammar of Causation and Interpersonal Manipulation.* (Typological Studies in Language 48), pp.85-126. Amsterdam : John Benjamins.

Silverstein, M.(1976) Hierarchy of features and ergativity. R. M. W. Dixon(ed.) *Grammatical Categories in Australian Languages*, pp.112-171. Canberra : AIAS, and New Jersey : Hummanities Press.

Soga, Matsuo(1970) Similarities between Japanese and English verb derivations. *Lingua* 25, pp.268-397.

Song, Jae-Jung(1996) *Causatives and Causation : A Universal-Typological Perspective*, London and New York : Longman.

Song, Seok-Choong(1988) *Explorations in Korean Syntax and Semantics*, Institute of East Asian Studies KRM 14, University of California, Berkely.

Tamly, Leonard(1985) Force dynamics in language and though. William H. Eilfort, Paul D. Kroeber, and Karen L. Peterson(eds.) *Papers from the Parasession on*

Causatives and Agentivity, Twenty-first Regional Meeting, pp.293-337. Chicago : Chicago Linguistic Society.

Tamly, Leonard(2000) *The windowing of attention in language. Toward a Cognitive Semantics 1 : Concept Structuring System. Cambridge,* Mass. : MIT Press.

Taylor, John R.(1989[1995]) *Linguistic Catergorization : Prototypes in Linguistic Theory*. London : Oxford University Press.

Tenny, Carol L.(1994) *Aspectual Roles and the Syntax-Semantics Interface*.(Studies in Linguistics and Philosophy 52). Dordrecht : Kluwer Academic.

Tsujimura, Natuko(1990) Ergativity of nouns and case assignment. *Linguistic Inquiry* 21-2, pp.277-287.

Tsujimura, Natuko(1991) On the semantic properties of unaccusativity. *Journal of Japanese Linguistics* 13, pp.91-116.

Tsunoda, Tasaku(1988) Antipassive in Warrungu and other Australian languages. M. Shibatani(ed.) *Passive and Voice*, pp.595-649. Amsterdam : John Benjamins.

Van Valin, Robert D.(1990) Semantic parameters of split intransitivity. *Language* 66, pp.264-279.

Weinreich Uriel(1963) On the semantic structure of language. Joseph H. Greenberg(ed.) *Universals of Language : Report of a Conference Held at Dobbs Ferry. New York, April* 13-15, 1961. pp.114-171. Cambeidge, Mass : MIT Press.

Yang, In-Seok(1972) *Korean Syntax : Case Markers, Delimiters, Complementation, and Relativization*. Seoul : Paek Hap Sa.

Yang, In-Seok(1974) Two causative forms in Korean. *Language Research* 10-1, pp.83-117. Language research institute Seoul National University.

Yeon, Jae-Hoon(1991) Interaction of the causative, passive and neutral-verb constructions in Korean. 『언어학』 13-4, pp.55-111, 한국언어학회.

Yeon, Jae-Hoon(1993) Causatives and the encoding of the cause. *SOAS working papers in Linguistics and Phonetics* 3, pp.407-426.

Yeon, Jae-Hoon(1996) *Grammatical Relation Changing Constructions in Korean : a Functional-Typological Study*. Ph.D., SOAS University of London.

Yeon, Jae-Hoon(1999) On Korean dative-subject constructions, *SOAS Working Papers in Linguistics and Phonetics* 9, pp.153-170.

Zaenen, Anne(1993) Unaccusativity in Dutch : integrating syntax and lexical semantics. J. Pustejovsky(ed.) *Semantics and Lexicon*, pp.129-161. Dordrecht : Kluwer

Academic Publishers.
Zipf, George Kingsley(1935[1965]) *The Psycho-Biology of Language : An Introduction to Dynamic Philology*. Cambridge, Mass. : MIT Press.

〈사전 자료〉

安田吉実・孫落範(편저)『民衆에센스辞典』民衆書林.
大阪外国語大学朝鮮語研究室(편)『朝鮮語大辞典』角川書店.
신기철・신용철(편저)『새 우리말 큰사전』삼성이데아.
『国語学大辞典』小学館.

역자 후기

이 책은 오사카 대학의 정성여 선생님이 2006년 일본에서 출판한 『韓日使役構文の機能的類型論研究—動詞基盤の文法から名詞基盤の文法へ—(東京：くろしお出版社, 2006)』을 가감하지 않고 한국어로 옮긴 것이다. 2014년 초벌번역을 시작하여 우여곡절을 거쳐 드디어 8년 만에 책을 내게 돼 감개무량할 따름이다. 우선 선뜻 번역을 허락해 주시고 감역까지 맡아 주신 정성여 선생님께 감사의 인사를 드린다. 정 선생님께서는 바쁘신 가운데서도 번역 원고 전체를 손수 읽어 보시고 세심하게 손봐 주셨다.

일본은 한국 이외의 나라에서 한국어에 대한 연구가 가장 활발하게 이루어져 왔고 지금도 이루어지고 있는 곳이다. 일본이 한국어를 연구해 온 연유야 어찌 됐든 일본의 연구 성과를 검토하는 일은 국내의 한국어학계를 위해서라도 꼭 필요하다. 그런 점에서 일본의 연구 성과를 한국 학계에 알리는 일은 일본에 건너와 있는 역자와 같은 사람의 책무이기도 할 것이다. 그런 생각에, 일본에 오고 나서 틈이 날 때마다 일본의 언어학 전문 서적을 한국어로 옮기는 작업을 하고 있다.

일본에 건너와 연구 활동을 하다 보니 생각보다 많은 한국인 연구자들이 일본에 와 있다는 것을 알았다. 한국에는 잘 알려지지 않은 분들도 많지만, 다들 자기 분야에서 열심히 연구와 교육 활동을 하고 계신다. 역자가 속해 있는데 한국어(교육)학계도 마찬가지인데, 그 분들의 일본어 논문이나 저서를 번역하여 한국의 학계와 징검다리를 놓는 것 역시 역자의 포부이기도 하다. 이 책은 바로 그런 작업의 첫걸음이 될 것이다.

이 책이 일본에서 출판된 것은 2006년이지만 기능주의적 관점에서 한국어의 사동법과 관련한 여러 가지 시사점을 던져 준다. 그러한 점에서 최신의 연구 서적과 비교해 봐도 이론적으로나 실증적으로 전혀 손색이 없을 것이다. 아마 한국어나 일본어에 국한하지 않고, 1970년대부터 현재까지의 사역과 관련한 이슈와 해결 방식을 이해하는 데 좋은 길잡이가 되리라 생각한다. 또 이 책과 함께 정성여 선생님이 2018년에 발표한 논문도 참고하기 바란다.

Chung, Sung-Yeo and Masayoshi Shibatani (2018) "Causative constructions in Japanese and Korean," *Handbook of Japanese Contrastive Linguistics*, Pardeshi, Prashant and Taro Kageyama (eds.) 137-172. Berlin: De Gruyter Mouton.

마지막으로 이 책을 번역하는 데 도움을 주신 모든 분들께 감사의 인사를 전하고 싶다.

여러 어려운 여건 속에서도 이번 책을 출판해 주신 역락 출판사 모든 분들께 감사드린다. 특히 벌써 세 번이나 제 원고의 편집을 맡아 주신 권분옥 편집장님께는 다대한 사의를 표하고 싶다.

이제 선생이 되어 교단에 서다 보니 예전에 대학원에서 공부하던 때가 많이 그립고 모교의 선생님들과 선후배들이 많이 생각난다. 또 코로나 사태로 고향으로 가는 하늘길이 막히다 보니 친구들과 누나네 가족, 그리고 부모님이 많이 보고 싶기도 하고, 지금 곁에 있는 아내와 두 아이의 소중함이 더욱 절실하게 느껴지기도 한다. 어려운 시기에 다들 건강하고 행복했으면 좋겠다.

2022년 5월 일본 사이타마에서

박 종 후

찾아보기

ㄹ

ㅁ

ㅂ

ㅅ

ㅇ

ㅈ

ㅊ

ㅋ

ㅍ

‖ 지은이 : 정성여鄭聖汝

고베대학(神戸大学) 대학원 문화학연구과 박사과정 졸업(언어학 박사).
일본학술진흥회(日本学術振興会) 외국인 특별 연구원과 오사카대학(大阪大学) 대학원 문학연구과 전임 강사를 거쳐, 현재 오사카대학 인문학연구과 초빙연구원으로 재직 중.

• 저서 : 『韓日使役構文の機能的類型論研究—動詞基盤の文法から名詞基盤の文法へ—』(東京 : くろしお出版社, 2006)
『한국어 연구의 새 지평』(공저, 태학사, 2010)
『体言化理論と言語分析』(공저, 大阪大学出版会, 2021)

• 주요 논문 :
  - Chung, Sung-Yeo and Masayoshi Shibatani(2018) "Causative constructions in Japanese and Korean," *Handbook of Japanese Contrastive Linguistics*, Pardeshi, Prashant and Taro Kageyama (eds.) 137-172. Berlin: De Gruyter Mouton.
  - Shibatani, Masayoshi and Sung-Yeo Chung(2018) "Nominal-based nominalization," *Japanese /Korean Linguistics* 25: 63-88.
  - 鄭聖汝(2020) 「韓国語における疑問文の形成と体言化—慶南方言·済州方言の名詞述語疑問文と動詞述語疑問文を手掛かりに—」『言語研究』157: 1-36.(日本言語学会)

‖ 옮긴이 : 박종후朴鍾厚

연세대학교 대학원 국어국문학과 박사과정 졸업. 연세대학교 한국어학당과 도시샤대학(同志社大学)을 거쳐, 현재 돗쿄대학(独協大学) 국제교양학부 특임준교수로 재직 중.

• 저서 : 『해방 전 선교사의 한국어 교육 텍스트 연구』(공저, 한국문화사, 2020)

• 역서 : 『언어유형지리론과 환태평양언어권』(역락, 2014)
『역사언어학과 언어유형론』(역락, 2016)
『언어를 둘러싼 문제들』(박영사, 2022)

한일사역구문의 기능적 유형론 연구

—동사 기반의 문법에서 명사 기반의 문법으로—

초판 1쇄 인쇄 2022년 5월 10일
초판 1쇄 발행 2022년 5월 20일

저 자 정성여
역 자 박종후
펴낸이 이대현

편 집 이태곤 권분옥 문선희 임애정 강윤경
디자인 안혜진 최선주 이경진
마케팅 박태훈 안현진

펴낸곳 도서출판 역락
주 소 서울시 서초구 동광로 46길 6-6(반포4동 문창빌딩 2F)
전 화 02-3409-2060(편집부), 2058(영업부)
팩 스 02-3409-2059
등 록 1999년 4월 19일 제303-2002-000014호
이메일 youkrack@hanmail.net
역락홈페이지 http://www.youkrackbooks.com

ISBN 979-11-6742-354-2 93700